● 新 譯

莊 子 (內篇)

한용득 譯解

弘新文化社

머리말

　중국의 사상계를 대별하면 공자와 맹자를 중심으로 하는 유교사상과, 노자와 장자를 중심으로 하는 도교사상으로 나눌 수 있을 것이다.
　그런데 이 두 사상은 여러 면에서 대조적이다. 유교사상은 치국평천하(治國平天下)의 도로 박학다문(博學多聞)한 군자가 백성을 다스리고, 예악(禮樂)에 의한 제도를 완비하고 백성의 위에 군림하여 천하에 평화를 유지하자는 것이다.
　이에 반하여 도교사상은 유교적인 지식이나 제도, 즉 위정자들의 번거로운 간섭을 일체 배제하고, 모든 사람으로 하여금 천지만물의 생성자인 '도'의 뜻을 체득하여 유약하고 비천하고 겸손하면서도 또 한편 강인하고 무불위(無不爲)하는 능력으로써 이 세계를 자치해 나가자는 것이다.
　위와 같은 두 사상의 주장의 결과도 또한 대조적으로 나타났다. 유교는 중국사회의 상류계급에 침투하여 백성을 다스리는 지도자의 위치에 있게 만들었고, 도교는 일반 서민 사이에서 신봉되어 그들의 마음을 위로해 주었다. 다시 말해서 유교는 귀족적으로 되었고 도교는 서민적으로 되었다. 또한 유교는 다분히 정치적인 데 반해 도교는 상당히 종교적인 경향이 있었다.
　장자는 노자와 함께 이른바 무위자연(無爲自然)의 노장사상의 창시자의 한 사람이었지만, 같은 계열의 사상이면서도 두 사람 사이에는 상당한 차이가 있다. 노자는 보다 정치적이고 장자는 보다 종교적이다. 이리하여 장자의 사상은 그의 사후(死後)에 도입된 불교사상을 수용하는데 큰 영향을 끼쳤고, 또 불교를 중국식으로 소화하는 데도 크게 이바지했다고 한다.

　장자는 유교에서 주장하는 예의니 도덕이니 하는 것도, 천지자연을 지배하는 어떤 위대한 힘 앞에서는 보잘것없는 하나의 소꿉장난에 불과하다고 생각했다. 천지자연은 그 모든 것을 포용한 채 아무 탈 없이 잘 운행되어 가고 있다. 그런데 그 천지자연 속에 있는 인간사회만이 애써 이것이다 저것이다를 따지고 있는 것이다. 따라서 장자는 우리 인간들도 천지자연의 일원으로서 너무 따지지 말고 소박하고 자연스럽게 살아가자고 했다.

　《장자》에는 불구자가 많이 등장한다. 절름발이·꼽추 등이 그것이다. 그런데 그들은 한결같이 겉모습은 추하지만 그 마음은 매우 바르고 또 평안하다. 외모는 번듯하지만 그 마음속에 온갖 추악한 심정을 간직했을 뿐만 아니라 마음이 항상 불안한 불구가 아닌 사람과, 앞에서 말한 불구자와 비교할 때 과연 누가 더 행복할 것인가? 그러므로 미추(美醜)를 따질 것도 없고 시비와 선악을 가릴 필요도 없다. 모든 잔재주를 부리지 말고 자연의 운명에 순종하는 것이 인간이 취해야 할 길이요, 또 그렇게밖에 달리 할 도리가 없는 것이다. 장자는 위와 같은 주장을 여러 가지 예를 들어가면서 되풀이해 역설하였다.

　《장자》는 선입관을 버리고 담담한 심정으로 읽어야 한다. 그런 태도로 이 책을 읽어가노라면 자연히 고개가 끄덕여지는 점을 많이 발견하게 될 것이다. 더구나 오늘날과 같이 모든 것을 인위적으로만 처리하려는 시대에 있어서는 더욱 그런 점을 강하게 느끼게 될 것이다. 독자 제현의 정려(精勵)를 바란다.

譯者 識

莊子(內篇)
차 례

머리말 ‥7

소요유(逍遙遊) ‥11
제물론(齊物論) ‥62
양생주(養生主) ‥151
인간세(人間世) ‥173
덕충부(德充符) ‥241
대종사(大宗師) ‥276
응제왕(應帝王) ‥332
해 설‥356

소요유(逍遙遊)

1

　북쪽 끝 바다 어두운 곳에 물고기가 있는데 그 이름을 곤(鯤)이라고 한다. 곤의 크기는 몇천 리나 되는지 모른다. 곤이 화하여 새가 되면 그 이름을 붕(鵬)이라 한다. 붕의 등은 몇천 리나 되는지 모른다. 성이 나서 날면 그 날개는 마치 하늘에 드리운 구름과 같다. 이 새는 바다가 거칠게 움직이면 곧 바야흐로 남명에 날려고 한다. 남명이란 천지(天池)이다.
　제해(齊諧)는 괴(怪)를 아는 자이다. 해가 이르기를 "붕이 남명으로 옮길 때 물은 삼천리를 치고 회오리바람을 두드리며 구만 리 하늘에 오르는데 일단 날면 여섯 달을 난 뒤에야 한 숨을 쉰다."라고 했다.

원문 北冥有魚이니 其名爲鯤이라 鯤之大不知에 其幾千里也이니라 化而爲鳥면 其名爲鵬이라 鵬之背不知에 其幾千里也이니라 怒而飛인즉 其翼若垂天之雲이더라 是鳥也海運則이면 將徙於南冥이라 南冥者는 天池也니라 齊諧者는 志怪者也이니라 諧之言 曰 鵬之徙於南冥也이면 水擊三千里에 搏扶搖而上者九萬里요 去以六月에 息者也이니라

　㊟ **북명**(北冥) 북(北)은 음(陰)의 극(極)으로, 기후의 변화와 생물의 나고 죽음의 기운이, 여기에서 양(陽)으로 바뀜. 명(冥)은 까마득하니 어둡다는 뜻. **곤**(鯤) 붕(鵬)과 더불어 상상적인 우의(寓意)가 깃들여 있음.《이아(爾雅)》기는 책을 보면 '곤은 막 부화한 물고기의 새끼다'라고 하였는데 여기서는 대어(大魚)의 뜻으로 쓰고 있음. **붕**(鵬)

《설문(設文)》에선 옛날의 '봉(鳳)'자라고 함. 전설상의 신령한 새로 여기서는 큰 새라는 뜻으로 쓰임. **해운(海運)** 운(運)은 움직인다는 뜻으로 큰 비바람, 폭풍우. 또 '해운'을 바다로 간다는 의미로 풀이하는 설도 있음. **제해(齊諧)** 사람이름, 또는 책이름이라는 설이 있는데 뒤에 나오는 '해지언왈(諧之言曰)로 보아 사람이름임. **지괴자야**(志怪者也) 지(志)는 기록한다는 것(記也). 괴(怪)는 기이한 것(奇也), 또는 괴이한 것(異也). **박부요이상자**(搏扶搖而上者) 박(搏)은 두드리는 것(拍也). 박이 단(搏)으로 되어 있는 판본도 있음. 부요(扶搖)는 회오리바람. 붕이 무서운 기세로 하늘로 날아오르는 것을 나타냄. 본디 같은 한자로 뜻이 여러 가지로 달라지는 것은 중국 고전에 대한 학자들의 연구와 주석을 따랐기 때문임. **구만리(九萬里)** 천지 간의 사이, 즉 하늘의 높이. 중국의 시문에 많이 쓰임.

해설 너무도 유명한 대붕(大鵬)의 이야기이다. 본디 《장자》는 〈내편〉·〈외편〉·〈잡편〉으로 크게 나눈다.

이 가운데 〈내편〉은 '소요유(逍遙遊), 제물론(齊物論), 양생주(養生主), 인간세(人間世), 덕충부(德充符), 대종사(大宗師), 응제왕(應帝王)'의 7편이다.

그런데 이 〈내편〉의 7편은 장자 본디의 사상에 비교적 충실한 것인 데 반해 〈외편〉·〈잡편〉은 장자 이후인 도가(道家) 사람들에 의해 쓰여진 것이라는 게 오늘날의 대체적인 견해이다.

물론 이것에 이론(異論)이 없는 것은 아니고, 그것에는 그것대로의 이유가 있지만 앞서의 대세를 뒤엎을 정도의 유력한 것은 되지 못한다.

아무튼 〈내편〉과 〈외편〉·〈잡편〉 사이에선 꽤나 두드러진 사상의 차이를 볼 수 있다. 한 예를 들면 〈내편〉에는 '성(性)'이라는 문자가 한 번도 나오지 않지만, 〈외편〉·〈잡편〉에는 그것이 연신 나타난다.

바꾸어 말한다면 〈내편〉에선 외적 자연을 주로 문제삼고 있는데 반해, 〈외편〉·〈잡편〉에선 내적 자연을 문제삼고 있는 것이다.

그렇다면 〈내편〉의 7편이 장자 본디의 사상을 충실히 전하고 있느냐 하면 반드시 그렇지는 않다. 이를테면 '양생주편'은 다른 〈내편〉의 각 편에 비하여 이상할만큼 짧을 뿐 아니라 내용도 공소(空疎)하다. 또 '인간세편'의 일부에는 충효(忠孝)를 피할 수 없는 운명으로 인정하고 있는 것이 있고, 다른 편들과의 사이에 두드러진 부조화를 나타내고 있다. 따라서 〈내편〉이라고 하여 무조건 장자 본디의 사상을 전한다고는 할 수가 없다.
 왜 이와 같은 까다로운 문제가 발생하게 되었는가?

 '소요유(逍遙遊)'는 정처없이 노닌다는 뜻이다. 《시경(詩經)》 청인(淸人)의 시에 '강가에서 소요하다'라고 했는데, 그것이 이 말의 출전(出典)이다. 구만리의 높은 하늘을 나는 대붕처럼 그 어떤 것에도 얽매이지 않고 자유로운 경지에서 노닌다는 장자의 심경(心境)을 설명한 것이다. 그 얽매임이 없는 자유의 경지는 온갖 것을 동일시(同一視)하는 '만물제동'의 사상에 의해 얻어지는 것이지만, 이 편에서 그 일단(一端)이 엿보이고 있다.

2

 아지랭이와 티끌은 생물들이 토해내는 숨결이다. 하늘이 파란 것은 본디의 빛이 그런 것인가, 아니면 너무도 멀고 끝이 없어서일까. 그 아래를 굽어보아도 또한 그러할 뿐이다.
 무릇 물이 얕으면 큰 배를 띄울 힘이 생기지 않는다. 한 잔의 물을 봉당의 움푹한 곳에 쏟으면 티끌이 떠서 배가 되겠지만, 잔을 놓으면 땅에 닿고 만다. 물은 얕은데 배가 크기 때문이다. 그것과 마찬가지로 바람이 강하게 일지 않으면 대붕의 큰 날개를 실을 만한 힘이 생기지 않는다. 그러므로 하늘로 구만리나 날아올라가야 바람은 그 밑에서 일게 되는 셈이다. 이리하여 비로소 대붕은 바람 등에 올라타 푸른 하늘을 업고 아무런 방해도 받지 않고서 남쪽을 향하여 날아가는 것이다.

[원문] 野馬也 塵埃也 生物之以息相吹也니라 天之蒼蒼하니 其正色邪아 其遠而로 無所至極邪아 其視下也면 亦若是則已矣니라 且夫水之積也에 不厚이면 則其負大舟也로 無力이니라 覆杯水於坳堂之上이면 則芥爲之舟요 置杯焉이면 則膠이니라 水淺而 舟大也로다 風之積也에 不厚면 則其負大翼也니 無力이니라 故로 九萬里이면 則風斯在下矣니라 而後乃今培風이고 背負靑天이면 而莫之夭閼者요 而後乃今에 將圖南이라

㈜ **야마**(野馬) 아지랭이. 가물가물 흔들리며 올라가는 모양이 들을 달리는 말을 닮았다고 보았음. **진애**(塵埃) 티끌, 먼지. **이식상취야**(以息相吹也) 식(息)은 명사로서 숨결. 상취(相吹)는 숨을 서로 쉬며 내뿜는 것. '야마야……상취야'로 이어지는 세 구는 옛날부터 난해하기로 유명하며 그 해석이 구구하다. 옛날에는 생물들이 맑고 가벼운 기(氣)와 탁하고 무거운 기로 이루어졌다고 보았는데 이 기가 호흡에 의해 서로 내뿜는다고 여겼음. 여기서 야마는 전자로, 진애는 후자로 보고 있는 듯함. **기정색야**(其正色邪) 정색(正色)은 그것이 갖는 본디의 빛. 야(邪)는 그런가. **요당**(坳堂) 요(坳)는 움푹한 곳. 당(堂)은 집 안에서 일을 치르는 넓은 공간. 요당이란 당의 뜰에 생긴 패인 곳. **개**(芥) 겨자, 티끌. **치배언즉교**(置杯焉則膠) 교(膠)는 땅에 닿는 것. **이후내금배풍**(而後乃今培風) 이후(而後)는 지금부터 다음이고, 내금(乃今)은 지금 곧. 비슷한 뜻이 겹쳐 뜻을 더욱 강조함. '이후내금'은 지금이야말로. 배풍(培風)의 배는 탄다는 뜻. 이밖에 겹친다, 늘린다는 해석도 있음. **막지요알자**(莫之夭閼者) 요(夭)는 굴복시킴, 꺾는 것. 알(閼)은 막는다. 따라서 요알은 꺾어서 못하게 하는 것. **장도남**(將圖南) 도남(圖南)은 남쪽을 향해서 가다. 이것이 출전(出典)이 되어 대사업을 계획하는 것을 '도남'이라 함.

[해설] 왜 이와 같은 까다로운 문제가 발생하게 되었는가? 그것을 알자면 《장자》의 성립 과정을 알 필요가 있다.
　중국의 고전은 거의가 저자 자신의 집필이 아니고 그 문파(門派) 사람들이 기록한 것인데, 《장자》도 그 예외는 아니다. 더구나 원서가 그대로 전해지는 일은 드물고, 그뒤에 차례로 가필되

어 분량이 부풀게 되는 것이 보통이다.

따라서 하나의 책이면서 작자의 수도 많고 시대도 변천된다. 즉 일인일시(一人一時)의 작품이 아닌 것이다. 이 때문에 내용도 이질(異質)인 것을 포함하고 때로는 모순되는 일조차 있다.

장자가 죽은 지 2백 년이 지난 전한(前漢)의 사마천(司馬遷)이 생존할 무렵 《장자》는 10여 만 자였다 하는데, 이것은 현재의 《장자》가 6만 5천 자인 데 비하면 거의 2배 분량이다. 전한 말의 유향(劉向)의 기록에 의거한 《한서 예문지》에 의하면 《장자》는 52편이 있었다 했으므로, 이것 또한 현재의 33편보다 많다.

당(唐)의 육덕명(陸德明)이 지은 《경전석문(經典釋文)》에 의하면 한나라부터 서진(西晉)의 초기 3세기 말까지 전해진 《장자》에는 괴상한 내용을 가진 각 편, 이를테면 《산해경》과 같은 귀신·괴물을 다룬 것이며 꿈 해몽과 같은 것까지 뒤섞여 있었다고 한다.

그래서 서진의 곽상(郭象)은 이와 같은 각 편을 삭제시키고 현재의 〈내편〉·〈외편〉·〈잡편〉, 합해서 33편인 모양으로 정했다. 그러므로 현재의 《장자》는 곽상본인 셈이다.

이렇듯 《장자》의 구성을 결정한 것은 곽상이지만, 〈내편〉의 7편만은 곽상보다 이전에 정해진 듯싶다. 누가 언제쯤 정했는지 확증은 없지만, 한나라 때까지 거슬러 올라갈 수 있을 것 같다.

어쨌든 〈내편〉이 다른 제편보다 우수한 내용을 가졌고 장자 본래의 내용을 갖고 있다는 견해는 아주 오랜 옛날부터 있었던 것을 알 수 있다.

제1장과 제2장은 하늘을 날고 있는 대붕의 눈으로 본 지상의 모습이다.

즉 아득한 상공을 나는 대붕의 눈으로 보면, 이 지상의 작은 차별은 모두 사라져 버리고 다만 푸른색 한 가지로만 보일 뿐이다. 무한의 높이에서 본다면 모든 상대(相對)·차별(差別)은 소실(消失)된다. 여기에 만물제동, 절대 무차별의 입장이 숨겨져 있다

3

쓰르라미와 작은 비둘기는 대붕의 모습을 보고 이렇게 비웃었다.

"우리들은 힘차게 날아올라도 느릅나무나 박달나무에 머무르는 것이 고작이다. 그러나 때로는 그곳에 미치지 못하고 땅바닥에 나가떨어지는 일도 있다. 그렇건만 저 대붕이 구만리 하늘에 올라 남쪽을 향하여 간다 하니 터무니없는 소리가 아닌가."

근교의 들에 나가는 자는 하루 만에 돌아올 수 있고 배가 고픈 일은 없을 테지만, 백릿길을 가는 자는 전날 밤부터 방아를 찧어 준비하지 않으면 안 되고, 천릿길을 가는 자는 석 달 전부터 양식을 모아두지 않으면 안 되리라. 하지만 이 두 벌레야 그런 것을 어찌 알겠는가.

원문 蜩與鸒鳩가 笑之曰 我決起而飛이면 槍楡枋이요 時則不至인데 而控於地而已矣아 奚以之九萬里오 而南爲랴니 適莽蒼者는 三湌而反에 腹猶果然이지만 適百里者는 宿舂糧이고 適千里者는 三月聚糧이니라 之二蟲이 又何知이리요

㊟ **조여학구**(蜩與鸒鳩) 조(蜩)는 매미과(科)에 속하는 곤충으로 쓰르라미. 학구(鸒鳩)는 작은 비둘기. '학구소붕(鸒鳩笑鵬)'이라 해서 '비천한 사람이 훌륭한 사람을 비웃는다'는 비유도 이 글에서 비롯됨. **창유방**(槍楡枋) 창(槍)은 돌진하다, 나무에 머물다의 뜻. 유방(楡枋)은 느릅나무와 박달나무. **적망창자**(適莽蒼者) 적(適)은 간다는 것(往也). 망(莽)은 풀숲. 창(蒼)은 푸르다의 뜻. 따라서 망창은 교외의 풀밭. **삼손이반**(三湌而反) 손(湌)은 먹다. 삼손은 세 끼의 식사. '삼손이반'은 하루 만에 돌아오는 것. **복유과연**(腹猶果然) 과(果)는 과실을 뜻하며 그것이 둥글기 때문에 만복(滿腹)을 의미. 연(然)은 어떤 상태. **숙용량**(宿舂糧) 숙(宿)은 '석(夕)'의 가자(假字)로 보아 밤을 새우는 것. 용(舂)은 방아를 찧는 것. **이충**(二蟲) 충(蟲)은 곤충뿐 아니라 동물의 총칭. 앞에 나온 쓰르라미와 작은 비둘기를 가리킴.

4

 얕은 지혜는 깊은 지혜에 미치지 못하고 명이 짧은 것은 명이 긴 것에 미치지 못한다. 어떻게 그러한 것을 알 수 있는가.
 아침에 돋아나는 버섯은 그믐·초하루를 모르고 매미는 봄·가을을 모른다. 이는 수명이 짧기 때문이다.
 초나라 남쪽에 명령(冥靈)이란 나무는 5백 년으로 봄을 삼고, 5백 년으로 가을을 삼았다. 먼 옛날, 대춘(大椿)이란 나무는 8천 년으로 봄을 삼고, 8천 년으로 가을을 삼았다. 그런데 인간세상에서는 팽조(彭祖)가 장수자(長壽者)로 특히 알려져 있어 뭇사람들이 이를 따르려 하지만, 생각해 보면 이것 또한 두 벌레와 같은 얕은 지혜의 소치이다. 이 또한 서글픈 일이 아니겠는가.

원문 小知는 不及大知요 小年은 不及大年이니 奚以知其然也요 朝菌은 不知晦朔이요 蟪蛄는 不知春秋니 此小年也요 楚之南에 有冥靈者이니 以五百歲로 爲春하고 五百歲로 爲秋이니라 上古에 有大椿者이니 以八千歲로 爲春하고 八千歲로 爲秋이니라 而彭祖는 乃今以久特聞인데 衆人匹之이니 不亦悲乎아

㈜ 조균부지회삭(朝菌不知晦朔) 조균(朝菌)은 아침에 돋아나는 버섯으로 햇빛을 보면 곧 말라죽음. 회(晦)는 그믐이고 삭(朔)은 초하루라는 의미. **혜고**(蟪蛄) 매미. **명령**(冥靈) 나무이름. 잎이 무성해지는 데에 500년, 잎이 지는 데에 500년이 걸린다고 함. **팽조**(彭祖) 전설상의 장수자(長壽者). 요임금 때부터 하(夏)·은(殷)·주(周)나라에 이르기까지 700년 또는 800년을 살았다고 함. **구**(久) 오래 사는 것을 가리킴.

해설 현존의 《장자》 주석서로서는 정본(定本)을 만든 서진 곽상의 《장자주》가 가장 오래된 것이다.

그러나 《장자》의 주를 쓴 것은 곽상이 처음은 아니고 그 이전에도 수십 편에 이르는 주석이 있었다고 한다.

대체로 곽상의 시대는 이른바 육조의 초기로 위진(魏晉)시대 (220~419)라고도 하는데, 노장사상(老莊思想)의 전성기이다. 수십 편이 있었다 함은 사실인지 아닌지 문제가 있지만, 같은 육조의 송(宋) 유의경(劉義慶 : 403~444)이 저술한 《세설신어(世說新語)》 문학편에 나와 있으므로 일단 그렇게 믿을 수밖에 없다. 어쨌든 《장자주》의 범람이 있었다고 생각된다.

그러나 곽상보다 이전의 주석서로서 그 조각들로 오늘날에 전해지고 있는 것은 최선(崔譔), 상수(尙秀), 사마표(司馬彪)의 것쯤이고 그밖에는 모두 산일(散佚)되고 말았다. 하기야 곽상보다 뒷날인 육조시대의 《장자주》 조각은 육덕명의 《경전석문》에 인용되어 남아 있다.

곽상의 《장자주》는 이론이 많고 문자 풀이는 적기 때문에 이것을 보충하자면 《경전석문》에 인용된 제가의 주를 참조할 필요가 있다. 그런데 곽상의 《장자주》가 그의 선배인 상수의 주에서 도작(盜作)했다는 설이 있다.

이것은 《세설신어》에 나와 있고, 《진서》 곽상전도 이것을 좇고 있지만, 오늘날에는 이 도작설이 완전히 부정되고 있다. 애당초 《세설신어》라는 책은 당시의 진담 기설(珍談奇說)을 모은 것이기 때문에 자칫 흥미 위주로 흐르고 사실과 동떨어진 감이 있는 것이다.

곽상의 《장자주》를 읽으면 그가 독창성에 넘친 사상가임을 알게 된다. 그러나 이 점은 곽상의 주에 플러스를 가져다 줌과 동시에 큰 마이너스를 가져오게 만들었다.

이론만 많고 문자 해석이 소홀해진 것이 결점의 하나이지만, 그것보다도 더 큰 결점이 있다. 그것은 자기의 철학을 본문의 해석 가운데 억지로 끌어다 붙인 점이었다.

이를테면 '소요유편'의 유명한 대붕 이야기만 하더라도 본문에선 대붕이 구만리의 높이를 날려는 것을 본 쓰르라미와 작은 비

둘기가,
 "우리들은 낮은 나무 꼭대기까지 날아오르는 게 고작인데 구만 리 높이에 오르겠다는 것은 터무니없는 소리이다."
라고 비웃는다. 이것은 '연작(燕雀)이 어찌 홍곡(鴻鵠)의 뜻을 알랴' 하는 뜻을 나타낸다고 누구나 생각할 수 있는 대목이지만, 곽상은 그렇게 생각하지 않았다.
 대붕이 구만리의 높이에 도달하고 작은 새가 나뭇가지에 날아오르는 것은 각각 분수를 따른 것이며, 소요하고 있다는 점에선 다름이 없다. 그러므로 대붕이 자랑할 까닭이 없고 작은 새도 부러워할 필요가 없다. 저마다의 분수에 만족하면 좋다고 하는 것이다.
 이것은 〈외편〉·〈잡편〉에 보이는 노자풍의 '지족안분(知足安分)'의 사상을 끌어댄 것으로, 매우 부자연스러운 해석이다.

5

탕(湯)임금이 극(棘)에게 물은 것도 이와 비슷한 것이었다.
 불모지대인 궁발 북쪽에 햇빛이 들지 않는 바다가 있는데, 이것이 천지(天池)이다.
 그곳에 물고기가 있는데 그 너비가 수천 리이고 그 길이는 아직 아는 사람이 없다. 그 이름을 곤(鯤)이라고 한다.
 또 새가 있는데 이름은 붕(鵬)이라 한다. 그 등은 태산과 같고 날개는 하늘에 드리워진 구름과 같다. 회오리바람을 타고 하늘로 날아오르기를 구만리, 구름을 꿰뚫고 푸른 하늘을 업고서 남쪽을 향해 바야흐로 남명으로 간다.
 그런데 메추라기가 비웃으며,
 "저녀석은 대체 어디로 가려는 것일까. 난 날아올라도 겨우 네댓 길의 높이로 쑥대 사이를 날 뿐이다. 이도 역시 날아가는 것인데 저녀석은 대체 어디로 가려는 것일까?"

라고 말했다. 이로써 작은 것과 큰 것의 구별이 생기는 것이다.

[원문] 湯之問棘也도 是已이니라 窮髮之北에 有冥海者니 天池也로다 有魚焉이니 其廣이 數千里요 未有知의 其修者요 其名은 爲鯤이라 有鳥焉이니 其名은 爲鵬이라 背若泰山에 翼若垂天之雲이라 搏扶搖羊角而上者면 九萬里요 絕雲氣에 負靑天하고 然後에 圖南하니 且適南冥也로다 斥鴳笑之曰 彼且奚適也아 我騰躍而上이언정 不過數仞而下이고 翱翔蓬蒿之間이라 此亦飛之至也이니 而彼且奚適也아 此小大之辨也니라

㈜ **탕지문극야**(湯之問棘也) 탕(湯)은 하(夏)나라의 폭군 걸(桀)을 내쫓고 은(殷)나라 왕조를 세운 사람. 극(棘)은 은나라의 어진 신하. 《열자(列子)》 '탕문편(湯問篇)'에 탕왕과 하혁(夏革)의 문답이 있는데, 극과 하혁을 동일인물이라고 보는 설도 있음. **궁발**(窮髮) 북쪽 황야(荒野)를 가리키며 풀도 나지 않는 불모의 땅. **기수**(其修) 그 길이. **태산**(泰山) 중국 산동성에 있는 명산으로, 오악(五岳) 중의 하나. **양각이상자**(羊角而上者) 양각이(羊角而)란 양뿔처럼 비틀려 있다는 뜻. 앞구의 회오리바람을 형용하는 말. **척안**(斥鴳) 안(鴳)은 메추라기. **불과수인이하**(不過數仞而下) 인(仞)은 높이의 단위. 7, 8척의 높이를 1인(한 길)이라고 했음. **고상봉호지간**(翱翔蓬蒿之間) 고상(翱翔)은 날아다닌다, 자랑스러운 듯이 행동한다는 뜻. 봉호(蓬蒿)는 쑥대. **소대지변야**(小大之辨也) 변(辨)은 분별, 구별.

6

그러므로 무릇 그 지(知)는 한 벼슬을 감당할 뿐이고, 행실이라야 한 고을에 뛰어날 정도이고, 덕이 한 임금과 합하여 일국을 대표하는 사람이라 할지라도 그의 시야(視野)는 이 메추라기 정도이다.

그러나 송나라의 영자(榮子)는 이것을 비웃었다. 세상 사람들

이 칭찬을 한다 해서 더 애쓰는 일도 없고, 그르다 한다 해서 낙담해 하지도 않는다. 안팎의 구별을 정하고 영욕의 경계를 알고 있으면 그만이다. 이 세상사에 있어 그는 동요된 적이 없었다. 그렇지만 그로서도 아직 정립(定立)되지 못한 게 있다.

저 열자(列子)는 바람을 마음대로 부리면서 타고 다니는데 그 기분이 가뿐한 것이 자못 좋았고, 보름이 지나면 다시 돌아온다. 그는 복을 가져오는 것(바람)에 마음을 쓰지 않았다. 이는 걷는 것을 면했다 할지라도 아직도 기대하는 바가 있는 것이다.

그런데 천지 자연의 바른 모습과 일치하여 육기(六氣)의 분별을 다스리며, 이리하여 무궁 속에 유유자적하는 자는 또한 무엇에 의지하겠는가.

그러므로 "지인(至人)에게는 자아가 없고 신인(神人)에게는 공(功)이 없고 성인(聖人)에게는 이름이 없다."고 한다.

[원문] 故로 夫知效一官이면 行比一鄕이요 德合一君이면 而徵一國者로 其自視也요 亦若此矣이니라 而宋榮子는 猶然笑之라 且擧世而譽之에 而不加勸이고 擧世而非之에 而不加沮이며 定乎內外之分이러니 辨乎榮辱之竟하고 斯已矣니라 彼其於世에 未數數然也이라 雖然이나 猶有未樹也이니라 夫列子는 御風而行하며 冷然善也하고 旬有五日而後反이라 彼於致福者는 未數數然也이라 此雖免乎行이나 猶有所待者也이라 若夫乘天地之正에 而御六氣之辯이고 以遊無窮者는 彼且惡乎待哉아 故로 曰 至人無己하고 神人無功하고 聖人無名이라

㉤ **고부지효일관**(故夫知效一官) 고(故)는 앞의 글을 받으면서 새로운 문장이 시작될 때 쓰는 말. 부(夫)는 다음의 서술에 주된 뜻을 이어주는 조사. 지(知)는 지혜, 앎. 효(效)는 공(功)과 같고, 쓸모가 있다는 것. 일관(一官)은 하나의 관직. **행비일향**(行比一鄕) 비(比)는 비교리는 뜻이겠는데, 학지에 띠라서 뛰이니다, 따르다로 해석하기도 함. 향(鄕)은 한 고을을 가리킴. **징일국자**(徵 國者) 징(徵)은 김집. 즉 임금의 부름을 받아 벼슬을 한다는 뜻. **송영자**(宋榮子) '천

하편'에 나오는 송견(宋銒)과 동일인물로 보는 설도 있으나 확실치 않음. 자(子)는 현인을 높이 일컫는 말. **차거세이예지**(且擧世而譽之) 거(擧)는 들다. 예(譽)는 칭찬하는 것. 즉 세상 사람 모두 이것을 들어 칭찬했다. **비지**(非之) 비(非)는 비난하다, 헐뜯다. **불가저**(不加沮) 가(加)는 점점 더하다. 저(沮)는 기가 꺾인다는 뜻으로, '의기저상(意氣沮喪)'이라고 씀. **영욕지경**(榮辱之竟) 영욕(榮辱)은 영예와 치욕. 경(竟)은 경계, 즉 구별. **미삭삭연야**(未數數然也) 삭삭연(數數然)은 갈팡질팡하는 것. 즉 동요를 말함. 미(未)자가 있으므로 '동요하지 않는다'의 뜻. **미수야**(未樹也) 수(樹)는 여기서 나무란 뜻이 아니고 세운다(立)는 것. 또는 정한다로 풀이. **열자**(列子) 열어구(列禦寇)라고도 함. 노자·장자와 더불어 도가(道家)를 대표하는 인물. 단 그 실존에 대해선 의문점이 있음. 그 저서로서《열자》8편이 있지만, 그 가운데의 일부분에는 육조(六朝)시대의 위작(僞作)이 포함돼 있다고 여겨짐. **어풍이행**(御風而行) 어(御)는 다스린다는 뜻. 바람을 자유롭게 다스려 타고 다님. **냉연선야**(冷然善也) 냉연(冷然)은 가볍게 펄펄 난다는 형용사. **순유오일이후반**(旬有五日而後反) 순(旬)은 열흘. 그러므로 순유오일은 보름. '보름 만에 돌아온다'고 한 것은 산신이 비바람을 움직여 농사에 도움을 주는 것을 의인화하여 바람을 마음대로 부리는 것에 비유한 것임. **치복**(致福) 치(致)는 이른다. 전의되어 가져다 준다. 복을 가져온다의 뜻. **차수면호행**(此雖免乎行) 수(雖)는 비록. 면(免)은 모면한다는 것. 가는 것을 면한다 할지라도. **천지지정**(天地之正) 천지자연의 바른 모습, 됨됨이. **육기지변**(六氣之辯) 육기(六氣)에 관해선 여러 가지 설이 있는데 '음양풍우회명(陰陽風雨晦明)' 또는 '천지사시(天地四時)'라는 등이 그것이다. 변(辯)은 변(變)과 통함. **오호대재**(惡乎待哉) 오(惡)는 무엇. 대(待)는 의지하는 것. 무엇으로 의지할 것인가. **지인무기**(至人無己) 지인(至人)은 지상(至上)의 사람. 기(己)는 자기 자신, 자아(自我)라고 해도 좋다.

[해설] 여기서 장자(莊子)의 전기를 짚고 넘어가야 하겠다. 장자의 전기는 노자(老子)의 그것처럼 사마천(司馬遷)의《사기》에 나오는 게 가장 오래된 것이다.

그것을 대충 옮긴다면 다음과 같다.

"장자는 몽(蒙) 사람이며, 이름을 주(周)라고 한다. 주는 일찍이 몽의 옻나무밭 아전을 지냈다. 양 혜왕(梁惠王)이나 제 선왕(齊宣王)과 같은 시대의 사람이었다.

그의 학문은 여러 분야에 걸친 것이었지만, 그러나 그 근본은 노자의 설에 귀일(歸一)된다.

그 저서는 10여 만 자에 이르지만, 대체로 우언(寓言 : 다른 사물에 비유하여 의견이나 교훈을 나타내는 말)이다. 어보(漁父)·도척(盜跖)·거협(胠篋) 등의 제편을 만들어 공자의 무리를 비난하고 노자의 도를 밝혔다.

외누허(畏累虛)·항상자(亢桑子) 등은 모두 만든 이야기로 사실은 아니다. 그렇지만 문장 표현이 훌륭하고 사실을 적절히 포착하고 이것에 의해 유가(儒家)나 묵가(墨家)를 공격했다. 이 때문에 당시의 뛰어난 학자도 그 공격의 예봉을 피할 수가 없을 정도였다.

그러나 장자의 말은 너무나도 분방하고 멋대로인 것이었으므로 왕공(王公)의 지위에 있는 사람들은 그를 등용할 수가 없었다."

사마천은 이어, 초 위왕(楚威王)만이 사자를 보내어 장주를 초청했지만 명리(名利)를 떠난 그는 이것을 거절했다는 에피소드를 소개하고 있다(〈외편〉의 '추수편' 참조).

장주가 태어난 '몽'은 현재의 하남성(河南省) 상구현(商邱縣) 동북에 있었던 곳인데, 노자의 탄생지라 하는 고현(苦縣)의 동북방 약 80킬로미터 지점에 있고, 전국시대에는 송(宋)의 영토였다.

일설에 노자는 패(沛) 사람이라 하지만, 이 패도 전국시대에는 송에 속하고 있었다. 따라서 노자와 장자는 모두 송인이었고, 자연히 노자의 영향을 받았다는 설도 일리가 있다.

송은 본디 약소국으로 기원전 286년, 제·위·초의 삼국에 의해 멸망했다. 그러나 그 건국은 멀리 기원전 11세기까지 거슬러 올라가며, 주 무왕이 은 주왕(殷紂王)을 멸해하고 그 나라를 멸망시켰을 때 주왕의 서형(庶兄)인 미자계(微子啓)를 제후로 봉하여 은의 유민을 옮긴 것이었다.
 참고로 공자도 그 조상을 송 민공(潛公)부터 세계(世系)를 세우고 있다. 민공은 미자계의 자손으로, 계는 현인이었다.
 또 춘추·전국시대의 차이는 그 전쟁의 규모보다는 오히려 도덕의 차이에서 찾는 견해도 있다.
 즉 춘추시대는 비록 하극상이 벌어지고 신하가 그 임금을 시해하는 사건도 있었지만, 그 나라를 완전히 멸망시키는 일은 결코 없었다. 주 무왕은 은의 유민을 황무지로 옮겨 나라를 세우게 하고 종묘를 두어 조상의 제사를 받들게 했던 것이다. 그것과 마찬가지로 춘추의 제후들은 주왕의 고사를 본받아 다른 나라를 공격해도 한두 고을은 남겨주어 조상의 제사를 끊기지 않게 했던 것이다.
 그러나 전국시대는 그렇지가 않다. 우선 같은 하극상이라도 진(晋)의 실력자였던 세 대부(大夫)가 군주를 죽이고 각각 한·위·조의 세 나라를 세웠으며 가차없이 진을 멸망시켰던 것이다.
 아무튼 송은 전 왕조의 유민이 세운 나라이고 문화적으로 높은 수준을 가지고 있었다. 이런 송나라에서 공자는 차치하고 노자나 장자가 태어났다는 것도 결코 우연만은 아닐 것 같다.
 또 송은 피정복 왕조의 유민이라는 점에서 타국인으로부터 경시되는 경향이 있었다. 은은 갑골문자(甲骨文字)의 발견으로 증명되듯 제정일치(祭政一致)의 사회였다.
 본디 중국의 역사는 삼황 오제(三皇五帝)로 설명되는 신화시대가 있고, 그뒤 왕조로서 하(夏)·은(殷)·주(周)의 시대가 이어진다.
 이런 역사는 사마천의 《사기》에 기술되어 알려졌다. 하지만 아무런 실증적 뒷받침이 없어 주는 또 몰라도 하·은만 하더라도 오랫동안 전설적인 왕조에 머물러 있었던 것이다.
 중국 최초의 세습 왕조는 하이고 그 시조는 우(禹)였다. 이 우도 고대 성인으로 처음에는 세습 왕조를 세울 의사가 전혀 없었다고 《사기》 하본기(夏本紀)에선 설명되고 있다.

우는 처음에 자신을 보필한 익(益)에게 나라를 물려주었다. 그런데 우가 죽고 3년상이 지나자 익은 왕위를 우의 아들인 계(啓)에게 물려주고 기산(箕山)에 은퇴했다고 한다.

하지만 요즘의 학설로는 우는 하 왕조와 아무런 관계도 없는 것으로 되어 있다. 실제 하의 우라는 호칭은 없었던 것이다. 즉 계는 하의 계, 하후(夏后)의 계라고 불리고 있었지만 우는 제우(帝禹) 또는 대우(大禹)라고만 불렸을 뿐이었다. 우가 하 왕조와 연결된 것은 전국시대 이후의 일이었던 것이다.

우는 황하의 홍수를 다스렸다는 전설로 유명하다. 또 그의 시대에 해중(奚仲)이 수레를, 익이 우물파는 기구를, 의적(儀狄)이 술을 각각 발명한 것으로 전해진다. 또 우가 구정(九鼎)을 주조했다는 신화가 있는만큼 인간이 쇠붙이를 사용할 줄 알았다는 근거가 된다.

이런 사실들은 생산력의 비약적인 발전을 말해주는 것으로 종래의 부족 공동체만으로는 영위해나갈 수가 없어 왕조가 건설되었다고 보는 게 학자들의 주장이다.

그런데 하는 물론이고 은의 역사도 모두 후세 사람들의 가작(假作)이라고 주장하는 학자들이 20세기 초까지 있었다. 이 주장처럼 하와 은이 가작이었다면 그 왕조는 없었던 것이 된다.

그런데 은허(殷墟)에서 복편(卜片)이 나타나고 발굴이 계속됨으로써 은의 궁궐이나 능묘가 발견되었다. 또 대량으로 출토한 갑골편에 의해 그것이 기록에 전해진 것──이를테면 사마천의《사기》은본기의 기술(記述)과 일치하는 것이 증명되었다.

은 왕조가 실재한 것은 이와 같이 증명되었지만, 하 왕조는 아직 확인되고 있지 않다.

아무튼《사기》는 하 왕조가 우로부터 걸(桀)까지 13대 472년을 이어졌다고 하였다. 실재한 것이 증명되지 않았다고는 하나 중국에선 예로부터 하가 중국 최초의 왕조임을 믿어 의심치 않는다.

《사기》에 의하면 우가 죽은 뒤 계가 왕위에 올랐다. 하라는 국호는 우가 최초로 봉해진 지명에서 딴 것으로 이후 중국에선 시조가 최초로 봉해진 땅이름을 국호로 쓰는 게 전통이 되었다.

계는 왕위에 올랐지만 순조롭지만은 않았다. 유호씨(有扈氏)가 복종하지 않았기 때문이다. 중국 고대는 아직도 여러 이민족이 있고 서로 다투고 있었기 때문에 이런 일은 예기된 것이었다.

계는 유호씨를 쳐서 물리치고 이들을 목노(牧奴)로 만들었다. 목노란 양치기였던 것 같다. 이 시대에는 전쟁 포로를 노예로 삼는 것은 보통이었다. 또 노예를 늘리는 것이 부를 늘리는 확실한 방법이었다.

이 계는 음률을 늘어놓아 예악(禮樂)을 갖추었다고 한다. 주석가는 구변(丘辯)이나 구가(九歌)는 계의 음악이고, 구소(九韶)는 오제의 하나인 순(舜)의 음악이었다고 한다.

음악은 사람의 마음을 부드럽게 할 뿐만 아니라 바로잡기까지 했다. 황량한 원시시대에는 특히 음악이 중요시되었다. 공자도 음악을 중시했다.

음악은 확실히 교화의 한 수단이기는 했지만, 향락의 요소도 있다. 계의 아들 태강(太康)은 이 향락적인 면이 강했다.

《사기》에 의하면 왕위에 오른 태강은 사냥에 열중하고 백성을 돌보지 않았다고 한다.

이때 활의 명인 예(羿)가 나타난다. 예는 한족이 아닌 이른바 오랑캐로, 태강을 죽이고 나라를 빼앗았다.

태강이 죽자 동생인 중강(中康)이 왕위에 올랐지만 나라는 회복하지 못했다. 이때 예는 같은 동족에게 살해되는데, 한착(寒浞)이라는 자가 그 우두머리였다.

중강의 아들은 상(相)이고, 다시 그 아들인 소강(少康)의 시대에 이르러 겨우 한착을 멸망시키고 하 왕조를 재흥시킬 수가 있었다.

소강의 중흥 이후 7대째 공갑(孔甲)이라는 암군이 나타난다.

"귀신과 즐겨 재주를 겨루고, 음란을 일삼아 하후씨의 덕이 크게 쇠약했다. 이리하여 제후는 배반하였다."

이것이 《사기》의 설명이다.
 암군 공갑의 아들인 고(皋)는 재위 3년(일설엔 11년), 그 아들인 발(發)은 재위 7년(12년설, 13년설도 있음)이라는 극히 짧은 시대가 이어져 하 왕조는 급속히 쇠약해진다.
 발의 아들인 걸(桀)이 드디어 등장하는데, 은의 주와 더불어 고대 중국에 있어 폭군의 쌍벽을 이루는 인물이다.
 그런데 그 이야기가 쌍둥이처럼 닮고 있다. 걸은 유시씨(有施氏)를 토벌하여 말희(妹喜)라는 미녀를 얻었고, 주도 유소씨(有蘇氏)를 토벌하여 미녀 달기(妲己)를 얻고 있는 것이다. 유시와 유소, 말희와 달기라는 중국식 발음까지도 닮고 있다. 또 다음 왕조의 창업주를 일단 사로잡은 뒤 놓아주는 것까지 똑같다. 걸은 은의 탕을 하대(夏臺)라는 곳에 감금했다가 석방했고, 주는 서백(주 무왕의 아버지)을 유리(羑里)에 잡아두었다가 사면한다.
 이 두 이야기는 너무나도 흡사하여, 하나의 이야기를 억지로 나눈 게 아닌가 하는 의심마저 들 정도이다. 바로 이 점이 하 왕조 가공설(架空說)의 한 가지 근거가 된다.

7

 요(堯) 임금이 허유(許由)에게 천하를 물려주고자 하여 말했다.
 "해와 달이 나왔는데도 횃불을 끄지 않는 것은 헛된 일이오. 때맞추어 비가 왔는데도 논밭에 물을 대준다면 그것 또한 헛수고가 아닌가. 선생이 천자가 된다면 천하가 더 잘 다스려질 텐데 내가 아직도 천자의 자리에 머물러 있으니 나 스스로 보기에도 바람직하지 못하오. 부디 천하를 맡아주시오."
 허유가 대답했다.
 "당신이 천하를 다스려서 이미 천하는 잘 다스려졌나이다. 그런데도 내가 당신을 대신한다면 나는 장차 천자라는 이름만을 위하란 말씀이오. 이름이란 실(實)의 손님인데 나더러 장차 손님이 되란 말씀이오. 뱁새는 깊은 숲속에 집을 짓지만 나뭇가지 하나면 족하오. 두더지는 강물을 마시지만 배를 채우기만 하면 그만이오. 임금이시여, 돌아가 쉬시도록 하시오. 내게 있어 천하는 아무 소용이 없는 것이오. 요리사가 요리를 잘 못한다 하여 신주(神主) 자신이 술항아리와 고기를 담는 그릇을 넘어 요리사를 대신 할 수는 없지 않습니까?"

원문 堯는 讓天下於許由하고자 曰 日月出矣어늘 而爝火不息하고 其於光也에 不亦難乎아 時雨降矣어늘 而猶浸灌하니 其於澤也에 不亦勞乎아 夫子立이면 而天下治이리요 而我猶尸之로 吾自視缺然이니 請致天下하리다 許由曰 子治天下하니 天下旣已治也요 而我猶代子하면 吾將爲名乎아 名者는 實之賓也로 吾將爲賓乎아 鷦鷯는 巢於深林이나 不過一枝요 偃鼠는 飮河언정 不過滿腹이요 歸休乎君 予無所用天下爲이니 庖人雖不治庖라도 尸祝은 不越樽俎而代之矣로다

주 요(堯) 고대 중국의 성왕. 당요(唐堯)라고도 함. 허유(許由) 요왕 때 현자(賢者)의 한 사람. 요가 천하를 물려주고자 했을 때, 달아나 기산(箕山)에 숨었다고 함. 또 더러운 말을 들었다 하여 강물에 귀를 씻었다는 이야기는 널리 전함. 작화불식(爝火不息) 작화(爝火)는 횃불, 관솔불. 식(息)은 그친다. 불역난호(不亦難乎) 난(難)을 수고한다는 '단(癉)'의 차자(借字)로 봄. 그래야만 다음에 나오는 '불역노호(不亦勞乎)'와 짝을 이룰 수 있음. 시우(時雨) 때맞춰 내리는 비. 침관(浸灌) 논밭에 물을 대는 것. 관개(灌漑). 기어택야(其於澤也) 택(澤)은 못. 즉 물이 괸 곳인데, 논밭으로 바꾸어 해석함. 부자(夫子) 상대방을 높여 부르는 말. 이아유시지(而我猶尸之) 시(尸)는 제사 때의 신주. 여기선 주(主), 천하의 주인이란 뜻. 내가 아직도 이것의 주인이 되면. 명자실지빈야(名者實之賓也) 빈(賓)은 손님이란 뜻인데, 여기선 비유적으로 어떤 것의 부품. 이름이란 실(實)에 대한 장식물에 지나지 않는다의 뜻. 초료(鷦鷯) 뱁새. 불과일지(不過一枝) 한 나뭇가지에 지나지 않음. 일지(一枝)는 '심림(深林)'과 비교

하여 아주 작은 것에 만족하는 모양을 나타냄. **언서**(偃鼠) 두더지. **포인**(庖人) 소를 잡는 사람인데 전의되어 요리사. **시축부월준조**(尸祝不越樽俎) 시(尸)는 제사 때 신 대신 세워놓은 소년〔尸童〕이고, 축(祝)은 신에게 고하는 축문인데, 쉽게 말해서 제사지내는 이. 부월(不越)은 넘지 않는다는 것이라고 생각하기 쉽지만, 부(不)는 앞의 시축을 설명하는 글자. 준조(樽俎)는 술항아리와 고기를 담는 그릇으로 제사에 쓰는 기구.

[해설] 걸주가 폭군을 대표한다면 요순은 성인을 대표한다.
 옛날부터 중국의 역사는 삼황 오제부터 설명되고 있었지만, 사마천은 그《사기》를 오제본기(五帝本紀)부터 시작했다. 사마천의 시대에 벌써 삼황을 잘라 버렸던 것이다. 오제란 황제(黃帝), 전욱(顓頊), 제곡(帝嚳), 요(堯), 순(舜)을 가리킨다.
 사마천은 오제본기 말미에,
 "많은 학자들은 오제를 오랫동안 칭송했다. 그런데《상서(尙書)》만이 유일하게 요 이후를 적고 있을 뿐이다. 그리하여 백가(百家)로서 황제를 말하는 이는 그 글의 앞뒤가 모순이고 매끄럽지가 못하다. 천신(薦紳: 지위가 있는 사람이나 선생)은 이를 말하기 꺼려한다."
 기원전 2세기 때 사람 사마천은 여기서 또 황제·전욱·제곡마저 의심하고 있는 셈이다. 그것은 어디까지나 신화로서 믿을 수 없다는 것이 최대 이유였다.
 그러나 사마천 본인은 의심은 하지만, 황제 이하 오제에 대해서 그가 들어 알고 있는 것을 충실히 적어 후세에 남기려고 애썼던 것만은 틀림없다.
 오제에 앞서는 삼황은 수인씨(燧人氏), 복희씨(伏羲氏), 신농씨(神農氏)이다. 한족보다 먼저 황하 유역에 살았다고 믿어지는 야오족이나 묘족(苗族)의 신화로 복희와 여와(女媧)는 부부신이며 남매신이었고 창조신이었다고 한다.
 야오족이나 묘족은 한족에 쫓겨 현재는 중국 변경에 살고 있으며, 비개하고 원시적인 소수 민족으로 남아 있다.

지금의 신강성 위구르 자치구 토르판은 옛날 고창국(高昌國)이 있었던 곳이지만 20세기 초 영국의 고고학자 스타인은 돈황 및 여러 곳의 고대 유물을 발굴한 것으로 유명하다.

이 스타인이 토르판에서 발굴한 출토품 가운데 '채색견화(彩色絹畫)'가 있다. 그것은 관을 덮는 명정인데, 복희와 여와가 그려져 있다.

그것을 보면 상반신은 인간이고 하반신은 뱀으로, 하반신이 서로 칭칭 감겨져 있다. 이들은 각자 자와 컴퍼스를 손에 갖고 있다. 이것으로 이들이 부부신이고 창조신인 것이 분명해졌다.

중국엔 또 음양(陰陽)사상이란 것이 있다. 우주 만물을 모두 음양으로 대립시키고 있는 셈이다.

따라서 복희는 태양이고 남자이며 양의 대표이다. 또한 여와는 달이고 여자이며 음의 대표이다.

음양은 유교적 사고방식이지만, 그 사고방식대로라면 수인씨는 인간에게 불을 가르쳐 주어 음식을 익혀 먹게 했다. 복희씨는 '8괘(八卦)'를 처음으로 만들고, 그물을 만들어 인간에게 고기잡이와 사냥하는 법을 가르쳐 주었다.

8괘는 유교의 철학인 《주역》의 기초가 되는 것으로 역시 음양으로 되어 있다. 양을 —로 나타내는데 이것은 남성의 성기를 나타내고 음은 --로 나타내어 역시 여성의 성기를 상징한다. 8괘는 이 음양을 짝짓기하여 건(乾 : ☰), 곤(坤 : ☷), 태(兌 : ☱), 이(離 : ☲), 진(震 : ☳), 손(巽 : ☴), 감(坎 : ☵), 간(艮 : ☶)을 만든 것이다.

또 여와(女媧)의 와도 '渦·窩·鍋'처럼 한복판이 비어 있는 것, 여음을 나타낸다는 설도 있다.

복희(伏羲)는 복희(伏犧)라고도 쓴다. 사마정(司馬貞)은 복희가 가축을 기르고 그것을 포주(庖厨)에서 요리하여 신이나 조상을 제사지냈으므로 포희(庖犧)라 불렸다고 하였다.

포(庖)는 사물을 감싸는 것이므로 위대함을 나타내는 경우도 있다. 물체를 싸서 불에 굽는다는 점에서 요리 용어가 되었지만,

'신의 이름'으로선 위대하다고 해석하는 것이 알맞다.

희(犧)는 신이나 조상신에 바치는 희생이다. 고대에는 인간도 희생으로 바쳐졌지만, 세밀히 점검하여 조금이라도 육체에 결함이 있다면 제물로 쓰지 않았다.

어쨌든 복희와 여와는 묘족의 신이었던 게 틀림없다.

《사기》의 오제본기에선 삼묘(三苗)가 강회(江淮), 형주(荊州) 땅에 살았다고 한다. 이것은 장강과 황하 중간이며 이른바 중원의 주변에 있었던 셈이다.

이들이 요 시대에 삼위산(三危山)으로 추방되었고 순 시대에 다시 멀리 추방되었다고 한다. 현재 묘족은 주로 귀주성(貴州省)과 운남성(雲南省)에 살고 있으므로 중원에서 본다면 아득한 변경으로 밀려난 것이다.

복희 다음에 여와가 세상을 다스렸다. 그러나 세상은 복희 시대와 별로 달라진 것이 없었다. 다만 생황(笙簧)이라는 악기가 발명되었을 정도였다.

그런데 앞서 나온 사마정의 설명에 의하면, 여와의 천하를 노려 공공씨(共工氏)가 반란을 일으켰고 그것을 축융(祝融: 불의 신)이 평정했다.

공공씨는 사람 형상에 뱀의 몸뚱이를 가졌으며 머리는 붉었다. 또 그 부하인 상류(相柳)는 목이 아홉 개에 사람 형상이고 몸은 뱀인데 푸른색이었다. 공공씨는 악의 상징으로서 중원 세계에 자주 등장하고 사람들의 증오의 대상이었다.

여와의 다음은 신농씨인데, 그는 8괘를 겹쳐 24괘로 늘렸다. 또 그는 농업·의약·가축, 그리고 물물교환의 방법을 사람들에게 가르쳤고, 주조술과 양조법도 시작했다고 한다.

그리하여 신농씨로부터 8대, 534년이 지나서야 한족의 조상이라 믿는 황제(黃帝)가 나타난다.

이상은 어디까지나 유교적인 신화이다. 따라서 그 반대의 해석도 가능한 셈이다. 장자는 이런 신화시대의 일화를 사유자재로 인용하여 독특한 그의 사상을 펼치고 있는 것이다.

8

견오(肩吾)가 연숙(連叔)에게 물었다.
"내가 접여(接輿)에게서 들었는데 그 이야기는 크기만 했지 합당하지 않고 앞으로 나아가기만 하고 돌아올 줄 몰랐소. 그래서 나는 그 이야기에 두려움을 느꼈다오. 마치 은하수처럼 끝이 없었고, 너무나 동떨어져 있어 인간 세상과는 거리가 있었소."
연숙이 말했다.
"그 이야기가 어떤 것이었는데?"
"그 이야기란 '묘고야란 산에 신인(神人)이 사는데, 살갗은 얼음이나 눈처럼 희고 부드럽기는 처녀와 같다. 오곡을 먹지 않고 바람을 들이마시고 이슬을 마신다. 구름의 정기를 타고 비룡을 부리면서 사해의 밖에까지 노닐곤 한다. 그 정기가 뭉치면 만물을 병들지 않게 하여 그해 곡식을 잘 성숙하게 한다.'는 것이었소. 나는 이를 미치광이로 보고 믿지 않았소."
그 말을 듣고 연숙이 말했다.
"그렇게 생각하는 것도 무리는 아니오. 장님은 색깔의 아름다움을 보지 못하고 귀머거리는 종과 북소리를 듣지 못하오. 그런데 어찌 형체에만 장님과 귀머거리가 있단 말이오. 저 앎에도 또한 장님과 귀머거리가 있는 법이오. 그 말은 지금 그대 같은 사람을 두고서 한 말이오. 사실 그 신인의 덕은 바야흐로 만물을 뒤섞어 하나로 만들고자 하는 것이오. 세상은 그가 천하를 다스릴 것을 바라고 있으나, 그가 무엇 때문에 마음과 몸을 피로케 하며 천하를 다스리려 하겠는가.
이 사람은 만물이 해치지 못한다네. 큰 홍수가 나서 물이 하늘까지 넘쳐도 빠져 죽지 않으며 큰 가뭄에 쇠와 돌이 녹아 흐르고 흙과 산이 불타더라도 뜨겁다 하지 않소. 이 사람은 그 먼지, 때, 쭉정이와 겨로써도 능히 요순을 만들 수 있다네. 그런 사람이 무엇 때문에 세상의 일에 애쓰려 하겠는가."

송나라 사람이 장보(章甫)를 밑천삼아 월나라로 갔다. 그런데 월나라 사람들은 머리를 짧게 깎고 문신을 하는 풍습 때문에 장보를 사용하는 일이 없었다. 요는 천하의 백성을 다스리고 해내(海內)의 정치를 평안케 한 다음 네 사람의 신인을 만나러 묘고야 산에 갔다. 그런데 분수의 북쪽에 이르렀을 때 그만 멍하니 얼이 빠져 자기가 다스리는 그 천하의 일을 잊어버리고 말았다.

원문 肩吾가 問於連叔하니 曰 吾聞言於接輿하니 大而無當이고 往而不反이라 吾驚怖하여 其言하니 猶河漢而無極也로다 大有逕庭이라서 不近人情焉이라 連叔이 曰 其言謂何哉오 曰 藐姑射之山에 有神人居焉인데 肌膚若冰雪이고 淖約若處子라 不食五穀하고 吸風飮露하고 乘雲氣하고 御飛龍하여 而遊乎四海之外라 其神이 凝하면 使物不疵癘하고 而年穀熟이라 吾以是狂而不信也라 連叔이 曰 然하다 瞽者는 無以與乎文章之觀이고 聾者無以與乎鐘鼓之聲이라 豈唯形骸有聾盲哉라 夫知亦有之이리오 是는 其言也이고 猶時女也로다 之人也에 之德也는 將旁礴萬物以爲一이라 世蘄乎亂이어니 孰弊弊焉以天下爲事라 之人也 物莫之傷이라 大浸稽天而不溺하고 大旱金石流하고 土山焦라도 而不熱이라 是는 其塵垢粃糠이니 將猶陶鑄堯舜者也니 孰이 肯以物爲事리오 宋人資章甫하여 而適諸越하다 越人은 斷髮文身이라 無所用之라 堯는 治天下之民하고 平海內之政에 往見四子로 藐姑射之山하고 汾水之陽에서 窅然喪其天下焉이니라

견오문어연숙(肩吾問於連叔) 견오(肩吾)는 전설상의 신에 가까운 사람의 이름. 도를 터득한 현인으로서 '대종사편(大宗師篇)'에도 '견오득지 이처대산(肩吾得之 以處大山)'이라 하였으며, '덕충부편(德充符篇)'에서도 나옴. 연숙(連叔) 역시 신인의 이름. **접여**(接輿) 공자와 동시대의 초나라 은사. **무당**(無當) 끝이 없음. **하한**(河漢) 은하수. **경정**(逕庭) 경(逕)은 길. 길이나 뜰이 서로 격리되어 있듯이 동떨어진 것. **묘고야지산**(藐姑射之山) 묘고야(藐姑射)는 전설의 산이름. 《열자》의 '황제편(黃帝篇)'에선 열고야(列姑射)다 했는데 바닷속에 있으며 신인이 사는 곳이라 함. **기부약빙설**(肌膚若冰雪) 기부(肌膚)는

살갗, 피부. 빙(冰)은 빙(氷)과 통함. **작약약처자**(淖約若處子) 작약(淖約)은 부드럽고 예쁜 것. 처자(處子)는 처녀. **기신응**(其神凝) 신(神)은 정신, 즉 마음. 응(凝)은 엉기는 것. 그러나 여기선 마음을 한 곳에 둔다는 의미. **사물부자려**(使物不疵癘) 사(使)는 하여금. 자려(疵癘)는 상처를 입거나 나쁜 병에 걸림. **고자**(瞽者) 장님. **문장지관**(文章之觀) 문장(文章)은 아름다운 무늬. 전의해서 모든 아름다움을 갖춘 것. 본디 청과 백을 문(文)이라 하고 적과 백을 장(章)이라 함. **농자**(聾者) 귀머거리. **종고**(鍾鼓) 종(鍾)과 고(鼓)는 모두 악기의 이름. **시여야**(時女也) 시(時)는 시(是)와 통함. 이것. 여(女)는 여(汝)와 같은 뜻. **방박**(旁礴) 섞어 하나로 하다, 또는 널리 미치는 것. **세기**(世蘄) 기(蘄)는 기(祈)와 통함. 소망하다, 바라다의 뜻. **숙폐폐언**(孰弊弊焉) 숙(孰)은 어찌(何)의 뜻. 폐폐언(弊弊焉)은 몹시 지친 상태. 따라서 누가 지칠 만큼 일을 하겠는가. **계천이불닉**(稽天而不溺) 계(稽)는 이른다(至也). 계천은 하늘까지 이른다는 뜻. 익(溺)은 빠짐. **금석류**(金石流) 쇠붙이. **진구비강**(塵垢粃糠) 구(垢)는 때. 비(粃)는 쭉정이. 강(糠)은 겨. 따라서 쓸모없는 것, 하찮은 것을 말함. **도주요순자야**(陶鑄堯舜者也) 도주(陶鑄)는 흙이나 쇠붙이로 기물을 만드는 것. 순(舜)은 순임금. **숙긍이물위사**(孰肯以物爲事) 긍(肯)은 굳이. 누가 굳이 물건을 갖고서 문제삼겠느냐. **송인자장보**(宋人資章甫) 자(資)는 재물, 즉 밑천, 자본. 장보(章甫)는 은대(殷代)의 갓. 후에 선비의 갓이 됨. **제월**(諸越) 제(諸)는 월 앞에 발음상 붙는 말로, 뜻이 없음. 우월(于越)이라고도 함. **왕견사자**(往見四子) 사자(四子)는 네 사람의 신인인데, 이름은 불명. **분수지양**(汾水之陽) 분수(汾水)는 산서성에 있는 황하의 지류. 양(陽)은 요의 도읍이 있었다는 평양(平壤). 은의 도읍이기도 함. **면연상기천하언**(窅然喪其天下焉) 면연(窅然)은 멍한 것, 얼빠진 모양. 상(喪)은 잊어버린다는 뜻.

[해설] 여기서 중요한 것은 '是其塵垢粃糠 將猶陶鑄堯舜者也'의 구이다. '이 사람은 그 먼지, 때, 쭉정이와 겨로써도 능히 요순을 만들 수 있다네.'로 풀이했지만, 요컨대 장자는 요순이라 할지라도 '발톱의 때'밖에 안 된다고 말했던 것이다.

중국의 고전은 과장이 많기로 알려져 있다. 특히 신화시대의 기술(記述)은 그것이 심하다.

중국의 역사는 과거에 '삼황 오제'로부터 시작되고 있다. 그러나 같은 중국인이라도 이 '삼황 오제'가 분명히 조작된 것이라고 말하는 사람도 있다. 조작한 것은 주로 유교 계통의 사람들이지만, 이것을 반박하는 문헌이 많이 나타나고 있다. 《장자》도 그 하나이다.

그러나 주의할 것은, 반박이나 의문은 표시하고 있지만 완전히 부정하고 있지는 않다는 사실이다.

문제는 옥석(玉石)이 뒤섞여 있는 중국의 고전 가운데 어느 것이 진짜고 어느 것이 가짜인가 하는 점을 가려내는 일이다. 그러나 이것은 도저히 불가능하다. 그런만큼 중국 역사의 주류와 비주류를 옥석혼효(玉石混淆)인 채 당분간은 그대로 알 수밖에 없다.

요순과 걸주가 완전히 조작된 것은 아니라도, 적어도 과장된 냄새만은 짙게 풍긴다.

《회남자(淮南子)》라는 문헌이 있다. 이것은 한 무제 때의 회남왕 유안(劉安)이 그 문하(門下) 학자들의 논문을 편집한 책이다. 전국시대 말기 이후 정계의 거물이 그 문하에 논객을 모으는 풍습이 성행되었고, 진 시황이 아직 왕이었을 무렵의 재상 여불위(呂不韋)도 《여씨춘추》를 남겼다. 《회남자》는 《여씨춘추》의 본을 뜬 것으로 흔히 잡가(雜家)의 서(書)로 분류되지만, '노장사상'의 계통을 잇는 도가사상이 소개되고 있다.

이 《회남자》에 의하면 요(堯) 시대 하늘에 열 개의 태양이 한꺼번에 나타났다고 한다. 하나의 태양도 여름이면 뜨겁기 이를 데 없는데 열 개의 태양이 한꺼번에 나타났다면 어떻게 되겠는가.

지상 세계는 초열 지옥으로 변하여 오곡은 물론이고 초목마저 말라 죽고 불타 버렸다. 그뿐 아니라 지상 곳곳에 불길이 치솟고 맹수가 나타나 사람을 잡아먹었고, 맹금은 노인과 어린이를 채어가서 백성들은 공황상태에 빠졌다.

이때 요의 명령으로 등장한 것이 활의 명인 예(羿)였다. 예는 기대에 어긋나지 않게 화살을 차례로 쏘아 태양의 정(精)인 화오

(火烏 : 불까마귀는 태양의 정이 응결되어 생긴 것으로, 음양 사상으로선 양임)를 쏘아 맞혀 아홉 개의 해를 떨어뜨렸다.

예는 이어 지상에서 날뛰는 괴수를 죽이든가 사로잡아 천지는 정상을 되찾고 평화로워져 백성은 모두 기뻐했다.

"만민이 모두 기뻐하고 요를 받들어 천자로 삼았다."

백성을 행복케 하고 평안케 만드는 것이 천자이고 성인이었던 셈이다. 다시 말해서 요는 성인으로, 하늘의 상제(上帝)를 대리하여 지상의 백성을 어버이처럼 애육한다. 이것이 유교의 이상이었다.

그런데 장자는 그것을 부정은 않더라도 무시했으니 대단한 발상(發想)이라 하겠다.

《춘추좌전》은 예에 관해 다른 이야기를 소개한다. 좌전은 말할 것도 없이 유교의 책이다. 그것에 의하면 예가 활약한 시대는 요 시대가 아니고 하(夏)나라 때였다. 이것은 이미 《사기》에서도 소개되고 있다 하였지만, 좌전에 의하면 하의 국력이 쇠약했을 무렵 유궁국(有窮國)의 후예(后羿)라는 자가 서(鉏)에서 진출하여 하의 백성을 지배하고 그 왕권을 탈취했다.

이윽고 예는 자기의 궁술만 믿고 백성들을 돌보지 않고 황무지에서 짐승을 쫓는 즐거움에 빠졌고, 무라(武羅)·백인(伯因)과 같은 어진 신하를 물리치고 한착이라는 간악한 인물을 재상으로 등용했다.

한착은 아첨을 안으로 하고 뇌물을 밖으로 베풀면서 백성을 우롱했고 주군인 예를 수렵의 즐거움에 빠지게 하였다. 그의 목적은 나라를 빼앗는 데 있었다.

이윽고 예는 사냥에서 돌아오다가 한착의 부하에게 살해되었다. 한착은 그 시체를 삶아 예의 아들에게 먹이려 했지만, 아들은 차마 아버지의 고기를 먹지 못하고 굶어 죽는다. 한착은 다시 예의 처첩을 차지하여 요(澆)라는 아들을 낳았다.

이 요가 성장하여 하나라 중신이었던 짐관(斟灌)과 짐심(斟尋)

을 죽였지만, 같은 하나라 유신 미(靡)가 군사를 일으켜 마침내 한착을 죽이고 소강(少康)을 세우는 것이다.
　이 소강은 전통적인 제상(帝相)의 아들로 요를 공격하여 유궁국을 멸망시키고 하를 다시 중흥시켰다. 그런 의미로 소강 역시 성인에 버금가는 인물이었을지도 모른다.
　예는 시대를 초월한 신인(神人)으로 신화에 자주 나타난다. 이 예와 어깨를 겨루는 활의 명인으로 봉몽(逢蒙)이라는 자가 있다. 《회남자》를 보면, "종일 말하면 반드시 성인의 말이 있다. 백 발 중에는 반드시 예와 봉몽의 교(巧)가 있다."라고 하였다. 이것은 서툰 총질도 어쩌다가는 맞는다는 의미일 것이다. 즉 하루종일 지껄이고 있으면 때로는 훌륭한 발언도 있고, 백 발의 화살을 쏘면 개중에는 한 발쯤 예나 봉몽만큼의 훌륭한 활솜씨도 있을 거라는 역설이다.
　봉몽은 궁술로서 예의 제자였다고 한다. 예에게서 궁술의 모든 것을 배웠고 봉몽은 마침내 활솜씨로는 천하 제일이라고 자만하게 되었다. 그러나 아무래도 예가 눈엣가시처럼 여겨졌다. 그래서 봉몽은 스승을 죽여 버렸다.
　《맹자》에도 이 이야기가 등장한다. 맹자의 의견으로는 죽임을 당한 예에게도 잘못은 있다는 것이었다. 그 이유로 맹자는 춘추시대의 일화를 예로 들었다.
　정(鄭)의 자탁(子濯)이 군사를 이끌고 위(衛)에 침입했을 때, 위에선 유공(庾公)을 장군으로 내보냈다.
　그런데 자탁은 갑작스런 병으로 진중에서 앓아눕게 되었다. 자탁은 "활을 쏠 수 없게 되었으니 내 명도 이제 끝이다."라고 한 탄을 하다가 적장이 유공이라는 것을 알자 기뻐하면서 말했다.
　"내 목숨은 건졌다."
　"어째서입니까?"
　"유공은 활을 이공(伊公)에게서 배웠고, 이공은 궁술을 나에게서 배웠다. 이공은 바른 인문이니까 이무니 힘부로 세사도 삼시는 않았을 것이다."

과연 유공은 자탁이 병중임을 알자 스승의 사부를 활로 쏘아 죽일 수는 없다고 생각했다. 그러나 군명(君命)을 어길 수도 없었다. 그래서 유공은 활촉을 수레바퀴에 끼워 부러뜨리고 화살대만의 활을 쏘았던 것이다.

맹자의 이 일화는 유교적인 사고방식이다. 유공이 올바른 스승에게서 교육을 받았기 때문에, 결코 스승의 사부인 자탁을 죽일 수가 없는 도덕관념을 가졌다는 이야기이다.

그런데 예는 봉몽과 같은 비도덕적인 자를 제자로 삼았으니 스승으로서도 책임의 반은 있다는 것이었다.

그렇지만 예가 봉몽에게 살해되었다는 기록은 다른 문헌에는 나타나지 않는다. 《회남자》에도 《장자》에도 《오월춘추》에도 활의 명인으로서 그 이름이 등장하고는 있지만 '스승 살해'에 대해선 아무런 설명이 없다.

아홉 개의 태양을 쏘아 떨어뜨린 예는 신화의 인물일망정 고대의 영웅이었다.

그러나 그는 같은 영웅이라도 비극의 인물, 배신된 영웅이다. 자기의 대신이나 제자에 의해 살해되었다고 널리 인식되고 있기 때문이다. 게다가 그는 처첩까지 빼앗겼다. 이리하여 갖가지 문학의 소재로 등장한다.

《초사(楚辭)》의 '천문편(天問篇)'에선 예의 아내 이름을 순호(純狐)라 했고, 《회남자》에선 항아(恒娥)로 소개되고 있다.

초의 굴원(屈原 : B.C. 433~B.C. 277, 중국 고대의 대시인)이 지었다고 전하는 '천문편'은 우주의 모든 의문을 하늘에 물어 보는 형식으로 되어 있다.

내 어찌 해를 쏘았노,
오(烏)는 어찌 깃털을 흩날렸노.

앞에서도 말했듯이 해에는 다리가 셋인 불까마귀가 산다고 믿어졌다. 다리가 셋이었다 함은, 홀수가 양이기 때문이다.
"해 속에 준오(踆烏)가 있고 달 속에는 섬여(蟾蜍:두꺼비)가 있다."
라고 《회남자》에 나온다. 준오는 곧 다리가 셋인 새를 말한다.

새에도 여러 종류가 있건만 어째서 까마귀가 중국에서 태양의 정으로 여겨졌는지에 대해 태양의 흑점설(黑點說)이 있는가 하면 까마귀의 습성과 결부하는 설도 있다. 까마귀는 새벽 일찍 어디론가 날아갔다가 저녁 무렵이 되면 둥지로 돌아온다.

굴원은 또 노래한다.

상제께서 이예(夷羿)를 내려보내
하나라 백성의 재난을 바로잡았는데,
어찌 저 하백을 쏘아
낙빈(洛嬪)을 아내로 삼았노.

당시 하의 부족장은 백성을 돌보지 않아 갖가지 재난이 있었다. 앞에서 나온 열 개의 태양이나 괴수들도 각지를 휩쓸던 도적의 이름으로 추측된다. 혹은 열 개의 태양은 대한발(大旱魃) 이외의 아무것도 아니다.

이리하여 하늘의 상제는 백성들의 재산을 지켜주기 위해 이예를 내려보냈다. 태양을 쏘아 가뭄을 해결하고 괴물들을 퇴치하여 질서는 회복했지만, 이예는 쓸데없는 짓을 하였다.

하백(河伯)을 쏘았던 것이다. 하백은 수신(水神)인데, 수신을 받드는 부족의 족장이었을지도 모른다.

아무튼 하천이 범람하는 것은 하백의 책임이므로 그것을 토벌한다는 것은 있을 수 있는 일이었다. 그런데 예는 낙수(洛水)의 여신인 낙빈을 약탈하여 아내로 삼았던 것이다.

일설에 의하면, 하백은 백룡(白龍)의 모습으로 물가에서 놀고 있을 때 예의 화살은 맞았다. 화살은 왼쪽 눈을 맞혔다. 하백은 즉시 상제한테 가서 호소했다.

그러나 상제는, "네가 그런 용의 모습으로 있었기에 화살을 맞은 것이다. 예는 죄가 없다."라고 꾸지람을 했다는 것이다.

낙빈은 복비(宓妃)라고도 불린다. 굴원은 《이소(離騷)》에서 낙빈을 가리켜 미모를 뽐내는 오만하고도 예의를 모르는 여자로, 놀기 좋아하는 바람둥이 여자로 묘사했다.

그런데 후세에 위의 조식(曹植 : 192~232)은 《낙신부(洛神賦)》를 지어 복비와의 환상적인 성관계를 노래하여 이 여신은 더욱 유명해졌던 것이다.

조식은 《삼국지》로 알려진 조조(曹操)의 아들로 위 문제 조비(曹丕)의 아우다. 그는 형수인 견후(甄后)에게 연정을 품었지만, 그녀는 문제의 노여움을 입어 죽음이 내려졌던 것이다. 212년의 일이다. 《낙신부》는 그 이듬해 지어졌지만, 비극의 여인 견후를 모델로 삼았는지도 모른다.

견씨는 처음에 원소(袁紹)의 차남인 원희(袁熙)의 아내였지만, 패전으로 조비에게 빼앗겨 그 아내가 된 것이었다.

사람들은 《낙신부》를 읽고 거기에 묘사된 복비에게서 불행했던 견씨의 모습을 연상했을 것이다. 남편의 패전으로 인해 적의 아내가 된 견씨의 운명과, 남편 하백이 화살을 맞고 죽자 예의 아내가 된 복비의 운명은 너무나 닮았기 때문이다.

굴원은 '천문편'에서 또 노래했다.

> 요(珧)를 당기고 결(決)을 끼여
> 큰 산돼지를 쏘아
> 삶은 고기의 비계를 바쳤는데
> 상제는 어찌 따르지 않았노.

요는 조가비로 장식된 활이었다. 그리고 결은 활시위를 당길 때 엄지에 끼는 골무로, '반지(搬指)'로 일컬어지는 것이었다.

예는 앞서 온갖 괴물을 퇴치하고 돌아올 때 갑자기 산이 무너져 내리는 위기를 맞았는데, 이때 옥반지를 주웠던 것이다.

일종의 마법의 골무라고나 할까, 그로부터 그의 활 힘은 한층 강해졌다. 이 결을 끼고서 큰 산돼지를 잡아 그 비계를 제물로 제단에 바쳤지만 상제는 이를 받지 않았다. 그 까닭은 무엇이냐고 굴원은 하늘에 물은 것이었다.

본디 '천문편'은 굴원의 물음만 있을 뿐 그것에 대한 회답은 일체 없다. 독자가 그것을 상상할 뿐이다. 그렇지만 이 회답은 비교적 쉽다고 하겠다. 가물음 문제를 해결하고 괴물을 퇴치했다고는 하나 하백의 아내를 빼앗아선 안 되었다. 전통적인 해석으로는, 이 죄가 바로 하의 왕위를 빼앗은 예의 행동이라 한다.

> 착은 순호를 맞았고
> 아내에 혹하여 음미를 꾀하다,
> 어찌 예의 '사혁'으로
> 무참한 죽음을 당했노.

한착은 예의 아내인 순호를 약탈했는데, 그것을 볼 때 아무래도 그 미모에 눈이 멀어 남편인 예를 모살한 것이라는 의문이 생긴다. 그렇긴 하더라도 예의 활 쏘는 힘은 사혁, 갑옷마저 꿰뚫을 만큼 강했는데 쉽사리 살해되었을까 하는 질문을 하고 있는 것이다.

《회남자》는 이 신화에 다시 덧붙이고 있다. 예의 아내가 남편을 배신했다는 것이다. 《회남자》에선 그의 아내 이름이 항아(恒娥)로 되어 있는데, 상아(常娥)라고도 쓴다.

"예가 불사약을 서왕모(西王母)에게 청했는데, 항아가 이를 훔쳐 달로 도망치자 그는 넋을 잃은 듯이 명했었다."

즉 예는 불로불사의 약을 달라고 곤륜산(崑崙山)에 사는 서왕모에게 졸랐다고 한다. 신은 불사여야 하는 것인데 예는 아마 신적(神籍)에서 제명이 되었던 모양이다. 그 이유는 불명이다. 하백의 아내를 뺏은 것이 신계(神界)의 지탄을 받았기 때문이었을까. 일설에는 그가 쏘아 떨어뜨린 아홉 개의 태양은 모두 상제의 아들이었으므로, 상제가 그에게 호의적이 아니었다고 한다.
　신계에서 추방된 예는 죽지 않으면 안 될 한낱 인간이었다. 지금까지 신이었던 그로서는 도저히 견딜 수 없는 일이었다. 어떻게든지 다시 불사의 몸이 되어야 한다고 생각한 그는 곤륜산에 가서 불사약의 소유자인 서왕모에게 그것을 달라고 청했다.
　"이것뿐이지."
　서왕모는 오래 전부터 아는 예에게 불사약을 주었다. 그런데 예의 아내인 항아가 그것을 훔쳐 내어 달로 도망치고 말았다. 예는 낙담하여 그만 넋을 잃고 말았다는 이야기이다.
　예의 이야기는 물론 신화이지만, 거기에는 역사의 냄새가 아련히 풍기고 있다.
　예는 후예(后羿)라고도 부르는데, '후'는 군주를 나타내는 것이므로 그가 어떤 부족의 장(長)이었을지도 모른다.
　또 이예(夷羿)라고 불리고 있지만 이는 동이(東夷)를 가리키는 말인 것이다.
　한편 달로 도망친 항아는 어떻게 되었을까. 그녀는 불사약을 훔쳤으므로 남편에게 들키면 어떤 심한 벌을 받을지 모른다고 겁내고는 그 불사약을 먹어 버렸다. 이 때문에 그녀도 상제의 벌을 받아 보기 흉한 두꺼비의 모습으로 바뀌고 말았다. 달의 표면에 두꺼비 같은 반점이 보이는 것은 바로 항아의 모습이다.

　달에 관한 신화는 이밖에도 몇 가지 더 있다. 달에는 한 그루의 계수나무가 있다. 높이 500장(1장은 3.3미터)이라는 엄청난 거목이다. 나무 아래에는 한 사내가 있어 도끼를 휘둘러가며 쉴새없이 나무를 찍는다. 그러나 월계수는 아무리 찍어도 넘어가지 않는다. 왜냐하면 찍자마자 나무의 상처가 아물기 때문이다.
　또 달에는 한 마리의 토끼가 사는데, 이름을 옥토(玉兎)라고 한다. 밤이 되어 달이 하늘에서 빛나기 시작하면, 옥토는 밤새도록 약절구질을 한다. 세상 사람들은 이 옥토가 인간에게 행복을 내려주는 것이라고 믿고 있는 것이다.

그럼 드디어 '요순' 문제로 들어가자. 《맹자》 '이루편(離婁篇)'
에,
"순은 제풍(諸馮)에서 태어나고 부하(負夏)로 옮겼으며, 명조
(鳴條)에서 죽다. 동이 사람이다. 문왕(주 문왕)은 기주(岐周)에
서 태어나 필영(畢郢)에서 죽다. 서이 사람이다. 땅이 서로 떨어
져 있는 것이 천여 리이고, 세상이 전후하기를 천여 년이나 되건
만 뜻을 얻어 중원에서 행한 일이 부절(符節)을 맞춘 것만 같았
다. 선성(先聖)도 후성(後聖)도 그 규(揆)는 하나였던 것이다."
라고 나온다.
  맹자는 서슴지 않고 순을 가리켜 동이 사람이라고 한 것이다.
동이는 물론 중국인의 중원에서 보아 동쪽 지방, 이민족을 지칭
하는 말이다.
  최근의 연구로는 동북 지방은 물론이고 산동성 일대까지 고조
선의 세력권으로 보는 일도 있다. 그것도 맹자의 이런 기록에서
근거를 찾고 있는 것이다.

9

  혜자(惠子)가 장자에게 말했다.
  "위왕(魏王)은 나에게 큰 박씨를 주었다네. 내 이것을 심어 잘
길렀더니 닷 섬은 너끈히 들어갈 큰 박이 맺혔소. 그런데 여기에
물을 담았더니 너무 무거워서 혼자 들 수가 없을 정도였소. 그렇
다고 이를 쪼개어 바가지를 만들자니 평평하고 얕아서 아무것도
담을 수가 없었소. 확실히 크기는 크지만 전혀 쓸모가 없었기에
나는 이를 부숴버렸다네."
  장자가 말했다.
  "선생은 본디부터 큰 것을 쓰는 데 서투르군요. 송나라 사람으
로 손이 트지 않는 약을 잘 만드는 사람이 있었소. 그는 대대로
솜을 빨아 바래는 것으로 업을 삼아왔소. 그런데 어느 날, 나그네

가 이 소문을 듣고 백금을 주고 그 방법을 사기를 청하였소. 그는 가족을 모아 놓고 의논하기를 '우리는 대대로 솜을 빨아 바래는 일을 해왔는데 수입은 몇 푼 안 되었다. 지금 하루아침에 그 비방을 백금에 팔라 하니 이 기회에 팔아 버리자.' 하였소. 나그네는 이 비방을 사가지고 오나라로 가 왕을 설득했소. 그때 오나라는 월나라와 전쟁중이었는데 오왕은 그를 장군으로 삼았소. 그는 겨울에 월나라와 수전(水戰)을 벌여 월나라를 크게 무찔렀소. 오왕은 그 전공을 치하하여 땅을 갈라주고 제후로 봉했소. 손이 얼어 트지 않게 한 것은 마찬가지요. 그런데 한 사람은 봉작(封爵)을 받고 다른 사람은 솜빠는 일을 면하지 못했소. 즉 모든 것은 쓰는 방법에 달린 것이오.

　지금 선생에게는 닷 섬들이 박이 있소. 그런데 어찌하여 이것으로 큰 통을 만들어 강호에 띄울 생각은 없고 너무 커서 들어갈 것이 없음을 걱정하는가. 이는 곧 선생에게 아직도 쑥처럼 속된 마음이 있기 때문이오."

원문 惠子가 謂莊子에게 曰 魏王이 貽我大瓠之種이라 我는 樹之하여 成而實五石이라 以盛水漿하니 其堅이 不能自擧也라 剖之하여 以爲瓢하니 則瓠落無所容이라 非不呺然으로 大也이니라 吾는 爲其無用이라 而掊之니라 莊子曰 夫子는 固拙於用大矣이니라 宋人이 有善爲不龜手之藥者하여 世世以洴澼絖으로 爲事라 客이 聞之하고 請買其方百金하다 聚族하여 而謀에 曰 我世世爲洴澼絖하여 不過數金이라 今一朝에 而鬻技百金하니 請하여 與之하리라 客得之하고 以說吳王하다 越에 有難일때 吳王은 使之將하다 冬에 與越人과 水戰하니 大敗越人이라 裂地하여 而封之하다 能不龜手一也이니라 或은 以封하고 或은 不免於洴澼絖이라 則所用之異也라 今子有五石之瓠라면 何不慮以爲大樽하여 而浮乎江湖하고 而憂其瓠落無所容하니 則夫子는 猶有蓬之心也夫인저

㈜ **혜자**(惠子) 혜시(惠施). 장자와 동시대의 사람으로 명가(名家), 즉 논리학파에 속함. 혜시란 이름은 《장자》에 10여 회에 걸쳐 나오며,

장자와 사귀었던 걸로 짐작됨. 장자는 그를 논적(論敵)으로 삼았지만, 동시에 그 궤변(詭辯)에서 많은 시사(示唆)를 받은 듯싶음. '천하편(天下篇)' 참조. **위왕이아대호지종**(魏王貽我大瓠之鍾) 위왕(魏王)은 위 혜왕(惠王 : 재위 B.C. 371~B.C. 337). 이(貽)는 주다. 대호(大瓠)는 큰 박. **이성수장**(以盛水漿) 성(盛)은 담다. 수장(水漿)은 마실 수 있는 물. 장(漿)은 액체. **기견불능자거야**(其堅不能自擧也) 견(堅)은 '단단하다'인데, 단단하여 속이 꽉차면 무겁다는 연상에서 '무겁다'로 해석. **부지이위표**(剖之以爲瓢) 부(剖)는 쪼개다. 표(瓢)는 바가지. **호락무소용**(瓠落無所容) 호락(瓠落)은 평평하고 깊이가 얕은 것. 용(容)은 용납한다(受也). 즉 받아들이다, 넣다의 뜻. **비불효연대야**(非不呺然大也) 효연(呺然)은 큰 모양. 크다는 말이 두 번 거듭되므로 '엄청나게 크기는 컸지만'의 뜻. **부지**(掊之) 부는 부숴버리다, 쳐서 깨다. **고졸어용대의**(固拙於用大矣) 고(固)는 본디부터, 원래. 졸(拙)은 서투르다. **불균수지약**(不龜手之藥) 균(龜)은 튼다, 갈라진다는 뜻으로 불균수란 손이 얼어 터지지 않다의 뜻. **세세이병벽광**(世世以洴澼絖) 병벽(洴澼)은 물로 바래서 희게 하는 것. 광(絖)은 솜. **청매기방**(請買其方) 방(方)은 방법, 비방. **육기백금**(鬻技百金) 육(鬻)은 팔다. 금(金)은 통화의 단위. **열지이봉지**(裂地而封之) 열(裂)은 쪼갠다. **하불려이위대준**(何不慮以爲大樽) 여(慮)는 생각하다. 대준(大樽)은 큰 통. **유봉지심야부**(有蓬之心也夫) 봉(蓬)은 쑥인데, 봉심(蓬心)이란 쑥대가 길을 막듯 앞을 내다보지 못하는 마음. 속된 마음으로 해석. 부(夫)는 어조사로, 재(哉)와 통함.

해설 이 장은 다음에 나타날 '무용(無用)의 용(用)'을 설명하기 위한 중요한 실마리가 된다. 물건은 사용법에 따라 그 가치가 나타난다고 한 것도 그 중요한 단서다.

앞서 맹자는 서슴지 않고 '순은 동이(東夷) 사람이다'라고 하였다. 요와 순은 '이상(理想)의 성인'으로서 실재의 인물이 아니고 후세에 만들어진 것이다 하는 설(說)이 있지만, 적어도 맹자는 요순을 실재의 인물로서 믿었던 것이다.
맹자는 순을 동이 사람이라 했지만, 이(夷)는 '외국'이라는 어감이지 결코 차별하는 의미는 아니었다. 그렇기 때문에 맹자는 주 문왕도 서이 사람이라고 했으리라.
 '이'가 차별 용어가 된 것은 훨씬 후대의 일로서 적어도 고대에는 그렇지가 않았다.
 또 사실 중국에는 '이하동서설(夷夏東西說)'이라는 것이 있는데 이것은 근대 중국의 학자 부사년(傅斯年 : 1856~1950)이 주장했다.
 1921년 가을, 스웨덴의 고고학자 앤더슨이 하남성 연지현(澠池縣) 앙소(仰韶) 마을에서 신석기 시대의 유적을 발견했고 채도(彩陶)가 출토되었다. 이때부터 그것을 '앙소문화'라고 부른다.
 또 1930년부터 이듬해에 걸쳐 산동성 역성현(歷城縣), 용산진(龍山鎭)의 성자애(城子崖)에서 유적이 발굴되고 흑도(黑陶)를 특징으로 하는 문화의 굴재가 확인되었다. 이것은 '용산문화'라고 불리는 것이다.
 역성현은 황하 하류에 위치하고, 연지현은 낙양(洛陽)과 삼문협(三門峽)의 중간에 있다. 즉 동쪽인 용산과 서쪽인 앙소는 같은 황하 유역이지만 동서로 6백 킬로미터나 떨어져 있는 셈이다.
 '이하동서설'은 이 두 개의 문화를 각각 이족(夷族)과 하족(夏族)의 것으로 보았다. 황하 유역의 고대사는 이 두 종족의 접촉에 의해 펼쳐졌다는 이론이다.
 이것은 삼황 오제→하→은→주→춘추·전국시대로 이어지는 역사를 넓은 시야로 재인식하려는 노력이었다. 기계적인 세로의 계보를 좇는 것이 아니라 가로로의 확대를 꾀한 뛰어난 발상이었다.
 시대적으로 앙소문화가 앞이고, 용산문화는 그것을 계승한 것으로 설명된다. 그리하여 후자가 전자보다 우수하고 일종의 기술혁명인 생활의 변화가 있었다. 그 기술혁명의 원천이 황하 유역의 동쪽——이(夷)라고 불린 동쪽 지방이었다.
 물론 여기에는 반론(反論)이 있다. 중국은 넓은 대륙이니만큼 각 지방마다 개성이 뚜렷한 갖가지 문화가 싹텄으리라는 주장이다.
 그 하나로 초기 신석기 시대까지 중국엔 북과 남의 두 문화가 있었고, 그것이 황하 중류역(中流域)에서 뒤섞였다는 설이다. 북쪽의 그것은 건조지대의 세석기 문화(細石器文化)이고, 남쪽의 그것은 삼림지대의 역박편 문화(礫剝片文化)였다.

이 두 문화는 공존하는 가운데 상호 영향을 끼쳐 새로운 문화로 옮겨졌다는 것이다.

여기서 말하는 새로운 문화란 앙소의 그것이고, 용산이 그뒤를 잇고, 그것이 다시 은 왕조를 일으킨 '소둔문화(小屯文化)'에 의해 최종적으로 교대되었다고 하는 주장이다.

여기서 전통적인 유교적 사고 방식으로 돌아가자.
요는 왕위를 순에게 물려주고, 순은 우에게 물려주었다. 이것이 선양(禪讓)으로, 정권 교체의 이상으로 여겨지고 있다. 이상의 모델은 만들어졌지만, 우의 다음에는 왕위를 세습하기로 되어, 그로부터 실질적인 선양은 한 번도 없었다. 강요하여 억지로 선양을 받은 예는 있지만, 그것은 어디까지나 겉보기뿐이었다.

세습제도가 시작되어 선양을 이상화할 필요가 있었던 것일까?
사유재산이 늘어나면서 세습이 필요해졌던 것이다. 그때까지의 씨족공동체 내의 생활은 사유재산에 의지할 필요가 없었다. 유적 발굴로 밝혔지만, 거주지 중앙에 집회소가 있고 어지간한 일은 거기서 해결이 되었을 거라고 추측된다.

또 별로 어렵거나 복잡한 문제도 없었을 것이다. 홍수나 한발 같은 자연의 재해나 타 부족의 습격말고는 문제다운 문제도 없었다.

제사를 주재하고 파종이나 수확의 시기를 사람들에게 알리는 것이 제왕의 주된 일이었다.

이어 부족은 차츰 연합하게 되어 부족 연합의 지도자가 제왕이라고 불리게 되는 것이다. 부족 연합은 타 부족과의 전쟁 때 강력한 군대를 만드는 데 필요했고, 사유재산은 그런 힘을 가진 지도자 주변에서 형성되기 시작했을 것이다.

노동력이 주된 생산력이었던 시대이므로 인구의 증가는 생산을 자연히 발전시켰다. 또 급격한 인구 증가는 전쟁에 의한 포로, 즉 노예의 증가도 한 요인이었다.

공동체 생활이라, 처음에는 전쟁 포로라도 공동체 전체의 공유물이었을 거라고 추측된다. 그렇지만 전쟁에 의해 얻어진 것이므로, 공동체라도 그 권리는 같지 않다는 주장도 생기게 마련이다.

전쟁에 종군한 자와 그렇지 않았던 자, 또 같은 종군자라도 눈부신 공을 세운 자와 그렇지 못한 자로서 권리 주장은 다를 수밖에 없었다. 그것이 또 그대로 빈부의 차로 나타난다. 바꾸어 말한다면 새로운 시대가 시작된 것이다.

그러나 새로운 시대라고 해서 그리 간단히 구시대와 대체되지는 않는다. 서서히 바뀌어가는 게 순서이다.

요와 순은 그런 과도기적 인물이 아니었을까?

앞에서 말했지만 공자나 맹자 이후의 중국에선 요→순→하→은→주라는 순서로 왕조가 바뀌었다고 믿어지고 있다. 그러나 요순은커녕 하의 존재도 현재로선 의문시되고 있는 것이다. 요순은 도저히 실재했던 인물이라고는 생각되지 않는다. 이것을 언어학적으로 고찰한 것도 있다.

먼저 요(堯)는 '土' 표시 셋과 '인간'으로 구성된다. '土' 표시 셋으로 흙을 높이 쌓아올린 형태를 나타내고 그 하반부는 인간의 몸, 특히 두 개의 다리를 나타내고 있는 것이다. 그런데,

驍 : 키가 큰 말　　　　嶢 : 높은 산
翹 : 높이 뛰어오른다　　僥 : 높게 발돋움을 한다

이렇게 늘어놓고 볼 때 '요'라는 말은 '높다'는 기본의 뜻을 가졌음을 알게 된다. 즉 요는 높은 인물, 위대하고 숭고한 거인을 의미한 보통명사로서, 애당초 사람의 이름과 같은 고유명사는 아니었던 것이다.

무릇 요라는 인물을 만들고 그것을 최고의 성인으로 떠받들었던 것은 다름아닌 공자의 《논어》이다. 그러나 《논어》를 보아도

'아, 크기만 하구나!', '요순의 덕은 지극하도다'하고 나와 있을 뿐으로, 요는 '높다', '지고(至高)의 존재다'라는 등 다만 추상적으로 우러르고 있는 데 지나지 않는다.

사실 《시경》속에 요순은 전혀 언급되고 있지 않다. 《서경》에도 후세에 추가된 '요전' '순전' '고요모'는 당연히 제외하고서 다른 부분에 요순의 이름은 한 번도 등장하지 않는 것이다.

우리들이 알고 있는 요순의 사적(事蹟)은, 요가 곤(鯀)을 시켜 홍수를 다스리게 했지만 실패했으므로 순이 우(禹)를 추천하여 보기 좋게 성공했다는 이야기이다. 그리하여 요는 순에게 선양했으므로 우는 양자의 가신이 되는 셈이다.

그런 우가 《시경》에도 《서경》에도 등장한다. 《시경》에는 아홉 번이나 나오고 있는데 그가 요순의 가신이었다는 말은 어디서도 언급되고 있지 않다.

성왕의 가신이고 그들에게 천거되었다는 것은 우의 경력으로서 영예로운 부분일 텐데 그것이 우의 사적에 언급되고 있지 않다는 것은 요순의 존재를 더욱더 의심스럽게 만든다.

요순이 실제의 성인이 아니고 나중에 만들어진 이상상(理想像)이라 하더라도 거기에는 무엇인가 역사적인 배경이 있고, 고대인의 의사가 숨겨져 있으리라.

요는 제곡의 아들 방훈(放勳)이니만큼 유서있는 출자(出自)라고 하지 않을 수 없다. 《사기》에선 "그 인(仁)은 하늘과 같고 그 지(知)는 신과 같고 사람들이 이를 따르기를 해와 같이 하고 우러르기를 구름과 같이 하였으며, 부유해도 교만하지 않고 귀해도 남을 깔보지 않았다."고 찬미한다. 그리하여 갖가지 업적이 요에게 돌려지고 있는데, 그가 성인이었다는 최대의 사적은 적자(嫡子)인 단주(丹朱)가 있었건만 이를 후계자로 지명하지 않았다는 점이다.

요가 후계자 문제에 관해 신하인 방제(放齊)에게 묻자, "단주님은 개명하셨다." 하는 대답이었다. 그러자 요는 말했다.

"안 된다. 그는 완흉(頑凶)하니 써서는 안 된다."

주석에 의하면 '완'은 덕의(德義)의 본을 따르지 않는 것이고, '흉'은 소송을 즐긴다는 뜻이라고 한다.

중신 환두(驩兜)는 공공(共工)을 추천했다. 공공은 신화에 자주 등장하는 인물로 도무지 시대와는 관계가 없으며, 유력한 부족의 이름 같다. 요는 공공의 인격에 문제가 있다고 이를 물리쳤다. 그러자 중신 사악(四嶽)은 곤을 추천했다. 곤은 일찍이 요의 명령을 거역한 적이 있어 마음이 내키지 않았지만 '써보아 쓸 만하다면······' 했으므로 시험채용을 했다. 그러나 9년이 지났는데도 치수의 실적이 오르지 않았다.

요는 이미 재위 70년이라 후계자를 정해야만 했다.

"귀천이든 소원(疏遠)한 자이든 은둔자이든 상관없다. 온갖 계층에서 천거하도록 하라."

이리하여 순이 천거되었다는 것이다. 순은 신분이 천했다. 앞서의 《맹자》에 순의 전기가 소개되고 있다. 순의 아버지는 장님이었고 어머니가 일찍 죽어 계모가 들어왔다. 상(象)이라는 마음씨 고약한 동생이 계모의 몸에서 태어났다. 계모와 상은 기회있을 적마다 순을 죽이려고 하였다. 먼저 우물을 파라고 하고서 깊이 파고들어 갔을 때 위에서 흙을 쏟아부었다. 하지만 순은 옆 굴을 파놓고 있었기 때문에 난을 면했다. 이번에는 광의 지붕을 고치라고 하였다. 순이 지붕에 올라가자 상은 사다리를 치우고 불을 질렀다. 하지만 이번에도 순은 재빨리 뛰어내렸다.

이 이야기를 통해 순은 행동이 몹시 재빠르다는 것을 알 수 있다. 문자로 볼 때 순(舜)은 순(瞬)과 통한다. 눈알을 재빨리 굴리는 것, 눈을 깜박이는 것이 순(瞬)이다. 순(舜)은 윗부분이 조(爪 : 손의 모양)이고 아랫부분인 천(舛)은 좌우의 다리이다.

이 글자로 볼 때 순(舜)은 팔다리를 비롯한 온몸의 동작이 재빠름을 나타내는 보통명사로서, 고유명사라고는 생각되지 않는다.

아무튼 요는 순에게 자기의 두 딸 아황(娥皇)과 여영(女英)을 출가시켰는데, 딸들이 부도(婦道)를 다하여 섬겼으므로 이는 예사롭지 않은 인물이라 하여 요는 순에게 정사를 맡겼다.

순은 재상으로서 중요한 결정을 하고 있다.

> 공공(共工)을 유릉(幽陵)에 추방하여 북적(北狄)으로 바꾸고,
> 환도를 숭산(崇山)에 추방하여 남만(南蠻)으로 바꾸고,
> 삼묘(三苗)를 삼위(三危)로 옮겨 서융(西戎)으로 바꾸고,
> 곤을 우산에 감금하여 동이(東夷)로 바꾸다.

북적, 남만, 서융, 동이라는 중국의 '사이관(四夷觀)'이 비로소 이곳에 나타난다.

특히 이 기록에서 적, 만, 융, 이와 같은 제부족이 중원에서 사방의 변경으로 옮겨졌다는 것이다. 오랑캐가 처음부터 변경에 있었던 것이 아니고 원주지에서 쫓겨나 변경으로 갔다는 이야기이다. 이 이야기가 언제 만들어졌는지는 불명이지만, 적어도 그 당시의 사람들로선 이것이 상식이고 사실이었다.

다음으로, 성왕을 창조한다면 한 사람으로 충분할 텐데 어째서 요순 두 사람을 등장시켰을까? 성왕의 본존(本尊)은 어디까지나 순이고 요는 순을 등장시키기 위한 보조 수단이었다고 믿어진다.

어쨌든 요순이 유가(儒家) 사람들의 이상으로 만들어졌던만큼, 여기에는 어딘가 어색한 점이 있게 마련이다.

《한비자》를 출전(出典)으로 하여 '모순(矛盾)'이란 말이 지금까지 쓰여진다. 이것은 초나라 상인이 창과 방패를 장에서 팔고 있었는데 방패를 소개할 때에는, "이 방패는 단단하여 어떠한 것으로도 꿰뚫지 못한다."고 하면서, 창을 팔 때에는, "이 창은 날카로워 어떤 것이라도 꿰뚫지 못하는 게 없다."고 했으므로 어떤 사람이 비웃으며 말했다.

"그렇다면 그 창으로 그 방패를 찔러봐라."

상인은 이 말에 대꾸를 하지 못했다. 이것이 '모순'의 시작이다.

그런데 《한비자》의 이 말은 사실은 시작에 지나지 않았다. 한

비가 말하고 싶었던 것은 요순이었다.

　요의 대신이었을 무렵 순은 농민의 밭이랑 싸움, 어부의 어장 싸움을 중재하여 해결했고, 장인(匠人)의 조악품 제조를 고치게 했었다.

　한비 시대의 유가는 곧잘 그런 이야기를 하며 덕치주의(德治主義)를 선전하고 있었다. 어떤 사람이 물었다.

　"그렇다면 그때 요는 어디 있었는가?"

　"천자님이셨지."

　"당신들은 요를 성왕이라 하고, 성왕이 위에 있다면 천하에 나쁜 일이란 없다고 한다. 그렇건만 요의 시대에 어찌 농민이나 어민이 싸움만 하고, 장인이 조악품을 만들었는가? 순이 성인으로 덕으로써 그것을 고치게 했다면 요는 성군이 아니었다는 것이 된다. 요가 성군이었다면 순이 한 덕화(德化)라는 것은 거짓말이 되지 않겠는가?"

　즉 한비는 모순을 통해 유가에서 받드는 요순을 논파(論破)하고 있다.

　한비의 이런 사고방식은 궤변으로, 혜시와 같은 논법일지도 모른다. 그러나 적어도 유교가 전통이고 주류라면 한비와 혜시는 물론이고 장자는 반체제이고 비주류였다.

10

　혜자가 장자에게 말했다.

　"나에게는 큰 나무가 있는데 사람들은 이 나무를 가죽나무라 하오. 그 굵은 줄기는 옹이투성이로 먹줄을 칠 도리가 없다네. 또 그 작은 나뭇가지는 꾸불꾸불해서 자도 쓸모가 없다네. 그러므로 이 나무를 길가에 세워두어도 목수조차 거들떠보지를 않는다네. 그런데 당신의 주장도 이 가죽나무와 같이 크기만 할 뿐 무용(無用)의 물건이라 누구도 거들떠보지 않을 것일세."

장자가 대답했다.

"선생은 너구리와 삵쾡이라는 것을 알고 계시오? 이놈들은 땅에 몸을 낮게 엎드리고 놀러 나오는 먹이를 엿보고 있다네. 그러다가 막상 먹이가 나타나면 가로세로 뛰면서 주위의 지면의 높낮이도 안중에 없지. 그러다가 결국은 덫에 걸리든가 그물에 뛰어들어 죽는 게 고작이라네.

이것과는 반대로 들소는 그 크기가 하늘에 드리워진 구름만큼이나 하오. 이것은 확실히 대물(大物)로 덫이나 그물에 걸릴 염려는 없지만 쥐를 잡을 만큼 재빠르지는 못하오. 이렇듯 어떠한 것에도 잘하는 것과 못하는 것이 있는 법이오.

지금 선생께서는 모처럼 큰 나무를 가졌으면서도 그것이 쓸모 없음을 걱정하고 계신 모양인데, 그렇다면 차라리 무하유(無何有)의 곳, 광막하고 끝이 없는 들에 심고 그 곁을 거닐며 무위(無爲)로 보내고 그 나무그늘에서 유유히 낮잠이나 자면 어떻겠소?

이 거대한 가죽나무처럼 도끼나 큰 도끼에 찍혀 죽을 염려도 없고 위해가 가해질 걱정이 없는 것은, 비록 그것이 무용의 것이라 하더라도 조금도 난감해 할 필요가 없는 것이오."

원문 惠子가 謂莊子에게 曰 吾는 有大樹하니 人謂之樗라 其大本은 擁腫이라 而不中繩墨하고 其小枝는 卷曲하여 而不中規矩라 立之塗라도 匠者不顧이니라 今의 子之言은 大而無用이니 衆所同去也이니라 莊子 曰 子는 獨不見狸狌乎아 卑身而伏하고 以候敖者라 東西로 跳梁하고 不辟高下하고 中於機辟하니 死於網罟로다 今夫斄牛이니 其大가 若垂天之雲이라 此能爲大矣나 而不能執鼠라 今子는 有大樹하고 患其無用인데 何不樹之於無何有之鄕인 廣莫之野하고 彷徨乎無爲其側에 逍遙乎寢臥其下이리오 不夭斤斧로 物無害者라 無所可用으로 安所困苦哉라

㊟ **인위지저**(人謂之樗) 저(樗)는 가죽나무. 잎에서는 악취가 나고 줄기에 옹이가 많아 아무 쓸모가 없는 나무. **기대본옹종**(其大本擁腫) 대

본(大本)은 나무의 큰 둥치. 옹종(擁腫)은 나무에 울퉁불퉁한 옹이가 많은 것. **승묵(繩墨)** 먹줄. 목수가 재목을 다듬을 때 먹줄을 치고 곧게 깎든가 자르든가 함. **규구(規矩)** 규(規)는 동그라미를 그리는 데 쓰는 기구이고, 구(矩)는 네모꼴을 그리는 데 쓰는 기구. 일종의 컴퍼스와 자. **입지도(立之塗)** 지(之)는 어(於)의 뜻. 도(塗)는 도(道)와 통하며, 길. **장자불고(匠者不顧)** 장자(匠者)는 장인. 즉 기술자, 목수. **중소동거야(衆所同去也)** 소(所)는 보어로, ……바, ……것. 거(去)는 버린다로 전의해서 외면하다의 뜻. **이성호(狸狌乎)** 이(狸)는 너구리. 성(狌)은 삵쾡이. **비신이복(卑身而伏)** 비(卑)는 낮추는 것. 몸을 낮추어 엎드린다의 뜻. **이후오자(以候敖者)** 후(候)는 살피다. 오(敖)는 놀다, 가지고 놀다의 뜻. **동서도량(東西跳梁)** 이리 뛰고 저리 뛰다. **불피고하(不辟高下)** 피(辟)는 피하는 것. 높고 낮음을 피하지 않는다의 뜻. **중어기벽(中於機辟)** 기벽(機辟)은 덫의 하나. 벽에는 물리친다(除也)의 뜻도 있음. **망고(網罟)** 그물. **태우(斄牛)** 털이 검고 꼬리가 긴 소. 태는 '리(犛)'의 가자(假字). **이불능집서(而不能執鼠)** 집(執)은 잡는다(捕也). **환기무용(患其無用)** 환(患)은 근심하는 것. 그 쓸모없음을 근심하다. **무하유지향(無何有之鄕)** 있는 것이란 아무것도 없는 곳. 다음의 광막지야(廣莫之野)와 더불어 장자가 이상향으로 추구한 곳으로 속세를 떠난 곳. **방황호무위기측(彷徨乎無爲其側)** 방황(彷徨)은 헤매는 것. '소요'와 비슷하나 방황은 마음내키는 대로 다니는 것이고, 소요는 유유자적(悠悠自適)하여 거니는 것으로 구별함. 무위(無爲)는 아무것도 하지 않는 것. 즉 한가롭다. **불요근부(不夭斤斧)** 요(夭)는 일찍 죽는 것. 여기선 '찍힌다'는 뜻. 근(斤)은 도끼. 부(斧)는 큰 도끼.

해설 이것이 유명한 '무용(無用)의 용(用)'을 주장한 대목이다. 특히 세상 상식적으로 보아 무용자인 인간이 오히려 진실의 인생을 산다는 뜻이다. 이 '무용의 용'에 대해선 《장자》에서 되풀이 나오기 때문에 나중에 또 설명할 기회가 있을 것이다.

처음에 앤더슨이 '앙소유적'을 발굴했을 때 채도(彩陶)의 출현은 그를 어리둥절하게 만들었다.
채도는 문자 그대로 채색된 무늬가 있는 오지그릇을 말한다.

앤더슨은 이 채도가 서쪽에서 왔다고 생각했다. 중국의 동쪽은 바다이고, 바다 저편엔 고대 문명세계가 없었기 때문에 그 원류(源流)를 서쪽으로 가정한 것도 무리는 아니었다.
 그리하여 앤더슨은 황하 상류를 향해 감숙성(甘肅省)까지 조사의 손길을 뻗쳤다. 그러나 앤더슨의 생각은 오늘날 부정되고 있다.
 즉 1952년에 발견되어 1957년까지 다섯 번에 걸쳐 발굴 조사된 반파(半坡)유적에 의해 앤더슨의 추정이 무너졌다. 반파에서도 채도가 발견되었으나, 그것은 서쪽에서 온 것이 아니고 동쪽으로부터 전해진 것이었다.
 반파는 섬서성(陝西省) 서안(西安)의 교외에 있다. 이것은 감숙성보다 동쪽에 있고 앤더슨이 조사한 감숙의 유적보다 연대가 오랜 것이었다.
 감숙——황하의 상류역은 앙소문화의 변경 지대라는 것이 이때 증명되었다. 즉 앙소문화는 황하 중류역의 근거지에서 새로이 대두한 용산문화에 밀려 아득한 서쪽으로 옮겨갔다고 설명되는 것이다.
 은나라 때 돌연 정교한 청동기(靑銅器)가 나타난다. 치졸한 단계의 것이 거의 출토되지 않으므로, 학자들은 어디서인가 그 수준에 도달한 상태로 전해졌다고 생각했다. 그리하여 그 원류를 서쪽에서 찾았다. 그러나 이것도 채도와 마찬가지로 부정된다.
 은허(殷墟)의 발굴 이래 은 왕조의 존재가 증명되었다. 은허는 하남성 안양(安陽)의 소둔이라는 곳에서 발견되어 '소둔문화'라고 불린다.
 켜가 되어 있는 유적에는, 앙소문화의 층 위에 용산문화가 있고, 다시 그 위에 소둔문화의 층이 있었다. 소둔은 은의 것이 분명하므로, 그 아래의 용산은 하(夏)가 아닐까 하는 추정도 있었다. 그러나 그것은 간단히 단정할 수가 없는 것이다.
 용산문화의 아래에 있는 앙소문화는 삼황 오제의 것인가?
 삼황은 차치하고, 오제는 황제(皇帝)로부터 시작된다. 그리하여 나머지 넷은 모두 함께이 가손이비고 기록되고 있다. 물론 신빙성이 없는 것이지만 역사란 그렇게 시작되는 것인지도 모른다.
 아무튼 황제를 하나의 종족으로서, 황제를 족장으로 했다고 생각하면 이해가 빠르다. 이 황제족은 차츰 강력해져 주위의 강적과 싸웠다.
 성군의 조건이 '선양'이라고 앞에서 말했지만, 고대 씨족사회에선 족장이라도 세습제는 아니었다고 생각된다. 원시적인 씨족 공동체 사회이므로 사유재산이 없어 그럴 필요도 없었기 때문이다. 또 가혹한 대자연과 싸우고 주변의 이민족과 투쟁하자면 세습제인 지도자보다는 강력한 군사 지도자가 필요했던 것이다.
 그런데 이 황하 유역에 사는 황제족에 있어 최대의 고뇌는 치수(治水)였다. 황하의 범람은 중국 고대사의 대사건으로, 황하는 자주 범람했고 일단 범람하면 수만리에 걸친 옥답이 바다처럼 되어 버리는 것이었다.
 이렇듯 자연과의 투쟁 및 이민족과의 전쟁을 위해선 강력한 지도자가 필요했던 셈인데, 오제가 비록 실제 인물은 아니라도 그러한 지도자까지 없었다고는 말할 수 없는 것이다. 따라서 호칭이야 어쨌든 편의상 오제의 존재를 인정하는 것이 순리일지도 모른다.

 아무튼 황제는 중국인의 시조(始祖)와 같은 존재가 되었다. 그러면서도 신화 속에 등장하는 황제는 윤곽이 뚜렷하지 않다. 굴원의 '천문편'에도 황제는 나오지 않는다.
 황제라는 이름부터가 별로 개성적이 아니다. 오행설(五行說)이라는 것이 있는데, 일상생활의 소재를 다섯 개 늘여놓은 것으로, 그 순서는 목·화·토·금·수로 되어 있고 토(土)가 중앙에 있다. 오행설은 방향에도 응용된다. 동서남북은 각각 청·백·적·흑이고 그 중앙에 황색이 있는 셈이다.
 황색은 중국인에게 있어 대지의 색깔이고 어머니인 황하였다. 따라서 그들 시조도 황제여야만 했으리라.
 황제는 그 일생에 두 번 전쟁을 했다.《사기》에 의하면,

판천(阪泉)의 들에서 신농씨의 자손과 싸웠다.

탁록(涿鹿)의 들에서 치우(蚩尤)와 싸웠다.

라는 내용이 그것이다.

치우는 이 세상에서 난을 일으킨 최초의 인물이라고 한다. 《서경》의 여형(呂刑)에, "치우, 이는 비로소 난을 이루고, 나아가서 평민에 미치다."라고 했다. 치우가 난을 일으키는 악한 사람의 본보기를 보여 일반 서민까지 나쁜 짓을 하게 되었으므로, 형벌을 제정해야 했다는 뜻이다.

치우는 구려(九黎)의 군주였다고 한다. 《예기》의 주로는 치우가 삼묘(三苗)였다고 하였다. 구려와 삼묘는 전혀 다른 것이다.

'려'는 검다는 뜻이 있다. 려와 묘는 각각 부족의 이름으로 황제족과 적대하는 세력이었다. 적을 나쁘게 말하는 것은 보통이며, 치우를 악의 상징처럼 말한 것도 이 때문이었다.

탁록의 들 전투에서 치우는 요술을 부려 안개를 일으켰다. 황제군은 안개 속에서 방향을 알 수 없어 고전했다. 황제는 이때 지남거(指南車), 즉 일종의 나침반을 만들어 방향을 알고 적을 무찔렀다는 것이다.

치우가 이끄는 아홉 파의 여족은 패전 후에도 저항을 계속했지만 일부는 포로가 되어 여민(黎民)이라 불렀다. 이렇듯 여민은 포로를 뜻하는 것이었으나 나중에는 일반 서민을 가리키는 말이 된다.

서민은 갓을 쓰지 않아 검은 두발이 드러나므로 이런 이름이 생겼다는 설도 있다.

이렇듯 황제가 만들어졌다면, 당연히 여기에 반박하는 사상도 나타난다. 장주는 그런 반체제적·비주류인 사상가였다.

《장자》'도척편'에, '요는 불자(不慈), 순은 불효(不孝)'라는 말이 나오는데, 이것은 유교에 대한 장자의 조소이다.

장자는 그 이유로서, 요는 장자인 답주를 죽였고, 순은 그 아비지를 추방했기 때문이라고 했다.
 물론 이것은 장자의 생각이고 전통적인 유교 입장에선 그렇게 보지 않는다. 《사기》를 비롯한 다른 문헌에선, 요의 아들 단주는 죽임을 당하지 않았고 제후로서 봉해졌다.
 또 순은 천자가 되자 천자기를 나부끼며 장님인 아버지를 찾아가 공손히 문안을 드렸고, 그렇듯 고약한 상을 제후로 봉하여 영지를 주었다고 하였다.
 그렇지만 장자뿐 아니라 다른 사람들도 의문을 표시하고 있는 것이다. 굴원의 '천문편'에서 그는 이렇게 물었다.

> 순은 집에 있으면서 슬퍼했는데
> 아버지는 어찌 홀아비로 두었노.
> 요는 요(姚)에게 고하지 않고
> 어찌 두 딸을 주었노.

 순은 계모와 의붓동생 상에게 구박을 받아 집에선 외롭기만 하여 슬퍼하고 있었는데, 그 아버지는 어째서 그런 아들을 홀아비로 있게 하였을까? 요는 두 딸을 순에게 출가시킬 때 요(姚:순의 성, 즉 순의 아버지)에게 어째서 그 일을 알리지도 않았는가?
 혼인은 상대의 부모에게 알리고, 비로소 공인되는 게 관습이었다. 굴원은 이 부분에 대해서 고개를 갸웃했던 것이다.
 맹자도 이 문제를 고민했다. 유가에서 성인으로 받들고 있는 요순에 관계되는 일이었기 때문이다. 여러 가지로 생각한 끝에 맹자는 만일 요가 순의 아버지에게 상의했다 해도 승낙을 받지 못할 것을 알고 있었으므로 도리가 없었다고 해석했다.

> 순은 그 아우에 따랐건만
> 끝끝내 해를 가했다.
> 개 돼지처럼 멋대로 하였는데
> 어찌 그 몸이 위태하지 않았노.

순은 동생에게도 타협적이었지만, 동생은 끝내 그를 받아들이지 않았다. 그리하여 마침내 동생으로부터 짐승만도 못한 대접을 받았는데 어찌 그 목숨을 부지했을까 하는 소박한 의문을 말하고 있다.

순이 덕의 힘으로써 죽음을 모면했다는 설명은 누구도 믿지 않는다. 적어도 유가의 입장이 아닌 현실적 해석으로 본다면 이것은 넌센스였다.

또 요가 두 딸을 순에게 출가시키기까지 홀아비로 있었다고 했는데, 《산해경》에 의하면 순에게는 등비씨(登比氏)라는 아내와 두 딸이 있었다고 한다.

아버지에 관해서도 또 아내에 관해서도 다른 이야기가 전해지는 것은 순이 애당초 합성(合成)된 이야기의 주인공이었기 때문인지도 모른다.

등비씨가 낳은 두 딸은 각각 소명(宵明), 촉광(燭光)이고 밤이 되면 몸에서 빛을 뿜었다. 밤에 빛을 뿜었다면 그것은 달밖에 없다.

달의 아버지인 순은 태양이었다고 생각된다. 그러고 보니 순의 아버지는 장님이었는데, 그것은 곧 암흑을 상징한다. 암흑에서 태양이 태어나고 태양에서 달이 태어난 것이다.

순 이야기는 오제의 한 사람인 황제(黃帝)의 증손자라고 하는 제곡의 이야기와 비슷하다. 또 《산해경》에 나오는 제준(帝俊)의 이야기와 닮았다. 제준의 아내 중 한 사람의 이름이 아황이었다고 전해지고 있는데, 그것은 순의 아내 중 한 사람의 이름과 같다. 제준의 자손으로 공예에 뛰어난 의균(義均)이 있었다. 또 순의 불초인 아들로 《사기》에 나오는 상균(商均)이란 자가 있었다. 이것은 상이란 땅에 봉해져 그렇게 불리는 것이지 본디의 이름은 의균이었다.

여러 가지 이야기를 주워모은 흔적은 다른 설명에서도 발견된다.

순은 스물에 효행으로 유명했고 서른에 요에 등용되어 쉰에 섭정이 되었다. 쉬여덟에 요가 죽고 예순하나로 왕위에 올랐나. 왕위에 있기를 39년, 남방 순수(巡狩) 중 창오(蒼梧)의 들에서 죽고 강남 구의산(九疑山)에 매장되었다. 그곳이 영릉(零陵)이라 불렸다고 《사기》는 기록하고 있다.

현재의 지명으로 말하면 호남성 남부이고 광서와 광동의 성 경계 지방인 영릉이다. 이곳에 봉우리가 아홉 개인 산이 있었는데 사람들이 곧잘 길을 잃기 때문에 구의산이라 불린다.

그런데 순이 중원의 지배자였다면 상당히 먼 곳까지 간 셈이다. 현재 구의산의 남쪽 기슭은 야오족의 자치 지역으로 소수 민족이 산다. 5천년 동안이나 중원에서 쫓겨난 구려(九黎)나 삼묘(三苗)가 이 근처에 살았던 셈이다.

순이 남으로 순수했다는 것은 군대를 이끈 대원정이었는지도 모른다. 또는 순의 설화에 온갖 부족의 것이 흡수되고 그 가운데 남방 부족의 것이 섞였는지도 모를 일이다.

《산해경》은 남쪽 황야인 질이란 나라가 순의 후예라고 설명했다. 경작하지 않아도 먹을 것이 있고 옷감을 짜지 않더라도 입을 것이 있다는 혜택받은 토지로 그려지고 있다.

동이 사람이라 일컬어진 순은 남방에 꽤나 깊은 관계가 있는 것처럼 보인다.

순이 창오의 들에서 죽었다는 소식이 알려지자 두 아내는 서둘러 남쪽으로 향했다. 마음은 슬픔으로 가득 찼고 무엇을 보아도 눈물이 나온다.

장강 건너인 호남엔 죽림이 많고 죽세공이 이 고장의 명산이다. 그 가운데 얼룩무늬인 것이 반죽(斑竹)인데, 그것이 그녀들의 눈물자국이라는 전설이 있다.

그녀들은 상수(湘水)까지 이르러 강물에 몸을 던졌다. 슬픈 나머지 투신했다고도 하고 배가 뒤집혔다고도 한다. 언니인 아황을 상군(湘君), 동생인 여영을 상부인(湘夫人)이라 하며 수신으로서 이 고장에 모셔지고 있다.

洞庭西望楚江分

水盡南天不見雲
日落長沙秋色遠
不知何處弔湘君

이백(李白)의 칠절(七絶)이다. 동정호상 아득하니 서쪽을 바라보면 장강의 강물이 갈라져 호수로 들어오고 있다. 호숫물이 끝나는 남쪽 하늘 언저리엔 구름 한점 보이지 않는다. 해는 저물고 긴 모래밭의 가을빛은 멀기만 한데 어디에 가서 상군의 혼백을 위로해 주어야 할지 모르겠다.

해질 무렵의 가을 풍경이 읽는 사람의 가슴을 울려준다. 이 시는 건원 2년(756), 동족인 숙부로 일찍이 형부 시랑이었던 이엽(李曄), 역시 중서사인(中書舍人)이었던 가지(賈至)와 더불어 동정호에 배를 띄우고 읊었던 것이다. 이때 이백은 야랑(夜郞)으로부터의 귀양이 풀려 이 근처까지 돌아왔던 참이었다.

이렇듯 유교의 정통적인 성왕 사상도 따지고 본다면 후세의 조작이었다. 그렇지만 비록 요순이 실재의 인물이 아니라도 유교의 가치가 조금도 떨어지는 것은 아니다. 그것은 어떤 사상이라도 그 시대와 관련지어 생각해야지, 과거의 것과 결부시키려 한다면 파탄이 생기는 까닭이다.

제물론(齊物論)

1

　남곽자기(南郭子綦)가 책상에 기대앉아 하늘을 우러르며 길게 숨을 내쉬는데, 그 모습이 멍청하여 일체의 다른 존재를 잊어버린 것만 같았다. 안성자유(顏成子游)가 앞에 서서 그를 모시고 있다가 말했다.
　"어찌된 일이옵니까? 육체는 말라죽은 나무처럼 움직이지 않을 수 있지만 마음을 불기가 꺼진 재처럼 할 수가 있는 겁니까? 지금 책상에 기대앉아 계신 모습은 지난날에 기대고 계셨던 모습과는 다릅니다."
　자기가 말했다.
　"언아, 너도 기특한 데가 있구나, 그와 같은 물음을 하는 것을 보니. 지금 나는 나 자신을 잊었다. 너는 이것을 아느냐? 너는 인뢰(人籟:사람의 소리)를 들었겠지만 아직 지뢰(地籟:땅의 소리)는 듣지 못했다. 혹 네가 지뢰를 들었다 해도 아직 천뢰(天籟:하늘의 소리)는 듣지 못했을 것이다."

　[원문] 南郭子綦가 隱几而坐하고 仰天而嘘하니 嗒焉似喪其耦라 顏成子游는 立侍乎前하여 曰 何居乎아 形固可使如槁木하니 而心固可使如死灰乎아 今之隱几者는 非昔之隱几者也니라 子綦가 曰 偃아 不亦善乎아 而問之也니 今者吾喪我를 女知之乎아 女는 聞人籟하고 而未聞地籟리라 女는 聞地籟하고 而未聞天籟夫니라

　㊀ **남곽자기**(南郭子綦) 초(楚)나라 은사. 남곽(南郭)은 성의 남쪽이란

뜻으로, 그 주소가 성씨로 바뀌었으리라. '인간세편(人間世篇)'의 남백자기(南伯子蓁)와 동일인물로 추정됨. **은궤이좌**(隱几而坐) 은(隱)은 기댄다는 의미. 궤(几)는 책상. **앙천이허**(仰天而噓) 허(噓)는 숨을 길게 내쉬는 것. **탑언사상기우**(嗒焉似喪其耦) 탑언(嗒焉)은 명한 모습. 우(耦)는 짝, 상대자, 자기에 대한 타인. **안성자유**(顏成子游) 남곽자기의 제자. 자유(子游)는 자(字)이고 이름은 언(偃). **고목·사회**(槁木死灰) 고목(槁木)은 말라죽은 나무로 정지 부동의 모습을, 사회(死灰)는 불기가 꺼져버린 재로 무심(無心)한 모습을 가리킴. 장자가 즐겨 쓰는 말. '인뢰·지뢰·천뢰'는 다음 절에서 설명함.

[해설] '제물론(齊物論)'이란, 이 세상의 온갖 것엔 구별이나 차별이 없고 모든 것이 똑같다는 뜻이다. 즉 만물제동, 절대 무차별이라는 장자의 근본적인 입장을 인식론(認識論)적인 각도로 밝히려 하고 있다. 특히 이 대목은 '운명'이라는 테마를 정면으로 다루고 있어, 거듭 읽고 곰곰이 생각하면 으스스한 느낌마저 든다.

본디 장자 사상은 노자(老子) 사상의 연장선상에서 파악해야 비로소 이해된다. 물론 노자와 장자는 같은 사상이라도 똑같지는 않다. 그러나 많은 공통점을 발견하게 된다.

노자는 다 알다시피 '무위자연(無爲自然)'을 주장했고 형이상학적 주장을 하고 있다는 데 특징이 있다.

애당초 현실주의적 경향이 강한 중국인은 어떠한 학설을 세우는 데에도 실제적이고 경험적인 지식에서 떠나려 하지 않고, 따라서 이것을 철학 내지 형이상학적인 형태로 표현하는 일은 없었다.

예를 들어 《논어》나 《맹자》 등을 보아도 알 수 있듯 상식으로도 곧 알 수 있는 표현으로 씌어져 있다. 상식으로도 안다고 하는 것은, 일상의 경험적인 사실에서 동떨어져 있지 않기 때문이다. 이 점에서 중국의 사상은 같은 동양사상이라고 불리면서도 인도의 그것과는 대조적이라고 할 수 있다.

그렇다면 중국 사람인 노자가 어째서 오로지 형이상학이라는 방향으로 나아갔던 것일까?

《장자》를 푸는 열쇠도 노자를 알게 됨으로써 발견된다.

노자도 처음엔 다른 중국의 사상가와 마찬가지로 일상적인 현실에의 관심, 정치적 관심으로부터 출발하여 그들이 살았던 전국시대의 전란을 보고서 그의 논리를 전개했던 것이다.
 노자는 전란의 원인을 '문화의 자가중독(自家中毒)'이라 생각하고 태고 그대로인 농촌의 자연상태를 모델로 하면서 무위자연으로 돌아가라고 외쳤다.
 물론 노자의 사상을 '철학'이라고 하기에는 난점(難點)이 있다. 철학이란 무엇인가?
 그리스 철학 이래의 전통을 갖는 서양철학의 입장으로선, 철학도 학문인 이상 논리적인 체계를 갖추지 않으면 안 된다는 인식이 있다.
 만일 이 원칙을 충실히 또한 엄격히 지킨다면 노자는 물론이고 과거 중국인들은 전혀 철학을 갖지 않았다는 것이 되리라.
 그러나 이와 같은 철학의 순결을 지킨다고 하는 입장은 철학 그 자체를 협소화시키고 빈곤화시키는 방향으로 이끄는 위험성을 갖는 게 아닐까? 아무튼 철학적인 리듬과 음영(陰影)이 풍부한 노자의 문장의 매력은 그뒤 2천 수백 년간 중국인은 물론이고 우리들의 마음을 사로잡는데 충분했다.
 그것이 철학이든 아니든간에 그것은 논외(論外)로 하고서.

 중국인이란 어떤 민족인가?
 중국 고대사회는 여러 부족들, 그것도 전혀 다른 이민족들이 살고 있었다. 이것은 고고학적으로도 증명되고 있다.
 지금부터 5천 년 내지 4천 년 전의 중국인의 생활은 앙소유적에 의해 알 수가 있고, 그 대표적인 것은 반파유적임은 이미 말했다.
 반파유적은 1952년에 비로소 발견되었고, 현재의 서안시 동쪽 산하(滻河)의 기슭에 있다. 이 반파유적이 발굴된 거주지는 중앙에 공공의 집회소가 있고 거주지 둘레에 6~7미터의 방어용 해자가 있었다. 그 바깥쪽엔 공동묘지가 있고 몇 군데의 옹기 가마터가 발견되었다. 공동묘지에 매장된 것은 성인뿐으로, 어린이는 항아리 관에 넣어져 거주지 안에 매장되어 있었다.

수십 구의 유골이 발굴되었는데, 결론만 말하면 현대의 중국 남방인과 아주 흡사했다. 이것은 곧 반파가 저 황제족에게 격파되었다는 치우의 구려 거주지였다는 것을 증명한다. 즉 삼황 오제 시대의 반파인은 현대 중국 남방에 사는 소수 민족의 조상인 셈이다.

이 반파로부터 150킬로미터 떨어진 섬서성 임당현(臨潼縣)에서 1972년 또 하나의 유적이 발굴되었다. '강채유적(姜寨遺跡)'이라 불리는 것으로, 앙소문화에 속하는 것이었다.

반파나 강채에서 출토된 도기에는 물고기가 그려진 것이 많았는데, 이것은 단순한 장식무늬가 아니고 무엇인가 의미가 있는 것처럼 추측되었다.

즉 물고기를 토템(totem)으로 하는 부족일 거라는 추정이 그것이다. 하나라의 시조였다는 우(禹)의 아버지로, 물을 다스리는 데 실패했다는 곤(鯀)은 물고기와 관계가 있는 부족의 족장이었다는 추측이 성립된다. 《장자》의 '소요유편'에 나오는 곤(鯤)도 이 곤을 가리킨 것인지도 모른다.

사실 곤의 아들로 물을 다스리는 데 성공한 우에 대해 《장자》는, "우는 편고(偏枯)이다." 하였고, 《산해경》은 이것을 다시 풀이하고 있다.

"편고라는 물고기가 있는데, 이름을 어부(魚婦)라 한다."

중국에선 물고기라 하면 용까지도 포함시키고 있다.

결론적으로 말해서 '남만'이라 일컬어진 삼묘도 구려도 원래는 황하 중류역, 중원(中原) 내지 그 주변의 원주민이었다.

2

자유가 말했다.
"감히 그 이치에 관해 듣고 싶습니다."

자기가 대답했다.

"무릇 대지의 숨결을 이름하여 바람이라 한다. 이는 일어나지 않으면 그뿐이지만, 일단 일게 되면 곧 땅 위에 있는 모든 구멍이 사납게 울부짖는다. 너는 이 윙윙거림을 듣지 못했느냐?

산림이 흔들릴 때 백 아름이나 되는 큰 나무들의 구멍은 코를 닮은 것, 입을 닮은 것, 귀를 닮은 것, 됫박을 닮은 것, 그릇을 닮은 것, 절구를 닮은 것, 깊은 웅덩이를 닮은 것, 얕은 웅덩이를 닮은 것 등이 있다. 그런데 이 구멍들이 격류의 흐름 소리, 화살이 날아가는 것 같은 소리, 꾸짖는 듯한 소리, 숨쉬듯 가냘픈 소리, 외치는 듯한 소리, 울부짖는 듯한 소리, 아득히 멀리서 들리는 듯한 소리, 소곤거리는 것 같은 소리를 낸다. 앞선 것이 '윙' 하고 외치면 뒤따르는 것이 '웅' 하고 대답한다. 산들바람에는 작게 응답하고 거친 바람에는 크게 응답한다.

사나운 바람이 그치면 곧 모든 구멍들은 조용해진다. 그런데 너만이 홀로 나무가 크게 흔들리기도 하고 혹은 가볍게 흔들리기도 하는 것을 보지 못했느냐?"

원문 子游가 曰 敢問其方하리다 子綦曰 夫大塊噫氣하니 其名爲風이라 是唯無作이니라 作則萬竅怒呺하거늘 而獨不聞之翏翏乎아 山林之畏佳하면 大木의 百圍之竅穴이 似鼻 似口 似耳 似枅 似圈 似臼하니라 似洼者는 似汚者니라 激者 謞者 叱者 吸者 叫者 譹者 宎者 咬者이니라 前者는 唱于하고 而隨者唱喁하니 泠風則小和요 飄風則大和이니라 厲風濟로 則衆竅爲虛라 而獨不見之調調之刁刁乎아

㊟ **감문기방**(敢問其方) 감(敢)은 '감히'라는 공손의 뜻을 나타냄. 방(方)은 방책, 이치. **부대괴애기**(夫大塊噫氣) 부(夫)는 무릇[其也]. 애기(噫氣)는 트림으로 앞쪽의 대괴를 의인화하여 대지가 내뿜는 숨결을 비유한 것임. **시유무작**(是唯無作) 즉이(則已)의 두 글자가 생략된 걸로 보지만 그냥 직역하더라도 '생기지 않는다면 그뿐이다'. 작(作)에는 '일어나다(興起)'의 의미가 있음. **만규노효**(萬竅怒呺) 규(竅)는 구멍, 효(呺)는 큰 체하는 외침. 의역하여 모든 구멍들이 성난

외침소리를 질러댄다는 뜻. **이독불문지요료호**(而獨不聞之翏翏乎) 이(而)는 너의 뜻. 요료(翏翏)는 형용사로 바람이 멀리서 불어오는 소리. 윙윙. **외최**(畏隹) 나무가 바람에 흔들리는 모양. **사비**(似鼻) 이하 구멍의 여러 가지 모습을 표현하고 있음. **사계**(似枅) 계(枅)는 기둥 위에 설치된 네모꼴의 나무. 이것을 옥로(屋櫨)라고 함. **사권**(似圈) 권(圈)은 잔, 또는 쟁반. **사와자**(似洼者) 와(洼)는 깊은 웅덩이. **사오자**(似汚者) 오(汚)는 작은 웅덩이. **격**(激) 격한 소리, 격류의 흐름 소리. **학**(謞) 활시위 소리. **호**(譹) 호(號)와 같음. 울음소리. **요**(宎) 굴 속에서 나듯 아득히 먼 소리. **교**(咬) 새 우는 소리, 가냘픈 소리. **전자창우 이수자창우**(前者唱于 而隨者唱喁) 우(于)와 우(喁)는 바람 소리를 나타낸 것. 웅, 윙. **영풍즉소화**(泠風則小和) 영풍(泠風)은 산들바람. 영에 맑고 시원하다는 뜻이 있음. 화(和)는 화답하다, 소리에 대꾸하다의 뜻. 즉 영풍에는 작게 울린다. **표풍**(飄風) 표(飄)는 회오리친다는 뜻. 회오리바람. **여풍제**(厲風濟) 여(厲)는 성나다, 사납다. 제(濟)는 그치다. **중규위허**(衆竅爲虛) 허(虛)는 비다〔空也〕. 모든 구멍이 비게 된다, 조용해진다의 뜻. **이독불견지조조지조조호**(而獨不見之調調之刁刁乎) 조조(調調)와 조조(刁刁)는 나뭇가지의 흔들리는 모양. 이 흔들리는 모양을 구분해도 좋으나, 하나로 묶어 생각해도 좋다.

해설 논리적인 철학의 체계가 없다는 중국에서 장자는 죽음을 정면으로 논한 최초의 사람이었다. 이 죽음의 철학은 《장자》에 자주 등장하고 있지만, 이것은 중국의 사상가로서 매우 드문 일이다.

불교의 출발점은 생로병사(生老病死)의 네 가지 고통의 해결에 있다고 하겠으나, 그 불교가 중국에 들어와서 변모되었음은 널리 알려진 일이다. 그 하나로 죽은 뒤의 세계를 정토(淨土)로서 미화하는 '정토교'가 발생하고 중국인의 죽음에 대한 관심을 높였다. 이 불교가 전래하기 전까지 중국에서 죽음의 철학을 담당한 것은 장자를 중심으로 하는 도가의 사람들이었던 것이다.

문헌에 나타난 선양의 실제 여부는 차치하고 삼왕 오제 시대는 씨족 공동체의 사회였다. 이 시대가 끝나면서 소득 분배에 격차가 생겼다. 다시 말해서 씨족 공동사회 제도가 무너지고 세습제도가 시작되었던 것이다.

물론 이것은 급격히 이루어진 것이 아니라 서서히 그 방향으로 향했던 것이며, 앙소 시기의 유적에 이미 미미하지만 빈부의 차가 나타나 있는 것이다. 그것은 무덤의 규모나 부장품(副葬品)의 다소로 알게 된다.

하지만 인간은 과거의 '좋았던 시대'를 회고하는 경향이 있다. 특히 유가의 사람들이 세습이 시작되기 이전의 전설 신화시대를 이상으로 동경하고 이를 '대동(大同)'이라 하였다.

강유위(康有爲 : 1858~1927)는 청나라 말기의 대학자로서, 《대동서》를 저술했다. 그것은 점진적으로 태고인 대동의 세상에 이른다는 내용이다.

대동이란 어떤 시대인가? 《예기》의 '예운편(禮運篇)'에 설명되고 있다.

대도(大道)가 행해지던 시대, 천하를 공공(公共)의 것으로 알고 결코 사물화(私物化)하지 않는, 이른바 '천하 위공(天下爲公)'의 시대이다.

또 현인을 가려내고 유능한 인물을 존중하여 등용하며, 신뢰하고 화목한다. 따라서 사람들은 자기의 어버이만을 어버이로서 위하는 게 아니라, 노인에 대해선 누구나 자기의 어버이처럼 섬겼던 것이다. 또한 자기의 자식만을 귀여워하는 게 아니라 어린이란 누구의 자식이건 내 자식처럼 자애(慈愛)로써 대한다. 노인을 안락하게 죽도록 하고, 장년인 자는 충분히 그 힘을 발휘케 만들고 관(矜 : 늙고 아내 없는 자), 과(寡 : 늙고 남편 없는 자), 고(孤 : 어리고 어버이 없는 자), 독(獨 : 늙고 자식 없는 자), 폐질(장해자) 등은 모두가 먹여 살린다. 또 남자는 각각 직분(職分)이 있고 여자는 각각 시집갈 수 있게 만든다. 재화(財貨)는 버려지는 것을 나쁘다고 생각은 하지만, 그렇다고 자기의 것을 만들지는 않는다. 그것은 사회의 공유(共有)이다. 그러므로 모함 따위가 생길 까닭이 없고 물건을 훔치려는 자도 없다. 경계할 필요가 없으니 문을 잠글 필요도 없다. 이것이 대동의 세상이다.

전설의 삼황 오제 시대가 바로 대동의 세상인데, 그 이후는 《예기》에서 말하는 '소강(小康)의 세상'이다. 우(禹)·탕(湯)·주 문왕·무왕·성왕(成王)·주공(周公)의 여섯 사람은 유가에서 말하는 성인인데, 요순과는 대비되는 소강의 시대 성인인 것이다.

소강의 시대는 이미 대도가 행해지지 않고 있다. 천하위공이 '천하위가(天下爲家)'가 되는 것이다.

즉 천하는 공공의 것이 아니라 가문의 것이 된다. 왕이 세습되므로 그 가문이 대대로 천하를 독점한다. 자기의 어버이만 특별히 섬기고 자기 자식만 특별히 귀여워한다. 노인이나 어린이에게 친절히 하는 일은 있어도 도저히 내 부모 내 자식만큼은 할 수 없다.

세급(世及)이란 말이 있다. '세'는 어버이로부터 자식에게 전해주는 것이고 '급'은 형이 아우에게 전해주는 일이다. 세급이 일반적으로 되면 아무래도 지켜야 할 재산이 있으므로 성곽이나 구지(溝池)를 만들어 지킨다.

또 예교(禮敎)나 법률이 필요하다. 가족제도·계급제도가 만들어지고 경계라는 게 필요하다. 노력하는 것은 개인의 이익을 위해서고 지모를 구사할 필요도 있으며 전쟁도 생긴다는 것이었다.

노자의 '무위자연'도 태고 시대 그대로인 농촌을 모델로 하고, 그런 자연으로 돌아가는 것이 이상이었다.

유가와 도가는 다르지만 그 지향하는 뿌리는 같았던 셈이다.

3

자유가 말했다.
"땅의 소리는 모든 구멍이 내는 소리이고 사람의 소리는 곧 비죽(比竹)의 소리로군요. 그렇다면 하늘의 소리는 무엇입니까?"

자기가 대답했다.

"무릇 만 가지의 것이 바람이 불어대어 각기 같지 않은 소리를 내게 되는데, 그러므로 저마다가 스스로 그 소리를 내고 있는 것이다. 스스로가 모두 그 소리를 내는 것이지, 성난 소리를 내게 하는 게 따로 누구이겠느냐?"

[원문] 子游가 曰 地籟는 則衆竅是已고 人籟는 則比竹是已니 敢問天籟하오리다 子綦가 曰 夫吹萬不同하니 而使其自己也니라 咸其自取인데 怒者其誰邪리오

㊟ **비죽**(比竹) 대를 나란히 묶은 것으로, 피리의 일종. 인뢰는 비죽뿐이 아니지만 대표적인 것을 하나 보기로 들었음. **취만부동**(吹萬不同) 취(吹)는 불다, 연주하다의 뜻이 있는데 여기선 명사로 바람. 만 가지의 바람이 똑같지가 않지만. **함기자취**(咸其者取) 함(咸)은 다, 모두. **노자기수야**(怒者其誰邪) 야(邪)는 의문사로 '그런가'의 뜻. 성나게 하는 것은 누구인가.

[해설] 장자는 죽음에 대해서 정면 도전했다. 그리하여 그는 죽음을 정점으로 하는 운명을 전면적으로 긍정했다.

《장자》 '제물론편' 제1장~제3장은 이 운명을 다루고 있는 것이다.

"바람이 지상의 수목이나 동굴에 불어대면 어떤 것은 성내고 어떤 것은 흐느끼고 어떤 것은 격류와도 같은 심한 소리를 내는데, 그 발하는 소리는 참으로 갖가지다. 이것이 지뢰(地籟)의 소리라 불리는 것이다. 그 지뢰는 어디서부터 비롯되는가. 그 소리의 종류가 많은 것을 생각하면, 그 소리를 내는 것은 바람 그 자체가 아니고 온갖 모양을 가진 수목이나 동굴인 것처럼 생각된다.

그러나 바람이 그치면 수목이나 동굴도 소리를 내지 않고 호젓한 정적으로 돌아간다. 그리고 보면 역시 소리없는 바람에 무한(無限)의 소리가 간직되어 있다고 생각할 수밖에 없다. 이것이 이

른바 천뢰(天籟)이다. 천뢰란 소리도 목소리도 없건만 만물로부터 무한의 힘을 끌어내는 바람을 이르는 것이다.
 우리들 인간 역시 천뢰인 바람에 불려 어떤 때엔 높다란 웃음소리를 내고 어떤 때엔 몸이 찢기는 듯한 비명을 지른다. 그것은 흡사 바람에 불려 소리를 내는 수목이나 동굴과 닮은 것은 아닐까. 그 천뢰인 바람이란 인간에게 무한의 희로애락을 가져다 주는 운명의 주재자(主宰者)는 아닐까. 그것이 존재하는 것은 확실하건만, 그것을 눈으로 보고 귀로 듣지는 못한다. 얼마나 안타까운 노릇인가."
 이 이야기는 마치 모습 없는 '신'을 말하고 있는 것 같다. 사실 장자는 앞으로 나오겠지만 조물자(造物者)·조화자(造化者)라는 말을 쓰고 있다.
 그러나 장자는 어느 경우라도 이 운명의 주재자를 모습 있는 것으로 묘사하지 않았다. 묘사하지 않는 게 아니라 묘사할 수 없는 것이다. 왜냐하면 그것이 세상 보통 의미로서의 존재가 아니기 때문이다.
 이것도 나중에 알게 되지만, 장자가 말하는 조물자·조화자는 자연(自然)의 다른 의미이고 무한자(無限者)를 가리킨다. 인간이 이 지상에 태어난 것은 조물주와 같은 다른 것의 힘에 의해서가 아니고 자연·필연인 운명에 의한 것이다.

4

 많이 알면 여유가 있고 조금 알면 소심해지고 큰 말은 활달하고 작은 말은 수다스럽다. 잠잘 때에는 혼백이 뒤섞이고 깸에 있어서는 육체가 활동을 한다. 게다가 외부의 것과 접촉하여 소란을 이루고 나날이 마음으로써 싸우게 된다.
 우유부단한 게 있고 음흉한 게 있고 세밀한 게 있다. 조그만 두려움에는 오미님을 내기도 하나 큰 두려움에는 도리어 여유를 보이기도 한다. 그 발함이 기괄과 같다 함은 범인이 시비를 다스리는 걸 말한다. 그 머무름이 조맹과 같다 함은 범인이 쟁취한 것을 지키는 걸 말하는 것이다. 그 죽어가는 것이 추동(秋冬)과 같다 함은 모든 투쟁에서 날로 소멸하는 걸 말하는 것이다. 그리하여 욕망의 수렁에 빠져들기만 하고 다시는 회복될 수 없게 된다. 또 상자 속에 틀어박힌 듯하다는 것은 늙어감에 따라 죽어가면서 오히려 도리에서 벗어나고 있는 인간을 형용한 것이다. 이미 죽어가는 마음을 두 번 다시 회복시킬 수는 없는 것이다.

원문 大知는 閑閑하고 小知는 閒閒이라 大言은 炎炎하고 小言은 詹詹이라 其寐也에 魂交하며 其覺也에 形開하고 與接爲搆하고 日以心鬪라 縵者 窖者 密者는 小恐惴惴이고 大恐縵縵이라 其發若機栝은 其司是非之謂也니라 其留如詛盟은 其守勝之謂也니라 其殺如秋冬은 以言其日消也니라 其溺之所爲之는 不可使復之也니라 其厭也如緘은 以言其老洫也이고 近死之心莫使復陽也니라

　　㈜ **대지한한**(大知閑閑) 지(知)는 지(智)와 같음. 한한(閑閑)은 넓고 큰 모양. 유유하고 느긋한 것을 말함. **소지한한**(小知閒閒) 한한(閒閒)은 꼼꼼한 것. 작은 일에 따지고 들음. **담담**(炎炎) 아름답고 왕성한 모양. **첨첨**(詹詹) 수다스러운 것. **기매야혼교**(其寐也魂交) 매(寐)는 잠자는 것. 혼교(魂交)는 꿈꾸는 것. **기각야형개**(其覺也形開) 각(覺)은 잠이 깨어 있는 것. 형개(形開)는 신체의 활동. **일이심투**(日以心鬪) 투(鬪)는 투(鬪)와 같음. 마음이 늘 싸우게 됨. **만**(縵) 과단성이 없고 우유부단함. **교**(窖) 땅을 파서 만든 광. 전의되어 음흉하다의 뜻을 가짐. **밀**(密) 세심함. **소공췌췌**(小恐惴惴) 매우 무서워하며 벌벌 떠는 것. **대공만만**(大恐縵縵) 느리고 여유가 있음. **기괄**(機栝) 기(機)는 활 양끝의 활시위를 거는 곳. 괄(栝)은 화살 끝으로 활시위를 받는 것. **기사시비지위야**(其司是非之謂也) 사(司)는 다스린다는 뜻. **조맹**(詛盟) 맹세. **기쇄**(其殺) 쇄(殺)는 쇠(衰)의 뜻. **기염야여함**(其厭也如緘) 염(厭)은 엄(弇)과 통하며, 덮는 것. 물체로 덮고 밖에서 새끼로 묶는 것. **기로혁야**(其老洫也) 혁(洫)은 일(溢, 넘치다)의 오자. 넘친다, 옳은 길에서 벗어난다.

[해설] 장자를 알려면 노자를 이해하는 것이 필요하다. 노자의 철학을 풀이함에 있어 우선 먼저 다루어야 할 기본적 문제는 명(名), 즉 말과 개념이 진리를 전하는 데 불충분한 것이라고 하고 있다는 점이다(장자도 여기서 그 말이나 지식을 다루고 있다).

노자의 명(名)이란 물(物)의 이름, 언어로 말하면 명사(名詞)이다.

그런데 중국어의 특성으로서 낱말에는 고정된 품사가 없다. 이를테면 명이라는 문자는 명사임과 동시에 그대로 '이름짓다'라는 동사가 되고, '이름있는', '이름난' 따위의 형용사도 된다.

그러므로 언어는 모두 명사로써 이루어진다 하여도 큰 지장은 없는 것이므로, 명이라는 어(語)에 의해 언어의 모든 것을 대표케 하고 있다. 한마디로 말하여 명이란 말 그것이다.

그런데 말은 지식의 전달이라는 기능을 가지고 있는 것이지만, 노자는 인간의 지식을 부자연인 것으로 보고 무지를 존중한다. 있는 그대로인 자연의 진리는 하나이고 전체적인 것인데, 지식은 이것을 둘로 쪼개고 상대(相對)라는 차별을 만든다. 우(右)와 좌(左), 차(此)와 피(彼), 선과 악, 미와 추 등등 무한의 대립이 생겨나는 것은 이 때문이다.

즉 지식은 있는 그대로의 진리를 전하기는커녕 오히려 이것을 파괴하는 것이다. 이와 같은 지식을 전달하는 것이 말이므로, 말과 지식은 완전히 같은 죄를 걸머지는 것이다. 그러므로 말은 진리를 전하지 못한다.

그렇다면 있는 그대로인 진리는 무엇에 의해 포착할 수가 있는가.

단 한 가지 체험적인 직관에 의할 수밖에 없다. 직관은 있는 그대로인 것이 들어오는 유일한 통로이다.

그러나 이 직관은 본인만이 체험할 수 있는 것으로, 타인에게 전하는 일은 극히 곤란하다. 만일 타인에게 굳이 전하려 한다면 말에 의할 수밖에 없다는 딜레마에 빠진다. 부득이 말이 아닌 말, 상징에 의한 암시가 사용된다

노자는, "내 말은 매우 알기 쉽고 매우 행하기 쉬운데, 천하는 이를 잘 모르고 잘 행하지 않는다."고 한탄한다. 그러나 그 안타까움은 노자뿐 아니라 독자도 이것을 공유(共有)할 수밖에 없다.
　하기야 이와 같은 말의 한계에 관한 반성은, 노자에선 주장으로서 다루어져 있지 않으며, 《장자》에 이르러 명백해진다. 이 장은 그 과정을 설명하는 도입부라 하겠다.

5

　희로애락이 있고, 근심과 한탄·변덕과 고집이 있고, 요사스러움과 자유분방·노골과 꾸밈과 같은 온갖 인정의 변화가 있다. 음악이 텅 비어 있는 곳에서 흘러나오고 습함이 곰팡이를 이루게 하듯이 인간의 감정변화는 밤낮으로 앞서의 것과 서로 바뀌어 그 싹트는 바를 모른다. 아서라 아서라. 아침 저녁 이 같은 변화가 생기는 것은 그 연유하는 바가 있어서일까.
　그것이 아니면 내가 없고, 내가 아니면 희로애락을 취할 데가 없다. 그렇다면 감정과 나 자신은 서로 가깝다 하리라. 하지만 무엇이 그렇게 하도록 하는지를 모른다. 참된 주인이 있는 듯하지만 그 자취를 볼 수 없다. 그 행하는 바는 믿을 수 있지만 그 형상을 보지는 못한다. 실체는 있지만 형체가 없는 것이다.
　인체 중에는 백 개의 뼈마디, 아홉 개의 구멍, 여섯 개의 장기(臟器) 등이 있는데, 나는 그중 어느 것을 소중하게 여길까? 그대는 이것 모두가 중요하다고 생각하는가. 아무래도 그 가운데의 어느 하나를 유달리 중요하다고 생각하는 것이 있으리라. 만일 그렇다면 모두를 그 하나를 빼고 한결같이 종으로 여기란 말인가. 모두가 종이라면 서로 다스릴 수가 없지 않을까. 아니면 번갈아가며 주인이 되고 종이 된다는 것일까.
　사실인즉 참된 주인이 있는 것이다. 그 사실을 아느냐 알지 못하느냐는, 참된 주인이 있다는 진실에 이롭게 하지도 손상하지도 못하는 것이다.

[원문] 喜怒哀樂에 慮歎變慹에 姚佚啓態라 樂出虛하고 蒸成菌이니라 日夜相代乎前이니 而莫知其所萌이라 已乎已乎 旦暮得此는 其所由以生乎아 非彼無我로 非我無所取이니라 是亦近矣나 而不知其所爲使라 若有眞宰면 而特不得其眹이니라 可行已信이나 而不見其形이고 有情而無形이라 百骸 九竅 六藏 賅而存焉이니 吾誰與爲親하리오 汝皆說之乎아 其有私焉이라 如是皆有爲臣妾乎아 其臣妾不足以相治乎아 其遞相爲君臣乎아 其有眞君存焉이니라 如求得其情與不得이면 無益損乎其眞이라

[주] **여탄변접**(慮歎變慹) 여(慮)는 앞일에 대한 걱정이며, 탄(歎)은 이미 지나간 것에 대한 한탄. 변(變)은 변덕, 접(慹)은 고집. **요일계태**(姚佚啓態) 요(姚)는 요사스러움, 또는 아첨. 일(佚)은 일(逸)과 통하며 방자, 방탕을 말함. 계(啓)는 탁 터놓고 감추는 것이 없는 것. 태(態)는 겉으로 꾸미는 것, 꾸밈. **증성균**(蒸成菌) 지상의 습기로 곰팡이가 생김. **일야상대호전 이막지기소맹**(日夜相代乎前 而莫知其所萌) 앞의 구절을 받는 말. 갖가지 감정이 낮이고 밤이고 쉴새없이 나의 눈 앞에 번갈아가며 나타나는데, 그것이 어디서부터 태어났는지 알지를 못한다는 뜻. 맹(萌)은 비롯되는 것, 시작되는 것(始也). **이호이호**(已乎已乎) 공연한 짓은 그만두자, 원인 따위는 캐지말고 두어라. **약유진재**(若有眞宰) 재(宰)는 주인. **이특부득기진**(而特不得其眹) 특(特)은 다만(但也). 진(眹)은 짐(朕)과 마찬가지로 조짐. **백해**(百骸) 백 개의 뼈마디. **구규**(九竅) 아홉 개의 구멍으로, 눈·코·귀·입 및 배설기의 구멍. **육장**(六藏) 여섯 개의 장기로 간·심장·폐·지라·좌우 콩팥. **신첩**(臣妾) 신(臣)은 남종, 첩(妾)은 여종. **기체상위군신호**(其遞相爲君臣乎) 체(遞)는 바꾼다는 뜻. 그 주인과 종이 서로 바꿀 수 있겠는가.

[해설] 여기서 비로소 '진재(眞宰)'니 '진군(眞君)'이니 하는 말이 등장한다. 이미 앞에서 우리가 보았던 '운명의 주재자'이다. 이것을 또 조물자니 조화자니, 자연 무한자의 별칭이기도 하다. 그리

하여 노자에선 도(道)로 설명되고 있는 것이며, 유가로 말한다면 하늘〔天〕이 될 것이다.

즉 온갖 것의 근원이 되는 것을 노자는 '도'라고 불렀다. 노장학파를 도가(道家)라고 부르게 되는 것은 이 때문이다.

그러나 '도'라는 말을 쓴 것은 노자가 처음이 아니고 이미 공자도 사용했다. 그런 의미로 도의 종가(宗家)는 유가인 셈이다.

도란 길을 말하며, 그 길을 인간이 걸어가는 것이다. 옳은 목표에 도달하기 위해 지나지 않으면 안 된다는 길이라는 의미이니만큼 현대의 말로선 규범·준칙에 해당된다. 바꾸어 말한다면 인간의 행동을 다스리는 법칙이다.

이와 같이 인간이 지켜야 할 법칙이라는 것은 물리적인 자연계의 법칙과는 구별되는 게 오늘날의 상식이지만, 중국에선 오랫동안 미분화(未分化)였었다.

그것은 공자나 노자 등 고대뿐 아니라 송학(宋學)·주자학의 시대에 이르기까지 뿌리깊게 살아남은 사고방식이었다. 엄밀히는 물리적인 자연법칙이어야 할 천도(天道)가 그대로 인간이 걸어야 할 인도(人道)로서 취급되었다. 이른바 칙천(則天)의 사상, 인간은 자연을 본받아야 한다는 사상은 중국의 오랜 전통의 하나이다. 그 전통을 뒷받침하는 토대가 된 것은 농경하는 백성의 생활이었을 것이다.

이리하여 '도'는 인간이 지켜야 할 규범임과 동시에 이를테면 물리적인 존재로 생각될 수 있다. 거기에 도의 형이상학적인 출발점이 있다. 도는 무형(無形)의 것이긴 하지만 실재한다는 점에선 유형(有形)의 것과 같은 성격을 갖는다. 거기에 '형태를 초월한 것인 존재'를 대상으로 하는 형이상학이 탄생한다.

그렇다면 도의 기본적인 성격은 무엇인가.

　물이 있어 혼성하여, 천지보다 먼저 생겼다. 소리도 없이 괴괴했고, 눈에 보이는 모습도 없이 다만 혼자 있을 뿐으로서 그 존재를 바꾸는 일도 없다. 우주에 이르는 곳을 두루 다니면서,

그러면서도 지칠 줄을 모른다. 이것이야말로 만물의 어머니이기에 알맞은 것이다.
　그러나 그 이름을 무엇이라고 불러야 좋을지 나는 모른다. 임시로 이름을 붙여 도라 하고, 굳이 이름지어 대(大)라고 불러 보자. 대라면 고루 미칠 것이고, 고루 미치면 멀어지고, 멀어지면 다시 이곳에 돌아온다. 이와 같이 도는 큰 것이긴 하지만 대라고 하면 하늘도 대이고 땅도 대이고 왕 또한 대이다.
　이와 같이 세계 속엔 네 개의 큰 것이 있지만, 인간인 왕도 또한 그 하나의 위치를 차지하고 있다.
　이리하여 인간은 땅을 본받고, 땅은 하늘을 본받고, 하늘은 도를 본받고, 도는 자연을 본받는 것이다.

　　有物混成 先天地生 寂兮寥兮 獨立不改 周行而不殆 可以爲天下母 吾不知其名 字之曰道 强爲之名曰大 大曰逝 逝曰遠 遠曰反 故道大 天大 地大 王亦大 域中有四大 而王居其一焉 人法地 地法天 天法道 道法自然(《노자》제25장)

　무슨 수수께끼 같은 표현이지만, 결론부터 먼저 말한다면 도란 곧 무한자(無限者)를 가리킨다. 우리들의 상식인 말이나 개념은 한계가 있는 유한을 포착하기 위해 만들어져 있다. 따라서 무한이라는 것은 개나 말 등등 유한인 것과 마찬가지로 개념으로서 가질 수는 없다. 우리들은 무한이란 말을 입에 올리고 자못 아는 체하고 있지만, 사실은 아무것도 모르는 것이다.
　'한이 없다'고 하지만, 그것은 한계라는 개념이 '없다'는 것이고 사실은 개념적 사고의 자기부정에 지나지 않는 것이다. 무한을 생각할 때, 인간은 그 사고를 단념하여 사고의 저편에 있는 무한의 모습을 어렴풋하니 상상할 수밖에 없다.
　도란, 이 무한자에게 주어진 임시적인 호칭에 불과하다. 물론 그것은 무한자이기 때문에 온갖 것을 그 안에 싸안고 있는 것이다. 그것은 무한히 큰 것이기 때문에 아무리 먼 곳에 있는 것이리도 나의 속에 받아들인다. 아니, 멀다 하는 것도 정확하지가 않다. 멀고 가까움이라는 건 유한자에 대해서만 쓸 수 있는 말이고, 무한자로선 곳곳이 나인만큼 멀리 가는 게 아니고 나로 돌아오는 것이다.

이와 같은 무한히 큰 도에 가까운 것이라 하면 천지를 들 수가 있으리라. 그것은 어떤 의미로는 도에 가까운 존재라고 할 수 있으리라. 잊어선 안 될 일은, 인간 또한 도를 좇을 때 도나 천지와도 어깨를 나란히 할 수 있는 크기를 가질 수 있다는 점이다. 이리하여 도, 하늘, 땅, 사람과 같은 서열을 생각할 수도 있으리라.

이리하여 도는 '한정이 없는 것'이라는 부정적·소극적인 규정에 의해 포착할 수밖에 없지만 단 한 가지 적극적으로 말할 수 있는 게 있다. 그것은 도의 활동이 '자연'이라는 점이다. 바꾸어 말하면 그 활동은 그것 자신의 내부에 갖추어져 있는 것이고, 의식이나 노력 같은 것은 꾀하지 않는다는 점이다.

노자와 장자, 물론 차이는 있지만 이 도라는 개념에서 접근한다면 이 장의 이해를 위해 도움이 될 것이다.

6

한번 그 이루어진 형체를 받게 되면 이를 손상시키지 않고 생명이 다하기를 기다린다. 그런데 그 형체가 사물과 서로 거스르거나 서로 마찰하면 그 생명의 다함이 달리는 말과 같이 빨라 이를 능히 막지 못하니 어찌 슬프지 않겠는가.

평생을 고생하여도 그 성공을 보지 못하고, 고달프고 피곤하게 일해도 그 돌아갈 바를 모르니 참으로 가엾지 않은가.

사람들이 비록 죽지 않았다 한들 무슨 이익이 있겠는가. 그 형체가 바뀌면 그 마음도 또한 이것과 같을 것이니 어찌 큰 슬픔이라고 하지 않을 수 있으랴. 사람의 삶이란 본디 이렇듯 어리석은 것일까. 아니면 나 혼자만 어리석은 것이고 어리석지 않은 사람은 따로 있는 것일까.

[원문] 一受其成形이면 不亡以待盡이라 與物相刃相靡면 其行盡如馳라 而莫之能止하니 不亦悲乎아 終身役役으로 而不見其成功이요 苶然疲役으로 而不知其所歸이니 可不哀邪아 人은 謂之不死奚益이리오 其形化는 其心與之然하니 可不謂大哀乎아 人之生也는 固若是芒乎아 其我獨芒이면 而人亦有不芒者乎아

㈜ **일수기성형 불망이대진**(一受其成形 不亡以待盡) 일단 그 형체를 받게 되면 그것을 해치지 않고서 죽을 때까지 기다린다는 장자의 자연관과 운명관의 일부가 나타나 있다. 이 말은 '전자방편(田子方篇)'에도 나온다. 망(亡)은 억지로 목숨을 잃게 하는 것이고, 진(盡)은 순리대로 죽는 것. **상인상마**(相刃相靡) 서로 손상하고 서로 마찰한다. 인(刃)은 거스른다는 뜻이 있고, 마(靡)는 마찰한다는 의미가 있음. **기행진여치 이막지능지**(其行盡如馳 而莫之能止) 그 일생이 끝날 때까지 가기를 마치 말이 달리듯이 하여 그것을 능히 막지 못함. 치(馳)는 냅다 달려가는 것. **종신역역**(終身役役) 역역(役役)은 마음과 힘을 다 쏟는 모양. **날연피역**(苶然疲役) 날연(苶然)은 고달픈 것, 또는 잊는 것. 여기서 역(役)은 부림을 당하는 것. **기형화 기심여지연**(其形化 其心與之然) 그 형체가 변화되면 그 마음도 이것과 같아진다는 뜻인데, 쉽게 말해 신체에 죽음의 변화가 찾아옴과 동시에 마음도 이것과 운명을 같이 한다는 것. 장자는 영혼의 불멸을 믿지 않았다. **인지생야 고약시망호**(人之生也 固若是芒乎) 망(芒)은 어둡다, 도리를 알지 못하다. 따라서 '어리석다'고 할 수도 있겠다.

[해설] 여기서 또 죽음이 등장하고 있다. 그러나 그러한 것도 '운명'이라는 것을 안다면 조금도 두렵지가 않은 것이다. 그러면서 그 운명은 긍정하지만 그 운명의 주재자, 말하자면 유가에서 말하는 하늘이나 어떤 신의 존재를 인정하지는 않는다.

그것은 자연이고, 그 자연이란 '타자의 힘에 의한 것이 아니라 그것 자신의 안에 있는 활동에 의해' 그렇게 되는 거라고 할 뿐이다. 만일 우리들이 주재자니 신과 같은 타자에 의해 운명이 주어

진다고 한다면 우리들은 타연(他然)이 되어버려 자연이 아니게 될 것이다.
　이것을 좀더 명확히 알기 위해 노자의 도를 안쪽부터 조명한다면 어떨까?《노자》제21장의 원문부터 보자.

　……보편 존재로서의 도는 희미하고 어렴풋하다. 포착할 수 없는 그 밑바닥에 물상(物象)이 숨어 있다. 속속들이 탐지할 수 없는 그 밑바닥에 에네르기가 숨어 있다. 그 에네르기는 불멸이다. 거기엔 확고한 법칙이 있다.
　태고로부터 지금에 이르기까지 도는 끊기는 일 없이 존재했고 만물을 통괄하고 있다.
　나는 무엇에 의거하여 만물을 이해할 수 있는가. 그것은 만물의 근원인 도에 의거해서이다.

　……道之爲物 惟恍惟惚 惚兮恍兮 其中有象 恍兮惚兮 其中有物 窈兮冥兮其中有精 其精甚眞 其中有信 自古及今 其名不去 以閱衆甫 吾何以知衆甫之狀哉 以此

　이것이 곧 도에 대한 노자의 체험적 직관이었다. 무한자 속에 들어가면, 흡사 짙은 구름에 싸인 것처럼 앞뒤도 분간할 수 없는 암흑인 혼돈을 바라보는 느낌이 되리라. 그러나 이 혼돈 속에 '영묘한 무엇'인가가 있고, 부정하기 어려운 진실성과 확실성을 가진 것이 있다고 함은 대체 무엇을 의미하고 있는 것일까.
　그것은 아마도 '하는 일 없이 하지 않음은 없다' 하는 도의 활동일 것이다. 스스로는 하고자 하는 의사를 갖고 있지 않는데도 불구하고 끝없이 물상을 태어나게 하고 다시 또 돌아오는 물상을 받아들인다. 이 무한의 생산력과 포용력이야말로 무한자인 도의 속성(屬性)이리라.
　그렇기는 하지만 노자는 왜 이와 같은 상징시와도 비슷한 표현을 쓰지 않으면 안 되었던 것일까. 되풀이해서 말하면 무한한 것은 상식인 유의 말로는 표현할 수가 없기 때문이었다. 그래서 말이라는 매개물을 초월한 직접적인 참입(參入), 체험적 직관의 길이 선택된 이유가 있다. 이른바 신비적 직관이다.

그러나 신비주의를 입에 올릴 때 우선 필요한 일은, 이 말에 따라다니고 있는 혼란을 제거시켜 두는 일이다.

상식으로 신비적이라 할 경우에는 과학적으로 해명할 수 없는 초능력이나 마법 따위까지 포괄하며, 혹은 주술적(呪術的)인 비밀의식 등도 포함한다. 그러나 철학이나 종교에서 신비주의라고 불리고 있는 것은 이와 같은 초능력이나 비의(秘儀)를 필요로 하지 않는 것으로, 보통의 능력을 가진 인간이라면 되고, 또한 일상적으로 부단히 체험할 수 있는 것이다. 다만 지식의 상대성과 한계를 알고, 무한자를 직접적으로 감득(感得)할 수 있는 '마음의 눈'을 기르는 일이 조건이 되는 데 불과하다. 물을 H와 O로 분해하는 대신 '물은 아름답다'고 느낀다면, 그것도 신비적 체험의 하나라고 할 수가 있으리라.

이와 같이 하여 도는 무한자의 별칭이 된다. 그런데 노자는 그 무한자인 도를 '일(一)'이라는 말로 표현하는 경우가 있다.

    태초에 하나를 얻은 자가 있다. 하늘이 하나를 얻어 그로써 맑고, 땅이 하나를 얻어 그로써 편하고, 신이 하나를 얻어 그로써 신령하고, 계곡이 하나를 얻어 그로써 차고, 만물이 하나를 얻어 그로써 태어나고, 왕후가 하나를 얻어 그로써 천하의 정(貞)이 된다. 그것을 이루는 것은 하나이다.

    昔之得一者 天得一以淸 地得一以寧 神得一以靈 谷得一以盈 萬物得一以生 侯王得一以爲天下貞(《노자》제39장)

일(一)을 '도'로 바꾼다면 더욱 뜻이 분명해질 것이다.

천지의 개벽에 앞서 도가 있었다. 도는 대립을 초월한 혼연(渾然)한 하나의 물(物)이다.

하늘은 이 도를 본받아 맑고, 땅은 이 도를 본받아 안정되고, 신은 도를 본받아 영묘하고, 곡(谷 : 대지의 갈라진 곳, 계곡. 또 여성을 상징하는 것으로 고대 생식신앙의 대상)은 도를 본받아 가득 차고, 만물은 도를 본받아 생육(生育)되고, 군주는 도를 본받아 천하의 규범이 되었다.

"이것으로써 성인은 하나를 품고, 천하의 식이 된다(是以聖人抱一 爲天下式)."

자연의 법칙을 터득한 성인은 자기를 주장 않고 도를 본받음으로써 절로 천하의 규범이 된다.

'영백을 태우고 하나를 안아 능히 떠나는 일이 없다면(載營魄抱一 能無離乎)' 일면적인 주관을 버리고서 도로부터 떠나지 않을 수 있을까.

그러나 장자는 여기서 성형(成形)과 성심(成心)을 말하고 있다.

7

무릇 본디의 마음을 따라 이를 스승으로 삼는다면, 어느 누가 스승이 없겠는가. 어찌 반드시 고칠 것을 알아서 마음에 스스로 선택하는 자에게만 스승이 있겠는가. 어리석은 자라도 스승은 가지고 있는 법이다. 마음을 따르지 않고 시비를 가리는 자는 '오늘 월나라로 떠나면서 어제 도착했다'는 궤변과 같다. 이것은 없는 것을 있다고 하는 것이다. 있을 수 없는 일을 있다고 한다면 비록 신과 같은 우임금이라도 어찌할 수 없을 텐데 하물며 내가 홀로 어찌한단 말인가.

[원문] 夫隨其成心而師之이니 誰獨且無師乎아 奚必知代로 而心自取者有之이니 愚者與有焉이니라 未成乎心을 而有是非로 是今日適越而昔至也이니라 是以無有爲有면 無有爲有이니 雖有神禹라도 且不能知요 吾獨且奈何哉이리오

㉝ **성심**(成心) 앞의 성형(成形)에 대립되는 말로 천성의 마음. 자연히 갖추어지는 마음의 활동임.《장자》에서 '성심'이라는 말은 두 가지 의미로 쓰임. 다른 하나는 기성(既成)의 마음, 선입된 편견이란 뜻임. 이를테면 '인간세편'의 '사심(師心)', 즉 마음을 스승으로 한다는 말은 후자의 예(例)임. 그런데 일반적 용법으로선 후자 쪽이 많음. **해필지대 이심자취자유지**(奚必知代 而心自取者有之) 대(代)는 '바꾸다'의 뜻으로 다음 구절의 우자(愚者)에 대한 현자(賢者)를 가리킴. 직역한다면 '어찌 반드시 바꿀 것을 알고서, 마음으로 스스로 취하는 자가 있겠는가'인데, 밤낮 우리 앞에서 교대로 일어나 변화하는 감정의 원인은 보통때 이것을 모르지만 어진 이를 자처하는 자는 지혜로써 이것을 알려고 한다. 그런데 장자는 이것을 쓸데없는 짓이라고 보는 것이다. 즉 그는, 성심은 천성의 마음이기 때문에 여러 가지 있는 것들 중에서 골라 얻은 것이 아니며 선택이라는 인위(人爲)를 초월한 자연으로 보았음. **금일적월이석지야**(今日適越而昔至也) 이것은 '천하편'에 나오는 혜시(惠施)의 궤변 '금일적월이석래야(今日適越而昔來也)'를 가리킨 말이다. 혜시는 무한대(無限大)의 시간을 생각하는 것인데, 무한의 시간에 비한다면 오늘과 내일의 시간의 차이는 없는 거나 같다는 말임. **수유신우**(雖有神禹) 우(禹)는 하(夏)나라를 세운 고대의 성왕. 신 같은 지혜를 가진 우왕이라 할지라도. **오독차내하재**(吾獨且奈何哉) 내하(奈何)는 여하(如何)와 같다. 즉 앞구를 받아, '나 홀로 어찌할 수 있겠는가'의 뜻.

[해설] 노자에 있어 '일'이 '도'를 의미하고 있음을 우리는 보았다. 그렇다면 왜 노자는 '도'를 '일'이라고 불렀던 것일까. 무한을 일로 대체시키는 까닭은 무엇인가?
 무한대(無限大)인 것을 '많다'고 생각하는 것은 잘못이다. 많다 하는 것은 거기에 모이는 개물(個物)이 각각 독립성을 갖고 있어, 그것을 집계(集計)하는 데에서 성립하는 개념이다. 그런데 무한대 속에 있어선 개물은 그 독립성을 잃고 하나로 융합되고 만다. 즉 차별이 없어지고 하나가 되는 것이다. 따라서 무한자인 도를 하나라고 부르는 일도 가능하리라.
 다만 노자는 제42장에서 "두는 하나를 낳고, 하나는 둘을 낳고, 둘은 셋을 낳고, 셋은 만물을 낳는다. 만물은 음을 업고 양을 안는다(道生一 一生二 二生三 三生萬物 萬物負陰而抱陽)."라고 말한다. 즉 도에서 파생한 것이 '일'이라 말하고 있어, 여기선 도와 일을 구별하고 있는 것처럼 보인다. 그리하여 일은 도와 만물의 중간적 존재이기나 한 것 같은 인상을 주는 것이다.

이 점 대단히 미묘하지만, 아마도 일이라 하는 것은 무형인 도가 유형인 만물로 변화하려 하는 직전의 모습을 형용한 것이었으리라. 만일 그렇다고 한다면 일은 도의 성격을 지니고는 있지만, 무형으로부터 유형으로 옮기려 하는 계기를 잉태한 상태라는 것이 된다. 그 의미에서 도는 일보다 이전의 상태이다. 일보다 전의 수는 제로(0)이다. 도를 수로 표시하려 하면 제로 이외에는 없다. 제로는 무이다. 도는 왜 무여야만 하는가.

노자의 실천철학은 무지무욕(無知無欲), 무도덕(無道德)과 같이 모두 부정의 입장에서 구축되고 있다. 그와 같은 전면적인 부정의 극점(極點)에 나타나는 것이 무이다.

"학문을 하면 날로 이익되고, 도를 본받으면 날로 손해본다. 이것을 손해보고 또 손해보며 무위에 이른다. 무위로써 되지 않는 것은 없다(爲學日益 爲道日損 損之又損 以至於無爲 無爲而無不爲)."(제48장)

보통 학문을 한다 하는 것은 지식을 날로 늘리는 것이다. 그런데 도를 닦는다는 것은, 그것과는 거꾸로 이것을 줄여나가는 일이다. 줄이고 또 줄여서 마침내 무위에 도달한다. 무위의 경지에 도달했을 때 비로소 만능의 활동이 나타난다는 것이다.

여기선 '무위'라고 하고 '무'라고는 하지 않는다. 그러나 인간이 그 차별의 지혜를 버리고 완전한 무위의 경지에 들어갔을 때, 그 경지는 그대로 '무' 그것이다. 왜냐하면 지식·욕망·도덕 등 인위(人爲)를 죄다 버리고 난 뒤에는 아무것도 남지 않아 공허(空虛)가 되고 무가 되어버리기 때문이다.

눈을 크게 뜨고 보려 해도 보이지 않으니까 걸리는 게 없다고 말하자. 귀를 기울여도 그 소리를 들을 수가 없으니까 적적하다고 말하자. 이것을 손으로 잡으려 해도 잡히지 않으므로 미소(微小)라고 하자.

이 세 가지의 표현만으로는 아직도 그 정체를 규명할 수가 없다. 그러므로 세 가지 표현을 뒤섞어 하나로 하면 그것에 가까운 것이 되리라.

그것은 위쪽이라 하여 밝은 것도 아니고, 아래쪽이라 하여 어두운 것도 아니다.

어디까지나 길게 이어져 끊기는 데가 없기 때문에 말로 붙잡을 수가 없다. 그 끝은 무한의 저편에 이어지고 아무것도 없는 무의 세계로 돌아간다.

굳이 표현한다면 모습없는 모습이고, 물(物) 아닌 상(象)이다. 바꾸어 말하면 황홀하고 일정하지 않은 것이다.

그것은 앞에서 보아도 그 얼굴을 볼 수가 없고, 이것을 뒤로부터 보아도 그 꼬리를 볼 수가 없다.

그러나 태고로부터 전해진 이 도를 단단히 손에 움켜잡고 지금 있는 것을 통괄한다면 만물의 시작인 모습을 알고 이것을 재현할 수도 있게 되리라. 이것을 도에 의한 지배라고 부른다.

視之不見 名曰夷 聽之不聞 名曰希 搏之不得 名曰微 此三者 不可致詰 故混而爲一 其上不皦 其下不昧 繩繩不可名 復歸於無物 是謂無狀之狀 無物之象 是謂惚恍 迎之不見其首 隨之不見其後 執古之道 以御今之有 能知古始 是謂道紀(제14장)

이것은 무(無)인 도의 체험적 직관의 서술이다. 그것은 논리의 매개를 빌지 않는 직접 체험이라는 의미로서, 신비적이라 할 수가 있으리라. 무의 모습이 마치 환영처럼 그려져 있는 것도 그 때문이다. 그리하여 무는 이와 같은 환상의 모습으로밖에 포착되지 않는다. 왜냐하면 말로 포착할 수 있는 것은 유(有)이고 무는 아니기 때문이다.

8

　무릇 말이라 하는 것은 입에서 뿜어내는 한낱 소리가 아니다. 말에는 무엇인가 주장하려 하는 게 있다. 다만 그 주장하려는 내용이 사람에 따라 다르고 일정하지 않다는 데 문제가 있다. 만일 말의 내용이 일정하지 않은 채로 발언되었다면, 그 말한 것이 과연 말한 것이 되는지 아니면 아무것도 말하지 않았던 것이 되는지 알 수 없을 게 아닌가. 이를테면 자기로선 '새끼새'의 지저귐이 아니라 생각하고 있어도 그것과의 구별이 있는지 없는지 의심스러운 것이다.

　그렇다면 유일한 진리여야 할 도는 무엇에 가려져 참과 거짓의 구별을 낳게 하는 것일까. 말은 무엇에 가려져 시(是)와 비(非)의 대립을 낳는 것일까. 애당초 도라는 것은 어디에서나 존재하지 않는 곳이 없고, 말이라는 것은 어디에 있어도 타당해야 할 성질의 것이다. 그것이 그렇게 되지 않음은 어째서인가. 다름이 아니라 도는 (상대를 이기려 하는) 작은 성공을 구하는 마음에 의해 가려지고, 말은 영광이나 화려함을 구하는 언변 속에 가려지기 때문이다.

　그러기에 여기서 유가와 묵가의 시비 대립이 생긴다. 그리하여 상대가 틀렸다고 하는 것을 옳다고 하든가, 상대가 옳다 하는 것을 틀렸다고 하든가 하게 된다. 만일 정말로 상대가 틀리다고 하는 것을 옳다 하고, 상대가 옳다 하는 것을 틀리다고 생각하면, 시비의 대립을 초월한 절대적인 지혜에 비추느니만 못하다.

[원문] 夫言非吹也이니라 言者有言인데 其所言者는 特未定也이니라 果有言邪 其未嘗有言邪아 其以爲異於鷇音이어늘 亦有辨乎아 其無辨乎아 道惡乎隱而有眞僞로 言惡乎隱而有是非니라 道惡乎往而不存이고 言惡乎存而不可니라 道隱於小成에 言隱於榮華로다 故로 有儒墨之是非이고 以是其所非에 而非其所是이며 欲是其所非에 而非其所是이니

則莫若以明이라

㊌ **부언비취야**(夫言非吹也) 《석문(釋文)》에 의하면 취(吹)는 나무에 바람이 불거나 사람이 피리를 불어서 내는 소리라고 함. **언자유언**(言者有言) 말에는 소리와 함께 뜻이 있다는 것. **기소언자 특미정야**(其所言者 特未定也) 특(特)은 다만〔但也〕의 뜻. 말하려는 것이 다만 정해져 있지 않음. 즉 말하고자 하는 것은 같지만 내용이 일정치 않다는 의미. **기미상유언야**(其未嘗有言邪) 상(嘗)은 일찍이의 뜻. 과거를 나타내는 말. **구음**(鷇音) 구(鷇)는 새끼새. **역유변호 기무변호**(亦有辨乎 其無辨乎) 역(亦)은 또한의 뜻. 변(辨)은 변(辯)과 통함. 가리다, 판별하다의 뜻. **도오호은이유진위**(道惡乎隱而有眞僞) 오(惡)는 무엇. 은(隱)은 가려지다, 숨겨지다. **즉막약이명**(則莫若以明) 명(明)으로써 이를 비추느니만 못하다의 뜻. 여기서의 '명'은 시비의 대립을 초월한 절대적인 지혜.

해설 드디어 제물론의 핵심에 접근하고 있다. 여기서 이제까지 설명한 노자의 '도'를 다시 상기해 주기 바란다.

그것에 의하면 도의 본질은 무(無)였다. 그렇다면 또 문제가 생긴다. 무란 아무것도 없는 공허인 상태이므로 거기서는 아무런 활동도 태어나지 않을 것이다. 만물이 그곳에 들어가는 세계라 하는 것은 그래도 알 만하지만, 이것을 '만물의 어머니'라 부르고 온갖 존재를 낳는 근원이라 함은 무엇을 근거로 하는 것일까?

"천하의 만물은 유에서 생기고, 유는 무에서 생긴다(天下萬物生於有 有生於無)."(제40장)

"도는 하나를 낳고, 하나는 둘을 낳고, 둘은 셋을 낳고, 셋은 만물을 낳는다. 만물은 음을 업고 양을 안고 충기는 이로써 화를 이룬다(道生一 一生二 二生三 三生萬物 萬物負陰而抱陽 沖氣以爲和)."(제42장)

전자의 '유에서 생기다'의 유(有)는 후자의 일(一)에 해당되는 것이라고 생각된다. 일과 도는 거의 같은 것이지만, 도는 곧 무인데 비하여 일은 유에의 출발 준비태세를 갖춘 것이라고 하겠나.

그 바로 뒤에 음양이나 충기(沖氣)라는 말이 나타나므로, 그 일
이란 음양으로 이분(二分)되기 이전의 일기(一氣)를 가리킨다고
여겨진다. 기(氣)는 가스 형태의 미립자이고 천지 사이에 충만되
고 있으며 또한 천지만물을 구성하는 원자와 같은 것이다. 그것
은 가스 형태의 것이라서 무정형(無定形)이고 그 점에선 무에 가
깝고, 또한 미립자라고는 하나 크기를 갖는 것이므로 그 점에선
유에 가깝다. 이를테면 기는 무와 유의 중간인 성질을 갖춘 것이
다. 노자는 이와 같은 중국의 오랜 우주생성론을 전제로 하여 무
에서 유가 태어난다고 하는 설을 구성했다고 하겠다.

천지창조
"태초엔 아무것도 존재하지 않았다. 다만 일종의 기가 뭉게뭉
게 일고 퍼지며 가득 차 있을 뿐이었다. 그러다가 그 속에서 물
(物)이 생기는 징조가 보이고, 이윽고 하늘과 땅이 나타났다.
 하늘과 땅은 음양으로 감응하여 반고(盤古)라는 거인을 낳았
다. 반고가 죽을 때 그 몸뚱이가 갖가지의 것으로 변화되어 천지
의 사이에 만물이 갖추어졌다. 즉 숨결은 바람과 구름이 되고 목
소리는 천둥 벼락이 되고 왼쪽 눈은 태양이 되고 오른쪽 눈은 달
이 되고 팔다리와 몸통은 산이 되고 흐르는 피는 강이 되고 살은
흙이 되고 머리털이나 수염은 숱한 별이 되고 솜털은 초목이 되
고 치아나 뼈는 쇠붙이나 돌이 되고 땀은 비가 되었다."(《술이
기》)

천지의 분리
"태초에는 하늘과 땅이 뒤섞여 마치 달걀처럼 흐물흐물했었다.
그 속에서 반고라는 것이 태어나자 비로소 하늘과 땅과의 차별
(구별)이 생겨 맑은 곳은 천공이 되고 묽은 것은 대지가 되었다.
이윽고 천공도 대지도, 그리하여 이 두 개의 사이에 태어난 반고
도 차츰 성장했다.
 하늘은 하루에 1장(丈)씩 높아졌다. 땅도 마찬가지로 하루에 1

장씩 두께를 더해갔다. 그리하여 그 사이에 낀 반고 역시 하루에 아홉 번 탈바꿈이 되면서 마찬가지로 1장씩 키가 커졌다.
　그리하여 1만 8천 년이라는 긴 세월이 지났다. 그 사이에 반고의 키가 자라고 자라 9만 리가 되었다. 9만 리라는 무섭게 큰 거인이 천지 사이에 끼이게 되었으므로 본디 상접(相接)하고 있었던 이 두 가지가 9만 리나 떨어지고 말았다."(《삼보역기》)

　중국인의 우주관을 엿볼 수 있는 설화이다. 노자의 설도 여기에서 출발하고 있다.
　'제물론편'에서 명(明)이란 것을 주목할 필요가 있다. 그 명이란 무엇인가?

9

　만물은 저것이 아닌 게 없고 이것이 아닌 게 없다. 저쪽에서 보면 보이지 않으나 이쪽에서 보면 보인다. 따라서 저것은 이것에서 나오고 이것은 또한 저것의 원인이 된다. 그러므로 이것과 저것을 방생(方生)의 설이라 한다.
　그렇기는 하나 태어난 것은 죽게 되고 죽는 것은 또한 태어나게 된다. 가능한 것은 불가능하게 되고 불가능한 것은 가능하게 된다. 옳은 것이 원인이 되어 그른 것이 있고, 그른 것이 원인이 되어 옳은 것이 있다. 그러므로 성인은 그 같은 상대적인 설에 의지하지 않고 하늘의 이치에 비추어 보는데, 이것이야말로 진정한 옳음이다.
　성인의 경지에서는 이것도 또한 저것이고 저것도 또한 이것이다. 저것도 또한 하나의 시비이고 이것도 또한 하나의 시비이다. 그런데 과연 저것과 이것은 있는 것일까. 아니면 또 저것과 이것은 없는 것일까. 저것과 이것의 대립을 지양한 경지를 '도추(道樞)'라고 한다. 지도리는 고리의 한가운데에 끼며 무한의 회전하게 된다. 옳은 것도 무궁의 일부분에 지나지 않고 그른 것도 또한 무궁의 일부분에 지나지 않는다. 그러므로 시비로 대립하는 것은 밝은 지혜에 따르는 것보다 나은 것이 없다고 하는 것이다.

원문 物無非彼하고 物無非是니라 自彼則不見이나 自知則知之니라 故로 曰 彼出於是하고 是亦因彼니 彼是方生之說也니라 雖然이나 方生方死하고 方死方生하며 方可方不可하고 方不可方可라 因是因非요 因非因是니 是以로 聖人은 不由而照之于天이니 亦因是也라 是亦彼也며 彼亦是也라 彼亦一是非요 此亦一是非니 果且有彼是乎哉아 果且無彼是乎哉아 彼是莫得其偶를 謂之道樞이니라 樞始得其環中하여 以應無窮이라 是亦一無窮하고 非亦一無窮也이니라 故로 曰 莫若以明이로다

㊂ **물무비피 물무비시**(物無非彼 物無非是) 중요한 말이다. 사물은 저것 아닌 것이 없고, 또 이것 아닌 것도 없다는 뜻. 사물에는 상대성이 있다는 장자사상의 바탕. 이것 쪽에서 보면 상대는 저것이 되고, 저것 쪽에서 보면 상대가 이것이 됨. 이렇듯 이 개념의 비교 대립에서 성립된 것이 피아상대설(彼我相對說)임. **피출어시 시역인피**(彼出於是 是亦因彼) 앞의 말을 보충한 말. 저것은 이것에서 나오고 이것도 저것에서 비롯된다. **방생지설**(方生之說) 방(方)은 상대적이란 뜻. 모든 대립자는 서로 의존함으로써 존재할 수 있고 따라서 단독의 절대적인 존재는 아니라는 설. 본디 장자의 친구인 혜시가 주장한 궤변의 하나이며 방생방사(方生方死)라는 말도 '천하편'에는 혜시의 말로 나옴. **방생방사 방사방생**(方生方死 方死方生) 태어난 것은 죽게 되고 죽는 것은 태어나게 됨. 방(方)에는 같은 말이지만 견준다(比也)의 뜻이 있음. **인시인비 인비인시**(因是因非 因非因是) 여기서의 인(因)은 '……의지〔依也〕'이다. 옳은 것에 의지한다는 것이 그른 것에 의지하게 되고, 그른 것에 의지한다는 것이 옳은 것에 의지하게 됨. **시이성인불유이조지우천**(是以聖人不由而照之于天) 유(由)는 인(因)과 비슷한 뜻을 갖음. 여기서는 유를 '의지하다'로 해석함. 성인은 이것에 의지하지 않고 하늘에 이것을 비춘다. 즉 상대적 차별의 입장을 초월한 자연의 입장을 사물을 보는 것. **피역일시비 차역일시비**(彼亦一是非 此亦一是非) 그것도 하나의 시비이고 이것도 또 하나의 시비임. **도추**(道樞) 추(樞)는 문짝이 열리고 닫히는 데 중요한 역할을 하는 지도리. 도추

는 도의 요체(要諦)란 뜻임. **추시득기환중 이응무궁**(樞始得其環中 以應無窮) 환(環)은 지도리를 받는 구멍. 지도리는 그 구멍 안에 있게 되어야 비로소 무궁하게 대응할 수 있다. 즉 피아와 시비의 대립은 모두 '환'의 주위에 두어져 무한히 회전하지만, 환중(環中)에 두어진 지도리는 그 어느 것에도 얽매이지 않는다는 뜻. 환중도 만물제동의 경지를 나타내는 말로 사용됨.

[해설] 여기서의 무궁(無窮)을 무한(無限)으로 생각한다면 굳이 풀이하지 않아도 되리라.

노자에 있어 도의 본질은 어디까지나 무이고 공허여야만 했다. "천지 사이는 저 '탁약' 같다고 할까, 비었어도 다함이 없고 움직일수록 더욱 나온다(天地之間 其猶橐籥乎 虛而不屈 動而愈出)." (제5장)

탁약은 '풍구'로서 가죽 자루이다. 풍구인 가죽 자루 속은 비어 있지만 무한의 공기를 내보내 주고도 끝나는 일이 없다. 도 역시 풍구의 가죽 자루처럼 공허이고 무가 아니면 안 되는 것이다.

만물의 생성을 설명하는 것이라면 신화의 그것처럼 일기생성설 (一氣生成說)을 그대로 사용해도 좋을 듯싶은데 어째서 노자는 어디까지나 무를 고집하는 것일까?

여기서 다시 도의 무한성 문제로 돌아가 볼 필요가 있다. 앞에서 도는 무한자라고 말했다. 그리고 도는 또 무라고 말했다. 애당초 무와 무한은 어떤 관계에 있는 것일까.

《노자》에선 이것에 대답할 만한 적당한 말을 찾지 못한다. 《장자》에서 그 해답이 발견된다. 뒤에 나오겠지만, 《장자》의 '응제왕편'을 보면, "도의 경지에 도달한 인간의 마음은 마치 거울과 같은 것으로서, 가는 자는 쫓지 않고 오는 자는 막지 않듯이 무한의 물을 영송(迎送)하지만, 더욱이 거울 자체는 조금도 상처받는 일이 없다."는 것이었다.

이 거울의 비유는 무와 무한의 관계를 생각하는 데 가장 알맞은 것이다. 거울면은 무색 투명이고 그 의미로는 무라고 할 수 있으리라. 그러나 거울면은 무인 까닭에 무한인 물의 모습을 비칠 수가 있는 것이다. 만일 이것이 사진의 필름과 같은 유(有)라면, 일정의 유한인 물의 모습을 오래 머무르게 할 수는 있지만, 그 대신 다른 물은 모두 배제하는 것이 된다. 즉 거울은 무인 까닭에 무한의 물을 깃들이게 할 수가 있는 것이고, 필름은 유인 까닭에 유한의 물밖에 깃들이게 할 수가 없는 것이다.

흔히 마음을 비워라, 허심(虛心)이 되라, 하는 말이 사용된다. 그 경우 마음을 비운다 하는 것은, 마음에 충만되어 있는 선입관을 모두 몰아 내어 공허하게 만들고 새로운 진리를 받아들이기 위한 준비를 하는 것이다. 물건을 가득 채운 자루에는 이미 새로운 물건을 받아들일 여지가 없다. 물건을 받아들이기 위해선 공간이 절대로 필요하다. 하물며 무한인 물을 포용하기 위해선 무한의 공간, 바꾸어 말하면 무가 필요하다. 즉 무한이기 위해서는 먼저 무인 것이 선행 조건이 된다. 무는 무한이기 위한 조건인 것이다.

이 장에선 또 '성인'이란 말이 나온다. 유가에서 말하는 성인이다. 그러나 이 성인에 대해선 많은 사람들이 반발 내지 의문을 갖고 있었다.

세습 왕조의 시조는 우(禹)였다. 우는 성인이라 처음에는 세습 왕조를 세울 의사가 없었다. 그리하여 자기를 보좌한 익(益)에게 선양했다.

그러나 우가 죽고 3년상이 지나자 익은 왕위를 우의 아들 계(啓)에게 넘겨 주고 기산(箕山)에 은퇴했다. 계는 현인으로 백성들의 신망이 있었다.

즉 우는 성인이고, 익이나 계는 현인이었던 셈이다. 그 구별을 어떻게 하는 것인지 우리는 그저 어리둥절할 뿐이다. 이것도 말 또는 지식에 의한 차별에서 생긴 것은 아닐는지?

유가는 그것을 이렇게 설명한다.

우가 '성인'으로 꼽히는 것은 왕조의 시조라서가 아니고 황하의 치수(治水)에 성공하여 백성의 고통을 덜어주었다는 공적 때문이었다.

즉 우는 요로부터 치수를 명받고도 9년(숫자의 최대수, 다년간이란 뜻)이 지나도록 그것을 성공시키지 못한 곤의 아들이었다. 곤은 이 실패 때문에 우산(羽山)이란 곳에 감금되었다.

이리하여 우는 순으로부터 치수를 명받았다. 우는 결사적이었다. 아버지의 불명예를 씻어야 할 이중의 목적이 있었기 때문이었으리라. 장자는 이 우에 대해선 "비록 신과 같은 우라도······." 하며 그 업적을 부인하지 않고 있다.

우는 13년 동안 집 앞을 지나면서도 가족을 만나지 않을 정도로 온 정성을 다하여 마침내 황하의 범람을 막았다.

전통적인 해석은 이러하지만 이것에 의문을 제기하는 사람도 있다. 굴원은 그의 '천문편'에서 물었다.

> 형수씨는 걱정하고,
> 거듭 나를 책망했네,
> 곤은 경직하여 몸을 망치고
> 우산에서 죽었지 않느냐고.

곤은 경직, 즉 너무도 강직하여 주군인 요와는 타협하지 못하고 마침내 죽임을 당했다는 것이었다.

《산해경》에선 곤이 인간을 위해 상제의 보물을 훔쳤다고 하였다. 그 보물은 '식양(息壤)'이라 불리는 것으로 한줌의 흙이지만, 그것이 자꾸 새끼를 쳐서 마침내 산더미처럼 많아지고 제방을 쌓게 해주는 것이었다. 곤은 이것을 훔쳐 치수에 사용했는데, 상제가 그것을 알고 식양을 빼앗아 갔기 때문에 곤의 치수는 실패했다는 내용이다.

이야기로는 재미있지만 상제니 성인이니 하는 개념에 혼란을 준다. 상제가 유교에서 말하는 하늘[天]인데, 백성의 어려움을 막으려 하는 곤의 선행에 왜 방해를 했던가.

말이나 지식은 결국 믿을 수 없는 게 아닐까? 노자나 장자의 입장도 이런 곳에 있다 하겠다.
굴원은 '천문편'에서 다시 물었다.

> 홍수를 다스릴 재목이 아닌데
> 어찌 뭇사람이 이를 추대하였노.
> 모두들 이를 걱정없다 할 때
> 어찌 '과(課)'하지 않고 이를 썼노.

곤에게 정말로 치수의 능력이 없다면 어째서 뭇신하가 그를 추천했을까? "모두들 추천한 것이니까, 걱정없다고 말했으니까 곤 한 사람만의 죄가 아니지 않는가?" 하고 묻고 있는 것이다.

최후의 책임은 지도자에게 있다. 어째서 요는 능력도 시험하지 않고 치수와 같은 중대한 일을 곤에게 일임했는가. 즉 요에게는 책임이 없단 말인가? 굴원은 이른바 성왕인 요를 은연중에 비판하고 있는 것이다.

> 치귀예함(鴟龜曳銜)
> 곤은 어찌 이를 들었노.
> 차례로 공을 이루고자 했는데
> 제(帝)는 어찌 형(刑)했노.

'치귀예함'의 네 글자는 옛날부터 해석이 구구하다. 치는 부엉이 따위를 가리킨다. 부엉이와 거북이 물고서 끌고 다닌다는 뜻은 알겠지만, 대체 무엇을 끌고 물고 했는지 분명치 않다. 주희(朱憙)는 치귀가 도면을 그리듯이 이끈 것을 곤이 그대로 따랐기 때문에 실패했다고 해석했다.

그것이야 어쨌든 곤이 순서를 좇아 단계적으로 치수를 완성시키려고 하였는데 어째서 도중에 처형했는가? 굴원은 여기서도 요를 비난하고 있는 것이다.

아무튼 우는 아버지가 실패한 사업을 계승하여 그것을 성공시켰다. 그리하여 우는 대우(大禹)라고 불린 성인이 되었고, 하 왕조의 시조라는 화려한 존재가 되었다.

10

손가락으로써 그 손가락을 손가락이 아니라고 설명하는 것은 현재 있는 손가락을 초월하여 손가락이 손가락이 아님을 깨우치는 것만 못하다. 사실이 말(馬)인데도 그 말이 말이 아님을 설명하는 것은 말을 초월하여 그 말을 말이 아니라고 설명하는 것만 못하다. 도추의 일장에서 볼때 천지는 손가락 하나이고 만물은 하나의 말에 지나지 않는다.

[원문] 以指喩指之非指는 不若以非指喩指之非指也이니라 以馬喩馬之非馬는 不若以非馬喩馬之非馬也이니라 天地一指也는 萬物一馬也이니라

㊟ **이지유지지비지**(以指喩指之非指) 유(喩)는 깨우쳐 준다, 알려(설명해)준다의 뜻. 궤변학파인 공손용자(公孫龍子)의 저술 중에 《지물론(指物論)》이란 것이 있는데, 여기서 그 논지(論旨)를 비판하고 있는 것이다. 공손용자는 말한다. 만일, 특정의 한 손가락을 가리켜 '이것이 손가락이다'라고 하면 다른 다수의 손가락은 제외되어 손가락이 아닌 것이 되고 만다. 그러므로 특정의 한 손가락만을 가리켜 이것을 손가락이라 하는 것은 잘못이다. 또 《집석(集釋)》의 풀이에 의하면 이지(以指)의 '지'는 자기의 손가락이고, 지지(指之)의 '지'는 상대편의 손가락, 비지(非指)의 '지'는 참된 손가락이라 하였다. 즉 '자기의 손가락을 옳은 손가락이라 생각하고, 상대편의 손가락을 거기에 비교하여 손가락이 아니라고 판단한다'이다. 이 해석에서는 유(喩)를 '비(比)'라고 보고 있는 것이다. **불약이비지유지지비지**(不若以非指喩指之非指) 여기서의 비지(非指)란, 앞구의 특정의 손가락에서 제외된 많은 손가락을 가리킨다. 특정한 개물(個物)에서 출발하지 않고 개물이 아닌 보편(만물제동)의 경지에서 출발하며, 거기서부터 개물의 모습을 비기보고 개물이 필데적인 실재(實在)는 아니라는 것을 안다는 뜻.

이마유마지비마(以馬喩馬之非馬) 앞서 나온 공손용자의 저작 중에 《백마론(白馬論)》이 있는데 '백마는 말이 아니다'라고 했다. 그 논증(論證)의 방법은 《지물론》과 같다. 흰 말을 가리켜 '이것이 말이다'라고 하면, 다른 털빛을 가진 말은 제외되므로 말이 아닌 것이 되고 만다. 그러므로 흰 말을 가리켜 말이라고 하는 것은 잘못이라고 장자는 말한다. **천지일지야**(天地一指也) 장자는 여기서 한 걸음 더 나아가, 사물에 얽매이지 않는 도추의 입장에서 본다면 천지는 손가락과 마찬가지라고 보았다. 즉 명칭에 얽매이므로 '구별'이 생긴다는 뜻이다.

[해설] 이 장도 앞에서 이미 풀이한 그대로이다. 여기서는 중국의 역사와 유교적인 배경에 대해 좀더 설명하겠다.

우는 홍수신임과 동시에 창세신(創世神)적인 일면이 있다. 온갖 것을 그가 시작했다고 설명한다. 다만 수레는 해중(奚仲), 우물파기는 익(益), 술은 의적(儀狄)이 만든 것으로 되어 있지만, 또 우가 구정(九鼎)을 주조했다는 설화도 있으므로 인간이 금속을 이용하는 방법을 알았던 셈이다.

특히 이 가운데 우물파기는 중요한 의미가 있다. 우물이 보급되면 인간의 거주지가 강가에서 멀리 떨어져 확대된다는 의미가 있기 때문이다.

하남성 등봉현(登封縣)에 숭산(嵩山)이란 산이 있다. 성스런 산의 하나이다. 중국의 성산은 오악(五嶽)이라 불리고 동서남북과 중앙에 각각 배치되고 있다. 나라의 진산(鎭山)으로서 천자는 순행하여 하늘을 제사한다.

동악→태산(泰山):산동성
서악→화산(華山):섬서성
남악→곽산(霍山):안휘성
북악→항상(恒山):산서성
중악→숭산(嵩山):하남성

산은 높다고 해서 성스런 것이 아니다. 그 모습, 위치, 역사와의 관련이 중요하다.

우의 아버지 곤은 숭백(崇伯)이라 불리고 있는데, 숭(崇)은 숭(嵩)과 같은 의미이기 때문에 숭산 일대의 부족장이라고 추측된다. 그 아들인 우도 당연히 숭산과 관계가 깊다.

숭산은 두 개의 산무더기로 이루어져 있다. 태실산과 소실산으로, 각각 서른여섯 봉우리가 있다고 한다. 우에게는 두 아내가 있고 문자 그대로 소실은 소실산, 정실은 태실산에 살았다.

우의 정실은 도산씨(塗山氏)의 딸이었다. 우는 치수공사가 한창일 때 결혼하여 신혼 나흘 만에 또 공사현장으로 달려갔다.

이때 우는 아내에게 보여서는 안 될 모습을 보이고 말았다. 우는 산길을 급히 달릴 때 곰의 모습이 되는데 아내가 그것을 보고 너무나 놀라 그만 돌이 되어 버린 것이다. 이때 도산씨는 임신하고 있었다. 우는 그 돌에게 "내 아들을 돌려달라."고 외쳤다. 그 소리에 돌이 갈라져 아들이 태어났는데, 그가 계(啓)였다. 계는 '연다'는 뜻이 있는 것이다. 그것이 바로 숭산의 기슭이었다.

한 무제는 이곳에 와서 하후계모석(夏后啓母石)을 본 일이 있다. 그리하여 이튿날, 숭산에 올라가 태실묘를 참배하고 부근의 초목을 베는 것을 금했으며, 산 아래 3백 호를 그 봉읍(奉邑)으로 정했다.

계는 현인이라고 하였다. 그가 예악(禮樂)을 갖추게 했기 때문이다. 그는 상(商: 음률)을 이리저리 배열시켜 구변(九辯)이나 구가(九歌)를 만들었던 것이다.

참고로 중악묘는 태실산에 있는데, 노장의 계통을 이어받은 도교의 이른바 도관(道觀)으로 유서가 깊다. 정문 앞에 있는 석조의 수문신은 동한 원초 5년(118)의 명(銘)이 있을 정도다.

또 소실산 기슭에는 북위(北魏)의 태화 19년(495), 인도의 승려 발타삼장(跋陀三藏)을 위해 효문제(孝文帝)가 절을 시주했다. 이것이 요즘 권법으로 유명해진 소림사이다. 건립 후 얼마 안 되어 달마대사가 인도로부터 건너와 '면벽 9년(面壁九年)'이 수행을 한 선문(禪門) 발상지인 것이다.
　계는 왕위에 올랐다. 하(夏)라는 국호는 우가 최초로 봉해진 땅의 이름을 땄다. 그뒤 전국적인 왕조는 시조가 최초로 봉해진 땅이름을 국호로 삼는 게 관행이 되었다. 상(은)·주·진(秦)·한(漢)·위(魏)·진(晉)·수·당·송 등등 모두 그와 같다.

11

　세상 사람들은 가(可)를 가하다 하고 불가(不可)를 불가하다고 한다. 길은 사람들이 지나다니므로 이루어지고, 만물은 이것을 그렇게 일컬어서 그렇다고 한다. 무엇을 그렇다고 하느냐? 그러한 것을 그렇다고 한다. 무엇을 그렇지 않다고 하느냐? 그러하지 않은 것을 그렇지 않다고 한다. 만물은 본디 그렇다 하는 게 있고, 만물은 본디 가하다 하는 게 있다. 만물로서 그렇지 않은 것은 없고, 만물로서 가하지 않은 것은 없다. 그러므로 이를 위하여 들보와 기둥, 문둥이와 서시 등 엄청난 것과 괴이한 것까지 거론하지만, 그러나 도는 오직 하나로 되어 통할 뿐이다.
　그 나뉨은 다른 한편에서의 이루어짐이고, 그 이루어짐은 다른 한편에서의 허물어짐이다. 무릇 만물은 이루어짐도 허물어짐도 없이 본디 하나이다. 오직 도를 깨달은 자만이 통틀어 하나임을 안다. 이리하여 분별하는 법을 쓰지 않고 이것을 자연의 작용에 의지한다. 자연의 작용이 곧 용(用)이고 용은 곧 통(通)이다. 통이란 모든 것에 통하여 하나가 되는 것이며 그렇게 통하면 도(道)를 체득하는 것이다. 그리고 이 도를 체득하는 순간 도의 극치에 도달한다.
　도의 극치란 무엇인가. 자연 본래의 길에 순종할 뿐 아니라, 자기가 순종한다는 것을 인식하지 않는 경지이다.

　원문 可乎可하고 不可乎不可라 道行之而成하고 物謂之而然이라 惡乎

然인즉 然於然이라 惡乎不然인즉 不然於不然이라 物固有所然인즉 物
固有所可라 無物不然하고 無物不可라 故로 爲是擧莛與楹이고 厲與西
施이고 恢恑憰怪이니 道通爲一이니라 其分也成也이고 其成也毁也라
凡物無成與毁로 復通爲一이고 唯達者知通爲一이니라 爲是不用이 而
寓諸庸이라 庸也者用也로 用也者通也이고 通也者得也이니라 適得而
幾矣니 因是已이고 已而不知其然이라 謂之道이니라

㈜ **가호가 불가호불가**(可乎可 不可乎不可) 사물에는 본래 '가(可)'니 '불
가(不可)'니 하는 것이 없지만, 세상에선 흔히 자기 마음에 맞는 것을
'가'라고 하고 자기 마음에 맞지 않는 것을 '불가'라고 하는데 그것을
가리킨 말. **도행지이성**(道行之而成) 길이 없는 벌판이라도 사람이
지나다니면 자연히 길이 됨. 여기서 도(道)는 단순한 길. **물위지이연**
(物謂之而然) 물(物)은 만물을 뜻하지만 '세상 사람'을 의미하기도
함. 세상 사람이 지껄이는 것을 습관적으로 받아들이고 이것을 인정
함. 연(然)은 그러하다로 만물은 이름을 붙임으로써 그렇다고 한다의
뜻. **오호연 연어연**(惡乎然 然於然) 어(於)는 어조사. 무엇을 그렇다
고 하는가. 그러므로 그렇다. **물고유소연 물고유소가**(物固有所然 物固
有所可) 소(所)는 '……바'. 물에는 본디 그러하다는 바가 있고, 물에
는 본디 가(可)하다는 바가 있다의 뜻. 소(所)는 연(然)과 가(可)의
목적어로 쓰임. **고위시거정여영**(故爲是擧莛與楹) 정(莛)은 들보. 영
(楹)은 기둥. **여여서시**(厲與西施) 여(厲)는 문둥이. 서시(西施)는
절세미녀. **회궤휼괴**(恢恑憰怪) 회궤(恢恑)는 엄청난 것. 휼괴(憰怪)
는 요사한 것. 회는 크다, 궤는 예사롭지 않다는 뜻. 또 휼은 거짓. 괴
는 수상쩍은 것. **위시불용 이우제용 용야자용야**(爲是不用 而寓諸庸 庸
也者用也) 우(寓)는 몸을 의지하고 이를 좇는 것. 용(用)은 두 번 나
오는데, 전자는 차별의 지혜를 활동시킨다는 뜻. 용(庸)은 용(用)과
음도 의미도 통하지만, 전자의 용(用)과 구별하여 자연의 활동. 후자
의 용(用)은 용(庸)과 같은 뜻으로 써서, 역시 자연의 활동이란 의미.
용(庸)을 '범용(凡庸)하다'는 뜻으로 해석하는 설도 있지만 여기선 채
택하지 않음. **인시이**(因是已) 여기서의 시(是)는 시비의 '시'가 아
니고 시비의 대립을 초월한 차원 높은 시.

[해설] 자연의 도는 모두 하나라는 장자의 주장이다. 앞에서 우리는

무라고 불리는 것에도 두 가지의 종류가 있음을 알 수 있었다.
 하나는 상식으로 말하는 무이다. 상식의 무는 유를 배제할 때 생기는 것으로, 유와는 대립인 관계에 있으므로 유에 대한 무, 즉 상대무(相對無)라고 할 수 있으리라.
 이것에 대해 무한의 무라는 것이 있다. 앞에서 든 거울면이 이것에 해당된다. 그것 자신은 무이지만, 무이기 때문에 무한인 물체를 비치고 온갖 유를 그 안에 포용할 수가 있다. 상식의 무가 유를 배제하는 데 반해 이 무한의 무는 유를 배제하기는커녕 만유(萬有)를 포용하는 것이다. 그것은 적대자를 만들지 않는 무이므로 절대무(絶對無)라고 부를 수가 있으리라.
 잘 생각해 보면, 상식인 상대무라 하는 것은 참된 무가 아님을 알 수 있다. 유를 배제하는 무라 하는 것은, 유와의 사이에 경계를 마련하는 것이므로 한계를 가진 무이다. 그것은 무라고는 하나 '무라고 하는 물(物)', '무라는 이름의 유'이고 유의 일종에 지나지 않는다고도 하겠다. 이와 같은 무를 고집하는 입장이 '니힐리즘'이라 불리는 것으로, 그것은 인간 존재 중의 하나인 특수한 자세에 지나지 않는 것이다.
 그런데 거울면과 같은 무, 노자가 말하는 '화광동진(和光同塵)'의 무는 온갖 유를 자기 속에 포용해 버리는 무한의 무이고 긍정의 무이다. 그것은 유무의 상대를 초월한 무이다.
 그러나 실제로, 노자는 절대무의 세계에 들어가면서도 여전히 그것에 철두철미하지 못하고 상대무인 세계를 남기고 있는 점도 없지 않다. 이를테면 다음과 같은 말이 있다.
 "서른 개의 바퀴살은 바퀴의 중앙에 있는 바퀴통에 모인다. 바퀴통의 중심부는 비어 있지만, 이 무로 되어 있는 곳에 수레를 움직인다는 활동이 있다.
 찰흙을 이겨 그릇을 만들지만, 그 그릇에 빈 부분이 있어야 비로소 물건을 담는다는 그릇의 쓸모가 생긴다.
 문이나 창문이라는 무의 부분을 만들어야 비로소 방도 방으로서의 쓸모를 가질 수가 있는 것이다. 이와 같이 모두 유가 유로서의 쓸모를 가질 수 있음은, 이 이면에 무의 활동이 있기 때문이다 (三十輻共一轂 當其無 有車之用 埏埴以爲器 當其無 有器之用 鑿戶牖以 爲室 當其無 有室之用 故有之以爲利 無之以爲用)."(제11장)

이것이 이른바 '무용(無用)의 용(用)'이라는 것으로 장자도 다루고 있는 테마의 하나이다. 얼른 보아 쓸모없다고 보이는 것이 실은 커다란 활동을 갖는다는 것을 말한다. 상식으로는, 아무런 활동도 없다고 생각되는 무에서 커다란 활동을 인정한다는 점에선 확실히 무를 적극적으로 평가하려는 태도를 볼 수가 있다. 그러나 이 무의 활동은 유의 활동을 뒤로부터 도와주는, 이를테면 유의 이면적인 역할밖에 맡고 있지 않다고 하겠다. 따라서 무의 용을 강조하려다가 오히려 이것을 왜소화시켰다고도 볼 수 있는 것이다. 왜냐하면 무를 유에 대립시켰기 때문에 무 그것이 상대화되고 말았기 때문이다. 이렇듯 노자는 절대무에 발을 들여놓기는 했지만, 아직도 철저하지 못한 것을 남긴 것처럼 보인다. 그 철저와 완성은 다음인 장자를 기다리지 않으면 안 되었다.

하의 계가 재위에 있기를 39년, 78세로 세상을 떠나자 그 아들 태강(太康)이 뒤를 이었다. 태강은 사냥에 열중하고 정사를 돌보지 않았다. 이리하여 다른 부족이 대두하여 한때 정통인 하 왕조는 끊겼다. 여기에 대해선 활의 명인 예의 이야기로 앞에서 설명했다.

태강이 죽고 그 동생인 중강(中康)을 거쳐 소강(少康) 때에 이르러 하 왕조는 안정기로 들어간다.

이 소강부터 7대째인 공갑(孔甲)은 이른바 암우(暗愚)했다.

"즐겨 귀신과 겨루고 음란을 일삼았으며, 하후씨의 덕이 쇠약했다. 제후가 이를 배반했다."
라고 《사기》는 기록하고 있다.

이때부터 하는 급속히 멸망의 내리막길로 굴러떨어진다. 이윽고 폭군의 대명사인 걸(桀)의 시대가 되었다. 걸은 여색을 밝혀 민산국(岷山國)을 공격하여 두 미녀를 얻고 이들을 총애하였다.

걸왕에게는 이미 말희(妺喜)라는 총비가 있었는데 이들을 더 총애했으므로, 멸망에 박차를 가하게 된다.

이때 탕(湯)이라는 인물이 있었다. 탕부터 14대 거슬러 올라가 설(契)이라는 인물이 있다. 설의 어머니는 간적(簡狄)으로 유융씨(有娀氏)의 딸이고 제곡의 차비(次妃)였다. 제곡은 앞에 나온 황제의 증손으로 오제의 하나이지만 순과 동일 인물이라는 설도 있다.

간적은 냇가에서 목욕을 하다가 현조(玄鳥:제비)가 떨어뜨린 알을 먹고 설을 낳았다. 설은 장성하자 상(商:하남성)에 봉해졌는데, 은을 상이라 부르는 것도 이 때문이다.

아무튼 이것으로 보아 은은 제비를 토템으로 하는 부족이라고 추측된다. 또 난생설화(卵生說話)는 각지에 있지만 특히 퉁구스족 등 동방의 민족에 많기 때문에 은을 동이 계통으로 보는 설도 있는 것이다.

탕은 이윤(伊尹)이라는 명신이 있어 천하를 얻을 수 있었다. 즉 명군과 명재상의 콤비는 중국 역사에 자주 등장하는데, 이들은 그 제1호였던 셈이다.

이윤은 과연 어떤 인물인가?

이윤의 어머니는 이수(伊水)가에서 살고 있었는데, 아이를 가졌을 때 하루는 꿈에 신이 나타나 "물에 맷돌이 떠 있다면 동쪽으로 달아나라."고 일렀다.

이튿날, 과연 맷돌이 물에 떠 있으므로 그녀는 동쪽으로 한사코 달아났다. 그러나 10리쯤 갔을 때 아무래도 궁금하여 뒤를 돌아보았다. 그랬더니 마을은 벌써 물 속에 잠겨 있었고 그녀는 한 그루의 '공상(空桑)'으로 변했다.

공상은 줄기 아래쪽이 비어 있는 뽕나무를 말한다. 뽕잎을 따러 온 유신국(有莘國)의 처녀가 공상 속에서 아기를 발견하여 유신의 군주에게 바쳐졌다. 군주는 그 아이를 포인(庖人:요리사)에게 맡겨 양육시켰다.

이윽고 유신씨의 딸이 탕과 결혼하게 되었다. 이윤은 노예로서 공주를 따라 솥과 도마를 짊어지고 탕의 영지로 가게 되었고 그가 조리하는 음식이 매우 맛이 있어 탕과 알게 되었다.

12

자연은 본디 하나인데, 인간은 그것을 알지 못하고 마음을 고달프게 한다. 이것을 '조삼(朝三)'이라 일컫는다. 무엇을 조삼이라 일컫느냐. 원숭이의 우두머리가 도토리를 '아침엔 세 개, 저녁엔 네 개씩 주겠다.'고 하였다. 그러자 원숭이들이 모두 화를 냈다. 그래서 다시 '그렇다면 아침엔 네 개씩, 저녁엔 세 개씩 주겠다.'고 했더니 원숭이들이 모두 기뻐했다고 한다.

명(名)과 실(實)이 아무 변화가 없는데도 기뻐하기도 하고 성을 내기도 하니 이는 인간의 시비하는 마음 때문이다.

그러므로 성인은 시비를 화합시키고 천균에 안주한다. 이것을 다른 표현으로는 '양행(兩行)'이라 일컫는다.

[원문] 勞神明爲一이나 而不知其同也니라 謂之朝三이라 何謂朝三이오 曰 狙公이 賦芋할 때 曰 朝三而暮四하니 衆狙皆怒인지라 曰 然則朝四而暮三하니 衆狙皆悅이라 名實未虧나 而喜怒爲用이니 亦因是也이니라 是以로 聖人和之以是非하고 而休乎天鈞하니 是之謂兩行이라

㈜ **노신명위일**(勞神明爲一) 노(勞)는 고단하다, 애쓰다의 뜻. 신명(神明)은 마음, 정신. 세상의 어리석은 사람들이 헛되이 애를 써서 한쪽에 치우친 자기의 편견을 내세운다는 뜻. **저공**(狙公) 저(狙)는 원(猿)과 통함. 원숭이. 공(公)은 군주, 주인이란 뜻으로 원숭이의 우두머리. **부서**(賦芋) 부(賦)는 나누어 주는 것. 서(芋)는 도토리. **중저개열**(衆狙皆悅) 개(皆)는 모두. 열(悅)은 기뻐하다의 뜻. **명실미휴**(名實未虧) 휴(虧)는 이지러지다(缺也). 즉 결여되는 것. 미휴는 아직도 손해됨이 없으련만. **휴호천균**(休乎天鈞) 천균(天鈞)의 균은 균(均)과 통하는데, 있는 그대로 모든 길 고르게 하는 성지. 이 말도

만물제동의 경지를 가리키는 말로 사용됨. **시지위양행**(是之謂兩行) 양행(兩行)은 시비(是非)의 어느 쪽을 취사선택하는 일 없이 양자를 조화시키는 것.

[해설] 이 이야기는 《열자》 '황제편(黃帝篇)'에도 나온다. 전자는 주로 속임수에 중심을 두고 있지만, 여기선 도의 동일성에 중점을 두고 있다.

탕은 은 왕조의 시조이지만, 은 부족의 시조는 설이었다. 설은 상에 봉해졌지만 탕까지 거주지를 여덟 번이나 바꾸었다. 농경시대가 되어도 화전 농업의 단계에선 거주지를 자주 바꿀 필요가 있다. 그렇지만 옮길 적마다 부족의 인원도 늘었을 것이다. 탕의 시대에는 이미 대부족이 되고 중앙 정부를 위협할 존재가 되었다.

그러나 아직도 팽창된 은 부족이 하 왕조를 타도하기 위해선 타부족과의 연합이 필요했다. 앞서의 유신씨와의 혼인은 그것을 설명한다.

그리하여 힘으로 은은 하를 쓰러뜨렸다. 그 최대의 공로자는 이윤이었다.

《안씨춘추》에 의하면, "이윤은 살갗이 검고 난쟁이이며, 쑥대강이에 수염투성이, 머리는 위가 퍼지고 아래는 뾰족한데, 꼽추로서 목소리가 낮았다."

이런 이윤이 말희와 간통하고 하나라의 군사 정보를 탐지하여 그것을 일일이 탕에게 통보했다.

이윽고 탕은 하의 걸을 공격할 때 백성에게 고하는 글을 발표했다. 《서경》 중의 '탕서'가 그것이다.

아직 문자가 없었던 시대이므로 구두로 선언되고, 일부의 사람들에 의해 기억되고 전승되어 문자로 씌어졌던 것이다. 탕은 '탕서'에서 "유하는 죄가 많으니, 천명을 받아 이를 치노라."라고 했다.

이 천명사상이 이때부터 왕권의 절대화를 합리화시키는 말이 되었고, 유교 또한 즐겨 쓰게 된다.

탕은 또 선전도 중요하게 여겼다. 어느 날 탕이 외출하자, 들에 조수(鳥獸)를 잡는 그물을 사면에 치고, "천하 사방으로부터 모두 내 그물에 들라." 하며 기도하는 자가 있었다.

"아아, 이것으로써 조수가 멸종된다."

탕은 그렇게 말하고 삼면의 그물을 치우게 한 후,

"왼쪽에 가고 싶은 자는 왼쪽으로 가라. 오른쪽에 가고 싶은 자는 오른쪽으로 가라. 명령을 듣지 않는 자만 내 그물에 들라." 하고 기도했다.

제후는 이것을 듣고, "탕의 덕은 지극하여 금수에게까지 미친다." 하고 감탄했다.

즉 유가의 이상으로는 천명을 받고 아울러 덕있는 인물이 천하를 차지할 수 있는 셈이었다. 그러나 짓궂게 생각한다면 이는 제후를 끌어들이기 위한 교묘한 선전이었다.

그래도 따르지 않는 제후가 있었다. 위(韋)·고(顧)·곤오(昆吾)의 셋이었다. 탕은 이 세 부족을 차례로 쳤다.

뒷날 진 시황제가 나타난 진(秦)의 조상 비창(費昌)도 이 시대 사람이었다. 《사기》에는 "비창, 하의 걸 때에 이르러 하를 떠나 상에 돌아갔고, 탕의 '어'가 되어 '명조'에서 걸을 무찔렀다."라고 썼다.

어는 어자(御者)를 말하는데, 이 시대에 벌써 전거(戰車)로 싸웠던 모양으로 비창은 전거의 말을 몰며 싸웠던 것이다.

걸은 명조(鳴條)로 달아났고, 거기서 대패했다. 걸은 다시 패주하여 삼종(三䆣)이란 곳에 감금되었다가 남소(南巢)란 곳에 추방되었다.

전후 처리에 있어 하의 사(社: 토지신)를 옮기자는 의견을 탕은 물리쳤다. 이것도 탕의 덕으로 여겨지는 일이지만, 나라를 빼앗아도 제사전까지 없애선 안 된다는 생각이었던 것이다.

토지신뿐 아니라 조상신도 중하게 여겼다. 하의 제사를 끊기지 않도록 하기 위해 탕은 하의 왕족을 제후로 봉했다.

망국의 백성이 된 하의 부족에게 작은 땅이 주어졌고 유민으로서 쓰라린 생활을 계속했다. 은이 멸망한 뒤에도 하의 유민은 제사를 계속했다.

주 무왕도 은을 멸망시켰을 때 탕을 본받아 그 유민을 제후로 봉하고 송(宋)나라를 일으키게 하여 제사를 잇게 하였다. 이때 주는 또한 하의 유민을 기(杞)에 봉했다. 기는 저 하늘이 무너진다는 쓸데없는 걱정을 하여 '기우(杞憂)'라는 말을 남긴 나라이다. 이 이야기는 《열자》에 실려 있다. 이것은 당시 사람들이 망국의 백성을 깔보고 있었다는 증거가 된다.

13

옛사람은 그 지혜가 지극한 데가 있었다. 어디까지 이르렀느냐 하면 처음부터 사물은 없었다고 생각하는 사람까지 있었다. 그것은 궁극에 도달한 경지라서 더 덧붙일 것도 없다. 그 다음으로는 사물이 있기는 하나 처음부터 봉(封), 즉 경계가 없다는 데까지 이르렀다. 그 다음은 봉이 있기는 하나 처음부터 시비가 있지 않다고 하는 데까지 이르렀다. 시비가 나타나는 것은 도가 이지러졌기 때문이다. 도가 이지러지는 것은 애증이 이루어지기 때문이다.

과연 또 이루어짐과 이지러짐은 있는 것일까. 아니면 이루어짐과 이지러짐이 없는 것일까. 이루어짐과 이지러짐이 있는 것은 소씨(昭氏)가 금(琴)을 탄주해서이고, 이루어짐과 이지러짐이 없는 것은 소씨가 금을 탄주하지 않아서이다.

[원문] 古之人은 其知有所至矣니라 惡乎至오 有以爲未始有物者니 至矣盡矣하여 不可以加矣니라 其次以爲有物矣나 而未始有封也니라 其次以爲有封焉이나 而未始有是非也니라 是非之彰也로 道之所以虧也이니라 道之所以虧는 愛之所以成이니라 果且有成與虧乎哉아 果且無成與虧乎哉아 有成與虧는 故昭氏之鼓琴也이고 無成與虧는 故昭氏之

不鼓琴也이니라

㈜ **고지인**(古之人) 고대의 사상가들은 이상적인 사실이나 인물을 말할 때 '고(古)'라는 말을 붙였음. **유이위미시유물자**(有以爲未始有物者) 이위(以爲)는 '생각하는'의 뜻. 미시유물(未始有物)이란 처음부터 사물이란 없었다. 즉 처음부터 사물이란 없었다고 생각하는 사람이 있었다는 뜻. **지의진의**(至矣盡矣) 궁극에 도달하여 나무랄 데가 없음. **미시유봉야**(未始有封也) 처음부터 봉(封)이란 없었다. 봉은 처음에 토지의 경계를 나타내기 위해 흙을 쌓아놓은 것을 뜻했는데, 전의되어 경계, 한계. **시비지창야**(是非之彰也) 창(彰)은 나타내다, 드러내다의 뜻. **도지소이휴 애지소이성**(道之所以虧 愛之所以成) 소이(所以)는 원인, 까닭. 도가 이지러진 까닭으로 사랑이 이루어졌다의 뜻. **소씨**(昭氏) 뒤에 나오는 소문(昭文)과 같은 사람. 고대 거문고의 명인.

|해설| 장자도 노자와 공통되는 바탕을 갖는다. 도(道)는 양자에 공통되는 것이고 '무위자연'을 근본의 입장으로 삼는 데에는 변함이 없다. 그러나 무엇을 도로 규정하고 무엇을 무위자연으로 하느냐 하는 점에선 양자의 사이에 미묘한 상위(相違)가 있고, 그 상위는 차츰 폭을 넓혀가고 있는 것이다.

장자가 먼저 문제삼았던 것은, 있는 그대로인 진리는 어떻게 얻어지느냐 하는 인식론이다. 있는 그대로란 인위에 의해 왜곡되지 않는 자연이고, 바꾸어 말한다면 무위자연이 된다.

왜 이와 같은 있는 그대로인 진리를 추구하느냐 하면, 장자로선 있는 그대로인 진리를 아는 일이 곧바로 인간의 구원과 직결되는 것이었기 때문이었다.

그런데 있는 그대로인 진리 추구법을 문제삼고 있는 것은, 상식의 진리 추구 방법이 잘못되어 있기 때문이다. 그렇다면 상식의 진리 포착이 어떤 점에서 잘못을 저지르고 있는 것일까.

이것은 노자도 말했지만 인간의 말이 갖는 불완전성, 따라서 상식적 사고법의 결함이 그 원인인 것이다.

우리들은 사물을 '안다'고 한다. 안다고 하는 말은 '나눈다'는 것을 어원(語源)으로 하고 있다. 인간은 혼돈상태인 하나의 것을 그대로 지식의 대상으로 삼을 수는 없으므로, 반드시 이것을 둘로 나눔으로써 '안다'고 할 수가 있는 것이다. 판단이란 하나의 것을 반쪽으로 끊는 것이고, 이해란 도리를 좇아 분해하는 것이다. 분석 역시 나누고 쪼갠다는 뜻이다.

이렇듯 애당초 하나인 것을 둘로 분해시키는 게 인간의 사고법의 특징이다. 그런데 이와 같은 분해라는 인위를 가하는 일은, 있는 그대로인 진리를 훼손시키는 것은 아닐까. 그것은 인위에 의해 진리를 왜곡시키는 것은 아닐까.

이를테면 상식으로선 하나의 공간을 이곳과 저곳, 앞과 뒤, 왼쪽과 오른쪽으로 이분(二分)한다. 그리하여 이곳과 저곳이라는 장소의 구별이 실재하는 것으로 믿는다.

하지만 과연 그러한 것일까?

이곳이란 자기라는 인간이 현재 있는 장소를 가리키고, 저곳이란 자기가 없는 장소를 가리킨다.

만일 내가 지금 있는 장소에서 이동했다고 하면, 지금까지 이곳이었던 곳이 저곳이 되고, 저곳이었던 곳이 이곳이 되어 버린다. 즉 이곳 저곳이라는 구별은 나의 신체에 대해서만 있는 상대적인 것에 지나지 않음을 알 수 있다.

만일 인간의 신체를 떠난 절대적 공간이라는 것을 생각한다면, 거기엔 이곳 저곳은 물론이고 앞뒤나 좌우라는 차별도 모두 없어지고 말 것이 아닌가.

즉 인간은 자기를 중심으로 하여 멋대로 전후 좌우와 같은 차별을 만들어 낸다. 만일 그러한 인위를 버리면, 있는 그대로인 공간에 차별은 없고 다만 하나임을 알게 되리라.

하를 멸망시킨 은은 천하의 주인이 되고, 이윽고 탕이 죽고 외병(外丙)이 즉위했다. 탕에게는 태정(太丁)이란 태자가 있었지만 탕보다 일찍 죽었던 것이다. 외병은 태정의 동생이었다. 그렇지만 외병은 즉위 3년 만에 죽고 다시 그 아우 중임(中壬)이 즉위했으나 이 역시 4년 만에 죽었다.

 이리하여 이윤은 일찍 죽은 태정의 아들 태갑(太甲)을 세웠다. 적자를 세워 질서를 바로잡았다는 데서 이윤은 현인이란 말을 듣는 셈이다.

 그런데 태갑은 포학하고 시조인 탕의 법을 좇지 않아, 이윤은 3년 뒤 그를 동궁(桐宮)으로 추방해 버렸다. 동궁은 탕의 능이 있는 곳이다. 태갑은 그곳에서 자기 잘못을 뉘우쳤으므로, 이윤은 다시 3년 뒤 그를 맞아 왕으로 받들었다.

 이윤은 이렇듯 왕을 추방하든가 복귀시키든가 했고 죽은 뒤에는 은의 종묘에 합사(合祀)되었다. 즉 예사 인물은 아니었던 것이다.

 《사기》는 그뒤의 은 왕통(王統)을 자세히 기록하고 있다. 아들이 뒤를 잇는 일이 있는가 하면 동생이 후계자가 되는 일도 있었다. 이 시대에는 형제 상속이 일반적이었던 것 같다. 이윽고 왕위 계승의 싸움이 일어나고 은의 국력은 차츰 약해졌다.

 국력의 척도는 제후가 입조(入朝)하느냐로 알 수 있다. 도읍에 제후가 문안드리러 오지 않게 되면 나라의 활력이 약해졌다는 증거인 것이다.

 이때 중흥의 영주가 나타났다. 바로 반경(盤庚)이었다. 탕부터 셈하여 19대째 왕인데, 형제 계승이 많아 세대로 말하면 탕의 10대손쯤이다. 반경은 천도를 결행했다.

 탕은 반경에 이르는 동안 다섯 차례 도읍을 옮겼다. 최초의 도읍지는 박(亳)이었다. 반경은 이때 안양(安陽 : 하남성)이라는 곳에 옮겼는데, 이것은 대이동이었다.

 주민은 이 이동을 슬퍼하고 왕을 원망했다. 그러나 반경은 결행했다. 그 까닭은 퇴폐적인 기풍이 온 나라에 넘쳐 있었으므로 민심을 일신할 필요가 있었던 것이다.

 새로운 도읍으로 정해진 곳은 '은'이라 불리는 지방이었다. 탕이 시작한 국호는 '상'인데 '은'이라 불린 까닭도 이 때문이었다.

 오랫동안 하·은이 존재는 의심되고 있었다. 《사기》로는 그 존재가 알려지고 있었지만 유적이나 유물로는 뒷받침되지 않았던 것이다.
 그런데 은은 문자를 발명하고 있었다. 그리하여 갑골(甲骨)에 새겨진 문자에 의해 자기들의 기록을 남겼다.
 갑골이란 거북껍질이나 짐승뼈라는 뜻이다. 짐승뼈를 불에 태우고 그 균열에 의해 사물을 점쳤던 것이다.
 은 시대 이전에도 뼈를 태워 길흉을 점치는 일은 있었다. 그러나 은 시대 이전의 뼈엔 문자가 새겨져 있지 않다.
 무엇을 점쳤는가. 이것을 '정문(貞問)의 사(辭)'라고 한다. 균열은 무엇을 나타냈는가. 점의 판단을 요사(繇辭)라고 한다.
 이것이 은 시대에 이르자 갑골에 문자가 새겨졌다. 개중에는 그 점이 맞았는지 어떤지 결과까지 새겨져 있었다. 통틀어 '복사(卜辭)'라고 불린다.
 짐승뼈라 하여도 대부분이 쇠뼈로, 견갑골 부분이 가장 많았다. 거북껍질은 등보다 배 쪽이 많이 사용된다.
 이 갑골편의 발견은 우연한 일이었다.
 1899년, 국자감 제주(國子監祭酒)로 왕의영(王懿榮)이란 인물이 있었다. 국자감은 성균관을 말하며 '제주'는 그 장관이다. 그 문하생으로 유악(劉鶚)이란 사람이 있었는데 그는 왕의영의 영향을 받아 금석학(金石學)에 조예가 깊었다.
 왕의영에게는 학질이라는 지병이 있었는데, 지금의 말라리아이다. 특효약인 키니네가 없는 시대라, 학질이라면 '용뼈'가 그 약이었다. 왕씨의 하인이 약방에 가서 그 용뼈를 사오면 그것을 빻아 가루를 만들고 물에 타 마시곤 했다.
 그런데 우연하게도 그 용뼈에서 이상한 부호 같은 것을 발견했다. 그것이 금석문보다 더 오래된 문자인 것 같았으므로 연구를 시작했던 것이다.
 용뼈, 즉 갑골은 하남성 안양현 소둔촌에서 농부가 하나 둘 주워다가 베이징의 약방에 팔고 있었다.
 유악의 갑골 연구는 나진옥(羅振玉)에게 계승되었다. 그는 1910

년 갑골의 출토지가 안양현 소둔임을 확인했다. 그러나 이때는 혼란기라 본격적인 발굴조사는 좀더 시간을 기다려야만 했다.

1928년 조사단이 안양에 파견되었고, 단원 중에는 동작빈(董作賓 : 1895~1963)도 있었다.

14

소문은 금을 타고, 사광은 안족(雁足)으로 연주하고, 혜자는 책상에 기대어 담론했다. 세 사람의 지혜는 매우 훌륭하여 후세에까지 기록되어 있다.

다만 그들이 좋아하는 바가 옛 성인들과 달랐다. 그들은 그들이 좋아하는 것을 남에게도 밝히려 하였다. 밝힐 수 없는 것을 밝히려 한 것이다. 그러므로 혜자는 단단한 흰 돌은 돌이 아니라는 따위의 어리석음에 빠졌다. 또 소문과 그의 아들도 금의 줄을 고르다 생을 마쳤고 평생토록 완성을 보지 못했다. 이러한 사람들도 도를 이룬 것이라 한다면, 비록 나라도 도를 이룬 것이라 할 수 있다. 또 이러한 사람들이 도를 이루지 못한 것이라 한다면, 모든 사물과 나도 도를 이룰 수 없다. 그러므로 성인은 회의를 초월한 빛남을 지니고자 염원한다. 이를 위하여 선택함이 없이 자연의 도에 맡긴다. 이것이 곧 밝은 지혜에 따른다는 것이다.

[원문] 昭文之鼓琴也고 師曠之枝策也고 惠子之據梧也로 三子之知幾乎 皆其盛者也라 故로 載之末年이라 唯其好之也 以異於彼하고 其好之也로 欲以明之彼하니 非所明而明之라 故로 以堅白之昧終이고 而其子又以文之綸終이고 終身無成이라 若是而可謂成乎면 雖我亦成也이니라 若是而不可謂成乎면 物與我無成也이니라 是故로 滑疑之耀는 聖人之所圖也이니라 爲是不用하고 而寓諸庸하니 此之謂以明이라

㈜ 소문지고금아(昭文之鼓琴也) 소문(昭文)은 옛날의 소씨(昭氏)를 가

리킴. 고(鼓)는 치다, 타다, 두드리다의 뜻. **사광지지책**(師曠之枝策) 사광(師曠)은 음악의 명수로서 진(晉) 평공(平公) 때 악사. 지(枝)는 치다. 책(策)은 안족(雁足). 거문고나 가야금 따위의 줄을 고르는 기구. **혜자지거오**(惠子之據梧) 거(據)는 기대다(依也). 오(梧)는 오동나무인데 책상의 별명. 편지 쓸 때 궤하(机下)라고 하듯 오우(梧右)라고 쓰는 따위. **삼자지지기**(三子之知幾) 삼자(三子)는 소문·사광·혜자를 가리킴. 기(幾)는 가깝다. 세 사람의 앎이 정묘한 경지에 가깝다는 것. 자세한 설명은 뒤에 나옴. **개기성자**(皆其盛者) 성(盛)은 왕성, 크다 등의 의미가 있음. 모두가 그것에 있어 큰 인물이었다는 뜻. **고재지말년**(故載之末年) 고(故)는 때문에. 재(載)는 싣다, 적다의 뜻. **견백지매**(堅白之昧) 공손용의 《견백론》에 나오는 설로 단단하고 흰 돌을 단단한 돌과 흰 돌로 분리할 수 있으므로 하나의 실체이면서 두 실체라고 하는 궤변. 이것을 이른바 '견백동이론(堅白同異論)'이라고도 하는데 혜자에게도 그와 같은 주장이 있었던 모양이다. **문지윤종**(文之綸終) 문(文)은 소문(昭文)을 가리킴. 윤(綸)은 금의 현(絃)으로 현을 타는 기술을 말함. **골의지요**(滑疑之耀) 골(滑)은 어지러워짐. 의(疑)는 분명치 않다. 요(耀)는 광채. 직역하면 어두워서 확실치 않은 빛. **성인지소도야**(聖人之所圖也) 도(圖)는 꾀하다의 뜻.

[해설] 안양현 소둔촌은 반경이 천도한 뒤 멸망에 이르는 2백 수십년에 걸친 은의 도읍이었다. 이 은허가 발굴되어 갑골문자가 해독됨으로써 은이 역사적으로 실증되었다.

더욱이 '복사'에는 역대의 왕 이름이 나오는데 《사기》의 은 왕통과 거의 일치되고 있었다. 이 때문에 사마천과 《사기》의 신빙성을 재인식하게 되었고 그 명성을 높였던 것이다.

복사의 제사에 관한 부분을 깊이 연구한 동작빈은 은 왕조 성립이 기원전 1751년, 반경의 안양 천도가 1384년임을 알아냈다. 그것은 복사에 나오는 월식 기록을 역산하여 산출된 것이다.

《은력보》는 동작빈의 역작인데, 그것에 의하면 은인은 1년을 356.25일로 산출하고 있었는데, 매우 정확한 천문 관측이었다.

또 많은 무덤이 발굴되고 청동의 제기, 무기 등이 출토되었다. 그 무덤의 형식은 암묘(暗墓)로서 지하에는 아무리 장대한 묘실을 만들어도 표면에 봉분을 하지 않았다. 구조는 묘실에 곽실(槨室)이 있어 그곳에 관이 안치된다. 그리고 그 묘실 아래 구덩이를 파고 거기에 개와 병사들이 생매장되어 있었다.

당시의 사람은 고(蠱)를 몹시 두려워했다. 고는 사람에게 해독을 끼치는 악기(惡氣)라고 여겼는데 기라서 인간의 눈에는 보이지 않는다. 《설문(說文)》에는 책형을 받아 죽은 사람의 망령을 고라고 하였는데, 같은 망령이라도 원한을 품고 있어 더욱 무섭게 여겼다.

그러므로 개의 예민한 취각으로 악기나 망령의 침입을 탐지하여 병사로써 그것을 막는다는 의미에서 생매장을 시켰던 것이다.

은은 제정일치(祭政一致)의 사회로, 동물은 물론이고 사람도 희생으로 바쳤다. 그것은 대개 광(羌)이나 남(南)이라 불린 사람들이 많았다. 광은, 즉 광인(티베트족)이고, 남은 남쪽의 인간들이라고 추측된다.

복사로 안 일이지만, 은나라 사람들은 모든 행동을 점복에 의해 정했다. 그리고 은의 경제는 노예에 의해 유지되고 있었다. 그 결과 청동제의 농기구는 별로 출토되지 않는다.

노예를 시켜 경작하는 것이, 귀중한 청동제 농기구를 사용하는 것보다 경제적이라고 생각한 모양이다. 그 대신 청동은 숱한 종류의 주기(酒器), 음주 기구로 쓰여졌다. 이것으로 미루어 은나라 사람은 제사를 좋아한 만큼이나 술도 좋아했던 것 같다.

그밖에 청동제 무기, 타악기 등이 발견되었다. 동경(銅鏡)의 출현은 전국시대 이후이다.

반경부터 왕위로 5대째는 조갑(祖甲)인데, 이 왕은 음란했다고 기록되어 있다. 이 때문에 은이 다시 쇠약해졌다. 그러나 조갑은 번잡한 제사를 정리하고 중요한 제사 날짜를 일일이 복사에 의거하지 않았던 혁신파였다. 그것이 보수파로서는 '음란'하다고 여겨졌는지도 모른다. 이 조갑의 손자로 무을(武乙)이 있다.

무을은 무도한 인물로서 우인(偶人 : 허수아비)을 만들고 이를

천신(天神)이라 부르면서, 그것과 박(博 ; 장기 비슷한 놀이)을 즐
겼다. 우인은 게임을 할 수 없으므로 사람을 대리로 내세웠고 천
신이 지면 무을은, "천신이면서 인간에게 지다니." 하고 마구 모
독적인 욕설을 했다고 한다. 또 가죽 주머니에 피를 가득 채우고
그것을 매달아 화살로 쏘았다.
　무을은 하늘을 무서워하지 않는 이런 패악한 행동을 했으므로
사냥을 나갔다가 벼락을 맞아 죽었다.
　무을 다음에 태정(太丁)이 서고, 다시 제을(帝乙)이 그뒤를 이
었다. 이 제을의 아들이 악명 높은 주왕(紂王)이다. 걸주라 하여
요순과 대비되는 폭군의 대명사인 것이다.

15

　지금 내가 말한 것이 세상 사람들의 판단과 같은 것인지, 아니
면 같지 않은 것인지 알 수 없다. 같든 같지 않든간에 서로 판단
하는 것인즉, 세상 사람들의 판단과 다를 것이 없다. 그러나 시험
삼아 말을 해보려 한다.
　만물에 시작이 있다고 한다면, 다시 그 전의 '아직 시작이 없었
던 때'가 있을 것이고, 또한 다시 '아직 시작이 없었던 때의 이전'
이 있을 것이다.
　또 유(有)가 있으면 아직 유가 없었던 상태, 즉 무(無)가 있을
것이고, 또한 그 전에 '아직 무가 없었던 상태'가 있을 것이며, 또
그 전에 '아직 무가 없었던 상태의 이전'이 있을 것이다.
　그렇건만 상식의 세계에선 느닷없이 유와 무의 대립이 나타난
다. 그러나 그것은 확실한 근거를 갖지 못하는 것이므로 어느 쪽
이 유이고 어느 쪽이 무인지 알 게 무엇인가.
　그런데 지금 나는 이와 같은 것을 말했다. 그러나 말은 절대의
진리를 포착할 수가 없는 것이므로, 내가 말한 것이 과연 말한 것
이 되는지 아니면 말하지 않은 것이 되는지 모르겠다.

원문 今且有言於此하니 不知其與是類乎아 其與是不類乎아 類與不類이든 相與爲類이니 則與彼無以異矣이니라 雖然이나 請嘗言之하리라 有始也者면 有未始有始也者요 有未始有夫未始有始也者라 有有也者면 有無也者요 有未始有無也者요 有未始有夫未始有無也者라 俄而有無矣이니 而未知有無之果孰有孰無也이니라 今我則已有謂矣이나 而未知吾所謂之其果有謂乎아 其果無謂乎아

주 **유여불류 상여위류**(類與不類 相與爲類) 유(類)는 같다, 비슷하다. 같든 같지 않든 서로가 비슷한 것이 된다. **청상언지**(請嘗言之) 상(嘗)은 시험하다(試也). 청컨대, 시험삼아 이것을 말하리라. **유시야자**(有始也者) 시작인 것이 있다. **유미시유시야자**(有未始有始也者) 처음부터 시작도 없었던 것이 있었다. 바꿔 말한다면, 시작 이전의 것이 있었다의 뜻. **유미시유부미시유시야자**(有未始有夫未始有始也者) 부(夫)는 '저'란 뜻. 미시(未始)가 두 번 거듭되고 있는데, 직역한다면 '저 처음부터 시작이 없었던 것이 또 시작도 없었던 것이 있었다'이다. **아이유무의**(俄而有無矣) 아(俄)는 갑자기, 느닷없이.

해설 노자는 그 '무위자연'으로써 지식을 부정했다. 일체의 인위(人爲)를 없애고 자연 그대로 사는 게 무위자연이다.

그렇다면 자연에 어긋나는 인위란 구체적으로 어떠한 것을 가리키는가?

그것은 지식·학문·욕망·기술·도덕·법률 등 이른바 문명이니 문화니 하고 불리는 것의 내용을 전부 포함한다고 하여도 좋다. 그것은 인간의 의식적인 계량(計量)에 의해 나타나는 것이고 인공적인 것이라서, 이것을 부자연하다 본 것이다.

먼저 지식에 대해서 보자. 스토아 학파의 사람들은 자연의 본성(本性)을 좇아 사는 것을 이상으로 삼았다고 하지만, 그러나 그 자연의 본성이란 인간의 이성(理性)을 뜻하는 것이었다. 그러나 노자나 장자에 이르러선 이른바 이성이란 것을 신용하지 않을 뿐 아니라 그 활동인 지식마저도 부자연한 것으로서 배척한다.

인간이 사물을 안다고 하는 것은 판단·분석·이해라는 밑밑이

나타내듯 하나의 물(物)을 두 개로 분단하고 분해함으로써 '안다'는 것으로 하기 때문이다. 즉 상대 차별을 한다. 상식의 세계에선 모든 것이 저것과 이것, 앞과 뒤, 선과 악, 미와 추라는 상대 차별의 모습으로 나타나는 것은 이 지식의 분별(分別) 작업 때문이다.

그런데 이와 같이 애당초 하나여야 할 터인 것에 두 개로 나눈다는 인위를 가하는 일은, 자연 그대로인 모습이나 자세를 왜곡시키고 파괴하는 일이 아닌가. 인간의 몸뚱이를 머리, 몸통, 팔다리로 분해한 뒤 다시 한 번 주워모아도 그것은 죽은 인간을 만들 뿐으로, 살아 있는 인간은 되지 않는다. 있는 그대로인 것, 자연의 것은 어디까지나 하나로서 분할을 허락하지 않는 것이다.

여기서 다른 장자의 말에 대한 불신은《장자》곳곳에서 산견(散見)되지만 이것도 그 하나이다.

그러나 여기서 특히 주목을 끄는 사실은 '유는 무에서 생긴다'라는 노자의 설이 사실상 부정되고 있다는 점이다.

노자의 무는 유에 대한 무, 즉 상대무로서 받아들이기 쉬운 일면을 가지고 있지만, 장자는 그와 같은 상대무를 인정하지 않는다. '지북유편'에서 나오는 '무를 없는 것으로 하다'와 더불어 상대무의 부정을 명확히 했다는 점에서 주목되는 장이다.

본디 제을에겐 세 아들이 있었다. 미자계(微子啓), 중연(仲衍), 수신(受辛)이 그들인데, 수신이 바로 주왕이다.

제을도 왕후도 처음엔 미자계를 태자로 삼으려 했다. 그러나 태사(太史)가 반대했다. 미자계는 적자(嫡子)가 아니었기 때문이다. 그리하여 막내인 적자 수신을 태자로 책봉한 것이다.

명 말기의 유학자 이탁오(李卓吾)는 평했다.

"주의 어머니는 성모이다. 태사는 현신이다. 그런데도 하늘이 상(은)을 멸망시켰으니 어찌하랴."

전통적인 유교의 사고방식이다.

설명할 것도 없이 주의 어머니는 왕후이므로 정실 부인이다.

그런데 왕후는 자기 아들을 태자로 세우려 하지 않았고, 측실 소생 미자계가 어진 인물이라 그를 세우려 했다. 이런 행위가 성모라고 불려 마땅하다.

또 왕이나 왕후의 의견이라도 의연히 이것을 반대한 태사는 현신이다. 적자를 놔두고 서자를 태자로 내세우는 것은 법에 맞지 않기 때문이다.

성모나 명신이 있는데 은은 멸망했다. 하늘의 의사가 그러하니 어쩔 수 없다는 것이다.

16

천하는 추호의 끝보다 크지 않으니 태산이 작은 것이라 하고 일찍 죽은 아이보다 장수한 것은 없다고 하며 팽조를 요절했다고 한다. 천지는 나와 더불어 생기고, 만물은 나와 하나이다. 이미 하나인데 또 달리 말이 있을 수 있겠는가. 이미 이것을 하나라고 말한 이상 또한 말로 표현할 수 없다고 할 수 있는가. 하나인 것과 그것을 표현한 말은, 원래 하나인 것과는 다른 둘[二]이 되고, 이와 원래 하나인 것은 다시 셋[三]이 된다. 그러고 나서부터는 계산의 명수라도 헤아릴 수 없게 되는데 하물며 범인(凡人)에 있어서랴.

그러므로 무에서 말로 표현할 수 있는 유로 나아갈 때에도 셋이 되었으니, 하물며 유에서 유로 나아갈 때에야 다시 말해 무엇하랴. 정신을 다른 곳에 쏟지 말고 도에 의지해야 한다.

[원문] 天下莫大於秋毫之末이니 而太山爲小라 莫壽於殤子이니 而彭祖爲夭라 天地與我竝生하니 而萬物與我爲一이라 旣已爲一矣인데 且得有言乎아 旣已謂之一矣인데 且得無言乎아 一與言爲二에 二與一爲三이고 自此以往 巧歷不能得이니 而況其凡乎아 故로 自無適有도 以至於三인데 而況自有適有乎이 無適焉이고 因是已이니라

㈜**천하막대어추호지말**(天下莫大於秋毫之末) 막대(莫大)의 막은 없다. 추호(秋毫)는 가을 짐승의 털. 가을이 되면 털갈이를 하기 위해 가는 털이 남. 더없이 작은 것을 가리킴. **이태산위소**(而太山爲小) 이(而)는 결합어. 이에, 이리하여의 뜻. 태산(太山)은 오악의 하나. **막수어상자**(莫壽於殤子) 수(壽)는 동사로서 오래 살다의 뜻.《예기(禮記)》를 보면 16~19세를 장상(長殤), 12~15세를 중상(中殤), 8~11세를 하상(下殤)이라 했음. 여기선 그저 일찍 죽은 아이를 가리킴. 일찍 죽은 아이보다 오래 산 것은 없다. **팽조**(彭祖) 전설상의 인물로 8백 세까지 살았다고 전함. **천지여아병생**(天地與我竝生) 병(竝)은 나란히. **기이위일**의 **차득유언호**(旣已爲一矣 且得有言乎) 이미 하나가 된다고 했으니 또 말이 있을 수 있겠는가. **자차이왕 교력불능득**(自此以往 巧歷不能得) 이왕(以往)은 이후. 교력(巧歷)은 계산에 능한 이. 이로부터 이후는 뛰어난 계산가도 얻지를(헤아리지를) 못한다. **이황기범호**(而況其凡乎) 황(況)은 하물며. 범(凡)은 예사 사람. 하물며 예사 사람에 있어서랴. **무적언**(無適焉) 정신을 다른 곳에 쏟지 않음.

해설 이것은 이미 우리가 보아온 이론 전개이다. 즉 노자는 만물의 근본이 되는 진리를 '도'라고 했지만, 그 도를 '일'이라고 불렀었다. 이 경우의 '일'이란 분할을 허락하지 않는 것, 분석한다면 그 모습이 파괴되는 것이라는 의미가 들어 있다. 따라서 그것은 '상대 차별'을 본질로 하는 지식 혹은 말로는 이해하는 일이 불가능한 것이다.

그렇다면 그와 같은 지식으로 이해할 수 없는 진리는 무엇에 의해 포착할 수 있는가?

이미《장자》의 '제물론편'에서도 나온, '밝은 지혜'라고 번역한 명(明)이다. 노자도 이 '명'을 말했고 그것을 직관이라고 하였다. '인명으로 돌아감을 상(常)이라 하고, 상을 앎을 명이라 한다', '소(小)를 보는 것을 명이라 한다', '그 빛을 써서 명으로 복귀한다' 한 것이 그것이다. 인위적인 상대 차별의 지식에 의하지 않고 자연의 빛에 의해 비추어지는 모습이 그것의 참된 모습이라 하고 있다.

노자가 이렇듯 지식을 부정하는 이유는 지식에는 진리를 포착하는 힘이 없기 때문이다. 포착하기는커녕 파괴해 버린다.

지식이나 말을 부정하는 이유는 이밖에도 또 있다. 상대 차별의 지식은 필연적으로 하나의 것을 둘로 나누고 대립과 차별을 낳게 하지만, 그것이 사람과 사람 사이의 분쟁을 일으키는 근본이 된다. 지식은 하나의 것을 선과 악으로 나누지만, 자기를 '옳다' 하고 남을 '그르다' 하는 데에서 대립을 불러일으키고 그것이 싸움의 원인이 되는 일이 많은 것이다.

장자도 이 장에서 그것을 설명하고 자연 또는 도에 모든 것을 맡기라고 한다.

요순 대 걸주, 이것도 유교가 규정하는 대립 차별, 선악의 입장이다. '은주하걸(殷紂夏桀)'이라 하여 전형적 폭군으로 규정되고 있는 것이다. 그러나 《사기》엔 걸왕의 포학에 대해선 구체적인 기록이 없다. 단지 덕을 닦지 않고 무력으로 백성을 해쳤다는 정도이다. 그러나 주왕에 대해선 훨씬 자세히 구체적으로 설명하였다.

사마천은 주왕을 가리켜 '자변첩질 문견심민(資辯捷疾 聞見甚敏)'이라고 평했다.

변설이 뛰어나고 결단력도 행동도 빨랐다. 그리하여 그것을 보든가 듣든가 하며 인식하는 데에도 빠르고 정확했다는 뜻이다.

재능도 체력도 뛰어나 맨손으로 맹수를 때려잡았다. 명군의 자질이 충분히 있었는데, 그 반면 오만했다. 지혜가 뛰어났기 때문에 누구의 충고도 받아들이지 않았다. 신하에 대해 자기의 재능을 과시하고 백성에 대해서도 과시욕이 있었다.

유소씨(有蘇氏)를 토벌했을 때 미녀를 얻었다. 달기(妲己)이다. 주는 이때부터 달기에 빠졌고 그녀의 말이라면 무엇이든지 따랐다.

그녀를 위해 녹대(鹿臺)라는 궁전을 지었고 천하의 온갖 보물은 모았다. 거교(鉅橋)라는 창고에 곡식을 가득 채웠는데, 그것도 달기를 위해서였다. 개나 말, 진기한 동물을 바치게 하고 사궁(沙宮)의 별궁을 개조하여 일종의 자연 동물원을 만들었다.
　또 견(涓)을 시켜 '북리(北里)의 춤'이나 '미미(靡靡)의 악'이라는 음탕한 음악을 만들게 하고, 그것을 배경삼아 질탕 마시고 놀았다.
　만어귀신(慢於鬼神)이란 말이 있다. 귀신이란 죽은 사람의 망령으로, 그 가운데엔 조상의 혼백도 포함된다. 은의 사람들은 남달리 귀신을 존중했는데, 주는 그 귀신을 깔보았다는 뜻이다.
　현신을 물리치고 간신을 가까이한 것은 말할 것도 없다. 미자계는 자주 간했지만 듣지 않자 산 속으로 숨었다. 비간(比干)은 주의 숙부인데 자주 간하다가 참살되었다.
　"성인의 심장엔 일곱 개의 구멍이 있다고 들었는데, 한번 알아보자."
라고 하여 주는 비간을 해부케 했다고 한다. 이리하여 주왕의 주변엔 비중(費中)이니 오래(惡來)니 하는 간신만 남았다. 비중은 아부의 선수요, 오래는 중상모략의 명인이었다.
　이들은 마침내 포락형(炮烙刑)을 만들어냈다. 이것은 달기를 기쁘게 해주기 위해 주왕이 몸소 고안한 것이다.
　구리기둥을 깊은 구덩이 위에 걸치고 기름을 발라둔다. 아래에서 숯불로 가열시키고 죄수를 건너게 한다. 기름을 바르고 아래에서 불을 때니 뜨겁기란 말할 것도 없고 미끄럽기 짝이 없다. 그런데도 죄수는 어떻게든지 건너가기만 하면 살 수 있다는 약속을 받았기 때문에 필사적이다. 그 모습이 꼴불견이라 하여 주와 달기는 기뻐했다.
　또 기수(淇水)가에서 노인이 내를 건너지 못하는 것을 보고 주가 그 까닭을 물었다.
　"노인은 골수가 단단하지 못하여 물이 차갑기 때문입니다."
　"그렇다면 그 뼈의 심이라는 것을 보자꾸나."
하며 노인의 정강이를 베어 버렸다. 이밖에 임신부의 배를 가르기도 하고 실로 인간의 온갖 포학을 다 저질렀던 것이다.

17

 무릇 도에는 처음부터 '봉(封)'이 없었다. 말에는 처음부터 '상(常)'이 없었으니, 그렇기 때문에 '진(畛)'이 있는 것이다. 내 그 진을 말하리라. 왼쪽이 있으면 오른쪽이 있고, 인륜과 예의가 있고, 나눔이 있고 구별이 있고, 경쟁이 있고 다툼이 있으니, 이것을 여덟 가지 덕이라 한다.

 육합(六合)의 밖은 성인이 그 존재를 인정하지만 이에 대해 논하지는 않고, 육합의 안은 성인이 이를 논하기는 하지만 상세히 말하려 하지 않는다. 춘추는 세상을 다스리려는 선왕의 기록이라, 성인은 상세히 말하지만 구별하지 않는다.

 그러므로 나누려는 자는 실제로는 나누지 않는 것이고, 구별하려는 자는 실제로는 구별하지 않는 것이다. 이것은 무엇을 뜻하는가. 성인은 이것을 가슴속에 품어버리지만 범인은 구별하고 남에게 드러낸다. 그러므로 구별에는 나타내지 못하는 점이 있다고 하는 것이다.

[원문] 夫道未始有封이라 言未始有常이니 爲是而有畛也이니라 請言其畛하리라 有左有右하고 有倫有義하고 有分有辯하고 有競有爭하니 此之謂八德이라 六合之外는 聖人存而不論이고 六合之內는 聖人論而不議라 春秋經世는 先王之志로 聖人議而不辯이라 故로 分也者는 有不分也요 辯也者는 有不辯也이니라 曰 何也오 聖人懷之나 衆人辯之以相示也이니라 故로 曰 辯也者는 有不見也이니라

[주] **도미시유봉**(道未始有封) 봉(封)은 경계, 한계. **언미시유상**(言未始有常) 상(常)은 오래인 것(久也). 말은 항구성이 없다. 즉 일정하지 못하고 동요된다는 뜻. **위시이유진야**(爲是而有畛也) 시(是)는 말. 진(畛)은 밭두둑인데, 봉(封)과 통함. 따라서 진을 구별로 봄. **유좌유우**(有左有右) 좌우로써 상하(上下)·동서(東西), 귀천(貴賤) 등 상대

적인 관계를 나타냄. **유륜유의**(有倫有義) 인륜과 예의. **유분유변**(有分有辯) 분(分)은 나눔, 분석이고 변(辯)은 유별, 구별. **유경유쟁**(有競有爭) 경(競)은 시새움, 경쟁이고 쟁(爭)은 다툼. 좌우까지를 합한 여덟 가지는, 각각 앞의 글자와 뒤의 글자가 거의 같은 의미를 갖고 있는데, 여기서는 앞의 글자보다 뒤의 글자에 보다 정도가 앞선 의미를 부여하고 있음. **팔덕**(八德) 덕(德)은 득(得)인데, 몸에 체득한 활동. **육합**(六合) 천지 사방을 합쳐 육합이라고 함. 즉 우주. **존이불론**(存而不論) 있는 그대로 버려둔 채 논하지 않음. 즉 대강마저도 논하지 않는다는 것. **논이불의**(論而不議) 논하지만 깊이 말하지 않음. **춘추**(春秋) 보통 공자가 엮은 노나라의 사서를 가리키지만, 당시에는 각국에 저마다 《춘추》의 사서가 있었으므로 어느 것인지는 분명치 않음.

[해설] 굳이 해설할 필요도 없을 것이다. 다만 본문 중의 '유경유쟁(有競有爭)'은 짚고 넘어갈 필요가 있다. 겨루고 다투는 것은 노자의 궁극의 목표 중 하나였던 부쟁(不爭)의 철학과 통한다. 즉 남과 '다투지 않는다'는 것이 노자의 덕목(德目)의 하나였다. 이것의 자세한 설명은 이론전개의 관계로 나중에 말하겠지만, 다투고 경쟁하는 원인은 노자나 장자나 똑같이 지식, 즉 말 때문이라고 보았다.

지식(말)이 우리에게 주는 재해(災害)는 참으로 많다. 지식의 증가는 쉴새없이 새로운 욕망을 불러일으킨다는 결과를 초래한다. 애당초 인간이 욕구불만을 갖는 것은 물건이 부족하기 때문이라기보다는 쉴새없이 새로운 욕망에 사로잡히기 때문이다. 실제로 자연상태에 보다 가까운 생활을 하고 있는 농민들을 보면 무지(無知)이기 때문에 물질을 아는 일이 적고 따라서 욕망도 적다. 지식이야말로 욕망을 고조시키는 장본인이다.

주왕에겐 서백창(西伯昌), 구후(九侯), 악후(鄂侯)의 세 사람이 있어 국정을 보좌했다. 구후에겐 아름다운 딸이 있었으나 주왕의 요구를 듣지 않아 살해되었다. 뿐만 아니라 아버지인 구후도 살해되어 혜(醢 ; 젓갈)가 되었다.

악후가 그것을 간하자 그도 살해되어 포(脯 ; 마른 고기)가 되었다. 서백은 이것을 듣고 한숨을 짓다가 밀고당해 유리(羑里)에 감금되었다. 서백의 부하들은 막대한 뇌물을 쓰고서 간신히 서백을 구했다. 서백은 석방되자 자기 영지의 일부인 낙서(洛西 ; 낙수의 서쪽)를 바쳐 포락형을 중지해 달라고 청했다. 주는 이 뇌물을 받고서 포락형을 중지했다.

갑골 조각은 10만 개 남짓이나 출토되어 복사도 많이 해독되었으나 달기에 관한 기사는 하나도 전해지지 않는다.

주왕은 전쟁을 자주하였다. 은의 멸망은 주왕의 사치와 향락보다는 지나친 전쟁이 그 참된 원인으로 추측된다.

18

무릇 대도(大道)는 이름이 없고, 대변(大辯)은 말하지 않고, 대인(大仁)은 어질지 않고, 대렴(大廉)은 하찮은 겸손에 힘쓰지 않고, 대용(大勇)은 남을 해치지 않는다.

도가 명백하게 드러나면 도리어 도가 아니다. 말도 장황하게 늘어놓게 되면 진실을 밝힐 수 없다. 인은 고정되면 이루어지지 않는다. 염은 행동만 깨끗하면 신의를 다할 수 없다. 용도 남을 해치게 해서는 참 용기가 이루어지지 않는다. 위의 다섯 가지는 둥글게 되려는 것이지만 지나치면 네모난 것에 가까워진다.

그러므로 지혜는 그 알지 못하는 곳에 머무르면 지극한 지혜의 경지에 이르는 것이다. 누가 말하지 않는 변과, 도가 아닌 도를 알겠는가. 만일 능히 이를 아는 경우가 있다면 이것을 일컬어 '무한한 보고'라 할 것이다. 이것은 따라도 넘치지 않고 퍼내어도 마르지 않는다. 그러나 그 유래하는 바를 알지 못하는데 이것을 일컬어 '안에 감추어진 은은한 빛'이라 한다.

원문 夫大道는 不稱이고 大辯은 不言이고 人仁은 不仁이고 大廉은 不

嗛이고 大勇은 不忮라 道昭而不道요 言辯而不及이요 仁常而不成이요
廉淸而不信이요 勇忮而不成이라 五者园而幾向方矣니라 故로 知止
其所不知면 至矣로다 孰知不言之辯과 不道之道리오 若有能知면 此之
謂天府라 注焉而不滿이요 酌焉而不竭이라 而不知其所由來이니 此之
謂葆光이라

㈜ **부대도불칭**(夫大道不稱) 칭(稱)은 일컫는 말, 이름. **대렴불겸**(大廉
不嗛) 염(廉)은 청렴. 겸(嗛)은 겸손. **대용불기**(大勇不忮) 기(忮)
는 해친다. 큰 용기가 있는 이는 남을 해치는 일이 없다. **도소이부도**
(道昭而不道) 소(昭)는 나타나다, 드러나다. **오자완이기향방의**(五者
园而幾向方矣) 오자(五者)는 앞에 나온 도·변·인·염·용의 다섯 가
지. 완(园)은 원(圓)의 뜻. 기(幾)는 가깝다. 방(方)은 네모꼴. **주언
이불만**(注焉而不滿) 주(注)는 붓다. 언(焉)은 이것, 이에. 만(滿)은
차다. **작언이불갈**(酌焉而不竭) 작(酌)은 퍼내다, 떠내다. 갈(竭)은
바닥나다, 없어지다. 퍼내어도 끝이 없다. **보광**(葆光) 보(葆)는 포
(包)와 통하며, 싸는 것. 안에 감추어진 은은한 빛.

[해설] 지식이 인간의 해독이고, 무지무욕(無知無欲)이 인간의 자연
상태라고 도가는 주장한다. 여기서는 그것을 바꾸어 표현하고 있
는 셈이다.
　지식이 바로 욕망을 비대(肥大)시킨다. 지식에 의한 욕망의 비
대는 어떠한 결과를 초래하는가.
　"다섯 가지 색깔은 사람의 눈을 멀게 하고, 다섯 가지의 소리
는 인간의 귀를 들리지 않게 하고, 다섯 가지의 맛은 사람의 입을
마비시키고, 말을 타고 달리면서 사냥을 하는 것은 사람의 마음
을 미치게 만들고, 진귀하고 얻기 어려운 보물은 사람의 행동을
사악하게 만든다."
　노자의 이 말은 역설적으로 들릴지 모르지만, 이 장에서 말하
는 다섯 가지의 비유와 정신은 같다.
　앞서의 오색·오음·오미·사냥·재화는 인간으로 하여금 자연
적이고 정상인 심신의 자세를 일탈케 만든다. 장자가 든 다섯 가

지는 보다 유교적인 것을 비유로 하고 있지만, 노자의 그것은 보다 인간 본성적인 것을 문제로 삼고 있다.

　노자는 말한다. 서민이 도적질을 하든가 하는 것도 근본을 따진다면 지식을 가진 상류층이 그와 같은 것을 과시하기 때문이다. 그러므로 얻기 어려운 재화를 귀하게 여기는 일이 없다면, 백성들이 도적질하는 일도 없게 되리라. 탐나는 것을 보여주지 않는다면 백성의 마음을 어지럽히는 일도 없으리라.

　따라서 노자는 무지(無知)와 더불어 무욕(無欲) 내지 과욕(寡欲)을 주장한다. 물론 노자의 무욕은 기독교나 불교에서 말하는 금욕(禁欲)과는 다르다. 본디 금욕이란 신체와 정신의 대립이라는 이원관(二元觀)에서 비롯되었다. 정신 내지 이성을 인간의 본질로 보고 육체를 차원이 낮은 것, 죄악으로 이끄는 것으로 보는 데서 금욕의 사상은 태어난다.

　그런데 중국엔 이와 같은 엄격한 이원관이란 것이 없다. 그 점에서 유교와 도교는 다르면서도 유사한 점이 많다. 노자가 인간 본성에 가까운 것을 비유하고 장자가 유교에 대비시켜 비유한 것은, 차츰 설명되겠지만 이들이 각각 산 시대에 따른 것이지 유교 사상——중국인 본래의 사상을 완전히 부정하는 것은 아니다.

　은의 멸망을 동서 세력의 불균형으로 보는 설도 있다.
　은허에서 숱한 옥기(玉器)가 출토되었다. '곤륜(崑崙)의 옥'이란 말도 있지만, 이것은 오늘날의 신강성 위구르 지역에서 산출되는 것이며 귀중한 보물로 여겨졌다.
　보(寶)는 옥(玉)과 패(貝)로 이루어져 있다. 은에 있어 옥과 패는 동과 서의 귀중품이었다. 고대에 조가비는 화폐나 장신구로 쓰였다. 재(財)·화(貨)·사(賜)·증(贈)·귀(貴)·공(貢)·자(資)·매(買) 등 재산 관계의 한자가 이것을 말해준다. 은은 자기 부족의 출신 지역이라고 한 동쪽에 군대를 자주 출동시켰다.
　한편 서쪽——황하가 크게 굽이쳐 위수(渭水)와 만나는 곳——은 현재의 서안 근처부터였다.

주(周)는 그 서쪽의 부족이었다. 서백창의 서백은 작위였다.

은시대의 작위는 부(婦)·자(子)·후(侯)·백(伯)·아(亞)·남(男)·전(田)·방(方)이었다.

부는 왕의 아내에게 주어지는 작위였다. 당시는 일부다처 시대였던만큼 누구에게나 작위를 주지는 않았다. 무정(武丁)에게는 60여 명의 처첩이 있었으나 그 가운데 3명만 '부'였다.

부에겐 영지가 주어지고 그곳을 다스려야 했다. 따라서 왕의 곁을 떠나지 않으면 안 되었다. 가장 총애되는 몇 명의 비만이 도읍에 남고 부는 일종의 봉건영주로서 부임했다. 씨족사회 시대의 모계 존중의 자취로 여겨진다.

자는 왕자인데, 이것도 왕자 모두에게 주어지지는 않았다. 후와 백은 충실한 대신이나 장군에게 주어졌다. 그 영지는 대개 변경이었고, 아는 도읍 근처에 영지를 가진 자였다.

남과 전은 일종의 농업 감독관이었다고 여겨진다. 끝으로 방은 은나라 지배권 밖에 있는 부족장에게 주어진 칭호였다.

서백창은 바로 그와 같은 인물이었다. 주도 건국 신화가 있었다.

그 시조는 후직(后稷)으로, 이름은 기(棄)였다. 어머니는 유태씨(有邰氏)로 강원(姜原)이란 이름이었다. 그녀는 제곡의 정부인이었다고 한다. 강원은 들에 나갔다가 거인의 발자국을 밟고 잉태를 했다.

괴이한 일이라 강원은 아이를 낳자 시장에 갖다 버렸다. 그러나 마소가 이를 피하며 아기를 밟지 않았다. 다음에 산 속 차가운 물 속에 버렸으나 새들이 날아와서 그 아이를 보호해 주었다. 그제야 강원도 예사로운 아이가 아니라 생각하고 데려다 키웠다는 것이다.

후직은 이윽고 순신대 농사를 담당하는 관리가 되었다. 그러나 어떤 연구에 의하면 주는 곰을 토템으로 하는 부족이었다고 한다.

원시시대의 중국 각 부족의 토템은, 동쪽의 바다 가까운 지방은 조류(제비 따위), 황하 중류 일대는 수족(水族;용·고기·뱀),

그리고 서북지방은 짐승류였다고 한다.

19

그러므로 옛날, 요임금이 순에게 물었다.
"내게 복종하지 않는 종·회·서오를 치고자 한다. 천자의 자리에 있으면서도 그들을 치려하는데 석연치 않은 데가 있는데 그 까닭은 무엇인가?"
순이 대답했다.
"저들 세 나라는 아직도 쑥대 사이에서 살고 있습니다. 그런데도 임금께서 석연치 않다 하시니 어째서입니까? 옛날에 열 개의 해가 함께 떠서 만물이 모두 비추어졌다 합니다. 하물며 폐하께서는 그 해보다도 더 뛰어난 덕을 갖추셨는데 웬말이십니까?"

원문 故로 昔者堯는 問於舜하여 曰 我欲伐宗膾胥敖하리라 南面而不釋然인데 其故何也오 舜은 曰 夫三子者는 猶存乎蓬艾之間으로 若不釋然何哉리오 昔者十日竝出하니 萬物皆照라 而況德之進乎日者乎아

주 **석자(昔者)** 옛날. **아욕벌종회서오(我欲伐宗膾胥敖)** 벌(伐)은 치다, 도벌하다. 종(宗)·회(膾)·서오(胥敖)는 나라 이름. '인간세편'에 나오는 총(叢)·지(枝)·서오와 같은 것으로 생각됨. **남면이불석연(南面而不釋然)** 남면(南面)은 천자의 자리에 있음을 나타내는 말로 천자가 남쪽을 향하여 서거나 앉는 데에서 나온 말. 석(釋)은 풀리다. 응어리나 의문이 풀리는 것. 석연치 않다고 오늘날에도 사용됨. **기고하야(其故何也)** 고(故)는 까닭, 이유. **유존호봉애지간(猶存乎蓬艾之間)** 유(猶)는 아직도. 봉(蓬)과 애(艾)는 모두 쑥을 말하지만, 봉은 또 엉켜 있다, 더부룩하다, 무성하다는 뜻이 있음. 쑥풀이 더부룩한 사이란, 천자의 크나큰 감화(感化)의 덕이 미치지 않은 곳, 즉 야만족을 말함. **십일병출(十日竝出)** 하루에 열 개의 해가 나란히 나오다. 예(羿)가 선차 참조.

[해설] 유가에 대한 장자의 입장이 엿보이는 글이다.

후직의 어머니는 강원(姜原)인데, 강(姜)을 부족 이름으로 보는 게 지금의 설이다. 강은 글자 그대로 양(羊)을 토템으로 하는 부족이다. 강(姜)은 또 강(羌)이라고도 쓰지만, 이것은 오늘날의 티베트족을 가리키는 말이었다.

'복사'에 이 강인이 많이 등장한다. 제사의 제물로 강인을 몇 명 목베느냐 하고 점치고 있다.

이 강인은 유목민족이었다. 성격이 비교적 온순했는데, 방목을 하다가 곧잘 잡혀와서 죽임을 당했다.

한편 후직은 농업 감독관으로 있다가 실패하여 융적(戎狄)의 땅으로 달아났다. 이 후직의 증손자 공유(公劉) 시대에 겨우 자리잡고 농업에 힘쓰게 되어 각지에서 사람들이 모여들었다.

유가는 이것을 덕(德)이라고 보지만, 살기 좋아지면 자연히 사람이 모이는 법이다. 공유의 아들 경절(慶節) 때 비로소 '빈'이란 나라를 세웠다. 그리하여 경절의 8대손 고공단보(古公亶父)가 나타난다. 고공단보는 태왕(太王)이라 불린 인물이다.

이때 훈육(薰育)·융적 등 만족(蠻族)이 빈을 공격했다. 단보는 만족이 요구하는 재물을 주었으나 그래도 만족이 또 쳐들어오자 백성들은 분노하여 일어나 싸우려고 하였다.

이때 단보가 말했다.

"백성이 군주를 세우는 것은 자기들의 이익을 위해서다. 지금 융적이 공격해 오는 것은 토지와 백성들을 탐내기 때문이다. 백성들이 나한테 있든 그들한테 있든 무슨 다를 바가 있겠는가. 백성들은 나를 위해 싸우려 하지만, 남의 아버지나 자식을 죽이면서까지 군주로 있기는 나로서는 차마 못할 일이다."

그리고는 빈을 떠나 칠수(漆水), 저수(沮水)를 건너 기산(岐山) 기슭인 주원(周原)으로 옮겼다.

얼마나 성왕 같은 마음인가. 우리는 여기서 유교적 이상을 보게 된다.

고공단보는 일족만을 데리고 이주했는데 빈 사람들은 너도나도 모두 따라나섰다. 그뿐인가, 근처의 사람들이 단보의 인(仁)을 사모하여 모여들었다. 이곳 지명을 따서 국호를 주(周)라고 한 것이었다. 즉 고공단보가 실질적인 시조로 서쪽으로부터 온 신흥부족이었던 셈이다.

20

설결이 왕예에게 물었다.
"선생님은 만물이 한가지로 옳다고 하는 것을 아십니까?"
"내가 어찌 그것을 알겠느냐."
"그렇다면 선생님은 선생님이 그것을 모른다는 것을 아십니까?"
"내가 어찌 그것을 알겠느냐."
"그렇다면 인간은 본디 만물을 알지 못한다는 것입니까?"
"내 어찌 그것을 알겠느냐. 하지만 시험삼아 내가 알고 있는 것에 대해 말한다면, 내가 일컫는 바 앎이 사실은 알지 못하는 것인지도 모르고, 내가 일컫는 바 모름이 사실은 알고 있는 것인지도 모른다. 내 또 시험삼아 그대에게 물어 보겠다. 사람이 습하게 자면 곧 허리병이 나서 반신불수가 되는데, 그렇다면 미꾸라지도 그러한가. 사람이 나무 위에 살게 되면 무서워 떨게 되는데, 그렇다면 원숭이도 그러한가. 이 셋 중에서 어느 쪽이 올바른 거처인지를 그대는 아는가? 사람은 소나 돼지의 고기를 맛있게 먹고, 사슴은 들판의 풀을 뜯고, 지네는 뱀을 달다 하고, 올빼미나 까마귀는 쥐를 즐겨 먹는다. 이 넷 중에서 어느 쪽이 바른 맛을 안다고 하겠는가. 원숭이는 편저(猵狙)와 짝을 삼고, 순록은 사슴과 교미하고, 미꾸라지는 물고기와 함께 헤엄친다. 모장(毛嬙)과 여희(麗姬)는 사람들이 아름답다고 하는 자들이다. 그런데 물고기는 이를 보고 겁내어 물속 깊이 숨고, 새는 이를 보고 높이 날고, 순록과 사슴은 이를 보고 급히 달아난다. 넷 중에서 어느 것이 천하의 올바른 색을 안다고 하겠는가.
 나로서 이를 보건대 인의의 단(端)이나 시비의 도나 어수선하고 어지럽기만 하다. 내 어찌 능히 그 구별을 알겠는가."

[원문] 齧缺이 問乎王倪하여 曰 子知物之所同是乎아 曰 吾惡乎知之이리오 子知子之所不知邪오 曰 吾惡乎知之리오 然則物無知邪오 曰 吾惡乎知之리오 雖然이나 嘗試言之하리라 庸詎知吾所謂知之는 非不知邪요 庸詎知吾所謂不知之는 非知邪라 且吾嘗試問乎女하리라 民溼寢則腰疾偏死인데 鰌然乎哉아 木處則惴慄恂懼인데 猨猴然乎哉아 三者孰知正處이리오 民食芻豢하고 麋鹿食薦하고 蝍蛆甘帶하고 鴟鴉耆鼠하니 四者孰知正味이리오 猨猵狙以爲雌하고 麋與鹿交하고 鰌與魚游라 毛嬙麗姬는 人之所美也라 魚見之深入하고 鳥見之高飛하고 麋鹿見之決驟하니 四者孰知天下之正色哉아 自我觀之하니 仁義之端이나 是非之塗나 樊然殽亂이라 吾惡能知其辯하리오

㉞ **설결문호왕예**(齧缺問乎王倪) 설결(齧缺)과 왕예(王倪)는 '응제왕편(應帝王篇)'에도 등장하는데, 거기서 왕예는 설결의 스승으로 나옴. 둘 다 장자가 창작한 인물인 듯함. **용거지오소위지지비부지야**(庸詎知吾所謂知之非不知邪) 용거(庸詎)는 어찌. 반문의 말. 용과 거는 모두 어찌라는 뜻이 있음. 즉 '어찌 내가 말하는 바 안다는 것이 사실은 모르는 것인지도 모른다는 것을 알겠는가'의 뜻. **차오상시문호여**(且吾嘗試問乎女) 상시(嘗試)는 시험삼아. 상과 시는 모두 시험하다는 뜻이 있음. 여(女)는 여(汝)와 통하며, 그대. **민습침즉요질편사**(民溼寢則腰疾偏死) 습(溼)은 축축한 것. 습(濕)과 같음. 요질편사(腰疾偏死)는 허리병으로 반신불수가 되어 죽는다는 의미. **추연호재**(鰌然乎哉) 추(鰌)는 미꾸라지. **췌율순구**(惴慄恂懼) 무서워서 벌벌 떤다. 췌(惴)는 두려워하다. 율(慄)은 떨다. 순(恂)은 무서워 떨다. 구(懼)는 두려워하다로 모두 비슷한 뜻을 가짐. **원후**(猨猴) 원숭이. **삼자숙지정처**(三者孰知正處) 숙(孰)은 누구, 무엇. 정처(正處)는 정말로 살 곳. **민식추환**(民食芻豢) 추환(芻豢)은 풀먹는 짐승, 가축. 소와 돼지. **미록식천**(麋鹿食薦) 미(麋)는 순록. 녹(鹿)은 사슴. 천(薦)은 풀. **즉저감대**(蝍蛆甘帶) 즉저(蝍蛆)는 지네. 대(帶)는 뱀. **치아기서**(鴟鴉

鼸鼠) 치(鵄)는 올빼미. 아(鴉)는 까마귀. 기(耆)는 즐긴다는 것. **원편저이위자**(猨猵狙以爲雌) 편저(猵狙)는 원숭이 비슷하나 머리가 개같이 생겼다고 함. **모장여희**(毛嬙麗姬) 모장(毛嬙)은 월(越)의 미인.《관자(管子)》'소칭편(小稱篇)'에 '모장과 서시는 천하의 미인이다'라고 했음. 송(宋) 평공(平公)의 부인이라는 설도 있음. 여희(麗姬) 역시 고대의 미인.《좌전(左傳)》에선 여희(驪姬)라고 되어 있지만, 동일인물로 생각됨. **미록견지결취**(麋鹿見之決驟) 결취(決驟)는 급히 달아남. **시비지도**(是非之塗) 도(塗)는 도(道)와 통함. **번연효란**(樊然殽亂) 번연(樊然)은 어수선한 모양.

해설 만물제동의 입장을 가장 알기 쉽게 설명하고 있는 것이 이 '여희'와 '모장'의 이야기이다. 이 두 사람은 인간에 대해서만 '미인'으로 통용되고 인간 이외의 동물에 대해선 통용되지 않는다. 마찬가지로 시비선악과 같은 도덕적 가치도 인간에 대해서만 통용되는 것이고, 그런 의미에서 상대적이다.

인간은 습기가 많은 것은 나쁘다고 하여 가옥에 살지만, 미꾸라지는 진흙 속에서 즐겨 산다. 인간은 높은 나무 위에서 사는 것을 무서워하지만 원숭이는 도무지 태연하다. 그러고 보면 '좋은 거주지'란 주관적인 것으로서, 상대적인 것이 아님을 알 수 있다.

좀더 알기 쉬운 것은 미와 추의 대립이다. 예를 들어 모장과 여희는 장자 시대 절세의 미인으로 알려져 있었다.

그러나 이 두 미녀가 뜰에 내려서면 연못의 고기는 그 모습에 겁내어 물속 깊이 잠기고, 나뭇가지에 앉았던 새는 하늘 높이 날아가고, 사슴의 무리는 질겁을 하며 도망치려고 할 것이다. 그러고 보면 미인이란 인간에 대해서만 있는 상대적인 존재에 지나지 않고, 인간 이외의 것에는 미로서 통용되지 않음을 알 수 있다.

이렇게 생각하면 인간이 실재한다고 믿고 있는 이원(二元)의 대립 차별은, 만일 인간이라는 국한된 입장을 떠나 인간 이외의 혹은 인간 이상의 입장에 선다면 단숨에 구름이 흩어지고 안개가 사라지듯이 될 것이 틀림없다.
 뒤에 남는 세계는 이원의 대립이 없기 때문에 하나이고, 차별이 없기 때문에 균일하다. 이것이 곧 '만물제동'이다.

 기산의 기슭, 이른바 기주에 옮겨 주는 비로소 융적의 풍속을 고쳤다고 하였다. 이것은 서쪽의 부족이 중국화했다는 의미도 있겠지만, 유교적 사고방식이기도 하다.
 단보는 농민이 땅은 경작하지만 그것을 소유하지 않는 공전제(公田制)를 시행했다. 이것은 은에서도 부분적으로 실시된 조(助)라는 제도였다. 즉 주는 은의 노예제도에서 봉건체제로 일보 전진하고 있었던 것이다.
 서백창은 고공단보의 손자였다. 이때 이미 주의 세력이 강해져 창은 서백으로 임명된 셈이었다.
 단보의 아내는 태강(太姜)인데, 그 이름으로 보아 그녀도 강족 출신이었다. 따라서 주는 작으나마 부족 연합국가였음을 알 수 있다.
 태강은 태백(太伯), 우중(虞仲), 계력(季曆)의 세 아들을 두었다. 막내아들 계력은 태임(太任)을 아내로 맞았다. 임씨 역시 유력한 부족의 하나였다.
 태임이 창을 낳았는데, 출산 때 빨간 참새가 단서(丹書)를 물고 산실의 문에 앉는 성스런 징조가 있었다. 그런데 이것도 계력의 아들을 후계자로 만들기 위한 설화였다고 보는 설이 있다.
 태백과 우중은 단보가 계력을 후계자로 삼고 싶어한다는 의사를 알자 집을 나간다. 이들은 형만(荊蠻)의 땅으로 갔다. 형만은 황하 유역에서 보면 훨씬 남쪽의 지방이다. 이들은 오랑캐 풍습대로 문신을 하고 상투를 잘랐다. 《사기》의 해석에 의하면 두 번 다시 주의 후계자가 되지 않도록 일부러 그러했다는 것이다.
 태백과 우중은 형만의 땅에서 각각 부족장이 되었는데, 그것은 훨씬 후대 오(吳)나라 땅이었다고 한다.

21

설결이 물었다.

"선생님은 이해를 모른다 하시는데, 지인(至人)은 본디 이해를 모릅니까?"

왕예가 대답했다.

"지인은 신이다. 큰 연못 주위의 수풀이 불타도 능히 지인을 뜨겁게 하지는 못하고, 황하와 한수가 얼어도 능히 지인을 춥게 하지는 못한다. 격렬한 우레가 산을 깨고 바람이 바다를 뒤흔들어도 능히 지인을 놀라게 하지는 못한다. 그와 같은 자는 구름을 타고 일월에 올라앉아 사해 밖에서 노닌다. 생과 사도 그의 마음을 바꾸지 못하거늘 하물며 이해 따위가 문제가 되겠는가."

원문 齧缺이 曰 子로 不知利害하니 則至人固不知利害乎아 王倪는 曰 至人神矣로다 大澤焚而不能熱하고 河漢冱而不能寒이라 疾雷破山에 風振海라도 而不能驚이라 若然者는 乘雲氣와 騎日月하고 而游乎四海之外라 死生無變於己인데 而況利害之端乎아

㈜ **지인신의**(至人神矣) 영묘한 활동력을 가진 것을 보통 신이라 함. 마음도 신이고 정신임. 반드시 인격적인 신을 의미하지는 않음. **대택분이불능열**(大澤焚而不能熱) 대택(大澤)은 큰 연못. 분(焚)은 불태우다. 열(熱)은 뜨겁게 하다. **하한호이불능한**(河漢冱而不能寒) 하한(河漢)을 '소요유편' 제8장에선 '은하수'로 해석했지만 여기서는 황하(黃河)와 한수(漢水). 호(冱)는 얼다. **질뢰파산**(疾雷破山) 질(疾)은 빠르다, 사납다. 사나운 우레가 산을 깨고. **기일월**(騎日月) 기(騎)는 타다.

22

구작자(瞿鵲子)가 장오자(長梧子)에게 물었다.

"제가 다른 선생에게서 '성인은 속된 일에 종사하지 않고, 이해를 좇지 않고, 해를 피하지 않고, 부름받음을 기뻐하지 않고, 정해진 도를 좇지도 않는다. 말하지 않으면서도 말하는 바가 있고 말을 하면서도 말하는 바가 없으며 세속을 초월하여 즐긴다'는 말을 들었습니다. 선생은 그것을 터무니없는 말이라고 하셨습니다만, 저로선 훌륭한 도의 실천이라 생각됩니다. 당신은 이것을 어떻게 생각하십니까?"

장오자가 대답했다.

"이는 황제가 들어도 어리둥절할 질문으로 하물며 내가 어찌 이것을 알 수 있겠는가. 그대도 역시 너무 성급하다. 달걀을 보고서 시야를 구하고 탄궁(彈弓)을 보고서 효자(鴞炙)를 구하는 것과 같다. 내 시험삼아 그대에게 망언(妄言)을 해보리니, 그대도 듣고 한 귀로 흘려주기 바란다. 성인은, 일월과 이웃하고 우주를 옆구리에 끼고 만물과 한덩어리가 되어 혼돈 속에 몸을 맡기고 귀천을 구별하지 않는다. 뭇사람은 속된 일에 고달프지만 성인은 그런 일에 우둔하다. 만년에 걸쳐 한결같이 순수함을 이룬다. 만물은 모두 있는 그대로 있게 되고 성인은 그러한 만물 속에 감싸인다."

[원문] 瞿鵲子가 問乎長梧子하여 曰 吾聞諸夫子하니 聖人은 不從事於務하고 不就利하고 不違害하고 不喜求하고 不緣道하며 無謂有謂하고 有謂無謂하여 而遊乎塵垢之外라 夫子는 以爲孟浪之言하니 而我以爲妙道之行也이리다 吾子以爲奚若या 長梧子曰 是黃帝之所聽熒也이니라 而丘也何足以知之리오 且女亦大早計이니라 見卵而求時夜하고 見彈而求鴞炙로다 予嘗爲女妄言之하리니 女以妄聽之奚라 旁日月하고 挾宇宙하고 爲其脗合하고 置其滑涽하여 以隸相尊이라 衆人役役이나 聖人愚芚하여 參萬歲而一成純이면 萬物盡然이고 而以是相蘊이라

㈜ **구작자·장오자**(瞿鵲子·長梧子) 둘다 장자가 창작한 인물. 구작자는 공자의 제자이고 장오자는 도를 깨친 달인이라는 설이 있는데, 여기

서는 택하지 않음. 여기서 구작자는 놀라서 소란을 떠는 까치의 뜻으로 경망스럽게 도(道)를 이야기하는 자를 가리킴. 장오자는 큰 오동나무라는 뜻으로 도를 깨달은 인물을 가리킴. **오문제부자**(吾問諸夫子) 제(諸)는 여럿이 아니고 조사. 어(於)의 역할. 부자(夫子)는 존칭으로 선생. **성인부종사어무**(聖人不從事於務) 무(務)는 일(事也). **불취리**(不就利) 취(就)는 좇다〔從也〕. **불위해**(不違害) 위(違)는 피하다. **불연도**(不緣道) 연(緣)은 따르다. **무위유위 유위무위**(無謂有謂 有謂無謂) 말하지 않고도 말하는 것이 있고 말을 하지만 사실은 아무것도 말하지 않음. **이유호진구지외**(而遊乎塵垢之外) 진구(塵垢)는 먼지와 때. 세속의 더러움을 가리킴. **맹랑지언**(孟浪之言) 글자 그대로 맹랑한 말. 터무니없는 말. **오자이위해약**(吾子以爲奚若) 당신은 어떻게 생각하십니까? 해약(奚若)은 여하(如何)와 같은 뜻으로 어찌, 어떻게로 의문을 표시하는 말. **시황제지소청형야**(是黃帝之所聽熒也) 형(熒)은 현혹되다. 이는 황제가 들어도 현혹될 말이다. **이구야하족이지지**(而丘也何足以知之) 구(丘)는 장오자의 이름. 1인칭으로 자기의 이름을 말하는 것은 중국의 습관. **견란이구시야 견탄이구효자**(見卵而求時夜 見彈而求鴞炙) 난(卵)은 달걀. 시야(時夜)는 직역하면 '밤의 시간'인데 '홰'라고 보았다. 탄(彈)은 노궁(弩弓)의 일종. 효(鴞)는 올빼미. 자(炙)는 굽다. 따라서 효자는 올빼미 구이. **방일월**(旁日月) 방(旁)은 곁, 이웃. 앞에 설결과 왕예의 문답 중 나온 '기일월(騎日月)'과 같음. **협우주**(挾宇宙) 협(挾)은 옆구리에 끼다. **위기문합**(爲其脗合) 문은 문(吻)과 같고 입술과 입술이 딱 마주닿다. 사물이 잘 맞는 것. **치기골혼**(置其滑湣) 골(滑)은 어지러워지다. 혼(湣)은 정해지지 않다. 따라서 골혼은 혼돈. **이예상존**(以隸相尊) 이귀상존(以貴相尊)의 역설되는 말로 여기선 존비(尊卑)의 구별을 하지 않는다는 뜻으로 새김. 일설에 의하면 자기를 종의 지위에 두고, 남을 존경한다는 뜻으로 해석하기도 함. **중인역역**(衆人役役) 역역(役役)은 마음의 힘을 기울이는 것. **성인우둔**(聖人愚芚) 둔(芚)도 어리석다는 의미. **참만세이일성순**(參萬歲而一成純) 참(參)은 참여하다, 섞이다. 만년에 걸쳐 오직 순수함을 이루다. 바꿔 말한다면, 만세에 걸친 오랜 변화의 세계에 참여하면서도 자연인 순일(純一)의 도를 잃지 않는다. **상온**(相蘊) 감싸준다.

[해설] 유가와 도가, 즉 공자와 노자를 내비하는 세 빠글시 모른나.

노자가 태어났다고 추정되는 시기는 기원전 4세기 무렵으로, 기원전 6세기에 태어난 공자(사망 연월이 뚜렷함)보다 훨씬 후세 사람이다. 그런데도 곧잘 대비되고 있다.

공자와 유가에 대해선 나중에 설명하겠지만, 공자의 염원은 눈앞의 무정부 상태를 극복하여 주나라 초기의 질서있는 사회를 회복하는 일이었다. 그러기 위해선 무엇보다도 힘에 의한 정치를 배격하고 도덕에 의한 정치를 실현해야 한다고 생각했다.

주나라 초기에는 가족 도덕이 정치의 근본정신이 되고, 그 지배는 전통적 관습인 예(禮)에 의해 행해지고 있었다.

이와 같은 도덕과 예의가 상실된 곳에서 현재의 난세 상태가 태어난 근본원인이 있다고 생각했던 것이다. 그것은 주나라 초기로 돌아간다는 의미에서는 복고주의였지만, 현실에 바른 질서를 가져오려 했다는 점에선 이상주의였다.

그런데 노자는 이것과는 전혀 상반되는 견해를 가졌다. 주 왕실의 지배가 쇠약하여 군웅 할거의 난세를 가져온 것은 다름아닌 주의 지배원리 그 자체였다고 생각했던 것이다. 주의 지배원리는 공자의 말처럼 도덕과 풍속에 바탕을 둔 것이었지만, 이와 같은 인위야말로 인간을 퇴폐와 타락으로 이끈 근본원인 그것이었다고 본 것이다.

도덕과 예의, 또한 그것을 배우기 위한 학문이나 지식, 한마디로 말해서 문화 그 자체가 제악(諸惡)의 근원이다. 이런 문화 모두를 부정하고 '자연으로 돌아가라' 하는 것이 노자의 주장이었다.

이와 같은 공자와 노자의 입장 차이를 나타내는 에피소드가 《사기》에 소개되고 있다.

공자가 주나라 도서관 직원으로 있는 노자를 찾아가 물었다.

"어째서 지금의 세상은 이렇듯 도를 행하기가 어려울까요? 나는 쉴새없이 도에 대해 생각하고 그것을 규명하고 그것을 실천할 군주를 찾고 있습니다만, 받아들여지지 않고 있습니다. 지금의 세상에 도를 행하는 게 어째서 이렇듯 어렵습니까?"

"당신이 받들고 있는 것은 옛날의 송장들뿐으로, 남아 있는 것은 그 말뿐이 아닌가. 그런 것은 한 푼의 가치도 없다네. 게다가 당신의 그 태도가 마음에 들지 않아. 훌륭한 장사꾼은 물건을 깊이 감추며 남 앞에 드러내려고 하지 않는 것이고, 훌륭한 인물은 안에 뛰어난 덕을 가지면서도 겉으로는 바보처럼 보이는 법이오. 당신의 점잖은 척하는 교만함과 탐욕과 분수를 모르는 야망 따위는 버리시오. 그것이 당신의 몸을 위하는 길이지. 내가 말하고 싶은 것은 그것뿐일세."

이것은 물론 역사적 사실은 아니다. 첫째 노자는 공자보다 후대의 사람으로, 공자 시대에는 태어나지도 않았었다.

그런데 노자는 오히려 70세쯤의 노인이고 공자는 35세로 나이까지 똑똑히 밝히고 있다. 그것이야 어쨌든 여기에는 노자 사상의 일면이 잘 나타나 있다.

23

"살아 있는 것을 기뻐하는 일이 '미혹'이 아니라고 어찌 말할 수 있으랴. 인간이 죽음을 미워하는 것은 어렸을 때 고향을 떠난 자가 고향에 돌아가지 않으려는 것과 같은 일일 것이다.

여희는 애(艾)라는 고장의 국경을 지키는 경비 관리의 딸이었다. 처음 진나라에 끌려왔을 때에는 훌쩍훌쩍 눈물을 흘려 옷깃을 적실 정도였지만, 막상 왕의 궁전에 들어가 값진 가구나 침대에서 왕과 함께 지내고 소나 돼지고기의 진미를 먹게 되자 왜 그때는 그렇듯 슬퍼하며 울었을까 하며 뉘우쳤다고 한다. 이와 마찬가지로 저 죽음의 세계에 간 자가 왜 죽기 전에는 그렇듯 사는 일만 원하고 있었을까 하고 뉘우치지 않는다고 할 수 없으리라."

[원문] 予惡乎知說生之非惑邪아 予惡乎知惡死之非弱喪而不知歸者邪아 麗之姬는 艾封人之子也이니라 晉國之始得之也에 涕泣沾襟이러니 及

其至於王所에 與王同筐牀하고 食芻豢하니 而後悔其泣也이니라 予惡
乎知夫死者면 不悔其始之蘄生乎아

- **여오호지열생지비혹야**(予惡乎知說生之非惑邪) 열(說)은 기뻐하는 것
  으로 열(悅)과 통함. 혹(惑)은 미혹(迷惑), 갈팡질팡하는 것. **여오호
  지오사지비약상이부지귀자야**(予惡乎知惡死之非弱喪而不知歸者邪) 앞의
  오(惡)는 어찌이고 뒤의 오는 미워하다. 약상(弱喪)의 약은 유약으로
  서 어린 것. 상(喪)은 잃는다는 의미인데, 약상은 고향을 떠나 타국으
  로 가는 것. 귀(歸)는 돌아가다인데, 인간은 생(生)이 없는 곳에서 태
  어난 것이므로 죽음이 고향임. **여지희**(麗之姬) 앞에 나온 여희. 여
  (麗)는 나라 이름. 희(姬)는 미녀라는 뜻. 진(晉)의 헌공에 의해 여는
  멸망하고 여희는 헌공의 비(妃)가 되었으며 뒷날 왕위 계승 싸움의
  원인이 됨. **애봉인지자**(艾封人之子) 애(艾)는 지명. 봉인(封人)은
  국경을 지키는 관리. **체읍첨금**(涕泣沾襟) 체읍(涕泣)은 눈물을 흘리
  며 우는 것. 첨(沾)은 적신다는 뜻이고 금(襟)은 옷깃. **여왕동광상**
  (與王同筐牀) 광상(筐牀)은 네모진 침대. **불회기시지기생호**(不悔其始
  之蘄生乎) 기(蘄)는 바라다, 기원하다.

해설 만물제동이라 했으니 생과 사도 구별이 있을 수 없다. 장자
는 이례적으로 죽음을 찬미하고 있는데, 이것은 후세에도 영향을
주었다. 도가의 계통인 《회남자》에도 이런 내용이 보인다.
  "나라는 인간이 태어나기까지, 이 천지는 무한의 시간을 경과
하고 있다. 내가 죽은 뒤에도 또한 무한히 흘러가게 되리라. 그러
고 보면 나라는 인간은 무한인 천지와 무한인 시간의 흐름 속에
떠 있는 한 점에 불과하다.
  이 고작해야 몇십 년의 목숨밖에 없는 일개의 인간이 광대하기
그지없는 천하가 어지러워지는 것을 근심하는 것은, 마치 황하의
물이 줄어 든 것을 슬퍼하고 그 눈물로 황하의 물을 불리려는 것
과 마찬가지가 아닐까. 사흘의 목숨밖에 없는 하루살이가 3천 년
의 수명을 가진 거북을 위해 장수법을 걱정해 주었다고 한다면,
이는 웃음거리가 될 것이 틀림없다.
  그러고 보면 천하의 어지러움 따위를 근심하지 않고 오로지 내

몸이 다스려지는 것을 즐거움으로 삼는 자야말로 비로소 영원한 도(道)를 말할 자격이 있다 하리라."(전언훈〈詮言訓〉)

이것은 꼭 도가뿐 아니라 중국인이 갖는 특이한 사생관(死生觀)이라 하겠다.

저 중일전쟁에서 일본군이 중국인들에게 가한 만행은 널리 알려진 사실이다. 전쟁중 일본군은 일본도의 이른바 '시험 베기'를 위해 무고한 중국 농민을 잡아다가 참살했다.

잡혀온 농민들은 공포에 질려 그야말로 애걸복걸하며 살려달라고 한다. 그러다가 도저히 살려줄 것 같지 않다고 판단되면 태도가 일변한다. 그들은 자기가 들어갈 구덩이를 묵묵히 파고는 그 가장자리에 앉아 길게 목을 늘인다.

그 모습은 조금 전까지 온갖 비굴한 태도를 보이던 사람과는 전혀 딴 인물인 것만 같다. 달관한 철학자 혹은 해탈한 선승(禪僧)처럼 조금도 미련없이 죽음을 맞는 것이었다.

이런 체념, 사생관은 어디서 비롯된 것일까? 중국인은 수천 년을 두고 숱한 전란을 직접 체험하면서 살아왔던 것이다.

그들이 노자나 장자 같은 사상가를 낳은 것도 결코 우연은 아니었던 것이다.

무지한 농민은 지식인처럼 삶이니 죽음이니 하고 깊이 따지지 않는다. 단지 눈앞에 주어진 현실을 그대로 받아들일 뿐이다.

24

"꿈속에서 술을 마시는 자는 아침이 되면 불행한 현실에 통곡하고, 꿈속에서 통곡한 자는 아침에 즐거이 사냥을 떠난다. 그 꿈을 꿀 때에는, 그것이 꿈인지 모른다. 꿈속에서 또 그 꿈의 좋고 나쁨을 점치기도 한다. 깨고 나서야 그것이 꿈이었음을 안다. 또 큰 깨달음이 있고, 그런 후에야 그것이 큰 꿈임을 안다. 그런데 어리석은 자는 스스로 깨틸었나 하고 사뭇 아는 체 사랑하여 이것을 알았노라 하면서 군주니 목인(牧人)이니 하니, 어리석지 않은가.

나도 그대도 모두 꿈을 꾸고 있는 것이다. 내가 그대에게 꿈 이야기를 말하는 것도 또한 꿈인지도 모른다. 이렇게 말하는 것을 이름지어 '조궤(弔詭)'라고 한다. 만대를 지나고서, 대성인을 만나 그 해답을 얻는다면, 그것은 아침에 만나고 저녁에 또 만나는 것만큼이나 행복한 일이다."

[원문] 夢飮酒者는 旦而哭泣하고 夢哭泣者는 旦而田獵이라 方其夢也이거늘 不知其夢也이니라 夢之中에 又占其夢焉이라 覺而後에 知其夢也이고 且有大覺而後에 知此其大夢也이거늘 而愚者는 自以爲覺하여 竊竊然 知之하며 君乎牧乎하니 固哉라 丘也與女皆夢也이니라 予謂女夢도 亦夢也라 是其言也로 其名爲弔詭라 萬世之後에 而一遇大聖하여 知其解者면 是旦暮遇之也이니라

㊟ **단이곡읍(旦而哭泣)** 단(旦)은 아침. 곡(哭)은 소리내어 울다. 곡읍(哭泣)은 소리내어 슬피 우는 것. **단이전렵(旦而田獵)** 전렵(田獵)은 사냥. **방기몽야(方其夢也)** 방(方)은 ……에 있어, 즈음해서는. 그 꿈을 꾸는 데 있어서는. **우점기몽언(又占其夢焉)** 우(又)는 또. **차유대각이후 지차기대몽야(且有大覺而後 知此其大夢也)** 대각(大覺)은 큰 깨달음, 득도(得道)의 의미이지만 구체적으로는 '만물제동'의 입장을 가리킴. **절절연지지(竊竊然知之)** 조잘조잘하며 아는 체하는 것. **군호목호(君乎牧乎)** 군(君)은 군주이고 목(牧)은 목어(牧圉)로서 천한 종. **고재(固哉)** 고(固)는 고루(固陋). 식견이 좁은 것. **기명위조궤(其名爲弔詭)** 조(弔)는 지(至)로서 심히, 매우의 뜻. 궤(詭)는 기괴한 것. **시단모우지야(是旦暮遇之也)** 우(遇)는 만나다. 단모우지(旦暮遇之)란 빈번하게 만나는 것.

[해설] 여기서도 장자의 사생관이 조금 비치고 있다. '죽음'은 《노자》와는 달리 《장자》의 주요 테마이지만, 이는 그의 인생관과 관계가 있을 듯싶다.

장주도 노자와 마찬가지로 그 생몰(生沒) 연대가 불명이지만, 《사기》에선 그런 대로 추정 근거를 제시하고 있다. 즉 장주는 양 혜왕이나 제 선왕과 같은 시대의 사람이라고 하였다.

양 혜왕(재위 B.C. 371~B.C. 334)과 제 선왕(재위 B.C. 342~B.C. 324)은 동시대인이었고 유가의 맹자도 이 두 사람과는 만났었다. 《장자》에도 제 선왕의 기사는 보이지 않지만, 양 혜왕의 이름은 '소요유편'에도 나오고, '산목편(山木篇)'에선 장자가 이를 면회했다고 하였지만 이는 곧 혜왕을 가리킨다고 생각된다.

그리고 《사기》에는 초 위왕(재위 B.C. 339~B.C. 329)이 장주를 재상으로 초빙하려 했다는 것이 기록되어 있는데, 이것은 《장자》의 '추수편(秋水篇)'과 '열어구편(列禦寇篇)'에도 보인다. 다만 위왕이라 하지 않고 초왕이라고 되어 있는 게 다를 뿐이다. 어쨌든 재야의 은자(隱者)를 한 나라의 재상으로 맞이하려 했다는 것은 엉뚱한 이야기이고 《장자》에 나오는 많은 꾸며낸 이야기의 하나이리라.

그러나 이러한 《사기》의 기사보다도 장자의 전기에 확실성을 주는 사실은 그가 혜시(惠施)라는 친구를 가졌다는 점이다. 혜시는 장자와 마찬가지로 송나라 출신이며 양 혜왕과 양왕(襄王) 아래에서 10년 가까이나 재상으로 있었다. 《장자》에도 혜시(혜자)의 이름은 스무 번 가까이나 나타나고 장자와의 문답도 열 번 가까이나 된다.

그중에는 장주의 아내가 죽었을 때 혜시가 조문을 한 것이며, 장주가 혜시의 무덤을 찾은 이야기가 포함되고 있다. 물론 《장자》엔 창작적 요소가 많아 액면 그대로 믿을 수는 없지만, 혜시와는 친교는 각별한 것이 있어 그 사실성을 믿을 만하다.

그것보다 더욱 중요한 것은 장주가 혜시로부터 사상적인 영향을 받았다고 생각되는 흔적이 있다는 점이다. 애당초 혜시는 제자백가 중의 명가(名家), 즉 논리학파에 속하는 인물이었고 그 논법의 일부는 《장자》'천하편(天下篇)'에 소개되고 있다. 또 장주의 만물제동의 설을 볼 때 그 논리 전개에 명가풍인 데가 있어 혜시의 영향을 받았음을 느끼게 해준다.
　혜시의 생존 연대는 기원전 360~310년이라고 추정할 수가 있다. 그런만큼 장주의 생애도 이것과 평행하는 것으로 여겨진다. 그리하여 그것은 장주를 양 혜왕이나 제 선왕 때 사람이라고 하는 《사기》의 기사와도 일치된다.
　다만 그렇다면 문제가 되는 것은 맹자와 장주의 관계이다. 즉 양자는 동시대인인 셈인데, 그럼에도 불구하고 서로 상대에 대해 한마디도 언급이 없는 것이다. 이것은 어째서일까? 통신수단이 발달하지 못한 시대에는 동시대인이기 때문에 상대를 오히려 모르는 일이 많다. 유명해지려면 시간이 소요되고 생존중엔 무명(無名)인 채 끝나는 게 보통인 것이다.

25

　"내가 만일 그대와 논쟁을 벌였다고 하자. 그대가 나를 이기고 내가 그대에게 졌다면, 과연 그대가 옳고 내가 그른 것인가. 반대로 내가 그대를 이기고 그대가 나에게 졌다면, 과연 내가 옳고 그대가 그른 것인가. 어느 쪽은 옳고 어느 쪽은 그른 것인가. 혹은 둘 다 옳거나 둘 다 그른 것인가.
　이 문제는 나나 그대가 다 알지 못하는 것이다. 그러니까 다른 사람들도 물론 알지 못할 것이다. 그렇다면 누구에게 이것을 바로잡게 할까. 그대와 같은 생각을 가진 자에게 이것을 바로잡게 한다면, 이미 그대와 같은지라 어찌 능히 이것을 바로잡겠는가. 나와 같은 생각을 가진 자에게 이것을 바로잡게 한다면, 이미 나와 같은지라 어찌 능히 이것을 바로잡겠는가. 나와도 그대와도 다른 생각을 가진 자에게 이것을 바로잡게 한다면 이미 나와도 그대와도 다른지라, 어찌 이것을 능히 바로잡겠는가. 나와도 그대와도 같은 생각을 가진 자에게 이것을 바로잡게 한다면 이미 나와도 그대와도 같은지라, 어찌 이것을 능히 바로잡겠는가. 그렇다면 나나 그대나 다른 사람이 모두 알 수 없는 것이다. 그런데 누구에게 바로잡게 하기를 기다리겠는가.

　변하기 쉬운 소리에 기대한다는 것은 처음부터 기대하지 않음과 같다. '천예(天倪)'로써 모든 걸 조화시키고 '만연(曼衍)'에 모든 걸 맡겨둠이 천수를 다하는 방법이다. 천예로써 모든 걸 조화시킨다 함은 무엇을 말하는 것인가. 옳음과 옳지 않음이 있고, 그러함과 그러하지 않음이 있다. 그 옳음이 만약 참으로 옳은 것이면 옳음이 옳지 않음과 다르다는 건 말할 것도 없다. 그러함이 만약 참으로 그러하다면 그러함이 그러하지 않음과 다르다는 건 또한 말할 필요도 없다. 나이에 의한 차별을 잊고 신분에 의한 차별을 잊고 무한한 경지에 뻗어나간다. 그러므로 이것을 무한한 경지에 의지하게 하는 것이다."

[원문] 旣使我與若辯矣에 若勝我하고 我不若勝이면 若果是也며 我果非也邪아 我勝若하고 若不吾勝이면 我果是也며 而果非也邪아 其或是也며 其或非也邪아 其俱是也며 其俱非也邪아 我與若不能相知也니 則人固受其黮闇이라 吾誰使正之리오 使同乎若者正之이면 旣與若同矣니 惡能正之리오 使同乎我者正之이면 旣同乎我矣니 惡能正之리오 使異乎我與若者正之이면 旣異乎我與若矣니 惡能正之리오 使同乎我與若者正之이면 旣同乎我與若矣니 惡能正之리오 然則我與若與人이 俱不能相知也니라 而待彼也邪아 化聲之相待는 若其不相待라 和之以天倪하고 因之以曼衍이면 所以窮年也니라 何謂和之以天倪인가 曰 是不是이고 然不然이라 是若果是也면 則是之異乎不是也니 亦無辯이라 然若果然也면 則然之異乎不然也니 亦無辯이라 忘年忘義振於無竟이라 故로 寓諸無竟이니라

㊟ **기사아여약변의**(旣使我與若辯矣)　기(旣)는 이미이지만, 만약, 가령이라고 해석하기도 함. 아여약(我與若)의 약은 그대, 너. 즉 너와 나. 변(辯)은 논쟁. **약과시야 이과비야야**(若果是也 我果非也邪)　과(果)는 과연. 야(也)는 중간에 있으면서 의미를 강조함. **아과시야 이과비**

야야(我果是也 而果非也邪) 여기서의 이(而)는 그대, 너. **기혹시야 기혹비야야**(其或是也 其或非也邪) 혹(或)은 미정사로 아마. **기구시야 기구비야야**(其俱是也 其俱非也邪) 구(俱)는 함께, 다. **즉인고수기탐암**(則人固受其黮闇) 탐암(黮闇)은 캄캄한 것, 아무것도 모르는 것. 즉 영문을 알 수 없는 것. **오수사정지**(吾誰使正之) 정(正)은 바로잡다, 판정을 내리다. **오능정지**(惡能正之) 능(能)은 능하다, 잘. **연즉아여약여인**(然則我與若與人) 연즉(然則)은 그러면. 그러면 나와 그대와 제삼자와. **화성지상대 약기불상대**(化聲之相待 若其不相待) 화성(化聲)은 변화하는 불안정한 소리, 즉 안정되지 않은 대립적인 시비의 논의. 여기서의 약(若)은 같다. **화지이천예**(和之以天倪) 천예(天倪)의 예는 한계, 경계. 자연에서는 경계가 없으므로 자연의 경계는 경계가 없는 경계, 대립 차별이 없는 경지이고 만물제동의 경지를 말함. **인지이만연**(因之以曼衍) 만연(曼衍)은 무한한 펼쳐짐, 무한한 변화. 인(因)은 부탁하다, 의지하다. **소이궁년야**(所以窮年也) 궁년(窮年)은 천수(天壽). 천수를 다하는 까닭이다. **역무변**(亦無辯) 논의의 여지가 없다. **망년망의진어무경**(忘年忘義振於無竟) 경(竟)은 경(境)과 같고, 경지. 무경은 무한한 경지.

[해설] 요컨대 만물제동의 경지에 도달하기 위해선 사물을 둘로 나누어 차별하는 인위를 없애는 것, 즉 무위라는 것이 필요하다. 무위가 되면 거기에는 있는 그대로인 진실이 나타난다. 있는 그대로란, 인위를 가하지 않은 자연의 모습이란 뜻이다.

따라서 무위자연이란 차별의 인위를 부정하여 있는 그대로인 자연의 세계를 보는 일이다. 바꾸어 말하면 만물제동의 세계를 보는 일이다.

이 만물제동의 입장에서 보면, 상식의 세계에 넘치고 있는 온갖 상대 차별의 상(相)은 모두 부정되고 사라진다. 모든 게 하나이고 모든 게 똑같다.

오로지 하나, 모든 상대 차별 중에서 가장 근본적인 것, 즉 유와 무의 대립에 관해선 다시 한 번 확인해 둘 필요가 있다.

노자는 '유는 무로부터 생긴다'고 하였다. 그 경우의 무라고 하는 것은 유에 대립하는 상대무가 아니고 유를 싸안는 절대무였고,

정확히는 '무한'을 의미하는 것이었다. 그러나 노자는 이 무한의 세계에 발을 한걸음 들여놓았을 뿐으로, 그 해명은 불충분했고 불철저했었다. 장자는 이 점을 더욱 깊이 파고들어가려는 것이었다.

노자는 '천하의 만물은 유로부터 생기고 유는 무로부터 생긴다'고 말했다. 즉 만유(萬有)의 시작에 무를 두었던 것이다. 그러나 잘 생각해 보면 '처음'이라는 것을 고정된 일점(一點)으로서 포착하는 것은 우습지 않은가. 만일 어디까지라도 처음이라는 것을 추구하려 한다면, 그 시작이 아직 없었던 시작을 생각하지 않으면 안 되고, 다시 나아가선 '그 시작이 없었던 시작'이 아직 없었던 시작을 생각하지 않으면 안 된다. 그러면 '시작'이라는 것은 무한의 저편에 후퇴하는 것이 되리라.

마찬가지로, 만일 처음에 무를 둔다면 그것에 선행(先行)하는 '아직 무가 없었던 시작'을 생각하지 않으면 안 된다. 그리고선 그 '무가 없었던 시작'이 또 없었던 시작이 있을 게 아닌가. 즉 시작이 되는 무는 무한히 후퇴하는 것이 된다. 따라서 만유의 시작에 '고정된 무'를 두는 것은 잘못임을 알게 된다.

그렇다면 만유의 시작, 만물의 근본이 되는 것은 무엇인가. 그것은 '고정된 무'가 아니고 실은 '무한' 그것이 아니면 안 된다.

그렇다면 '고정된 무'와 '무한'은 어떤 점에서 다른가. 고정된 무라는 것은 일정의 한계를 가진 무이다. 즉 그것은 유와의 사이에 선 하나를 긋고 그 구획 속에 들어앉은 무이다. 그런데 무한이란 그와 같은 구획, 즉 경계가 없는 것이다. 유와의 사이에 선 하나를 긋고 유를 배제하는 것이라면 그것은 유한이 되고, 무한이 아닌 것이 된다.

무한이란 문자 그대로 없는 것이고, 모든 것을 무차별로 포용하는 것이므로 유와 무의 구별 없이 포용하는 것이다.

모든 것을 똑같다 보고서 만물에 차별을 인정하지 않는 만물제동의 입장이란 실인즉 이 무한 속에 몸을 두는 일이다. 장자가 말하는 만물제동의 경지란 온갖 것을 무차별로 포용하는 무한의 경지의 또 다른 명칭이라 하겠다.

은 주왕이 섰을 때 서쪽의 한낱 제후였던 주는 창(昌)의 시대였다. 서백창은 동료인 대신이 살해되고 그 자신은 감금되었다가 풀려난 일도 있었다.

창의 아버지 계력이 은왕 문정(文丁)에게 죽임을 당했다는 기사가 《죽서기년(竹書紀年)》에 실려 있지만, 사마천은 이를 채택하지 않았다.

앞에서도 말했지만 주왕의 포학은 상당히 에누리하여 볼 필요가 있다. 은의 멸망은 주왕의 포학보다는 잦은 전쟁 때문이었다.

복사를 조사해 보면, 주왕 때 조상신의 제사에 인간 제물이 격감되고 있다. 이것은 아마도 노예의 수효가 적어졌거나 혹은 노예의 노동력을 필요로 하는 일이 늘었기 때문인지도 모른다. 즉 왕족이나 귀족의 생활이 호화로워졌다고 여겨진다.

술의 소비량도 엄청나게 증가되었다. 은의 멸망을 술 탓으로 돌리는 설도 있을 정도이다.

서백창은 부지런히 세력을 확대했다. 견융(犬戎)을 치고 다시 서쪽의 밀수(密須)를 쳤다. 그리하여 기국(耆國)도 토벌했던 것이다.

이어 동쪽으로 시선을 돌려 우(邘)에 출병했고 또 숭후호(崇侯虎)도 토벌했다. 숭후호는 서백을 주왕에게 밀고한 인물이고, 그 영지는 지금의 서안 근처인 풍(豐)에 있었다.

숭후호를 격파한 뒤 주는 풍으로 도읍을 옮겼다. 이어 서백창은 은의 멸망을 보지 못하고 재위 50년으로 죽었다. 후에 문왕(文王)이라 추존되었다. 태자 발(發)이 서백창의 뒤를 이었는데 이가 곧 주 무왕이다.

26

반그림자가 본그림자에게 물었다.

"당신은 아까는 걸어가더니 지금은 멈추었고, 아까는 앉아 있더니 지금은 또 서 있소. 어찌하여 일정한 절조가 없는 것이오?"
본그림자가 대답했다.
"내가 의지하는 것이 있어서 그러는 것인가? 내가 의지하는 것도 또 다른 무엇에 의지하기 때문에 그러는 것인가? 내가 의지하는 건 뱀의 비늘이나 매미의 날개처럼 명백하게 눈에 보이는 것에 의지하는 것은 아니다. 어째서 그런지, 또 어째서 그러하지 않은지 그 이유를 내 어찌 알겠소."

[원문] 罔兩이 問景에 曰 曩子行하고 今子止하며 曩子坐하고 今子起라 何其無特操與아 景이 曰 吾有待而然者邪아 吾所待 又有待而然者邪아 吾待蛇蚹蜩翼邪아 惡識所以然이며 惡識所以不然이리오

㉺ **망량문경**(罔兩問景) 망량(罔兩)은 그림자의 바깥쪽에 생기는 엷은 그림자로 곽주(郭注)에 의하면 그림자 밖의 엷은 그늘이라 함. 여기서는 의인화하여 도(道)에 의존하지 못하고 세속의 정에 이끌리는 사람을 비유함. 경(景)은 영(影)과 같음. 그림자. **낭자행 금자지**(曩子行 今子止) 낭(曩)은 앞서, 지난번. 자(子)는 상대에 대한 존칭이나 '당신'이라고 새김. 행(行)은 간다는 것. 지(止)는 멎는 것. **낭자좌 금자기**(曩子坐 今子起) 좌(坐)는 앉는 것. 기(起)는 서는 것. **특조**(特操) 특(特)은 독립된 절조, 즉 자주성. **오유대이연자아**(吾有待而然者邪) 내가 의지하는 것이 있어 그러는 것일까. **오소대 우유대이연자아**(吾所待 又有待而然者邪) 내가 의지하는 것도 또한 의지하는 게 있어서 그러는 걸까. **오대사부조익야**(吾待蛇蚹蜩翼邪) 사부(蛇蚹)는 뱀의 비늘. 조익(蜩翼)은 매미의 날개. **오식소이연**(惡識所以然) 식(識)은 알다. 어찌 그러한 까닭을 알 수 있겠는가.

27

어느 날, 장주는 꿈속에서 나비가 되어 있었다. 그때 나는 훨훨 날아다니는 나비였다. 다만 즐거울 뿐 마음껏 기분내기는 데

로 날아다니고 있었다. 그리하여 자기가 장주라는 걸 깨닫지 못했다. 그런데 갑자기 잠을 깨고 보니 틀림없는 장주였다.

대체 장주가 꿈속에서 나비가 되어 있었는지 아니면 나비가 꿈속에서 장주가 되어 있었는지 알 수가 없다.

그렇지만 장주와 나비에는 분명히 구별이 있을 것이다. 이것을 일러 사물의 끊임없는 변화라고 한다.

[원문] 昔者에 莊周는 夢爲胡蝶이라 栩栩然胡蝶也이니라 自喩適志與에 不知周也이니라 俄然覺則蘧蘧然周也이니라 不知周之夢爲胡蝶與아 胡蝶之로 夢爲周與아 周與胡蝶은 則必有分矣니라 此之謂物化로다

㈜ **장주몽위호접**(莊周夢爲胡蝶) 호접(胡蝶)의 호(胡)를 호(蝴)라고 쓴 책도 있음. 호접은 나비. **허허연**(栩栩然) 기뻐하는 모양. **자유적지여**(自喩適志與) 유(喩)는 즐기다. 적지(適志)는 마음이 유쾌하다. 여(與)는 재(哉)와 같음. 스스로 즐겁고 마음이 흡족했다. **아연각즉거거연**(俄然覺則蘧蘧然) 아연(俄然)은 꿈에서 갑자기 깨는 모양. 거거연(蘧蘧然)은 깜짝 놀라 당황하는 모양. **차지위물화**(此之謂物化) 물화(物化)란 '이 세상의 모든 물사(物事)는 그 자체로 존재하는 것이 아니라 끊임없이 변화한다'라고 하는 도가(道家)의 근본 견해를 보여주는 말.

[해설] 인생을 꿈으로 비유하는 일은 많지만, 이것은 그 가장 빠른 보기이다. 그러나 인생을 덧없는 것으로 보고 마치 꿈과 같다 하면서 한탄하는 게 보통이지만 장주는 그렇지가 않다. 꿈과 현실을 구별하여 현실에 집착하는 게 상대 차별의 입장이다. 꿈도 현실도 하나의 변화 출현이라 보고서 둘 다 긍정하는 것이 만물제동의 입장이다.

"무왕이 위에 오르다. 태공 망(太公望)은 스승이 되고 주공 단(旦)은 보(輔)가 되었으며 소공(召公), 필공(畢公)의 무리는 왕사를 좌우하여 문왕의 사업을 도왔다."

태공 망의 이름은 너무도 유명하다. 그는 본디 강(姜)씨였고 조상 가운데 여(呂 ; 하남성)에 봉해진 자가 있어 여상(呂尙)이라 하였다.
　주의 성은 희(姬)로 시조나 태공의 처는 모두 강씨이다. 따라서 태공 망은 강 부족의 대표였는지도 모른다.
　궁핍하고 이미 늙은 여상은 낚시질로 서백에 접근하려 했다. 서백창은 위수 북쪽에서 여상과 만났다. 서백이 여상과 이야기를 나누어 보니 참으로 훌륭한 인물이었으므로, 스승으로 모셨다.
　"내 선군 태공으로부터 들었노라, 성인이 있어 장차 주나라에 오리라고. 이로써 주는 일어나리라. 선생은 바로 그분이다. 우리 태공께서는 오랫동안 선생을 바라고 있었다."
　이리하여 여상에게는 '태공 망'이란 호칭이 주어졌던 것이다.
　태공 망에 대해선 다른 전승도 있다. 《사기》에 소개되고 있는 바에 의하면, 여상은 아주 박식하여 주왕을 섬겼지만 주가 무도했으므로 그곳을 떠나 제후에게 유세(遊說)했다는 것이다.
　그러나 《전국책》에는 더 재미있는 이야기가 전한다. 진 시황제가 요가(姚賈)에게 말했다.
　"너는 문지기 아들로서 양나라에선 도둑의 괴수였고 추방되어 내 신하가 된 자가 아닌가."
　"아닙니다. 소신보다 더한 자가 있습니다. 태공 망은 제나라의 축부(아내에게 쫓겨난 남편)였고, 조가(은의 도읍)의 백정으로서 살았으며, 극진에선 조명이 나서 아무도 그를 써주지 않았습니다. 그런데도 문왕께서 이를 써서 왕으로 봉했지요."
　무왕은 즉위 9년째가 되는 해, 필(畢)에 가서 문왕의 제사를 지내고 맹진(孟津)까지 갔다. 이때 무왕은 수레에 위패를 싣고 자기는 태자 발이라고만 칭했다. 무왕은 태자로서 부왕의 유지를 따랐을 뿐이라는 형식을 취했던 것이다.
　군대의 지휘는 여상이 맡았다. 그는 제후에게 동원령을 내리고 '늦는 자는 엄벌한다'는 엄명을 내렸다. 맹진은 낙양 바로 옆의 나루터 이름이다. 이 제1차 원정은 실패였다. 무왕은 2년 뒤 다시 기병했다. 전거 3백 승, 호분(장교) 3천, 갑사(전투원) 4만 5천의 병력이었다.

  주왕은 이를 70만의 대군으로 맞아 목야(牧野)에서 싸웠다. 그러나 은은 이 싸움에서 패배하여 멸망했고 주왕은 자살했다. 기원전 1050년의 일이었다.

양생주(養生主)

1

　나의 삶에는 끝이 있으나 앎에는 끝이 없다. 끝이 있는 것으로써 끝이 없는 것을 좇음은 위태롭다. 그런데도 앎을 추구한다면 더욱 위태로울 뿐이다.
　좋은 일을 하더라도 명성을 가까이하지 말고, 악한 일을 하더라도 형벌을 가까이하지 마라. 어느 쪽에도 치우치지 않고 그로써 상도(常道)를 삼도록 하라. 이로써 몸을 보존하고, 이로써 생을 온전히 하고, 이로써 어버이를 섬기고, 이로써 천수를 다하라.

[원문] 吾生也는 有涯고 而知也는 無涯라 以有涯로 隨無涯니 殆已니라 已而爲知者는 殆而已矣니라 爲善無近名하고 爲惡無近刑이라 緣督以爲經이라 可以保身이고 可以全生이고 可以養親이고 可以盡年이라

㊟ **유애**(有涯) 애(涯)는 다하다. 보통은 끝, 한정으로 풀이함. **이유애수무애**(以有涯 隨無涯) 수(隨)는 따르다. **태이**(殆已) 위태로울 뿐. 태(殆)는 위태롭다. **이이위지자 태이이의**(已而爲知者 殆而已矣) 이이(已而)의 이(已)는 앞구의 '태이'의 이를 되풀이한 것. '……일 뿐'이 된다. 몸을 위태롭게 하는데도 앎을 좇는 것은 더 위태로울 뿐이다. 장자 특유의 화법. **위선무근명 위악무근형**(爲善無近名 爲惡無近刑) 근(近)은 가까이하는 것. 명(名)은 명성, 명예. 형(刑)은 형벌. **연독이위경**(緣督以爲經) 연(緣)은 따르다, 좇다. 독(督)은 바르다, 중앙. 중정(中正). 이 경우 선과 악의 중간의 의미로 어느 쪽에도 치우치지 않음. 경(經)은 상도(常道). **가이보신**(可以保身) 가이(可以)는 '로써 ……할 수 있다'의 뜻. 보신(保身)은 몸을 보존하는 것. 전

생(全生) 전(全)은 온전하게 맞추다(完也). **양친**(養親) 어버이를 봉양하다.

해설 '양생주(養生主)'라 함은 몸과 마음을 건강하게 하여 오래 살도록 꾀한다는 뜻이다. 다만 이 편에서 '양생'을 풀이하고 있는 것은 최초의 2절뿐으로, 나머지는 관계가 없다. 그 위에 이 편은 극히 단문(短文)인데다, 내용에 있어서도 의문이 많다. 애당초 '만물제동'의 입장으로 말하면, 삶과 죽음은 똑같다는 것이 기조(基調)여야 할 텐데 생명을 기르는 방법을 강조한다는 것은 한쪽에 편중한다는 감이 있다 하겠다. 아마도 이 '양생주편'은 〈외편〉, 〈잡편〉에 들어가야 할 것이 〈내편〉에 잘못 들어 갔다고 추측된다.

전국 말기에서 한(漢)대에 걸쳐 도가, 특히 노자의 사상이 정치색을 띠고 '황로의 도'라는 독특한 체계를 발전시켰다. 그런데 황로사상이 정치와 결부됨에 따라 후한(後漢) 초기부터는 차츰 신선설(神仙說)과도 결부되었다. 이것이 뒷날에 이르러 민간 종교인 도교의 시조로 노자가 받들어지는 결과가 되었던 것이다.

신선설이란, 불로불사(不老不死)의 신선이 되는 것을 구하는 신앙이다. 그러자면 갖가지 기술이 필요한데, 그 때문에 신선술(神仙術)이라고도 불린다.

본디 중국인은 사후의 세계, 즉 내세의 관념이란 것이 아주 희박했다. 공자도 말했다. '아직 생을 모르는데 어찌 죽음을 알겠는가'라고. 현재 살고 있는 인생의 일조차 잘 모르는 것인데, 사후의 세계 따위를 알 까닭이 없다는 것이었다. 이 말에는, 인간으로서 중요한 일은 이 인생을 어떻게 사느냐 하는 것으로서, 죽은 뒤의 세계 따위는 생각할 필요도 없다는 주장이 내포되어 있다.

이것은 유교의 현실적·정치적, 그리고 비종교적인 일면을 말해 주고 있다. 그러나 유교뿐 아니라 고대의 중국인 일반도 내세에 대한 관념이 희박했었다. 사후의 생활 따위는 거의 생각되지 않고 있었다고 할 정도였던 것이다.

이렇듯 사후의 생존을 생각지 않는 중국인으로서 현세의 생활을 되도록 연장시키고 다시 무한히 계속되는 게 이상이었다. 바꾸어 말한다면 불로불사의 소망이 강해졌고, 그것이 신선설의 모태(母胎)가 되었던 것이다.
 따라서 역설적으로 말한다면 도가의 신선설은 유가의 그것과 조금도 모순되지 않는다.
 우선 이 점을 명심할 필요가 있다.

 은이 멸망했다. 주 무왕은 제후를 거느리고 은의 도읍에 입성했다. 은의 백성과 백관들은 모두 교외에 나와 이들을 맞았다. 무왕은 군신에게 명하여,
 "상천이 휴(休)를 내렸다."
하고 선포했다.
 '휴'는 이 시대에는 희(喜)나 경(慶)의 뜻으로 쓰이고 있었다. 《시경》에서 이 글자가 천지휴(天之休)니 천휴(天休)니 하고 사용되고 있는 것이다. 즉 무왕은 자기가 은나라를 친 것은 은나라 백성에게 있어 하늘이 내려주신 경사라고 선언했던 것이다.
 이어 무왕은 '녹대'라는 궁전에 들어가 주왕의 시체에 스스로 화살 세 대를 쏘고 검으로 베었으며 황월(黃鉞)로 목을 잘라 대백(大白)의 기에 매달았다.
 무왕은 다시 주왕의 두 총비한테로 갔다. 그중 하나가 달기였다. 두 총비는 목을 매고 죽어 있었다. 무왕은 이 시체에도 각각 세 대의 화살을 쏘고 검으로 벤 다음 현월(玄鉞)로 목을 잘라 소백(小白)의 기에 매달았다.
 대백, 소백은 모두 은의 기로 백기(白旗)이다. 이것과 반대로 주기의 기는 적기(赤旗)이다.
 주왕의 목을 자른 황월은 번쩍거리는 구리의 큰 도끼였다. 현월은 검은 큰 도끼인데 옻을 칠한 것이었다고 추측된다.
 그 다음은 입성식이었다. 엄숙하고 장중한 의식이었으며, 주의 중신들은 각각 의식을 분담했다. 태공 망은 생(牲 ; 제사에 바치는

희생)을 끌며 앞장섰고, 주공 단은 큰 도끼를 잡고 무왕의 왼쪽을 호위하고, 필공은 작은 도끼를 잡고서 무왕의 오른쪽을 호위했다.

하늘에 대한 제사가 올려졌다. 윤일(尹佚)이라는 자가 그 축문을 읽었다.

주왕의 포학을 고발하는 내용의 축문이 계속되는 가운데 무왕이 재배하고 나서 윤일은 축문을 소리 높여 읽었다.

"대명(大命)을 받음에 있어, 은을 고치고 하늘의 명명(明命)을 받으라."

즉 무왕은 천명을 받아 이로써 천자가 된 셈이었다.

그때까지 천명을 받고 있었던 것은 은이었는데, 이제 주가 은을 대신하여 천명을 받았다. 하늘의 명이 고쳐진 것, 이것이 곧 혁명(革命)이었다. 혁명이란 말은 여기서 비롯되고 있다.

천자가 된 무왕은 논공행상을 했다. 태공 망은 영구(營丘 ; 산동성)에 봉해져 그 나라는 제(齊)라고 불렸다.

무왕의 동생 주공 단은 곡부(曲阜)에 봉해져 노(魯)나라 시조가 되었고, 소공 석(召公奭)은 연(燕)에 봉해졌고, 숙선(叔鮮)은 관(管), 숙도(叔度)는 채(蔡) 땅에 봉해졌다.

그뿐만이 아니다. 고대 성왕의 자손도 각지에 봉해졌다. 순의 자손은 진(陳)에 봉해졌고, 우의 자손, 즉 하의 후예들은 이때 기(杞)나라에 봉해졌던 것이다.

주 무왕은 성왕이라 일컬어진다. 또 주공 단은 '꿈에 주공을 보지 못했다'고 공자로 하여금 정신의 쇠약을 한탄케 했을 정도의 성인이었다.

공자는 지성(至聖)이라고 일컬어졌지만, 그런 그에게 사모된 주공은 절대적인 성인이었을 것이다.

그런데 무왕은 이미 자결한 주왕의 유해에 화살을 쏘고 목을 잘라 깃대에 매달았다. 그뿐인가, 두 총비에 대해서도 같은 짓을 하였다.

이것은 참으로 잔학한 짓이다. 무왕은 왜 그런 짓을 했는가. 옆에 있던 주공은 왜 그것을 말리지 않았는가.

유가는 물론 이들을 변명한다. 방효유(方孝孺 ; 1357~1402)는 명나라 초기의 대유학자로 영락제(永樂帝)의 찬탈에 끝끝내 반대하고 그 삼족이 극멸되어도 굴복하지 않았던 강직한 인물이다. 방효유는 주와 그 총비에게 가해진 무왕의 잔학한 행위는 거짓으로 꾸며진 이야기라고 단언한다.

"이는 전국 박부(薄夫)의 망언이고 제동 야인(齊東野人)의 말로 무왕의 일이 아니다."

방효유가 볼 때 한 유방이나 위 조비(曹丕)는 중재(中才 ; 재능이 중간 정도인 사람)에 지나지 않았다. 그런데도 유방은 진을 공격했지만 자영(子嬰 ; 시황제의 아들)을 죽이지 않았고, 조비는 후한을 찬탈하여 위 왕조를 세우고 헌제(獻帝)를 산양공(山陽公)으로 격하시켰지만 그 천수를 다하게 해주었다. 중재인 이들도 그런 행동을 하였는데 성인인 주 무왕이 결코 그런 잔학을 행할 리가 없다는 것이었다.

여기에 의문을 갖는 사람은 옛날부터 있었다. 굴원은 '천문편'에서 물었다.

    무왕이 은을 죽였는데(武發殺殷)
    무엇을 근심했노(何所悒).
    위패를 모시고 싸웠는데(載尸集戰)
    무엇을 서둘렀노(何所急).

기록으로 볼 때, 은은 주를 무력으로 압박한 일이 없었다. 그런데 무엇을 걱정하여 은을 공격하고 주왕을 죽였던 것일까? 또 무왕이 주 문왕의 위패를 수레에 모시고 그 지명도(知名度)를 이용하여 제후의 군을 모았지만, 과연 그렇게 할 필요가 있었던가?

굴원은 묻고 있는 것이다.

'주 무왕은 성인이라고 하지만, 어딘지 의심스런 데가 있잖은가?'

굴원이 참뜻은 여기에 있었던 것이다. 이런 의문은 굴원 한 사람만의 생각은 아니었다. 저 유명한 백이(伯夷)·숙제(叔齊)의 이야기도 시사하는 바가 크다.

　백이와 숙제는 고죽군(孤竹君)의 아들로, 아버지는 동생에게 위를 물려주려고 하였다. 아버지가 죽자 아우는 연장이니까 형님이 군주가 되라고 사양했고, 형은 '아버지의 뜻이니 네가 위를 이으라'고 사양하다가 결국 두 사람 모두 그 자리를 버리고 서백(문왕)의 덕을 우러르며 멀리 서쪽을 찾아갔다.

　백이와 숙제가 주에 이르러 보았더니 문왕은 이미 죽고 무왕의 시대가 되어 있었으며, 동정(東征)이 시작되려 하고 있었다. 형제는 무왕의 말 앞을 가로막으며 간했다.

　"아버지가 돌아가시고 아직 장례도 치르지 않았는데 전쟁을 하려 하는 것을 효(孝)라고 할 수 있을까요. 주는 은의 신(臣)입니다. 신이 군(君)을 죽이는 것을 인(仁)이라고 할 수 있을까요."

　무왕의 측근은 이들 형제를 죽이려고 했지만 태공 망이,

　"이들은 의인(義人)이다."

하고 물러가게 하였다.

　그뒤 무왕은 은을 멸망시키고 천하를 차지했다. 그러나 백이·숙제는 이를 인정하지 않고 의로서 주나라 곡식을 먹지 않고자 수양산(首陽山)에 들어가 고사리를 캐먹다가 굶어죽었다.

　그러나 문제는 여기에 있다. 유가로선 성인인 무왕과 의인인 백이·숙제를 어떻게 다루어야 하나 하는 진퇴양난에 빠졌다.

　"은은 덕이 없고, 천명은 이미 은을 떠났다. 그러므로 은은 천자가 아니며, 주는 은의 신하가 아니다. 그러니 무왕의 행동은 잘못이 아니다."

　이것이 옛날부터의 유가의 정통적 해석이다. 그러면서 의인, 충신의 거울이라고 할 백이·숙제의 행동을 정당화시켜야 하는 난처함에 빠졌다. 그리하여 백이·숙제에 대해 갖가지 이야기가 꾸며졌던 것이다.

　《고사고(古史考)》를 보면,

　"한 시골 여자가 백이·숙제를 보고 말했다. 자(子)께선 의로

서 주나라 좁쌀을 먹지 않는다. 그러면 고사리는 주나라 초목이 아닌가?"
라는 얘기가 있고 또 《석사(釋史)》에도 다음과 같은 이야기가 전한다.
"왕마자(王摩子)가 산에 들어가 백이·숙제를 보고 따졌다. 군(君)은 주의 좁쌀을 먹지 않는다. 그러면서 주의 산에 숨어 주의 고사리를 먹고 있으니, 이는 모순이 아닌가. 그래서 두 사람은 고사리마저 먹지 않게 되었다. 7일이 지나자 하늘이 흰 사슴을 보내어 이들에게 젖을 주었다. 그런데 이들은 은밀히 생각했다. 이 사슴은 고기가 맛있을 테지? 사슴은 그 뜻을 알아차리고 가버리고 다시는 오지 않았다."
위의 두 이야기 모두 '굶어죽었다'는 것으로 백이·숙제의 행동을 결론지었다.

2

요리사 정(丁)이 문혜군을 위해 소를 잡았다. 손을 놀리고 어깨로 받치며, 발로 밟고 무릎을 굽힐 적마다 칼질하는 소리가 싹싹 쓱쓱 울려퍼져 음악적인 가락을 이루었다. 그것은 상림(桑林)의 춤과 같고 경수(經首)의 장단을 연상케 했다.
문혜군은 경탄하여 말했다.
"오오, 훌륭하도다! 사람의 재주가 여기까지 미칠 수 있단 말인가."
요리사 정이 칼을 내려 놓고 대답했다.
"제가 좋아하는 것은 도로서, 재주보다 뛰어난 것입니다. 처음 제가 소를 잡을 때에는 소의 겉모습만 보였는데, 3년이 지나자 소의 온전한 모습이 보이지 않게 되고 제가 갈라내야 할 부분만 보였습니다. 지금은 오로지 마음으로 일할 뿐 눈으로는 보지 않습니다. 눈의 작용을 없애니 마음의 자연스런 작용만이 있습니다

자연의 이치를 좇아 큰 틈을 벌리고 크게 비어 있는 곳으로 들어가는 것은 본디의 구조에 따르는 것입니다. 아직까지 뼈와 힘줄이 엉켜 있는 곳을 가르는 데 실수가 없었는데, 하물며 큰 뼈를 자르는 일이야 말해 무엇하겠습니까.

훌륭한 요리사가 해마다 칼을 바꾸는 것은 살을 베기 때문이며, 보통의 요리사가 매달 칼을 바꾸는 것은 뼈를 베므로 칼날이 부러지기 때문입니다. 지금 제가 지닌 칼은 19년 쓴 것으로, 그동안 수천 마리의 소를 갈랐지만 칼날은 새로 숫돌에 간 듯합니다. 소의 마디는 사이가 있지만 칼날은 두께가 없습니다. 두께 없는 것이 틈으로 들어가 여유있게 그 칼날을 놀리므로 19년이나 사용했지만 숫돌에 방금 간 듯합니다.

그러나 오직 한 군데, 뼈와 힘줄이 엉켜 있는 곳에 다다르면 그것이 어려운 일인 줄 알기 때문에 각별히 조심하여 눈은 한 곳을 응시하고 칼질은 더디어지고 칼놀림이 몹시 미묘해집니다. 흙덩이가 땅에 떨어지듯 자연스럽게 일이 끝나면, 칼을 들고 일어서서 사방을 둘러보고 잠시 주저하다가 이내 흐뭇해져서 칼을 닦아 넣어 둡니다."

문혜군은 감동해서 말했다.

"훌륭하구나. 나는 요리사 정의 말을 듣고 양생(養生)의 도를 얻었도다."

[원문] 庖丁이 爲文惠君解牛하다 手之所觸하고 肩之所倚하고 足之所履하고 膝之所踦하니 砉然嚮然이라 奏刀騞然이 莫不中音이라 合於桑林之舞요 乃中經首之會라 文惠君曰 譆 善哉라 技蓋至此乎아 庖丁이 釋刀對曰 臣之所好者는 道也요 進乎技矣니라 始臣之解牛之時에 所見無非牛者요 三年之後에 未嘗見全牛也라 方今之時에 臣以神遇하니 而不以目視오 官知止而神欲行이라 依乎天理로 批大郤하고 導大窾하니 因其固然이라 技經肯綮之未嘗이니 而況大軱乎아 良庖가 歲更刀는 割也요 族庖는 月更刀는 折也이니라 今臣之刀十九年矣로 所解數千牛矣니 而刀刃若新發於硎이라 彼節者有閒하고 而刀刃者無厚라 以無厚入

有間에 恢恢乎 其於遊刃하니 必有餘地矣이니라 是以로 十九年而刀刃
若新發於硎이라 雖然이나 每至於族에 吾見其難爲하고 怵然爲戒하여
視爲止하고 行爲遲하여 動刀甚微하니 謋然已解에 如土委地라 提刀而
立하여 爲之四顧하며 爲之躊躇滿志하고 善刀而藏之라 文惠君曰 善哉라
吾聞庖丁之言하니 得養生焉이라

㈜ **포정위문혜군해우**(庖丁爲文惠君解牛) 포정(庖丁)의 포는 요리사. 정은 그 이름. 중국에서는 옛날엔 직업 밑에 이름을 붙여 부르는 것이 관례였음. 그러니까 포정이란 '요리사 정서방'쯤의 의미. 문혜군(文惠君)은 양(梁)의 혜왕(惠王)을 가리킴. 해(解)는 가르다, 즉 잡는다는 뜻. **수지소촉**(手之所觸) 촉(觸)은 닿다, 만지다. 손이 닿는 곳. **견지소의**(肩之所倚) 의(倚)는 기대다, 받치다. **족지소리**(足之所履) 리(履)는 밟다. **슬지소기**(膝之所踦) 슬(膝)은 무릎. 기(踦)는 구부리다. **획연향연 주도획연 막부중음**(砉然嚮然 奏刀騞然 莫不中音) 획연(砉然)은 칼로 뼈와 살 사이를 벨 때에 나는 소리. 싹싹, 쓱쓱, 빡빡 같은 뜻. 주도(奏刀)는 칼로 가락을 맞추는 것. 칼질이 리드미컬하다는 뜻. 막(莫)은 무(無), 없다. 중(中)은 맞다, 적중하다의 뜻. **합어상림지무**(合於桑林之舞) 상림(桑林)은 무악(舞樂)을 뜻하는데, 은나라 탕왕이 상산(桑山)이란 곳에서 기우제를 지낼 때 만들었다 함. **내중경수지회**(乃中經首之會) 내(乃)는 곧. 경수(經首)는 요임금이 만든 무악인 '함지(咸池)' 속의 한 악장. 회(會)는 《주례(周禮)》 '육악지회(六樂之會)'의 '회'와 마찬가지로 악기의 합주를 말함. 희(譆) 감탄사. 아아, 오오. **기개지차호**(技蓋至此乎) 기(技)는 기술. 개(蓋)는 무릇, 어찌. **석도**(釋刀) 석(釋)은 놓다. **소견무비우자**(所見無非牛者) 소가 아닌 것으로 보이는 건 없었다. 즉 소의 모습만 눈앞에 보였다. **미상견전우야**(未嘗見全牛也) 전우(全牛)의 전은 전체. **신이신우 이불이목시**(臣以神遇 而不以目視) 신우(神遇)의 '신'은 마음. '우'는 만나다, 대하다. **관지지이신욕행**(官知止而神欲行) 해석하기 어려운 구다. 관지(官知)는 감각기관이 안다. 즉 '관'을 기관(器官)의 활동으로 해석하며 신욕(神欲)은 '마음의 작용만으로 행동한다'로 봄. 이런 확대 해석이 마음에 들지 않는다면, 앞의 구와 연결시켜 '눈의 작용이 멎으니 마음(정신)만으로 행할 뿐이다'로 봄. **의호천리**(依乎天理) 천리(天理)는 하늘의 이치, 천도이다. 이(理)는 본디 옥(玉)의

결을 뜻하는 말이고 여기선 살코기의 결(고기도 아무렇게나 베는 것이 아니라 떼어내는 순서가 있다)을 말하지만, 천리에 비유해서 말했다. 또 이 '천리'란 말을 장자가 처음으로 썼던 것이다. **비대극**(批大郤) 극(郤)은 틈. 비(批)는 벌리다, 절개(切開). **도대관**(導大窾) 도(導)는 통(通)의 뜻. 대관(大窾)은 크게 비어 있는 곳. **인기고연**(因其固然) 그 본래의 것에 따른다. 바꿔 말해서, 생긴 대로 칼질한다. **기경긍경지미상**(技經肯綮之未嘗) 앞의 경(經)은 건드리다의 뜻. 긍경(肯綮)은 뼈와 살이 복잡하게 엉켜 있는 곳. 이것이 출전이 되어 급소나 사물의 중요한 것을 '긍경'이라고 함. **대고**(大軱) 큰 뼈. **양포세경도**(良庖歲更刀) 양포(良庖)는 능숙한 요리사란 뜻으로, 장자에 의해 그 정의(定義)가 내려지고 있다. 경(更)은 바꾸다. **족포**(族庖) 양포보다 한 단계 아래인 요리사, 보통의 요리사. **이도린약신발어형**(而刀刃若新發於硎) 도린(刀刃)은 칼날. 형(硎)은 숫돌. **피절자유간**(彼節者有閒) 피(彼)는 인간에게만 쓰는 것이 아니라 사물에도 사용함. '그것'의 뜻. 절(節)은 마디. 간(閒)은 간(間)과 같고, 틈. **회회호**(恢恢乎) 널찍한 모양. **유인**(遊刃) 칼날을 놀리는 것, 칼질. **매지어족**(每至於族) 족(族)에는 '모인다'는 뜻이 있는데, 여기선 힘줄과 뼈가 모여 있는 곳. **출연위계**(怵然為戒) 두렵게 여기고서 경계함. 즉 크게 조심함. 출(怵)은 두려워하다. **동도심미**(動刀甚微) 미(微)는 미묘하다는 것. **획연이해 여토위지**(謋然已解 如土委地) 획연(謋然)은 뼈와 살이 떨어지는 소리. 위(委)는 떨어지다. 흙이 땅에 떨어지듯 다 끝내다. 즉 쇠고기를 뜨는 작업이 끝난 것. **제도**(提刀) 제(提)는 들다. **위지주저만지**(為之躊躇滿志) 이것 때문에 주저하고 뜻을 세우다. 즉 '머뭇거리다가 만족하면'이라는 뜻. **선도이장지**(善刀而藏之) 선(善)은 닦다, 씻다. 칼에 묻은 피·기름 따위를 닦아, 칼을 제자리에 둠. **득양생언**(得養生焉) 자연의 이치를 좇고 의식적인 작위(作為)를 하지 않는 게 양생의 비결이다.

[해설] 앞에서 말했듯이 중국인의 불로불사의 소원이란 대단했다.
 그러나 느닷없이 신선설이 태어난 것은 아니고 이것에 선행하는 양생설 또는 양생술이 있었다. 이것은 신선설처럼 불사를 구하는 것이 아니고 장수를 구하는 것이었으며, 단순한 건강법이라 여겨지는 것이었다. 이런 양생술이 뒷날 신선술에 모두 흡수되었

던 것이다.

양생술의 주요한 것은 아래와 같다.

도인(導引)　　일종의 유연 체조. 후한 말의 명의로서 유명한 화타(華佗) 유의 설명에 의하면 이것에는 호희(虎戲)·녹희(鹿戲)·웅희(熊戲)·원희(猿戲)·조희(鳥戲)의 다섯 가지 유형이 있고, 이것을 실행하면 식욕이 증진되고 혈액순환이 원활해진다고 하였다. 《장자》〈외편〉의 '각의편(刻意篇)'에는 "세상엔 호흡운동을 하든가 곰이 나무에 오르거나 새가 기지개를 켜는 시늉을 하며 주로 수명을 늘리려는 자가 있는데, 이는 이른바 '도인의 사(士)'이고 장수를 원하는 사람들이 행하는 바이다."라고 하였다.

태식(胎息)　　이것은 도인술에 부수되어 있던 호흡운동이 독립된 것으로, 태식이라는 호칭은 후한 때 비로소 나타난다. 화타의 설명에 의하면, 태식이란 코나 입으로 숨쉬지 않고 마치 어머니의 태 안에 있을 때와 같은 상태가 되는 것을 말한다. 이 상태에 도달하자면 내쉬는 숨을 들이마시는 숨보다 적게 하는 것을 연습하고 기(氣)의 축적에 힘쓰지 않으면 안 된다. 이것에 성공하면 노인이라도 하루하루 젊어질 수가 있다.

벽곡(辟穀)　　곡식을 피하고 먹지 않는다는 의미다. 《포박자(抱朴子)》에 의하면, 장수하려면 장을 깨끗이 하고 찌꺼기가 남지 않도록 해야 한다.

"풀을 뜯는 동물은 잘 뛰지만 어리석고, 고기를 먹는 동물은 힘이 세지만 성질이 거칠고, 곡류를 먹는 동물은 지혜는 있지만 수명이 짧다. 기(氣)를 먹는 자만이 정신이 맑아지고 또한 불사가 된다."고 하였다.

방중술(房中術)　　이것은 보도(輔導)·환년(還年)·원기(元氣)·남녀합기(男女合氣)라는 이명이 있다. 아득한 옛날부터 방중술이 있었고, 전한의 대유학자로 알려진 동중서(董仲舒)도 이것에 관심이 있었다.

그의 저서 《춘추번로(春秋繁露)》를 보면 "군자는 기를 아끼며 방에서 놀고 이로써 하늘을 휴(休)하다."고 하였다. 그 구체적 방법으로 청년은 10일에 한 번 방에서 놀고, 중년은 20일, 시쇠(始衰)인 자는 40일, 중쇠인 자는 80일, 대쇠인 자는 열 달에 한 번이 알맞다고 한다. 물론 이보다 적극적인 방법을 풀이한 책은 얼마든지 있었다.

3

공문헌(公文軒)이 우사(右師)를 보고서 놀라며 물었다.
"대관절 어찌된 일인가? 어찌하여 한쪽 발을 잃었는가? 하늘의 뜻인가, 사람의 뜻인가?"
"하늘의 뜻이지, 사람의 뜻은 아니다. 하늘이 나를 한쪽 발만 가지고 태어나게 한 것이다. 사람의 모양은 하늘이 정해 준다. 따라서 내가 한쪽 발을 잃게 된 것은 하늘의 뜻일 뿐 사람의 뜻이 아님을 알리라. 들꿩은 열 걸음을 걸어 한 번 쪼아먹고 백 걸음을 걸어 한 번 물을 마시지만 새장 속에 갇혀서 길러지기를 바라지는 않는다. 기운은 비록 왕성해질지 모르지만 마음이 즐겁지 않기 때문이다."

[원문] 公文軒이 見右師而驚하여 曰 是何人也오 惡乎介也오 天與아 其人與아 曰 天也라 非人也이리오 天之生是使獨也며 人之貌有與也니 以是知其天也오 非人也로다 澤雉十步一啄하고 百步一飮하되 不蘄畜乎樊中이라 神雖王이라도 不善也이니라

㈜ **공문헌견우사**(公文軒見右師) 공문헌(公文軒)은 송나라 사람이란 설이 있지만 확실치 않음. 우사(右師)도 마찬가지. 장자의 창작인물인 듯함. **오호개야**(惡乎介也) 개(介)는 올(兀)과 통하고 월형(刖刑 ; 발뒤꿈치의 힘줄을 자르는 형)을 받은 자이다. 원문에 독(獨)이란 자가 있는 것으로 보아 한쪽 발만 자른 듯싶다. **천여 기인여**(天與其人與) 여(與)는 어조사로 ······이냐. **택치십보일탁**(澤雉十步一啄) 택치(澤雉)는 못가에 사는 꿩. 따라서 소택 근방의 꿩이므로 들꿩. 탁(啄)은

쪼아먹다. **불기축호번중**(不蘄畜乎樊中) 축(畜)은 키우다, 기르다. 번중(樊中)이란 새장 속. **신수왕**(神雖王) 왕(王)은 왕성(旺盛)의 왕과 통함.

해설 이 장은 양생도와 관계가 없는 것처럼 보인다. 자연 그대로 좇는 게 곧 양생이라 한다면 납득이 가지만.
  우사는 죄가 있어 형벌을 받은 것이므로 절름발이로 만든 것은 인간이다. 그러나 인간을 그렇게 만드는 배경에는 천명(운명)이 있다. 운명론자인 장자는 이런 논법을 곳곳에서 사용하고 있다.
  즉 장자는 노자와 마찬가지로 '무위자연'을 근본으로 하면서, 그곳으로부터 만물제동의 설을 구성하고 무한자(無限者)인 운명 속에 포용된다는 것을 주장하는 독특한 운명긍정론에 도달했다.
  물론 이것은 장자 개인의 체험과 반성에서 태어난 것이지만, 그것은 갑자기 출현한 것이 아니고 실은 중국 민족의 깊은 운명관에 뿌리를 둔 것이었다.
  몇 번이고 말하지만, 중국 민족의 운명관이란 천명사상이다. 천명이란 무엇인가. 아득한 옛날에는 인격신(人格神)이었던 상제의 명령이란 뜻이었다. 그러나 시대가 지남에 따라 하늘의 인격성이 희박해지고 그것은 천도니 천리니 하는 로고스(Logos)적 존재로 바뀌었다. 공자 시대에 이르러선 천명이란 인간이 지켜야 할 '사명'임과 동시에 인간을 밖으로부터 규정하는 '운명'이 되었다. 《논어》에 나타나는 천명이란 말에도 이 두 가지의 의미가 있고 각각 사용 구분되고 있다.
  이 가운데 운명으로서의 천명사상은 유가나 도가와 같은 학파의 대립을 초월하여 중국인의 인생관이 되었고 근세에 이르기까지 뿌리 깊은 지배력을 가져왔다. 중국인의 달관된 체념은 '메이파즈(沒法子 ; 어쩔 도리 없다. 일설에 의하면 중국인은 금이 생기면 이것을 녹여 금덩어리를 만든다. 그것이 차츰 커져 무거워지면 도둑이라도 가져갈 수 없으므로 메이파즈이다)'라는 말과 함께 유명하지만, 이것은 긴 전통을 가진 천명사상의 변형이라 하겠다.

그것은 도가의 반대학파인 유가에서도 자주 보게 된다. 《논어》 중의 한 보기를 든다면 "사생(死生)에 명이 있다. 부귀는 하늘에 있다."가 생각난다. 또 유교의 운명관을 가장 잘 나타내는 말로선 "인사(人事)를 다하고서 천명을 기다린다."이다. 이것은 출전 불명의 말이지만 《맹자》에도 이와 비슷한 말이 있다. 이 인사를 다한다는 것이 유교의 입장인데, 그러나 그 '인사'가 한계에 도달했을 땐 천명을 기다리는 것이다. 이 점 장자와는 전혀 다름이 없다.

상대가 천명을 잃었다고는 하지만 신하로서 주군을 친다는 것은 예삿일이 아니다. 민심이 주왕을 떠났다고는 하지만 주 무왕의 동정은 중국인으로선 마음 어딘가에 거리낌이 있었다.
　주 무왕의 혁명은 성공했다. 그러나 혁명은 하나의 결말임과 동시에 하나의 시작이었다.
　혁명을 성공시키자면 힘을 결집(結集)시킬 필요가 있다. 조금쯤 의견을 달리하는 사람이라도 내 진영에 끌어들일 필요가 있다. 소이(小異)를 남기고 대동(大同)으로 나가지 않는다면 힘의 결집이 되지 않는다.
　고금 역사상 수많은 혁명이 있었지만 그 가운데에는 성공한 것도, 실패한 것도 있다. 그러나 적어도 성공한 것은 힘을 모으고, 그것을 조직적으로 활용했다고 하겠다. 또 모은 힘을 분산시키지 않기 위해선 혁명의 중심은 관대해야만 했다.
　보다 정치적인 유가는 백이·숙제 이야기를 내세움으로써 '소이를 버리고 대동으로 향한' 입장을 설명하고 있는 셈이다.
　역사는 그것이 한 번뿐일지 모르지만 그 패턴은 반복되고 있다. 주 무왕의 혁명은 그 의미로서 중국 최초의 것이었으나, 그 패턴은 후세의 것과 같았다.
　그 과정을 간단히 살펴보자. 주는 문왕 시대부터 꾸준히 힘을 길렀다. 문왕이 서백창이라 불렸을 적부터 그 인기는 발군의 것이었다. 그의 덕을 사모하여 곳곳에서 사람이 모여들었는데, 백이·

숙제도 그중의 하나였다. 소송 따위도 그한테로 가져왔다.
  우(虞)와 예(芮)의 밭도랑 싸움을 조정하여 서백은 왕이 되었다고 한다. 즉 그는 이 두 지방의 소송을 해결하고 영향을 미치게 되었으므로 자립하여 왕이 된 셈이었다.
  주의 천하 제패에는 야만족이라고 여겨졌던 각 부족의 참가가 있었다. 촉족(蜀族)은 특히 용감했었다. 그들은 은나라 도읍 약탈에 참가할 수 있다는 목전의 이익을 위해 무왕군에 참가했다.
  또 강족(羌族)처럼 복수심에 불타는 부족도 있었다. 그들은 자기 동족이 은에서 제사의 제물로 바쳐졌다는 데 깊은 원한이 있었던 것이다.
  소공(召公)의 부족은 본디 중원에 거주하고 있었는데 은의 세력에 밀려나고 있었다. 이들의 참가는 실지 회복이라는 목적이 있었다.
  무왕이 천자임을 선언하고 즉위식을 올렸을 때 소공 석은 '찬채(贊采)'라는 역할을 맡았다.
  '찬'은 돕는다, 받든다는 뜻이고 '채'는 폐백(예물)을 뜻한다. 이 예물을 들고 서 있는 역할은 희생으로 쓸 소를 끌었다는 태공망과 쌍벽을 이루는 것인데, 이는 소공 석의 위치를 말해준다. 주 무왕이 은을 치자면 이 소공의 영지를 통과해야만 되었던 것이다.
  그런데 이런 각 세력을 결집시킨 무왕이 오래 살았다면 문제는 없었겠지만, 불행히도 그는 일찍 죽었다. 당연히 '제2혁명'이 발생했다.
  무왕이 죽자 어린 성왕(成王)이 즉위하고 숙부인 주공 단이 보좌했다고 한다. 그런데 주공 단이 왕위에 오른 듯싶은 흔적이 있다. 주나라 초기의 역사는 미분명한 부분이 많지만 주공은 한낱 섭정만이 아니었다는 설이 있다.
  창업 초인 불안정한 시기에 어린 왕으로선 불안한 게 사실이다. 게다가 무왕의 동생은 주공만이 있었던 것도 아니다.《춘추좌전》에 의하면 무왕의 형제로 각지에 봉해진 자는 15명, 주와 동성(同姓)인 희씨(姬氏)로 봉건영주가 된 자는 40명이나 되었다

특히 주왕의 아들 녹보(祿父)를 감시하고 있는 관숙 선(管叔鮮), 채숙 도(蔡叔度), 의장병을 지휘한 숙진 택(叔振鐸), 즉위식에 자(玆; 깔개)를 깔고 나중에 위(衛)나라에 봉해진 강숙 봉(康叔封) 등은 유력한 인물이었다. 주공 단이 이들을 통솔하고 성왕을 보좌하려면 강력한 힘이 필요했으리라.

4

노담(老聃)이 죽자 진실(秦失)이 조상하는데, 세 번 호곡하고서 나왔다. 제자가 물었다.
"고인은 선생님의 친구가 아닙니까?"
"그렇다."
"그렇다면 친구를 조상하는데 이와 같이 해도 괜찮겠습니까?"
"그렇다. 처음에는 나도 저들처럼 하는 것이 죽은 사람을 위하는 것이라 생각했는데 지금은 아니다. 앞서 내가 들어가 조상할 때, 노인은 곡하기를 그 자식을 곡하는 것과 같았고, 젊은 사람들은 곡하기를 그 어머니를 곡하는 것과 같았다. 저들이 여기 모여 있는 이유는, 반드시 말로 바라지는 않았지만 말하게 만들고, 곡을 바라지 않았지만 곡하게 만들었기 때문이리라. 이는 하늘의 뜻을 배반하고 정에 어긋나고 그가 하늘에서 받은 바를 잊는 것이니, 옛날엔 이것을 일컬어 하늘을 배반하는 죄라고 하였다. 우연히 이 세상에 오게 됨은 선생이 올 때가 되었기 때문이었고, 우연히 돌아가게 됨은 또한 선생이 천명을 따랐기 때문이다. '때'에 안주하고 순리에 맡기면 기쁨과 슬픔도 끼여들지 못하는 것이니, 옛날에 이것을 '하늘이 내린 속박으로부터의 해탈'이라고 말했느니라."

[원문] 老聃이 死에 秦失이 弔之하여 三號而出이라 弟子曰 非夫子之友邪아 曰 然하다 然則弔焉若此可乎아 曰 然하다 始也吾以爲其人也요

而今非也니라 向吾入而弔焉에 有老者哭之는 如哭其子하고 少者哭之는 如哭其母라 彼其所以會之는 必有不蘄言而言이고 不蘄哭而哭者라 是 遁天倍情이고 忘其所受이니 古者謂之遁天之刑이라 適來로 夫子時也 이고 適去는 夫子順也이니라 安時而處順이면 哀樂不能入也하니 古者 謂是帝之縣解라

㊟ **노담**(老聃) 이른바 노자를 가리킨다고 생각되지만 현재 전하는 《노자》의 저자를 말하는 건지는 확실치 않음. 다만 노자를 낮게 평가하고 있음은 흥미로운 사실임. **진실**(秦失) 노자의 제자나 친구인 듯하나 장자가 창작한 인물인 듯. **삼호이출**(三號而出) 삼호(三號)는 세 번 곡하는 것. 친구는 죽은 자의 곁에서 상사(喪事)를 돕는 것이 그 당시의 예였음. **피기소이회지 필유불기언이언 불기곡이곡자**(彼其所以會之 必有不蘄言而言 不蘄哭而哭者) 피(彼)는 그. 즉 노담. 소이(所以)는 까닭. 불기언이언(不蘄言而言)은 '말을 구하지 않고도 말하게 하다'. 불기곡이곡(不蘄哭而哭)도 같은 문법. **시둔천배정**(是遁天倍情) 둔(遁)은 둔(遁)과 같다. 달아나다. 배(倍)는 배(背)와 같다. 배반하다. **둔천지형**(遁天之刑) 자연을 거역하는 죄. 형(刑)은 형벌이란 뜻 외에도 형벌을 받을 만한 죄라는 뜻이 있음. 이 말은 '열어구편'에도 보임. **적래부자시야 적거부자순야**(適來夫子時也 適去夫子順也) 시(時)와 순(順)이 중요한 내용. 적(適)은 알맞다는 의미인데 그 이상의 함축성이 있다. 선생께서 태어나신 것은 그때가 되어서이고, 선생께서 돌아가신 것은 그 천명을 따른 것이다. **안시이처순**(安時而處順) 앞의 구를 알게 되면 이 구는 저절로 풀리게 된다. 장자의 운명 순종의 사상을 잘 나타내는 말의 하나. **애락불능입야**(哀樂不能入也) 입(入)은 개입(介入). **제지현해**(帝之縣解) 제(帝)는 상제(上帝), 하늘. 현(縣)은 현(懸)과 통하여 '머리를 매달다'의 뜻. 따라서 현해는 매달려 있는 것을 푼다는 뜻. 즉 속박에서 해탈함.

[해설] 노자의 전기는 모른다고 하는 게 진상이다. 장자도 그 점에서는 거의 비슷하지만, 노자에 관해선 그 실재를 부정하는 설마저 있을 정도라 더욱 모르는 점이 많다.

사마천의 《사기》에는, 노자의 성은 이(李)이고 이름은 이(耳)라고 하였다. 성인이 되어 자(子)를 백양(伯陽)이라 하였고, 죽은

뒤의 시호가 담(聃)이다. 그러나 《사기》의 다른 본에선 '담'이 자로 되어 있다.
  그리고 《사기》에선 노자는 '초 고현(苦縣)의 여향(厲鄕) 곡인리(曲仁里) 사람'이었다고 했다. 고현은 현재의 하남성 동부에 있는 녹읍현(鹿邑縣)이고, 황하로부터 남으로 약 150킬로미터의 고장이다. 이것은 아무것도 아닌 것 같지만, 일부 논자들 사이에선 《사기》의 기록에 의해 노자의 사상이 남방계라고 주장한다. 하지만 초는 그 도읍이 양자강 연안에 있어 남방의 나라이지만, 고현 그 자체는 황하에 가깝고 초에 병합되기까지는 진(陳)에 속해 있었던 것이며, 어느 쪽인가 하면 화북(華北) 지역에 속한다. 따라서 《사기》에 의한 한 노자를 남방 사람으로 본다는 것은 무리이다.
  《사기》가 무엇을 근거로 노자를 초의 고현 사람이라고 했는지는 모르지만, 《사기》보다 오랜 《장자》 '우언편'이나 《열자》 '황제편'에선 양주(楊朱)가 노자를 패(沛) 땅에서 만났다는 기사가 있고, 또 《장자》 '천운편'에선 공자가 마찬가지로 패 땅에서 노자를 만났다고 하였다. 이것은 역사적 사실인지 어떤지 의심스럽지만 노자를 패현 사람으로 보고 있다는 것을 알 수 있다. 패현은 지금의 강소성 서북단에 있고, 고현의 동북 150킬로미터 지점이다. 만일 노자가 패현 사람이라면 이는 전국시대의 송 땅이고 노자는 장자와 동국이었던 셈이다.
  그러나 한나라 때엔 노자를 고현 사람이라 하는 설이 일반적이었던 모양으로 후한 환제(桓帝) 말년(165)에 천자가 사자를 고현에 파견하여 노자를 제사케 했다는 기사가 《후한서》에 보인다. 또 육조시대의 《수경주(水經注)》에도 고현을 언급하여 "노자의 묘 앞에 두 비가 있다. 후한의 환제가 사자를 보내어 제사를 지내게 하고 진(陳)의 대신인 변소(邊詔)를 시켜 비문을 짓게 했다."고 하였다.
  또 《사기》에선 "노자는 주의 '수장실', 즉 도서관의 관리로 있었는데 언젠가 공자가 노자를 방문하여 예에 관해 질문하려 하자, 노자는 공자의 위선을 꾸짖고 쫓아보냈다."고 한 뒤 "노자는 도덕을 닦은 사람이었고 그 학문은 세상에서 숨어 무명인 채로 끝나는 것을 이상으로 하였다. 노자는 그뒤에도 오래도록 주에 있었지만, 주가 쇠퇴하여 재흥의 가망이 없음을 알고 이윽고 이곳을 떠나 관(關)에 이르렀다. 그때 관문을 지키던 장관 윤희(尹喜)가, '당신은 세상에서 숨으려 하시는데 나를 위해 책을 써주십시오'라고 부탁했다. 그래서 노자는 상하 두 편의 책을 저술했는데, 그것은 도(道)와 덕(德)에 관한 것으로 5천여 자에 이르는 것이었다. 그뒤 노자는 어디론가 떠났지만 그 최후가 어떻게 되었는지 아무도 아는 자가 없다."고 하였다.

여기서 가장 문제가 되는 것은 노자와 공자를 동시대인으로 쓴 《사기》의 기록이다. 만일 이것이 사실이라면 노자의 생존 연대가 뚜렷해지지만 유감스럽게도 이것은 부정할 수밖에 없다. 그것은 무엇보다도 현존의 《노자》 내용이 이를 증명한다.

《노자》는 읽고 느끼는 것은 그가 쉴새없이 적수를 의식하면서 언제나 반론(反論)의 형식으로 말하고 있다는 점이다. 이를테면 첫머리의 '도의 도라 할 수 있는 것은 항상의 도가 아니다(道可道非常道)', 즉 '이것이 도라고 한정할 수 있는 도는 영구불변의 도가 아니다'라는 것이고, 스스로 믿는 도와 세상의 도를 구별한다. 그리하여 그 세상의 도란 인의(仁義)나 충효(忠孝)를 내용으로 하는 도이고, 바꾸어 말하면 공자의 도이다. 단적으로 말하면 《노자》 한 권은 유교에 대한 반정립(反定立)으로 성립되어 있다고도 하겠다.

반정립은 정립이 있고 나서 태어나는 것이므로, 이 점만으로도 노자는 공자보다 후에 나타난 사람일 것이다. 더욱이 공자의 가르침이 세상에 알려져 유려해지는 것은 공자가 죽고 상당한 세월이 지나고서라고 생각되므로, 《노자》가 씌어진 것은 공자의 시대보다 꽤나 뒷날이었으리라.

게다가 종래 많은 학자들이 지적한 것처럼 《노자》의 용어를 보면 《논어》의 그것에 비해 새로운 것이 적지 않다. 예를 들어 《노자》에는 '인의'라는 숙어가 보이는데, 《논어》에는 인과 의가 독립되어 있는 일은 있어도 이것을 하나로 묶어 인의라고 말한 예는 없다.

인의가 숙어가 되는 것은 《맹자》 이후이므로 《노자》의 성립은 맹자 시대까지 내려갈 가능성이 있다. 또 《노자》에는 음양(陰陽)이란 말이 있지만, 음양설이 성행된 것은 전국시대 말기의 일이고 《논어》나 《맹자》에는 전혀 나오지 않는 말이다. 이 점에만 국한시켜 말하면 노자는 맹자보다도 뒷시대의 사람이 되는 셈이다.

만일 《노자》라는 책의 저자로서의 노자를 생각한다면, 아무래도 공자보다 뒷시대에 둘 수밖에 없다. 그렇건만 어째서 사마천의 《사기》가 이 두 사람을 동시대에 두고, 그것도 노자 쪽이 공자보다 위대하다는 설을 실었을까?

실은 공자가 주에 가서 노자를 만나고 그 가르침을 청했다는 이야기는 《장자》 〈외편〉의 '천도편'에도 나오고 있다. 이것은 사마천의 시대, 즉 전한의 초기에는 도가사상이 유가사상보다 훨씬 유력했으며, 이런 유의 도가로서 유리한 설화가 널리 세상에서 행해지고 있었기 때문이었으리라. 따라서 《사기》의 기사는 당시의 통설을 기록한 것이라고 보겠다.

그러나 《사기》의 노자전은 이밖에 몇 가지의 이설(異說)을 동시에 소개하고 있다.

"혹은 또 다음과 같은 설이 있다. 노래자(老萊子)도 또한 초 사람이지만 글 15편을 쓰고 도가의 설이 유용(有用)함을 설했다. 이 사람은 공자와 동시대 사람이라고 한다.

또한 노자는 1백 60여 세, 혹은 2백 세까지 살았다고 하는데, 이것은 그 도를 닦음으로써 장수를 길렀다고 한다.

공자의 사후 129년에 주의 태사 담(擔)이 진 헌공(秦獻公)을 뵙고 '진은 처음에 주와 연합하고 나중에 떨어지게 되지만, 떨어지고서 500년으로 또 연합하고 70년 지나면 천하를 통일하는 제왕이 나오리라'고 예언한 일이 사서에 보인다. 이 태사 담이 노자였다고 하며, 혹은 그렇지 않다고도 말한다. 그러나 현재로서는 그 어느 게 옳은지 아무도 아는 자가 없다.
 노자는 세상에서 숨은 군자이다. 노자의 아들은 이름을 종(宗)이라 했고 위(魏)의 장군이 되어 단간(段干) 땅에 봉해졌다. 종의 아들이 주(注), 주의 아들은 궁(宮), 궁의 현손은 가(假)라고 한다. 가는 한의 효문제(孝文帝)를 섬겼고 가의 아들 해(解)는 교서왕(膠西王) 앙(卬)의 태부가 되어 그대로 제나라 땅에 살게 되었다."
 이 가운데 노자가 1백 60세 내지 2백 세의 장수를 누렸다는 설은 당시 이미 노자가 신선설과 결부되고 있음을 보여주는 흥미있는 예이지만, 역사상의 인물로서의 노자와는 관계가 없으므로 이것은 우선 제외하기로 한다.
 그러면 남는 것은 노래자, 태사 담, 한대에 자손을 갖는 조상으로서의 노자, 이 세 사람이다.
 먼저 노래자인데, 《장자》〈잡편〉'외물편'에는 공자가 노래자를 만나 가르침을 청하자, 노래자는 공자의 자신만만한 태도를 지적하며 꾸짖는 이야기가 보인다. 이것은 《사기》의 노자전 이야기와 아주 비슷하므로 노래자는 곧 노자라는 설이 나왔을 것이다. 그러나 《장자》엔 노자 또는 노담의 이름이 20여 회나 등장하지만 노래자는 한 번밖에 나오지 않으므로 이는 다른 사람일 가능성이 크다. 게다가 노래자는 차츰 유가로 기울어지는 경향이 강해져 《공자가어(孔子家語)》나 《대대례(大戴禮)》와 같은 한대의 유서에선 유교 도덕을 갖춘 인물로 묘사되고, 유향(劉向)의 《열녀전》에 이르러선 노래자가 70세가 되어도 부모가 있었으므로 갓난 아이와 같은 시늉을 하며 늙은 어버이에게 나이를 잊게 하였다는 효도 이야기를 싣고 있다. 요컨대 정체 불명의 인물이다.
 두 번째의 태사 담이 노자와 동일인물로 여겨지는 원인은 담(擔)이 담(聃)과 통하는 데가 있고, 신비적인 예언을 했다는 데 있는 것으로 여겨진다.
 셋째로 사마천과 같은 한대의 사람인 가나 해의 조상을 노자로 하는 설은, 이 두 사람이 성이 생략되고 있는 것은 이상하지만 어쩌면 이씨였기 때문이었을 것으로 생각된다.

　이렇게 하나하나 검토해 보면《사기》가 들고 있는 노자의 사적은 어느 것이고 확실성이 없음을 알 수 있다. 애당초 사마천이 노자전에 몇 가지 이설을 소개한 것도, 그 어느 것에도 확신을 가질 수 없었기 때문인지도 모른다. 사마천 시대에는 노자가 이미 전설 속의 인물이 되어 있었던 것이다.

5

　장작이 모자란 곳에 장작을 밀어넣어 주면 불이 옮겨져 그것이 꺼지는 일이 없다.

[원문] 指窮於爲薪하면 火傳也하여 不知其盡也이니라

　[주] **지궁어위신**(指窮於爲薪)　예로부터 난해한 어구로, 주석자마다 해석이 다르다. 지(指)는 문자 그대로 '손가락'이란 뜻이지만, 주계요(朱桂曜)는 지(脂)의 차자로 보아 '기름'이라 하였다. 궁(窮)은 진(盡)과 같다. 위신(爲薪)의 위를 '장작을 앞으로 밀어넣다'로 풀이한 것은 곽상의 설을 따랐다.　**화전야**(火傳也)　불이 계속 붙어나가는 것.

[해설] 이 일구는 정착된 해석이 없는 채로 '신화상전(薪火相傳)'이니 '신전'이라는 말의 출전이 되었다. 즉 '제자가 스승의 가르침을 전한다'는 뜻으로 쓰인다.

인간세(人間世)

1

안회(顔回)가 중니(仲尼)를 뵙고 길 떠날 것을 청했다.
중니가 물었다.
"어디를 가려느냐?"
"위(衛)나라에 가고자 합니다."
"그곳에서 무엇을 하겠다는 거냐?"
"제가 듣기로는 위나라 주공은 그 나이가 젊고 그 행실이 독선적이라 합니다. 경솔하게 그 나라를 다스리면서도 그 허물을 깨닫지 못하고 함부로 백성을 전쟁터로 내몰아 주검이 나라에 가득 차 마치 못 주위의 잡초를 태우는 것 같다고 합니다. 그런데도 백성은 그것을 어찌하지도 못합니다. 저는 일찍이 이것을 선생님으로부터 들었습니다. '잘 다스려지는 나라에서는 떠나고 어지러운 나라에는 가야 한다. 난국에 가면 의사의 집에 병든 사람이 많이 모이듯이 백성들이 모여든다'고. 저는 가르쳐 주신 바로써 그 방법을 생각하겠습니다. 그러면 그 나라의 병폐도 거의 고쳐지지 않겠습니까?"

[원문] 顔回가 見仲尼하여 請行이라 曰 奚之인가 曰 將之衛하리다 曰 奚爲焉인가 曰 回聞衛君은 其年壯하고 其行獨이라 輕用其國하고 而不見其過라 輕用民死로 死者以國量其澤若蕉하니 民其無如矣니라 回는 嘗聞之夫子曰 治國去之하고 亂國就之니 醫門多疾이라 願以所聞思其則이면 庶幾其國有瘳乎아

㈜ **안회견중니**(顔回見仲尼) 안회(顔回)는 공자가 가장 사랑한 제자로서 일찍 죽었다. 자(字)는 자연(子淵). 중니(仲尼)는 공자의 자. 《장자》에 공자가 자주 등장하지만, 이것은 물론 장자가 창작한 이야기다. **해지**(奚之) 어디로 가는가. 해(奚)는 어느 곳. **해위언**(奚爲焉) 여기서의 해위(奚爲)는 하위(何爲)와 같다. **회문위군**(回聞衛君) 회(回)는 안연의 이름. 위군(衛君)은 위나라의 장공(莊公)을 가리킨다는 설과 출공(出公) 첩(輒)이라는 설이 있음. **기행독**(其行獨) 독(獨)은 자기 멋대로, 즉 독단이다. **사자이국량기택약초**(死者以國量其澤若蕉) 이 책에선 주계요(朱桂曜)의 설을 좇아 문중의 '호(乎)'를 '기(其)'로 고치고 '호(毫)'를 '초(蕉)'로 고쳐 해석함. 즉 죽은 이를 택지(澤地)로 계산하면(그만큼 많은 것), 그 못은 말라서 잡초가 타는 것 같다. 악정을 비유한 말. **민기무여의**(民其無如矣) 여(如)는 의문사로서 어떻게 할지. 백성은 어찌할 바를 모른다. **원이소문사기칙**(願以所聞思其則) 칙(則)은 법, 방법. **서기기국유추호**(庶幾其國有瘳乎) 서기(庶幾)는 가깝다, 거의. 추(瘳)는 낫다, 고쳐지다.

해설 인간이란 세상을 말하며, 이 속세에 사는 도를 풀이하고 있다. 첫째 공자와 안회의 문답을 통해 '심재(心齋)'가 이야기되고, 이어 공자와 섭공 자고(葉公子高)와의 대화로 군신(君臣)의 의(義)를 운명으로서 인정하는 사상이 나타나며, 후반에선 무용(無用)의 존재가 되는 것이 세상의 박해도 받지 않고 참된 인생을 가능케 한다고 주장한다.

이 장에선 우선 안회의 의기(意氣)가 설명되고 있다.

주공 단은 절대적인 권력을 갖고서 창업기의 어려움을 극복했다. 무왕이 동정(東征)한 지 2년 뒤에 죽었을 때 조카 성왕은 아직 어린 소년이었던 것이다.

게다가 '삼감(三監)'은 형님인 주공에 불만을 갖고 있었다. 주는 이때 은을 멸망시켰지만, 완전 장악까지는 이르지 못했다. 그래서 주왕의 아들 녹보를 세워 은의 유민을 통치케 하고 관숙 선, 채숙 도, 곽숙(霍叔)의 세 감독관을 두어 이것을 감독케 했다. 이것이 삼감이다.

이 삼감이 어느덧 중앙에 반감을 품고 녹보와 손을 잡고서 난을 일으켰다. 주공 단은 이때 여러 가지 어려움이 있었고 반대도 있었지만 단호히 군을 일으켜 이들을 토벌했다.

이 내란 평정은 3년이나 걸렸고, 녹보와 관숙 선만이 주살되었다. 나머지 채숙과 곽숙은 추방 정도로 그쳤다. 그러나 멸망한 은의 제사는 끊길 수가 없는 것이라 주왕의 또 다른 아들인 미자개(微子開)가 옹립되어 송(宋)에 봉해졌다.

이런 이야기는 《상서(尙書)》로써 알 수 있다. 본디 《상서》는 주나라 사관의 기록이었는데, 옛날엔 그저 '서(書)'라고만 불렸다. 당시에 있어선 썩어지는 것, 즉 기록은 왕의 말뿐이었던 것이다. 그렇지만 후대에 이르러 갖가지 기록이 세상에 나타났으므로 한나라 때 다른 것과 구별하여, '숭상한다'는 뜻의 상(尙)자를 붙여 '상서'라고 불리게 된 것이었다.

또 주나라 시대는 유가로서 이상의 시대로 받들어졌기 때문에 그 시대의 기록은 '경전'으로 여겨졌고 이윽고 《서경》이라 불렸다. 이것은 남송(南宋) 이후의 일이다.

주나라 역사는 공자가 편찬했다는 《시경》으로도 알 수 있다. 《시경》도 《서경》과 마찬가지로 처음엔 한낱 '시'라고 불렸을 뿐이다. 《논어》에 있는 유명한 말로 '시 3백, 일언이 폐지하여 생각에 사(邪)가 없다'고 공자는 평했다. 감정이 순수하다는 뜻으로 《시경》엔 모두 305편이 수록되어 있다.

《시경》은 국풍(國風), 아(雅), 송(頌)의 세 부분으로 이루어졌다.

국풍은 주나라 시대 각지의 민요로 160편이고, 전체의 과반수에 이른다. 이는 주 왕조의 노래로 다시 '대아'와 '소아'가 있다. 대아는 조정의 공식행사 때 연주된 음악에 붙여진 가사인 듯싶고, 소아는 연회(宴會) 때의 그것이었다. 송은 종묘의 악가(樂歌)였다. 그러므로 이 무렵의 사람들 생활을 알 수 있는 것은 뭐니뭐니 해도 국풍이다.

주공 단은 7년이 지나자 성장한 성왕에게 정권을 돌려주었다.

그러나 당시의 정세를 생각할 때 아무래도 나라를 동서로 나누어 성왕과 주공이 각각 분할 통치를 했던 것 같다.

　낙읍(洛邑)에 성벽을 쌓고 은의 유민을 수용한 것도 이 무렵의 일이다. 섬서성의 호경(鎬京)에 있었던 옛날부터의 주나라 도읍은 너무나 서쪽이라, 위치적으로 대제국을 통치하기에 불편했던 것이다.

　낙읍 주변은 뒷날 낙양(洛陽)이라 불렸지만, 주는 이곳을 성주(成周)라고 이름짓고 본디의 호경은 종주(宗周)라 불렸다.

2

　중니는 말했다.
　"아아, 네가 위나라에 간다면 형벌을 받을 뿐이다. 무릇 도는 번잡스런 것을 원하지 않는 법이다. 번잡해지면 마음이 여러 갈래로 나뉘어지고 나뉘어지면 어지러워지며, 어지러워지면 근심이 있게 되는데, 근심이 생기면 다른 사람을 구하지 못한다. 옛날의 지인은 먼저 자기부터 도를 갖추고 그런 뒤에야 이것을 다른 사람에게 갖추게 했다. 너는 자기에게 갖추어야 할 도가 아직 정해지지 않았는데 어찌 폭인이 행하는 곳에 이를 틈이 있겠는가.

　또 너는 저 덕이 허물어지는 것과 천박한 지식이 생겨나는 까닭을 알고 있느냐? 덕은 이름 때문에 허물어지고 천박한 지식은 다툼에서 생겨난다. 이름(명성)이란 서로 해를 끼치며 지식은 다툼의 기구이다. 이 두 가지는 재앙을 가져다 주는 도구로서 인간이 행하는 바를 완전히 하는 것이 못 된다. 또 덕이 두텁고 믿음이 굳어도 아직 다른 사람의 기분을 충분히 포착하지 못하고, 명문(明聞)을 다투지 않아도 남의 심중을 꿰뚫지 못한다. 더구나 억지로 인·의의 옳은 말을 폭인 앞에서 진술하는 자에게는 이 때문에 사람들이 도리어 그 미덕이 있음을 미워한다. 그러므로 이런 짓을 하는 사람을 '재앙을 부르는 사람'이라 이름한다. 다른 사람에게 재앙을 주는 자에게는 사람들이 도리어 반드시 그에게 재앙을 가져다 준다. 너는 아마 분명히 다른 사람에게서 재앙을 받을 것이다.

또 애당초 위나라 군주가 현(賢)을 기뻐하고 어리석음을 미워한다면 어찌 너를 써서 다른 것을 구하는 일이 있겠느냐? 그러므로 너는 아무런 말도 하지 마라. 왕과 여러 대신들은 반드시 장차 너를 눌러 싸워서 이기고자 할 것이다. 그렇게 되면 너의 눈은 어지러워지고, 너의 얼굴빛은 평정을 가장하고, 입은 변명을 늘어놓게 되고, 태도에 나타나니, 결국 자신의 의견을 나타낸 것과 같게 된다. 이는 불로써 불을 끄려 하고, 물로써 물을 막으려 하는 것처럼 일을 더 어렵게 할 뿐이다. 이것을 이름지어 '익다(益多)'라 한다. 처음부터 그러다보면 끝없이 끌려갈 것이다. 너는 아마도 신임도 받지 못하고 후언(厚言)을 할 것이니, 그러다가는 반드시 폭인 앞에서 죽임을 당할 것이다."

[원문] 仲尼는 曰 譆라 若殆往而刑耳니라 夫道不欲雜이니 雜則多이고 多則擾이고 擾則憂이니 憂而不救라 古之至人은 先存諸己하고 而後存諸人이라 所存於己者未定인데 何暇至於暴人之所行이리오 且若亦知夫德之所蕩이고 而知之所爲出乎哉아 德蕩乎名이고 知出乎爭이라 名也者는 相軋也요 知也者는 爭之器也이니라 二者凶器로 非所以盡行也라 且德厚信矼이라도 未達人氣이고 名聞不爭이라도 未達人心이라 而彊以仁義繩墨之言으로 術暴人之前者는 是以人惡有其美也니 命之曰菑人이라 菑人者는 人必反菑之하니 若殆爲人菑夫이리라 且苟爲悅賢而惡不肖면 惡用而求有以異리오 若唯無詔하라 王公必將乘人하여 而鬪其捷하리라 而目將熒之하고 而色將平之하고 口將營之하고 容將形之하고 心且成之하리라 是以火救火며 以水救水니 名之曰益多라 順始無窮이라 若殆以不信厚言이고 必死於暴人之前矣니라

㊟ 약태왕이형이(若殆往而刑耳) 약(若)은 너. 태(殆)는 가깝다, 거의. 형이(刑耳)의 이(耳)는 말그칠 '이'로서 뿐이다의 뜻. **불욕잡**(不欲

雜) 욕(欲)은 바란다. 잡(雜)은 '섞이다'인데, 여기선 명사이므로 불순물, 잡스런 것. **다즉요**(多則擾) 요(擾)는 어지러운 것. 즉 소란. **요즉우**(擾則憂) 우(憂)는 근심. **우이불구**(憂而不救) 근심이 있게 되면 구하지 못한다. 여기서의 이(而)는 즉(則)과 같음. **선존제기 이후존제인**(先存諸己 而後存諸人) 제(諸)는 어(於)이며, 존(存)은 입(立). 먼저 자기를 확립하고 그런 뒤에 남을 확립시킨다. **하가지어폭인지소행**(何暇至於暴人之所行) 가(暇)는 틈. 폭인(暴人)은 포악한 사람. **부덕지소탕**(夫德之所蕩) 탕(蕩)은 흐르다, 녹아 없어지다. **상알야**(相軋也) 알(軋)을 상(傷)으로 본다. 즉 서로 해를 주다. 서로 다투어 뺏고자 알력을 일으키는 것. **지야자쟁지기야**(知也者爭之器也) 기(器)는 바탕, 도구. 지식은 다툼의 도구이다. **이자흉기**(二者凶器) 흉기(凶器)는 재앙을 가져다 주는 도구. 《한비자(韓非子)》에서는 '병은 흉기'라 하였음. **덕후신강**(德厚信矼) 강(矼)은 굳다, 단단하다. **미달인기**(未達人氣) 기(氣)는 기분, 심정. 남들의 심정에 이르지 못한다. 남들의 심정을 알지 못한다. **강이인의승묵지언**(彊以仁義繩墨之言) 강(彊)은 굳이, 억지로, 무리하게. 승묵(繩墨)은 먹줄과 먹을 가리키는데 전의되어 '옳은 말'. 왜냐하면 먹줄은 재목의 휜 것을 바로잡는 데 쓰기 때문이다. **술폭인**(術暴人) 술(術)은 늘어놓다, 진술하다. **인오유기미야**(人惡有其美也) 오(惡)은 미워하다. 미(美)는 미덕. **명지왈재인**(命之曰菑人) 명(命)은 명(名)과 같고 이름짓다. 재(菑)는 재(災)와 같다. **인재부**(人菑夫) 부(夫)는 재(哉)와 같은 어조사. **구위열현이오불초**(苟爲悅賢而惡不肖) 구(苟)는 정말. 불초(不肖)는 어리석음. 진실로 어짊을 기뻐하고 어리석음을 미워한다 하면. **오용이구유이이**(惡用而求有以異) 오(惡)는 어찌하여. 이(而)는 그대. 이(異)는 다른 일, 다른 정치. **약유무조**(若唯無詔) 조(詔)는 가르친다는 뜻이 있는데, 언(言)으로 본다. **왕공필장승인 이투기첩**(王公必將乘人 而鬪其捷) 투(鬪)는 투(鬪)와 통하고, 다투다. 첩(捷)은 승리. **형지**(熒之) 형(熒)은 현혹하다, 홀리다. **심차성지**(心且成之) 자신의 의견을 나타내는 것과 같게 됨. **명지왈익다**(名之曰益多) 익다(益多)는 더욱더 많아진다는 뜻으로 군더더기 같은 것. 또는 옥상옥(屋上屋)같이 필요없는 것. **약태이불신후언 필사어폭인지전의**(若殆以不信厚言 必死於暴人之前矣) 후언(厚言)은 흰소리, 말이 많은 것. 네가 만일 신임도 받지 못하면서 흰소리를 하게 되면, 반드시 포악한 사람들 앞에서 죽으리라.

인간세 179

[해설] 장자의 선배인 노자는 지식과 욕망을 부정했을 뿐 아니라 도덕도 부정했다. 이미 알다시피 공자를 비롯한 유가는 천하의 황폐를 구하기 위해 인의·충효와 같은 도덕의 재건을 꾀했다. 그런데 노자에 의하면 애당초 정치를 가져온 원흉은 이와 같은 인의·충효인 상식 도덕이므로 이것을 부흥하는 일은 더욱더 혼란을 증폭시키는 결과를 가져올 뿐이다.

"대도가 폐하여 인의가 있고, 지혜가 생겨 대위(大僞)가 있다. 육친(六親)이 화목하지 않아 효자(孝慈)가 있고, 국가에 혼란이 있어 충신이 있다."

이것은 유명한《노자》의 제18장 일구이다. 인의는 자연의 태도가 상실되었을 때 그것을 메우기 위해 만들어진 인위적인 수단에 지나지 않고, 충효는 국가가 혼란에 빠졌을 때 나타나는 병적인 도덕에 지나지 않는다. 바꾸어 말하면 인의·충효는 병든 사회의 산물에 지나지 않는 것이다. 인의·충효의 도덕이 강조된다고 하는 것은 그만큼 그 사회가 불건강한 상태에 있음을 말하는 게 아닐까?

이 장에서 장자는 아직 거기까지는 이르지 않고 있지만, 유교의 본질을 날카롭게 해부하면서 다음의 단계로 나아가고 있다.

무왕의 창업에서 성왕, 강왕(康王) 무렵까지가 주의 황금시대였다. 유가의 이상적인 사회가 그때 있었던 것이다.

주는 농업국가였다. 주가 은을 정복했을 때 놀란 것은 은인들의 사치와 음주하는 습관이었다. 은허에서 많은 청동기가 출토되었는데 그 대부분이 갖가지 주기(酒器)였던 것이다.

《상서》에 주고(酒誥)라는 문장이 있다. 이것은 주공 단이 은의 옛 땅에 위(衛)나라를 세우고 막내아우 강숙(康叔)을 봉하면서 경고의 뜻으로 준 글이었다.

주에서는 제사에만 술을 쓸 뿐 평소엔 마시지 않았다. 제사 때의 술도 예의를 지키고 덕으로써 서로 돕지 않으면 안 되었다.

"크고 작은 나라에 있어 오비미에 멸함은 술로서, 이 또한 지가 아닌 게 없었다."
 나라가 멸망하는 것은 술만이 원인은 아니겠지만, 술이 반드시 어딘가에 얽혀 있다고 본 것이었다. 그래서 주공은 강숙에게 엄명했다.
 "저 고하여, 모여서 술 마시는 자 있거든 너는 용서치 말라. 남김없이 잡아 이를 주로 보내라. 내 그를 죽이리라."
 관리들이 모여 왁자지껄 떠들어가며 술을 마신다면 질서는 엉망이 된다. 그런 자들은 엄벌에 처하겠다는 것이다.
 "그러나 은의 유신 및 공장(工匠)으로서 술에 빠진 자는 이를 죽이지 말고 잠시 동안 가르쳐라.
 또한 이미 은의 풍습에 오래 젖은 자로 술을 마시는 자가 있다면 이를 죽이지 말라. 이는 습관이 되어 있으므로 갑자기 금지시키는 것은 무리이다. 잠시 설득의 기간을 두라는 것이다."
 주공은 이렇듯 사람을 함부로 죽이지 않았다. 주공은 또 예악(禮樂)을 제정하고 번잡한 제사의 제도를 개혁했다. 인간을 제물로 바치는 풍습을 폐지하고, 제물은 일우(一牛)·일양(一羊)·일돈(一豚)으로 정했다.
 아마도 주공의 최대 업적은 '하늘'이란 이념을 만든 일일 것이다.
 그때까지는 자연신도 조상신도 인간의 바로 옆에 있다고 믿었으므로 사람에게 무슨 일이 있으면 신의 노여움이라고 겁을 냈다. 특히 이것이 왕이나 귀족의 경우라면 더욱 요란하게 의식을 올리든가 제사를 지냈었다. 주공은 그와 같은 신들을 되도록 인간으로부터 멀리 떨어지게 만들었다. 이것이 유가의 정신이기도 한 '경원(敬遠)'이다.
 우러르며 존경하지 않는 것은 아니다. 그러나 멀리한다. 이것이 경원이다. 경원은 여기서 출전되어 오늘날에도 많이 쓰이고 있다.
 주공은 신들을 인간으로부터 멀리했으나, 인간사회의 질서를 유지하기 위해 하늘을 만들었다. 하늘이라면 아득한 높은 곳에 있어 온갖 인간에게 평등하다. 또 경원의 정신에도 꼭 알맞는 추상적인 존재였다. 천명·천리 같은 사상도 이런 데서 연유되고 있는 것이었다.

　공자가 주공을 성인으로 받든 것은 널리 알려진 일이다. 공자는 주공을 통해 하나의 질서 체계를 발견하고 이를 인간의 거울로 삼았던 것이다.

　주공이 보좌한 성왕은 비교적 일찍 죽었지만, 그 아들 강왕은 재위 40여 년에 이르렀고 그동안 형벌이 사용되지 않을 만큼 평화스런 시대였다. 주공의 유풍(遺風)이 사람들 마음에 뿌리 깊이 내려져 있었기 때문이었다.

3

　"또한 옛날에 걸(桀)은 관용봉(關龍逢)을 죽였고 주(紂)는 왕자 비간(比干)을 죽였다. 이는 모두 그 몸을 닦아 아랫사람으로서 백성을 어루만져, 결과적으로 아랫사람으로서 그 윗사람을 거역한 자이기 때문이다. 그 군주는, 그들이 덕행이 닦인 사람이기 때문에 이들을 죄에 빠뜨려 죽였다. 이는 명분을 좋아한 까닭에 해를 입은 자라고 하겠다.

　옛날에 요(堯)는 총(叢)·지(枝)·서오(胥敖)를 치고 우(禹)는 유호(有扈)를 쳤다. 그들의 나라는 폐허가 되고 사당은 파괴되었으며 몸은 형륙되었다. 이들 나라가 군대를 동원하기를 끝까지 그치지 않고, 그 실리(實利)를 구하기를 그치지 않았기 때문이다. 이들은 명과 실을 모두 추구한 자라고 하겠다. 너는 이것을 듣지 못했느냐? 명과 실에 대한 유혹은 성인조차 능히 이길 수가 없는 것이니, 하물며 너에게 있어서랴."

원문 且昔者로 桀은 殺關龍逢하고 紂는 殺王子比干이라 是皆脩其身하고 以下傴拊人之民하여 以下拂其上者也이니라 故로 其君因其脩以擠之라 是好名者也이니라 昔者로 堯는 攻叢枝胥敖하고 禹는 攻有扈라 國爲虛

厲하고 身爲刑戮이라 其用兵不止에 其求實無已러라 是皆求名實者也
이니라 而獨不聞之乎아 名實者는 聖人之所不能勝也이니 而況若乎아

- **걸살관용봉**(桀殺關龍逢) 걸(桀)은 하나라의 폭군. 은나라 탕왕에 의해 멸망. 관용봉(關龍逢)은 걸왕의 충신으로 걸을 간하다 살해됨. **주살왕자비간**(紂殺王子比干) 주(紂)는 은나라의 폭군. 주나라 무왕에 의해 멸망. 비간(比干)은 주왕의 숙부였는데 주를 간하다 살해됨. **수기신**(脩其身) 수(脩)는 수(修)의 뜻으로 닦다, 수양하다. **이하구부인지민**(以下傴拊人之民) 구(傴)는 구부리다. 부(拊)는 어루만지다, 쓰다듬다. 구부란 몸을 굽혀 어루만지는 것. 인지민(人之民)은 남의 백성, 즉 아랫사람으로서 군주의 백성을 사랑했다는 뜻. **불기상자**(拂其上者) 불(拂)은 거스르다, 거역하다. 상자(上者)는 윗사람, 군주. **제지**(擠之) 제(擠)는 죄에 빠뜨린다는 뜻. **우공유호**(禹攻有扈) 우(禹)는 우왕. 유호(有扈)는 나라 이름으로 《서경》에도 나오며 지금의 섬서성(陝西省)에 있었다 함. **허려**(虛厲) 허(虛)는 집터, 폐허. 여(厲)는 자손을 잃은 조상의 신령. **형륙**(刑戮) 형벌을 가하여 죽임. **용병부지**(用兵不止) 용병(用兵)은 군대를 움직이는 것. **기구실무이**(其求實無已) 실(實)은 실속, 실리. 실을 재물로 보는 설도 있음.

[해설] '천명'으로서의 '질서'를 인정하는 것은 유가나 도가나 같다. 다만 그 접근 방법이 다르다.

장자는 여기서 관용봉이나 비간이 군주에게 살해된 것은 그들에게 군주보다 뛰어난 명성이 있었기 때문이라고 본다. 즉 그들은 명리(名利)를 쫓았기 때문에 스스로 위험을 불러들인 것이다.

또 요나 우의 공격을 받은 총·지·서오나 유호씨 등의 경우에는 그 군주가 포악했기 때문이지만, 명예와 이익에 마음을 빼앗기면 이른바 성인의 힘을 가지고서도 이를 교화할 수 없다고 하였다. 직접적으로 성인을 공격하고 있지는 않지만 무조건 성인을 찬미하는 것도 아니다.

강왕의 다음에 그 아들인 소왕(昭王)이 섰다. 이 시대에 대해 《사기》는 이렇게 기록했다.

"왕도(王道)가 희미하게 이지러지다. 소왕이 남으로 순수(巡狩)하여 돌아오지 않았다. 강 위에서 죽다. 그가 졸(卒)하자 부고하지 않았다. 이를 꺼려하기 때문이다."

소왕에 관한 《사기》의 기록은 이것이 전부다. 왕도가 희미하게 이지러졌다 함은 주공의 유풍이 사라지고 사회가 좀 퇴폐했다는 뜻이었을지도 모른다. '순수'는 천자가 도읍을 떠나 제후의 나라를 순방한다는 뜻이지만, 사냥이라는 말이 들어 있다. 이것은 사냥이 곧 군사훈련도 겸하고 있다는 뜻이 된다.

그런 소왕이 남쪽으로 간 채 돌아오지 않았다. 강은 양자강을 가리키지만, 여기서 말하는 소왕의 사망 장소는 장강으로 흘러드는 한수(漢水)였다는 설도 있다. 그런 강 위에서 죽었는데 어찌하여 제후에게도 알리지 않았던 것일까? 까닭이 있었다.

전설에 의하면 형초(荊楚)의 사람이 '흰 꿩'을 바친다고 하여 소왕이 몸소 그것을 받으러 갔다. 소왕이 한수에 놓은 배다리를 건너갈 때, 강 중앙쯤 이르렀을 무렵 배가 가라앉은 것이다. 배 밑바닥에 구멍이 뚫려 아교와 같은 흙으로 막았는데, 그것이 물에 녹아 빠져죽었다는 것이다.

그러나 다른 기록에 의하면 소왕은 한수에서 적과 싸우고 6사(師)를 잃었다고 한다. 전투에 패배하여 왕이 전사한 것이고, 중국의 황제가 만족에게 패배한 것은 수치스런 일이므로 숨겼다는 것이다.

4

"그러나 너에게도 그곳에 가려는 까닭이 있을 것이니 어디 내게 말해 주지 않겠느냐?"

안회가 대답했다.

"단정하고도 겸허하며 근면하고 오직 한 가지 것에 집중한다면 뫼겠습니까?"

중니가 말했다.

"아니다, 어찌 가능하겠느냐. 그는 정기에 가득 차 있고 의기도 충만하며 낯빛이 자주 변하여 보통 사람으로서는 도저히 거역하지 못할 정도라고 들었다. 그러므로 그는 신하들의 뜻을 더욱 무시하고 자기 생각대로 밀고 나가려 한다. 폭군을 상대로 그런 방법을 쓴다면 큰 덕을 이루기는커녕 작은 덕조차 이룰 수가 없다. 그는 장차 변하지 않을 것이며, 겉으로는 합의해도 안으로는 고치지 않으리라. 네가 그것을 어떻게 하겠는가."

[원문] 雖然이나 若必有以也이니 嘗以語我來하라 顔回는 曰 端而虛하고 勉而一하면 則可乎아 曰 惡라 惡可리오 夫以陽爲充에 孔揚采色不定이니 常人之所不違라 因案人之所感에 以求容與其心하리라 名之曰 日漸之德不成인데 而況大德乎아 將執而不化에 外合而內不訾이어늘 其庸詎可乎아

㈜ **약필유이야**(若必有以也) 이(以)는 까닭[因也]. 너에게도 반드시 까닭은 있으리라는 뜻. **상이어아래**(嘗以語我來) 어(語)는 말하다. 내(來)는 조사로 강조하는 것. **단이허**(端而虛) 마음이 단정하고 잡념이 없는 것. 단(端)은 마음을 바르게 갖는 것(正也). 허(虛)는 겸허한 것. **면이일**(勉而一) 면(勉)은 힘쓰다. 일(一)은 순일(純一). **왈오오가**(曰惡惡可) 앞의 오(惡)는 감탄사로 오오, 아아의 뜻. 뒤의 오는 어찌. **부이양위충 공양채색부정**(夫以陽爲充 孔揚采色不定) 난해한 구로서 여러 해석이 있음. 여기서 양(陽)은 양기, 정기. 충(充)은 마음의 충실. 공양(孔揚)은 의기가 높아진다. 채색(采色)은 안색인데 감정이 일정치 않다고 해석함. **상인**(常人) 보통 사람. **인안인지소감**(因案人之所感) 안(案)은 억누르다. 그것을 구실삼아 남의 감정을 억누르고. **이구용여기심**(以求容與其心) 용여(容與)는 방종이라는 설이 있는데 '멋대로 군다'의 뜻. 이로써 그 마음 내키는 대로 하려한다. **일점지덕**(一漸之德) 매일 조금씩 향상하는 덕. 점(漸)은 나아가다(進也). **장집이불화**(將執而不化) 집(執)은 고집하다. 불화(不化)는 감화(感化)되지 않음. **외합이내불자**(外合而內不訾) 자(訾)는 헐뜯다. 밖으로는 의견이 맞지만 안으로는 헐뜯는다.

[해설] 이후 소왕의 아들 만(滿)이 섰는데, 이 사람이 목왕(穆王)이다. 목왕은 즉위했을 때 이미 50세였다. 왕도는 쇠미(衰微)하고 있었다. 목왕은 문왕·무왕의 도가 이지러졌음을 근심하고 백경(伯冏)에 명하여 국정에 관한 훈계를 되풀이하도록 하였고 '경명(冏命;《서경》의 편명)'을 지었다. 천하는 다시 평안해졌다.

목왕은 견융을 정벌하려 했다. 채공 모보(謀父)가 간했다.

"안 됩니다. 선왕은 덕을 사방에 빛내셨지만 무위(武威)를 보이려고는 하지 않았습니다. 병(兵)이란 평시에는 거두고 비상시에만 움직이는 것입니다. 그러므로 움직였다 하면 위력이 있는 것이지요. 함부로 무위를 보이면 익숙해지고, 익숙해지면 겁내지 않게 됩니다."

《사기》의 이 기사는 유가의 이상을 말해준다. 전쟁은 성인의 도가 아닌 것이다. 모보는 전쟁의 불가함을 갖가지 예를 들며 목왕에게 간했다. 그리하여 아래와 같이 말했다.

"은왕 신(辛;주)은 크게 백성을 괴롭혔습니다. 백성은 그 고통에 견디다 못해 기꺼이 무왕을 받들려고 했으므로 저 목야(牧野)에 출병하셨던 것입니다. 그러므로 선왕은 무를 힘쓰셨던 것은 아니지요. 백성의 고통을 가엾이 여기시고 그 해로움을 제거하셨던 겁니다.

애당초 선왕의 제도에 의하면 방내(邦內=畿內)는 전복(甸服), 방외(邦外)는 후복(侯服), 후위(侯衛)는 빈복(賓服), 이만(夷蠻)은 요복(要服), 융적(戎翟)은 황복(荒服)입니다. 전복의 제후는 제(祭), 즉 천자가 제사를 올릴 적마다 제물을 매일 바치고, 후복의 제후는 사(祀), 즉 제물을 매달 바치고, 빈복의 제후는 향(享), 즉 제물을 사철(춘하추동)마다 바치고, 요복인 이만의 군주는 공(貢), 즉 제물을 해마다 바치고, 황복인 융적의 군주는 왕(王;천자가 바뀜)할 적마다 내공했던 것입니다."

여기 나오는 것이 '오복(五服)'인데 복마다 5백 리의 차이가 있었다고 한다. 즉 왕의 직할령 전복부터 밖으로 멀어질수록 5백 리가 가산되었던 셈인데, 물론 막연한 분류법이었다.

"만일 '제'를 실행 않는 자 있다면 형(刑)을 가하고, '사'를 실행 않는 자는 벌(伐 ; 죄를 따지며 공격)하고, '향'을 실행 않는 자는 정(征 ; 아래인 자의 죄를 벌하여 침)하고, '공'을 실행 않는 자는 견책(譴責)하고, '왕'을 실행 않는 자는 계고(戒告)합니다. 이렇듯 형벌의 조항이 있고, 공벌(功伐)의 병이 있고, 정토(征討)의 대비가 있고, 위책(威責)의 명령이 있고, 계고의 문사(文辭)가 있었던 것입니다."

문자의 나라라고는 하지만 표현의 재미가 있다. 또 합리적 사고방식을 가진 중국인의 성격이 나타나 있다. 수천 리, 수만 리 떨어진 자가 공물을 바치지 않았을 때에는 병을 보내는 대신 한낱 글이나 말에 불과한 '계고'로 위협을 할 뿐이었다. 그게 원칙이었다.

그러나 목왕은 모보의 말을 듣지 않고 견융을 정벌하여 네 마리의 흰 이리와 흰 사슴을 얻고서 개선했다.

흰 꿩, 흰 이리, 흰 사슴, 이밖에 백호, 백마 등이 연상된다. 새하얀 동물은 어딘지 신비한 느낌을 주고, 사실 신성시되고 있다. 이런 것들은 그 종족의 토템이었고 보물이었다. 그런 것을 상대에게 바침으로써 항복의 표시를 나타낸 것이다.

이때 보후(甫侯)가 목왕에게 진언하여 형벌의 법을 만들었다. 왕은 제후에게 고했다.

"아아, 오라, 국토를 가진 제후들이여. 그대들에게 형벌을 잘 쓰는 도를 고하리라. 지금 그대들이 백관중서(百官衆庶)를 편안케 하기 위해선 무엇을 택하겠는가. 당연히 현인을 택할 테지. 무엇을 삼가겠는가. 당연히 형벌을 삼가겠지. 그 형벌에 관해선 어찌 처리하겠는가. 당연히 무겁고 가벼움의 알맞음을 얻고자 할 테지. 원고, 피고가 갖추어졌다면 옥리는 양자의 말을 듣고 죄가 오형(五刑 ; 墨·劓·臏·宮·大辟)의 어느 것에 해당되는지 식별해라. 취조하여 죄의 확증이 나타나면 오형을 적용하여 그 죄를 바로잡아라. 불확실한 점이 있어 오형을 적용할 정도가 아닐 때에는 오벌(五罰 ; 오형보다 완화된 벌금형으로, 다섯 단계가 있음)을 적용하여 그 죄를 바로잡아라. 오벌에도 해당되지 않을 때에는 오과(五過 ; 오벌보다 완화된 과실죄)를 적용해라. 오과를 적용할 때 빠지기 쉬운 폐단은 관옥(官獄 ; 고급관리에 대한 재판)이나 내옥(內獄 ; 왕의 총애를 받는 자에 대한 재판)에 공정을 잃기 쉽다는 것이다. 즉 권세에 눌리든가 정실에 얽매이기 쉬운 것인데, 이럴 경우 법을 굽혀 공정하지 않은 판결을 하는 자는 실상을 잘 규명한 뒤에 죄인과 같은 죄로 하라. 묵형(墨刑)에 해당될 것 같지만 의심나는 점이 있는 자는 사면하여 백율(百率 ; 1율은 황철 4량)의 벌금을 과하지만, 그 죄를 잘 조사하여 사실을 밝혀라. 의형(劓刑)에 해당될 것 같지만 의심나는 점이 있다면 사면하여 벌금은 그 갑절(2백율)을 과하고 그 죄를 조사하여 사실을 밝혀라. 빈형(臏刑)에 해당될 것 같지만 의심나는 자는 사면하여 벌금은 그 또 갑절(4백율) 안팎을 과하고 그 죄를 잘 조사하여 사실을 밝혀라. 궁형(宮刑)에 해당될 것 같지만 의심나는 점이 있다면 사면하여 벌금은 5백율을 과하고 그 죄를 잘 조사하여 사실을 밝혀라. 대벽형(大辟刑 ; 사형)에 해당될 것 같지만 의심나는 점이 있다면 사면하여 벌금은 천율을 과하고 그 죄를 잘 조사하여 사실을 밝혀라. 묵벌의 종류는 1천, 의벌의 종류는 1천, 빈벌의 종류는 5백, 궁벌의 종류는 3백, 대벽벌의 종류는 2백. 도합 오형을 용서하여 적용하는 벌금형의 종류는 3천. 이상을 이름지어 '오형'이라 한다."

5

"그러면 저는 안으로는 곧고 밖으로는 굽히며, 말은 하되 옛사람의 가르침에 견주어서 하겠습니다. 안으로 곧은 자는 하늘과 한 동료가 됩니다. 하늘과 동료가 되는 자는 천자나 저와 같은 사람 모두 하늘의 자식임을 알고 있습니다. 그러므로 저의 주장을 어떤 사람이 좋아하기를 바라거나 혹은 다른 사람이 싫어하기를 바라거나 하겠습니까? 만일 그러한 것을 원하는 사람이 있다면 사람들이 말하는 이른바 세상을 모르는 아이라 할 수 있습니다. 이런 아이야말로 하늘의 동지가 되는 겁니다.

밖으로 굽힌다는 건 세상 사람들과 동료가 되는 것입니다. 손을 높이 들고 꿇어앉아 팔을 굽히는 것은 신하의 예입니다. 세상 사람들 모두가 이것을 하는데 제가 감히 하지 않겠습니까? 사람들이 하는 바를 하는 자는 세상 사람들이 또한 이를 헐뜯지 않습니다. 이것을 일컬어 세상 사람들과 한 동료가 된다고 합니다.

말을 하되 옛사람과 견주는 자는 옛사람과 한 동료가 되는 것입니다. 그 말은 가르침과 꾸짖는 내용이지만 옛사람이 했던 일이지 제 말은 아닙니다. 그와 같은 자는 비록 곧다고 해도 화가 되지 않습니다. 이런 것을 옛사람과 한 동료가 되었다고 합니다. 이와 같이 하면 괜찮지 않습니까?"

중니가 말했다.

"아아, 어찌 괜찮다 하겠느냐? 너무 규칙이 많아 마땅하지 않다. 고루하여 큰 효과는 기대할 수는 없지만 죄를 받지는 않겠다. 그저 그것뿐이다. 어찌 그로써 백성들을 감화할 수 있겠느냐? 너는 아직도 자기의 분별심에만 얽매여 있는 것이다."

원문 然則我內直而外曲하고 成而上比하리니 內直者는 與天爲徒라 與天爲徒者는 知天子之與己 皆天之所子니 而獨以己言으로 蘄乎而人善之하고 蘄乎而人不善之邪고 若然者는 人謂之童子요 是之謂與天爲徒라 外曲者는 與人之爲徒也니 擎跽曲拳은 人臣之禮也라 人皆爲之하나니 吾敢不爲邪고 爲人之所爲者는 人亦無疵焉이니 是之謂與人爲徒라 成而上比者는 與古爲徒이니 其言雖敎라도 謫之實也요 古之有也이니 非吾有也라 若然者는 雖直而不病이라 是之謂與古爲徒요 若是則可乎아 仲尼는 曰 惡라 惡可라 大多政法而不諜이라 雖固亦無罪라 雖然이나 止是耳矣이니라 夫胡可以及化이고 猶師心者也이니라

㈜ **내직이외곡(內直而外曲)** 내(內)는 안, 마음. 속마음. 직(直)은 곧다. 외곡(外曲)의 외는 바깥. 내의 반대. 곡(曲)은 굽다. 직의 반대. **성이**

상비(成而上比) 성(成)은 명사로 성과. 상(上)은 상고(上古), 먼 옛날. 비(比)는 나란히하다, 견주다의 뜻. 자기의 의견을 말하여 교화의 성과를 올리면서도 그 말만은 옛사람에게서 빌린다는 의미. **여천위도**(與天爲徒) 도(徒)는 무리, 동료. 하늘과 동료가 된다. 천리를 좇아 하나가 된다는 뜻. **이독이기언 기호이인선지**(而獨以己言 蘄乎而人善之) 이독(而獨)의 이(而)는 그런데, 더구나 등, 말을 잇는 데 쓴다. 독(獨)은 혼자서, 홀로. 이인(而人)은 그 사람. **동자**(童子) 어린이. 자연의 이치를 좇는 때묻지 않은 순수한 어린이 같은 사람. **경기곡권**(擎跽曲拳) 정중하게 절하는 동작을 가리킴. 손을 높이 들고 무릎을 꿇고서 몸을 굽혀 절하는 것. 경(擎)은 손을 높이 듦. 기(跽)는 무릎을 꿇고 앉되 궁둥이가 발에 닿지 않게 몸을 폄. 곡권(曲拳)은 몸을 굽혀 절하는 것. **위인지소위자 인역무자언**(爲人之所爲者 人亦無疵焉) 자(疵)는 헐뜯다, 중상하다. **적지실야**(謫之實也) 적(謫)은 적(謫)과 같다. 책망하다, 나무라다. 실(實)은 실인즉. **수직이불병**(雖直而不病) 병(病)은 괴로움, 곤란. **대다정법이불첩**(大多政法而不諜) 갖가지 해석이 있지만, 대(大)는 태(太)와 통하며 매우. 정(政)은 정(正)과 통하며 법(法)은 방법. 첩(諜)은 통달하다. 조리가 있다. 불첩은 분명치 않다. **수고역무죄**(雖固亦無罪) 고(固)는 고루하다는 뜻. 지금 말한 방법은 고루하여 큰 효과는 기대할 수 없지만, 그렇다고 죄될 일은 없다. **지시이의**(止是耳矣) 이것에 그칠 뿐이다, 그저 그렇다. **사심자**(師心者) 사(師)는 본받는다. 즉 자기 마음에만 따른다, 자기 마음에 얽매인다.

[해설] 이 장에서 주목할 것은 '동자(童子)'라는 말을 쓰고 있다는 점이다. 참고로 노자는 '적자(赤子)'라는 말을 썼다. 이것은 '갓난애'라는 뜻이다.

노자가 그 인생 철학으로서 가장 존중한 것이 '유약(柔弱)'이었고, 스스로를 낮은 곳에 두는 것이었고, '부쟁(不爭)'이었다.

여기선 '유약'에 대해서 보자. 유약이 어째서 무위자연에 가까운가. 유약의 반대는 강강(剛强)이지만, 강강이란 상태는 의식의 긴장과 노력의 지속을 전제로 한다. 바꿔 말하면 '유위'의 연속이다. 그 유위를 버리면 필연적으로 유약의 상태가 된다. 유약이야말로 인간 본연의 상태라고 하는 것이다.

그런데 세상의 상식으로는 강강은 귀하고 유약은 천하다고 생각한다. 과연 그럴까? 노자는 그것을 설명하면서 인간으로 가장 자연상태에 가까운 '적자'를 예로 들었다.

"자연의 덕을 충분히 갖춘 인간은 갓 태어난 아기로 비교된다(含德之厚 比於赤子). 저항하는 일이 없으므로 독벌레도 쏘지를 않고 사나운 짐승도 사나운 새도 덤벼드는 일이 없다. 그 뼈는 무르고 그 근육은 부드럽지만 물체를 단단히 잡을 수가 있다. 또 남녀의 교합을 모르건만 양물(陽物)이 서는 것은 정기가 완전히 갖추어져 있기 때문이다. 종일 울부짖고 있는데도 목소리가 쉬지 않는 것은 신체의 음양 조화가 완전하기 때문이다. 이 조화를 아는 일을 영구불변의 도라 부르고, 영구불변의 도를 아는 일을 참된 앎, 즉 명(明)이라고 부른다.

인위적으로 생명의 힘을 증진시키려는 것을 상(祥 ; 재앙)이라 부르고, 마음이 의식적으로 기력을 발휘시키려는 것을 강(強 ; 노력)이라 부른다. 무릇 강장(強壯)하다면 빨리 늙는 법이다. 이것을 부도(不道 ; 부자연스런 도)라고 부른다. 부도는 오래 계속되지 않고 곧 끝나고 만다."(《노자》 제55장)

노자의 '적자'를 떠올리면서 장자의 '동자'를 생각하면 흥미가 있다. 또 노자의 이런 사고 방식은 바로 신선사상의 근거가 되어 있다. 신선술에 대해선 나중에 설명할 기회가 있겠지만, 요컨대 기(氣)를 특수한 호흡법으로 몸에 받아들이고 축적하여 장수하거나 그것을 남녀 교합에 응용하려 했던 것이다.

굴원은 '천문편'에서 목왕에 대해서도 노래했다.

    목왕은 탐하는 마음이 많았지만
    어째서 주류(周流)를 하였노.
    천하를 환리(環理)하여
    무엇을 찾았노.

주류는 세계를 돌아다녔다는 뜻이다. 목왕은 자기 멋대로인 욕망으로 '천자의 의무도 저버리고' 여기저기 놀러 다녔는데, 그 이유는 과연 무엇인가 하는 것이다. 환리는 천하를 다니면서 이수(里數)를 측량한다는 뜻으로, 천자라면 그 덕을 바라고 사방에서 사람이 와야 하는데 왜 그 반대의 짓을 하였을까. 이러한 일들을 굴원도 비웃고 있는 것이다.

이 해답으로 《목천자전》이 있다. 내용으로 보아 도가의 책이고 훨씬 후대의 작품이다. 그것에 의하면 주 목왕이 아득한 서쪽에 여행하여 서왕모(西王母)를 만났다는 것이다. 서왕모는 황제(黃帝)를 도왔다는 설화가 있는데, 표범의 꼬리와 호랑이의 엄니를 가졌고 머리를 풀어헤치고 괴상한 소리를 지르는 신이다. 그런데 《목천자전》에선 아름다운 여왕으로 묘사되고 있다.

어쩌면 목왕도 '신선술'을 동경하고 있었는지 모른다.

6

그래서 안회는 말했다.
"저로선 더 이상 나아갈 수가 없습니다. 좋은 방법을 듣고 싶습니다."
그러자 중니가 대답했다.
"그러자면 재계(齋戒)를 하는 게 좋다. 그 방식을 설명해 주겠다. 내 마음이 있다고 생각한다면 이 재계를 하는 일이 쉽겠는가. 만일 이것을 쉽다고 생각하면 반드시 하늘의 책망을 받으리라."
"저의 집은 가난하여 술은 한 방울도 마시지 않고 자극성이 있는 야채를 입에 대지 못한 지가 벌써 몇 달째 계속되고 있습니다. 그런데도 재계를 하고 있지 않다는 것입니까?"
"그것은 제사 때의 재계이지 마음의 재계는 아니다."
"그럼 마음의 재계란 어떠한 것을 말하는 것입니까?"
그러자 중니가 대답했다.
"먼저 너의 마음을 하나로 히여라. 귀로 듣지 말고 마음으로 들어라. 아니, 마음으로 듣지 말고 기(氣)로 들어라. 귀는 소리를 들을 뿐이고 마음은 사물에 응할 뿐인 것이다. 반면 기라 하는 것은 스스로는 공허한 상태에 있으면서 일체의 사물을 받아들인다. 도(道)는 이 공허에만 모여드는 법이니, 이 마음의 공허 상태가 다름아닌 마음의 재계인 것이다."

[원문] 顏回가 曰 吾無以進矣이니 敢問其方하리다 仲尼는 曰 齋하라 吾將語若하거니와 有而爲之가 其易邪오 易之者는 皡天不宜이니라 顏回는 曰 回之家貧하여 唯不飮酒하고 不茹葷者로 數月矣라 若此로 則可以爲齋乎아 曰 是祭祀之齋요 非心齋也이니라 回가 曰 敢問心齋잇가 仲尼는 曰 若一志라 無聽之以耳하고 而聽之以心하라 無聽之以心하고 而聽之以氣하라 聽止於耳요 心止於符라 氣也者는 虛而待物者也이니라 唯道集虛로 虛者가 心齋也이니라

[주] **오무이진의**(吾無以進矣) 진(進)은 나아가다. 나로서는 더 이상 모르겠다는 뜻. **재**(齋) 재계(齋戒). 제사를 올리기 전에 몸과 마음을 깨끗이하고 음식을 가려 먹고 거처를 옮기는 것. **유이위지 기이야**(有而爲之 其易邪) 유(有)는 유심(有心)이란 의미로서, 직역한다면 '이것을 하려는 마음이 있다면, 그것이 쉽겠는가'의 뜻. 즉 무심(無心)한 경지로 재계를 해야 한다는 것. **호천불의**(皡天不宜) 호(皡)는 밝다. 의(宜)는 옳다, 좋아하다의 뜻. 그러니까 하늘이 이를 좋아하지 않는다는 의미인 셈. **불음주 불여훈**(不飮酒 不茹葷) 여(茹)는 먹다. 훈(葷)은 부추, 파 같은 자극성 강한 야채. **약일지**(若一志) 지(志)는 뜻, 마음. **기**(氣) 일체의 물체, 생명, 정신을 구성하는 원소. **청지어이**(聽止於耳) 귀는 듣는 것으로 그친다인데, 유월(兪樾)은 '이지어청(耳止於聽)'의 오류로 봄. **심지어부**(心止於符) 부(符)는 부합(符合). 즉 일치하다, 바르게 대응하다. 마음은 외계(外界)의 사물에 부합될 뿐이다.

[해설] '인간세편' 핵심 부분이다. 허(虛)란 공간이고 물체를 받아들이기 위해 필요한 장소를 말한다. 공허한 장소를 갖지 못하는 마음은 이미 새로운 사물을 받아들이지 못한다. 그것을 가능케

하려면 선입관을 몰아내고 장소를 비울 필요가 있다. 하물며 무한의 만물을 맞아들이기 위해선 무한의 공간을 만들 필요가 있으리라. 허심(虛心)은 그러기 위한 준비이다.

여기서 참고로 기(氣)에 대해서 설명하겠다. 이 '기'는 유교뿐 아니라 신선술, 권법, 한방 등에서도 필수적인 것으로 이해되고 있다. 그것에 의하면 꽤나 구체적인 힘 및 작용으로서 기가 포착되고 있는 것이다. 그것은 일종의 열감(熱感)·압력감·유동감으로 표현된다.

이 기를 중국 한방이나 신선술에선 작용마다 정(精)·기(좁은 의미)·신(神;정신작용)으로 나누고 있다. 이것을 삼보(三寶)라 부르며 신선술 수도에 있어 가장 중요한 것이다.

먼저 정(精). 정은 간단히 말하면 정력, 정액의 정이다. 즉 교합의 근원이 되는 힘이다. 성욕이 왕성한 사람은 행동도 활발하다. 그것과 반대로 정력이 쇠약해 있는 사람은 무슨 일을 하든 기력이 없다.

중국에선 이 정을 후천(後天)의 정과 선천(先天)의 정으로 다시 나눈다. 후천이란 문자 그대로 태어난 뒤에 얻은 힘이고, 선천은 천성으로 갖추고 있는 힘이다.

후천의 정은 탁정(濁精)이라 불리고 애당초 무형(無形)·무액(無液)이던 정이 유형(有形)·유질화(有質化)한 것이다. 남성의 정액, 여성의 애액이 이것에 해당된다.

신선술에선 이 정액 속에 정자(생식용)·액체(독소)·양기(생명력)의 세 가지 성분이 있다고 생각한다.

이 가운데 정자는 자손을 만들기 위해 사용되고, 액체는 찌꺼기가 된다. 신선술에서 사용하는 것은 이 가운데 양기뿐이다.

선천의 정은 원정(元精)이라 불린다. 후천의 정처럼 물질화하지 않은 정이므로 정력이라고 하면 알기 쉽다. 그런데 원정은 후천의 기(양기)를 정액으로 바꾸는 활동력이 있을 뿐 아니라 선천의 기와 밀접한 관계가 있다.

다음은 기(氣). 이것도 정과 마찬가지로 선천의 기, 후천의 기로 나눠져 있다. 후천의 기는 다시 호흡하는 기, 영위(營衛)의 기, 오장·경락의 기로 세분된다.
　호흡하는 기는 폐에 들어와 호흡활동의 근원이 되는 것으로 이른바 '공기'인데, 중국에선 '천기(天氣)'라고 한다.
　영위의 기는 중국에서 '지기(地氣)'라 불리는데 대지에 의해 만들어진 기, 즉 곡식이나 물의 기를 가리킨다. 위장이나 비장을 통해 인체 내에 섭취되므로 '영양'인 셈이다. 오장·경락의 기는 침구 의학의 경락(經絡)을 흐르는 기이다. '경'은 간선(幹線)이란 뜻으로서 두 개의 정경(正經 ; 항상 기가 흐름), 여덟 개의 기경(奇經 ; 정경이 넘쳤을 때의 예비)으로 이루어져 있고, '곽'은 연결의 뜻으로 열다섯 개의 주요한 낙이 각 경을 연결시키고 있다. 이것 이외에 가는 낙맥(絡脈)이 거미줄처럼 온몸에 쳐져 있어 기를 몸의 구석구석까지 보내준다.
　이 경락에 흐르는 기가 인간 생명활동의 근원이다. 이것에 의식을 집중시키면 양기로 바뀐다. 신선술의 수행은 이 양기를 '기경 8맥'에 자유로이 흐르게 하는 일부터 시작하는 것이다.
　양기는 감각으로써 느낄 수 있다. 이것을 느낀다면 신선의 초보 단계를 마스터한 것이 된다.
　한편 선천의 기는 원기(元氣 ; 모태 내에 있었을 때 흐르고 있던 기), 진기(眞氣 ; 생을 받았을 때 비로소 얻은 기) 등으로 이루어진다. 이 기는 모태 내에서 생을 받았을 때 기경 8맥에 흐르고 있던 기로, 태어난 뒤에는 호흡의 기(천기)나 수곡의 기(지기) 등 자연계의 기를 오장·경락의 기로 바꾸는 활동을 한다. 이것은, 감각적으로는 결코 느낄 수 없다. 하지만 인간 생명활동의 작용 깊숙한 곳에 있는 근원적인 기이다. 후천의 기를 발생시키면서도 그 보급을 받고 손모(損耗)된 곳을 보충한다고 한다.
　어린이(적자, 동자)는 양기보다도 이 원기 쪽이 많고, 기가 정으로 바뀌어 누설되는 일도 없다. 어린이에게 에네르기가 넘쳐 있는 것도 이 때문이다.
　그리고 보통 '원기가 없다' 할 경우는 후천의 기(양기)가 없다하려면 선입관을 몰아내고 장소를 비울 필요가 있다. 하물며 무한의 만물을 맞아들이기 위해선 무한의 공간을 만들 필요가 있으리라. 허심(虛心)은 그러기 위한 준비이다.

여기서 참고로 기(氣)에 대해서 설명하겠다. 이 '기'는 유교뿐 아니라 신선술, 권법, 한방 등에서도 필수적인 것으로 이해되고 있다. 그것에 의하면 꽤나 구체적인 힘 및 작용으로서 기가 포착되고 있는 것이다. 그것은 일종의 열감(熱感)·압력감·유동감으로 표현된다.

이 기를 중국 한방이나 신선술에선 작용마다 정(精)·기(좁은 의미)·신(神;정신작용)으로 나누고 있다. 이것을 삼보(三寶)라 부르며 신선술 수도에 있어 가장 중요한 것이다.

먼저 정(精). 정은 간단히 말하면 정력, 정액의 정이다. 즉 교합의 근원이 되는 힘이다. 성욕이 왕성한 사람은 행동도 활발하다. 그것과 반대로 정력이 쇠약해 있는 사람은 무슨 일을 하든 기력이 없다.

중국에선 이 정을 후천(後天)의 정과 선천(先天)의 정으로 다시 나눈다. 후천이란 문자 그대로 태어난 뒤에 얻은 힘이고, 선천은 천성으로 갖추고 있는 힘이다.

후천의 정은 탁정(濁精)이라 불리고 애당초 무형(無形)·무액(無液)이던 정이 유형(有形)·유질화(有質化)한 것이다. 남성의 정액, 여성의 애액이 이것에 해당된다.

신선술에선 이 정액 속에 정자(생식용)·액체(독소)·양기(생명력)의 세 가지 성분이 있다고 생각한다.

이 가운데 정자는 자손을 만들기 위해 사용되고, 액체는 찌꺼기가 된다. 신선술에서 사용하는 것은 이 가운데 양기뿐이다.

선천의 정은 원정(元精)이라 불린다. 후천의 정처럼 물질화하지 않은 정이므로 정력이라고 하면 알기 쉽다. 그런데 원정은 후천의 기(양기)를 정액으로 바꾸는 활동력이 있을 뿐 아니라 선천의 기와 밀접한 관계가 있다.

다음은 기(氣). 이것도 정과 마찬가지로 선천의 기, 후천의 기로 나눠져 있다. 후천의 기는 다시 호흡하는 기, 영위(營衛)의 기, 오장·경락의 기로 세분된다.
　호흡하는 기는 폐에 들어와 호흡활동의 근원이 되는 것으로 이른바 '공기'인데, 중국에선 '천기(天氣)'라고 한다.
　영위의 기는 중국에서 '지기(地氣)'라 불리는데 대지에 의해 만들어진 기, 즉 곡식이나 물의 기를 가리킨다. 위장이나 비장을 통해 인체 내에 섭취되므로 '영양'인 셈이다. 오장·경락의 기는 침구 의학의 경락(經絡)을 흐르는 기이다. '경'은 간선(幹線)이란 뜻으로서 두 개의 정경(正經 ; 항상 기가 흐름), 여덟 개의 기경(奇經 ; 정경이 넘쳤을 때의 예비)으로 이루어져 있고, '곽'은 연결의 뜻으로 열다섯 개의 주요한 낙이 각 경을 연결시키고 있다. 이것 이외에 가는 낙맥(絡脈)이 거미줄처럼 온몸에 쳐져 있어 기를 몸의 구석구석까지 보내준다.
　이 경락에 흐르는 기가 인간 생명활동의 근원이다. 이것에 의식을 집중시키면 양기로 바뀐다. 신선술의 수행은 이 양기를 '기경 8맥'에 자유로이 흐르게 하는 일부터 시작하는 것이다.
　양기는 감각으로써 느낄 수 있다. 이것을 느낀다면 신선의 초보 단계를 마스터한 것이 된다.
　한편 선천의 기는 원기(元氣 ; 모태 내에 있었을 때 흐르고 있던 기), 진기(眞氣 ; 생을 받았을 때 비로소 얻은 기) 등으로 이루어진다. 이 기는 모태 내에서 생을 받았을 때 기경 8맥에 흐르고 있던 기로, 태어난 뒤에는 호흡의 기(천기)나 수곡의 기(지기) 등 자연계의 기를 오장·경락의 기로 바꾸는 활동을 한다. 이것은, 감각적으로는 결코 느낄 수 없다. 하지만 인간 생명활동의 작용 깊숙한 곳에 있는 근원적인 기이다. 후천의 기를 발생시키면서도 그 보급을 받고 손모(損耗)된 곳을 보충한다고 한다.
　어린이(적자, 동자)는 양기보다도 이 원기 쪽이 많고, 기가 정으로 바뀌어 누설되는 일도 없다. 어린이에게 에네르기가 넘쳐 있는 것도 이 때문이다.
　그리고 보통 '원기가 없다' 할 경우는 후천의 기(양기)가 없다는 의미로, 만일 정말로 원기(선천의 기)가 없어졌다면 죽어버린다.

기에 대해 설명한 김에 혈(血)에 관해서도 알아보자. 이 두 가지의 관계는 극히 중요하며 기가 흐르는 곳에는 피도 흐르고, 기가 정체되는 곳에는 피도 정체된다고 본다. 기는 경락을 따라 흐르지만 피는 혈맥(혈관)을 통해 흐른다.

그런데 후천의 기로 '수곡의 기'라는 것이 있었다. 이 수곡의 기는 아래의 두 가지 요소로 이루어진다.

수곡의 정기 맑은 것—영(營)이라 하며 경맥 안을 흐르고 장부(臟腑)를 부드럽게 하는 작용을 한다.

수곡의 한기(悍氣) 탁한 것—위(衛)라 하며 경맥 바깥쪽을 흐르고 생체를 보호하는 작용을 한다.

이 가운데 수곡의 정은 중초(中焦 ; 위·지라·소장·대장)에서 수분을 없애어 붉게 변하고 피가 된다. 그리하여 혈액에 들어가 기와 더불어 온몸에 퍼진다고 한다. 즉 한방에서 말하는 혈이란 수곡의 기가 바뀐 것이다.

마지막으로 신(神). 이것은 흔히 마음이라고 했지만 의식이라 할 수도 있으며, 선천과 후천의 것이 있다.

후천의 것을 식신(識神)이라 하고, 의식이 동반된 정신활동을 가리킨다. 이것에 대해 선천의 신은 불신(不神)인데 무의식의 정신활동이다.

이 신은 각각 유형화(有形化)한 후천의 정, 유감화(有感化)한 후천의 기를 낳는 근원이 되면서도 자기들은 형체도 없고 감각화하지도 않는다. 즉 그 작용이 있을 뿐이다.

이상 정·기·신을 설명했다. 이것을 종합적으로 설명한다면 선천의 신이 후천의 신에 작용하여 의식활동을 일으키면 선천의 기가 활동하여 후천의 기를 천지로부터 받아들이고 오장·경락의 기로 바꾼다. 그리하여 이 기가 정력이 되어 선천의 정의 작용에 의해 후천의 정에 받아들여지고 정자 등과 함께 배설되는 셈이다. 또 이와 같은 성욕으로 향하는 작용 이외에 생명 유지를 위해

선천의 신의 무의식 작용에 의해 선천·후천의 기 순환이 이루어지고 있다.

그리하여 나이를 먹어 선천의 정이 메마르고 선천의 기도 고갈되면, 선천의 신의 활동이 둔해지고 죽음을 맞는 것이다. 그렇지 않더라도 만일 이 정·기·신 가운데 어느 하나라도 결여되면 병이 된다.

신선술은 이런 과정을 거꾸로 행하는 수행법으로, 먼저 정으로부터 양기를 꺼내어 온몸에 골고루 보내고, 다시 원기를 움직여 어린이의 몸으로 되돌린다. 그리하여 마지막으로 이 원기를 정련하여 물질로서 이루어진 의식체(意識體)인 연신(煉神)을 만든다. 이것이 불로불사의 육체, 즉 법신(法身)이다. 이 법신에 자기의 의식을 가미한다면 완전한 신선이다.

여기까지는 이르지 못하더라도 양기를 제어할 수만 있다면 무병장수(無病長壽)는 약속되는 것이다.

7

안회가 물었다.

"제가 아직도 마음의 재계를 얻지 못했을 때에는 참으로 스스로가 저 자신이었습니다. 그런데 마음의 재계를 얻고 나니 처음의 제가 아니었습니다. 이것을 '허'라고 할 수 있겠습니까?"

부자(공자)가 말했다.

"충분하다. 내 너에게 말하겠다. 네가 구속이 많은 현실세계에 들어가 행동한다 하더라도 그 명분을 느끼는 일이 없도록 하라. 네 말을 들어주면 울고, 들어주지 않으면 그치라. 마음에 문을 두지 말고 담을 없애고 오로지 그곳만을 일택(一宅)으로 하여 부득이한 필연적 운명에 의지한다면 완전에 가깝다 하겠다.

잠시 속세를 떠나기는 쉬워도 평생 자연의 대지를 걸어다니지 않기란 어렵다. 사람이 시키는 일을 할 때에 속이기는 쉬우나 하늘이 시키는 바를 속이기는 어렵다. 날개가 있음으로써 날 수 있다는 말은 들었어도 날개 없는 자가 날 수 있다는 말은 아직 듣지 못하였다. 그와 마찬가지로, 지혜가 있음으로써 안다는 말은 들었어도 지혜가 없음에도 안다는 말은 듣지 못하였다. 저 빈 곳을 보라. 텅 빈 방은 저렇게 환하고 행복도 그 빈 곳에 머무른다. 이와 같은 것을 일컬어 '좌치'라 한다.

무릇 귀와 눈을 안으로 향하게 하고 마음의 지혜를 밖으로 향하게 하면 귀신도 장차 들어와서 머무를 것이니 하물며 사람에 있어서야 말해 무엇하겠느냐. 이것이 만물의 화(化)이고 옛날의 성왕인 우나 순이 바탕으로 삼은 것이며 복희(伏羲)와 궤거(几蘧)가 평생을 바쳐 한 것인데 하물며 평범한 사람들에 있어서랴."

원문 顏回는 曰 回之未始得使이니 實自回也요 得使之也로 未始有回也라 可謂虛乎아 夫子는 曰 盡矣니라 吾는 語若하리라 若能入遊其樊이라면 而無感其名하라 入則鳴이면 不入則止하라 無門無毒에 一宅而寓於不得已이니 則幾矣니라 絶迹易이나 無行地難이라 爲人使易以僞요 爲天使難以僞며 聞以有翼飛者矣요 未聞以無翼飛者也며 聞以有知知者矣요 未聞以無知知者也이니라 瞻彼闋者는 虛室生白하고 吉祥止止하리라 夫且不止면 是之謂坐馳이니라 夫徇耳目內通에 而外於心知이면 鬼神將來舍이어니와 而況人乎아 是萬物之化也요 禹舜之所紐也요 伏羲几蘧之所行終이어니와 而況散焉者乎아

㈜ **회지미시득사**(回之未始得使) 미시(未始)는 미증(未曾)과 같은 뜻으로 일찍이 없었다, 지금까지 없었다. 사(使)는 ~하도록 하다. **득사지야 미시유회야**(得使之也 未始有回也) 심재라는 가르침을 얻게 됨으로써 회가 있다는 걸 잊었습니다. 즉 자기 존재를 잊었다는 것. 곽상의 주석에 의하면 '이미 심재를 터득하였기 때문에 자아(自我)도 없게 되었다'고 한다. **진의**(盡矣) 충분하다, 더할 것이 없다. **입유기번**(入遊其樊) 번(樊)은 앞에서도 나왔지만 새장. 전의되어 구속이 많은 현실세계를 가리킴. **무감기명**(無感其名) 명(名)은 명분. 감(感)

은 느끼다. **무문무독**(無門無毒) 독(毒)에 대해선 이설이 많지만 당(唐) 이정(李楨)의 설을 좇아 도(壔)의 뜻으로 해석함. 도는 성채, 흙을 높이 쌓은 보루. 즉 자기의 마음에서 문이나 성채를 제거하고. **일택이우어부득이**(一宅而寓於不得已) 택(宅)은 집. 우어부득이(寓於不得已)는 인력으로는 어쩔 수도 없는 필연적 운명에 몸을 위탁한다는 것. 이 말은 장자의 운명 순종의 사상을 나타내는 말로서 많이 인용됨. **절적이 무행지난**(絕迹易 無行地難) 이 구는 곽상의 설을 좇아 '세속에서 은둔하기는 쉽지만, 세속 안에 있으면서 자연의 도를 지키기는 어렵다'는 해석을 택한 사람이 많지만, 그러나 원문을 볼 때 이 해석에는 무리가 있다. 더구나 곽상은 장자학파의 진보파에 속하고 적극적 경향이 짙으므로 장자 본래의 사상을 충실히 전했다고는 보지 않는다. 문자 그대로 해석하는 게 무난할 것이다. 혹은 '필연적인 도로 가기는 쉽고 어긋난 길로 가기는 어렵다'는 해석도 있음. **첨피궐자**(瞻彼闋者) 첨(瞻)은 보다. 결(闋)은 헛되다. 저 공허한 것을 보라. **허실생백**(虛室生白) 허실(虛室)은 아무것도 없는 빈 방, 공허한 방. 백(白)은 백광으로서 태양의 찬란한 빛이고 실(室)은 마음을 비유한 것임. **길상지지**(吉祥止止) 길상(吉祥)은 길한 징조로 행복으로 해석. 지지(止止)는 앞의 지는 머물다, 깃들이다. 뒤의 지는 허실을 받아 텅 빈 곳을 가리킴. 즉 유월(兪樾)의 설로선 '허실생백길상지야(虛室生白吉祥止也)'로 보고서 이렇게 해석한 것이다. **좌치**(坐馳) 몸은 앉아 있어도 마음은 달린다. 즉 몸은 이곳에 있더라도 마음이 외부 조건에 따라 동요된다는 뜻. **순이목내통**(徇耳目內通) 순(徇)은 부리다(使也). 귀나 눈은 본디 외부에 접한 것으로서 늘 밖을 향해 작용하는 것이지만, 이를 안으로 향하게 한다는 뜻. **귀신장래사**(鬼神將來舍) 사(舍)는 깃들이다. 내사(來舍)는 와서 머무르다. **우순지소뉴야**(禹舜之所紐也) 뉴(紐)는 바탕, 근본. 우(禹)나 순(舜)이 바탕으로 삼은 것. **복희궤거**(伏羲几蘧) 둘 다 상고(上古)의 제왕. **산언자**(散焉者) 평범한 사람. 최선(崔譔)은 '덕이 성왕(聖王)에 미치지 못한 사람을 산(散)이라고 한다'고 하였다.

[해설] 이 절은 앞의 '심재'의 부연으로 별로 설명할 것도 없다. 굳이 말한다면 세속에 살면서 세속을 잊으라는 것일까.

목왕이 죽고 아들인 공왕(共王) 예호(繄扈)가 섰다. 이어 의왕(懿王), 효왕(孝王), 이왕(夷王)이 차례로 섰고, 이왕이 죽자 그 아들인 여왕(厲王) 호(胡)가 섰다.

여왕이 즉위하여 30년이 지났는데, 이익을 탐내어 영(榮)의 이공(夷公)을 측근으로 등용했다. 예양부(芮良夫)가 왕을 간했다.

"왕실은 천해지고 말겠지요. 도대체 영공은 이(利)를 독점하는 것을 좋아하고, 그것에 의해 생기는 대난(大難)을 모릅니다. 이는 백물(百物)이 생기는 곳의 것이고, 천지가 생성(生成)하는 곳의 것이기도 합니다. 이것을 독점하려는 자가 있다고 한다면 그 해로움은 막대합니다. 천지간의 백물은 모든 사람들이 손에 넣고자 하는 것으로서, 어찌 독점 따위를 할 수가 있겠습니까. 만일 독점하려 하면 그것에 대해 노여움을 품는 사람은 몹시 많고 반드시 대난이 생길 텐데, 영공은 그 대난에 대비하려 하지 않습니다. 이와 같이 하여 이를 독점하는 것을 왕에게 가르쳐 드린다면, 왕은 어찌 오래도록 안태(安泰)할 수 있겠습니까."

소수의 사람이 이익을 독점할 때 대다수의 사람이 그것에 불만을 갖고 마침내는 대난이 일어난다는 것을 경고한 것이다. 그러나 여왕은 이 말을 듣지 않고 영공을 경사(卿士)로 발탁하여 정사를 맡겼다. 왕은 포학하고 사치스럽고 오만했다. 주의 백성은 모두 왕을 원망하고 욕했다. 소공 호(召公虎)가 왕을 간했다.

"백성은 왕의 정령(政令)을 견뎌내지 못하고 있습니다."

그러자 왕은 노하여 위(衛)나라 무(巫)를 시켜 이들을 단속케 했다. 무는 무당인데, 비밀경찰 장관에 임명하여 왕을 비방하는 자는 잡아 죽였다. 이 때문에 비방은 적어졌고 제후도 하지 않게 되었다. 즉위 34년에는 감찰을 더욱더 엄중히 했다. 백성은 감히 입밖에 내어 비방을 하지 못했고, 길에서 친한 사람끼리 만나도 서로 원망에 가득 찬 눈짓을 주고받을 뿐이었다.

여왕은 기뻐하며 소공에게 말했다.

"나는 비방을 막았다. 백성은 감히 말하려 하지 않는다."

"아니, 입을 막게 된 것입니다. 백성의 입을 막는 것은 물을 막는 것보다 위험합니다. 물을 막고 있던 둑이 터지게 되면, 반드시 사람을 크게 다치게 합니다. 그러니 백성의 입을 막는 것은 이와 같은 것이지요."

그러나 여왕은 듣지 않았다. 이리하여 국내에는 감히 정치에 관해 발언하는 자가 없었다. 그러나 마침내 백성은 반란을 일으켰고 왕은 체(彘)로 달아났다. 기원전 841년의 일이다.

이때 여왕의 태자 정(靜)은 소공의 집에 숨어 있었다. 사람들이 몰려와서 정을 내놓으라고 요구했다. 이때 소공이 말했다.

"옛날 나는 자주 왕을 간했지만, 왕은 내 말을 듣지 않아 이와 같은 위난을 맞게 되었다. 그러나 지금 태자를 죽이는 일이 있다면, 왕은 내가 자신을 원수로서 원망하고 노하여 그랬다고 생각하게 되리라. 모름지기 군을 섬기는 자는 위험 속에 있더라도 군을 원수로서 원망하거나 하지 않고, 원망하더라도 노여워하거나 하지는 않는 법인데 하물며 왕을 섬기는 자에게 있어서랴."

그래서 자기 아들을 태자 대신 내주었고 태자는 가까스로 위기를 모면했다.

여왕은 기원전 828년 체에서 죽었다. 그 사이 14년 동안 주에는 왕이 없었다. 그래서 소공과 주공 두 사람이 정사를 대행했다. 이것을 '공화(共和)'라고 하였다. 공경(公卿)이 서로 화합하여 정치를 했기 때문에 공화라고 했다는 것이 《사기》의 해석이다.

그러나 《여씨춘추》나 《장자》는 《사기》의 의견과는 다르다.

"공백화(共伯和)가 왕위를 간(干)했다."

즉 공국에 봉해진 백화라는 자가 왕위를 간(당나라의 사마정은 이 간이 찬탈을 의미한다고 보았음)했으므로, 이 기간을 '공화'라고 불렀다는 것이다.

그리하여 장자는 이 공백화를 찬양했다. 《장자》〈잡편〉의 '양왕편(讓王篇)'을 보면,

"허유는 영양에서 즐겼고, 공백은 구수를 얻었다."

허유(許由)는 요로부터 천자의 자리를 물려주겠다는 제의를 받았으나 영수(潁水) 북쪽에서 은둔생활을 즐겼다. 요의 제의에 자기의 귀가 더럽혀졌다 하여 영수로 귀를 씻었다는 이야기가 전한다. 전형적인 무욕(無欲)의 인간이라 하겠다.

그런 허유와 비교되고 있는만큼 공백화 역시 무욕의 인간이라고 보아야 한다. 구수(丘首)는 산이름으로, 공〔共 ; 하남성 휘현(輝縣)〕에 있던 산이다.

공백화는 14년 동안 섭정 자리에 있다 여왕이 죽자 비로소 그 자리를 태자 정에게 물려주고 자기는 구수산에 들어가 깨끗한 은둔생활을 보냈다는 것이다.

오늘날 황제나 국왕이 군림하여 통치하는 정치체제를 '군주제'라 하고, 제왕이 없는 그것을 '공화제'라 부르는 것은 주지의 사실이다. 공화제의 '공화'는 바로 여기서 비롯되었다. 중국은 근대에 이르러 비로소 공화제를 경험했다. 이때 영어인 'republic'을 번역하여 '공화'라는 말을 썼던 것이다.

8

섭공(葉公) 자고(子高)가 사신으로 제나라에 가게 되어 중니에게 물었다.

"왕께서 저에게 맡긴 일은 매우 중대합니다. 그런데 제나라는 사신을 대함에 있어 매우 정중하지만 교섭을 서두르지는 않을 것입니다. 신분이 낮은 사람도 쉽게 움직일 수 없는데, 하물며 제후야 어떻겠습니까? 저는 이것을 매우 두려워하고 있습니다. 선생님은 일찍이 저에게 말씀하시기를 '무릇 일이란 작건 크건 성사되는 것이 기쁨이라고 말하지 않는 사람은 없다. 일이 만일 성사되지 않으면 반드시 인간관계에서 오는 재해가 있을 것이고 일이 만일 성사되면 반드시 음양의 근심이 되는 병이 생길 것이다. 일이 성사되든 성사되지 않든 뒤에 재난이 없는 것은 오직 덕있는 사람만이 이것을 능히 할 수 있다'고 하셨습니다.

저는 먹기를 검소하게 할 뿐 호화롭지 않아서 불을 별로 피우지 않으므로 밥짓는 사람들이 서늘하기를 바라지 않을 정도입니다. 그런데 제가 오늘 아침 명을 받고서, 저녁에 얼음물을 마시는 것은 너무 긴장해서 속에서 열이 나기 때문입니다. 일을 실제로 당해보지도 않았는데 이미 음양의 근심을 가졌습니다. 또 일이 성사되지 않을 경우 반드시 인간관계에서 오는 재해 또한 갖게 될 테니 이로써 두 가지 근심을 다 가진 셈입니다. 신하 된 자로서 능히 감당할 수 없는 일이니, 이에 대하여 선생님께서는 제가 사신으로 가야 할지 가지 말아야 할지 가르쳐 주십시오."

원문 葉公子高將使於齊라 問於仲尼하여 曰 王使諸梁也는 甚重이라 齊之待使者는 蓋將甚敬이나 而不急이라 匹夫猶未可動也이어니와 而況諸侯乎아 吾甚慄之라 子께서 嘗語諸梁也에 曰 凡事若小若大이고 寡不道以懽成이라 事若不成이면 則必有人道之患이고 事若成이면 則必有陰陽之患이라 若成若不成이든 而後無患者는 唯有德者能之하리라 吾食也執粗而不臧하고 爨無欲淸之人이라 今吾朝受命而夕飮冰하니 我其內熱與라 吾未至乎事之情에 而旣有陰陽之患矣하거늘 事若不成必有人道之患이리니 是는 兩也라 爲人臣者는 不足以任之하리니 子께서 其有以語我來하소서

㈜ 섭공자고(葉公子高) 성은 심(沈), 이름은 제량(諸梁), 자는 자고(子高). 초(楚)나라 섭현(葉縣)을 영지로 다스려 섭공이라 함. 장사어제(將使於齊) 사(使)는 사신. 제(齊)는 산동성 임치현에 도읍을 두었던 나라. 제지대사자 개장심경(齊之待使者 蓋將甚敬) 대사(待使)의 대(待)는 대접, 대우. 개장(蓋將)은 '……아마도 일 것이다'. 추측이나 의문을 나타낼 때 쓰는 말. 필부유미가동야 이황제후호(匹夫猶未可動也 而況諸侯乎) 필부(匹夫)는 신분이 낮은 사람. 제후(諸侯)는 영지를 봉함받은 영주. 오심율지(吾甚慄之) 율(慄)은 두려워하다. 과부도이환성(寡不道以懽成) 과(寡)는 적다, 드물다. 환(懽)은 환(歡)과 같고 기꺼워하다, 기뻐하다. 성(成)은 성공, 성사. 그러므로 '성공을 기쁘다고 생각지 않는 사람은 드물다'란 뜻이 되는데, 여기선 '부도(不道)'가 있으므로, 도에 벗어난 방법으로 잘 되는 일은 드물다로 해석함. 인도지환(人道之患) 인간관계에서 생기는 재해. 음양지환(陰陽之患) 병(病)은 음양 이기의 조화가 깨졌을 때 생긴다고 생각되었으므로 병을 가리킴. 오식야집조이부장(吾食也執粗而不臧) 집조(執

粗)는 조식(粗食)을 하는 것. 집(執)은 지킨다. 즉 조식을 고수한다는 의미. 부장(不臧)은 좋은 것이 아니다. 미식(美食)이 아니라는 뜻. 장(臧)은 선(善)과 통함. 즉 나는 조식을 주의로 삼고 있어 훌륭한 요리도 만들지 않는다. **찬무욕청지인**(爨無欲淸之人) 찬(爨)은 밥을 짓다, 불을 피우다. 청(淸)은 서늘하다, 시원하다의 뜻으로서 밥짓기도 아주 간단하게 끝나고, 불을 피우느라고 뜨거운 열을 받아 서늘함을 취하는 하인도 없다는 뜻. **석음빙**(夕飮冰) 빙(冰)은 얼음, 얼음물. **아기내열여**(我其內熱與) '나의 내부에 열기가 있다'로, '몸 속이 뜨거워진 까닭은 잘 먹은 때문이 아니라 왕명을 받고 긴장한 때문이다'로 해석함. **오미지호사지정**(吾未至乎事之情) 정(情)은 실정. **시양야**(是兩也) 음양의 환과 인도의 환, 둘을 한꺼번에 받는다는 뜻. **기유이어아래**(其有以語我來) 내(來)는 재촉을 나타내는 조사.

해설 태자 정이 즉위하니, 이가 선왕(宣王)이다. 선왕이 즉위하자 주공과 소공이 이를 보좌하여 주는 다시 국운이 올랐다. 제후는 또다시 주 왕실을 종가로서 받들었다. 왕 39년 천무(千畝)에서 싸움이 벌어졌는데, 왕군이 강(姜)·저(氐 ; 둘 다 서융)에게 크게 패했다. 이 때문에 선왕은 태원(太原)의 인구를 셈하여 병을 징집하려 하자 중산보(仲山甫)가 간했다.

"징집할 목적으로 인구를 셈해선 안 됩니다."

그러나 왕은 듣지 않고 강행하였다.

이상은 간결한 《사기》의 기록이다.

백성의 수를 셈하는 것, 요민(料民)은 호구조사다. 이 호구조사는 병사나 인부를 징집하거나 세금을 거두기 위한 목적을 가졌으므로 백성이 싫어한다.

선왕 시절엔 전쟁이 많았다. 그 때문에 국력이 오르기는 했지만, 차츰 무리가 나타난 것이다.

왕 43년(B.C. 785)엔 대신 두백(杜伯)을 죽였다. 《사기》에는 이 기록이 없어 어떤 이유로 살해되었는지 알 수 없다. 두백의 친구 좌유(左儒)가 "군주의 허물을 밝히고 두백의 무고함을 밝힌다." 하고서 뒤쫓아 자결했다.

두백은 어지간히 분했던지 죽기 전에 이렇게 말했다고 한다.

"내 주군께선 나를 죽여도 죄가 되지 않는다. 만일 죽은 자에게 지각(知覺)이 없다면 그뿐이지만, 만일 죽은 자에게도 지각이 있다면 나는 3년 이내에 내 주군에게 그것을 알려주리라."

3년 후, 선왕은 포전(圃田)이란 곳에서 제후와 더불어 크게 사냥을 하였다. 이때 대낮인데 두백의 망령이 나타나 선왕을 죽였다. 즉 두백의 망령은 백마가 끄는 흰 나무의 수레를 타고 나타나 새빨간 의복을 걸치고 새빨간 활에 새빨간 화살을 먹이고, 도망치는 선왕을 쫓아가 그 심장을 쏘았던 것이다.

이상은 귀신의 존재를 주장한 《묵자》에 실려 있는 내용이다. 선왕이 죽자 아들 생(涅)이 뒤를 이었는데, 이가 유왕(幽王)이다 (B.C. 782).

9

중니가 말했다.

"무릇 세상에는 마음으로 경계해야 할 일이 두 가지가 있다. 그 하나는 명(천명)이고, 다른 하나는 의(義)이다. 즉 인간으로서의 의무이다. 자식이 그 어버이를 사랑하는 것은 명이고, 그것은 언제나 마음에서 떠나지 않는 것이다. 신이 군주를 섬기는 것은 의이고, 군주의 것이 아닌 데가 없으므로 이 천지에서 군신의 의로부터 달아날 곳은 없다. 이것을 가리켜 '대계'라 하는 것이다. 그러므로 무릇 어버이를 섬기는 사람은 어떤 경우에라도 어버이를 편안케 해야 지극한 효도가 된다. 무릇 군주를 섬기는 사람은 일을 가리지 않고 군주를 편안케 해야 커다란 충성이 된다. 스스로 그 마음을 섬기는 사람은 슬픔이나 즐거움 앞에 그 마음을 쉽게 바꾸지 않는다. 모름지기 인간의 힘으로는 어쩔 수도 없다고 깨달았을 경우에는 편안히 운명을 좇는 게 최고의 덕이다.

신하이며 자식인 자로선 아무래도 부득이한 일이 있는 법이다. 그때에는 주어진 그대로 행하고 자신의 몸에 대해선 잊어버리는 게 좋다. 어찌 삶을 기뻐하고 죽음을 미워할 겨를이 있겠는가. 그러므로 그대로 망설이지 않고 가는 게 좋으리라."

[원문] 仲尼는 曰 天下有大戒二라 其一命也요 其一義也라 子之愛親命也는 不可解於心이요 臣之事君義也는 無適而非君也니 無所逃於天地之間이라 是之謂大戒라 是以夫事其親者는 不擇地而安之하니 孝之至也이니라 夫事其君者는 不擇事而安之하니 忠之盛也이니라 自事其心者는 哀樂不易施乎前이라 知其不可奈何이면 而安之若命이니 德之至也이니라 爲人臣子者로 固有所不得已이리라 行事之情에 而忘其身인데 何暇至於悅生而惡死리오 夫子其行可矣니라

㊂ **천하유대계이**(天下有大戒二) 계(戒)는 경계할 일. '계'를 '법'이라 보고 도로 해석하는 사람도 있는데, 비슷한 의미다. **명야**(命也) 명(命)은 천명(天命), 숙명(宿命). **의야**(義也) 의(義)는 의무. **자지애친**(子之愛親) 친(親)은 어버이. **불가해어심**(不可解於心) 마음에서 풀려날 수가 없다는 것.《구의(口義)》에 의하면 '명은 하늘에서 주는 것이고 자식이 어버이를 섬김은 삶과 함께 생기는 것이다. 이 마음을 어찌 하루라도 버릴 수가 있겠는가. 때문에 풀 수가 없다고 한 것이다'라고 하였다. **사군의야**(事君義也) 사(事)는 섬기다. **무적이비군야**(無適而非君也) 적(適)은 가다, 좋다. 어디를 가나 인군이 아닌 게 없다. **무소도어천지지간**(無所逃於天地之間) 도(逃)는 달아나다, 피하다. 앞의 군(君)과 합쳐서 '세상은 임금의 것 아닌 데가 없으니 어딜 가도 피할 곳이 없다'고 해석함. **불택지이안지**(不擇地而安之) 택(擇)은 가려내다, 택하다. 지(地)는 땅, 곳. 안(安)은 편안케 하는 것. **충지성야**(忠之盛也) 성(盛)은 크다〔大也〕, 왕성하다. **애락불역시호전**(哀樂不易施乎前) 애락(哀樂)은 슬픔과 즐거움. 역(易)은 바꾸다. 시(施)는 행하다, 실시하다. **지기불가내하**(知其不可奈何) 내하(奈何)는 어찌하여. 여하(如何)와 같음. 어찌할 수 없음을 알다. 이 '지기불가내하 이안지약명 덕지야'는 '덕충부편'에도 이와 비슷한 말이 나오는데, 장자의 운명 순종의 사상을 나타내는 말임. **행사지정**(行事之情) 정(情)은 실(實), 실정. 일의 실정대로 행동함. **부자기행가의**(夫子其行可矣) 부자(夫子)는 섭공자를 존경하여 쓰는 말. 행(行)을 '간다'로 새겨도 되지만 '실행'으로 봐도 무방함. 즉 '선생은 그렇게 하도록 하십시오'이다.

[해설] 이것은 신하로서의 충, 자식으로서의 효를 피할 수 없는 운명으로서 인정하고 이것을 좇는 게 자연의 도라고 주장한 것이다. 운명 순종을 주장하는 점에선 장자의 사상 바로 그것이지만, 충효의 도덕을 운명의 내용으로 하고 있다는 데 문제가 있다. 장자가 충효의 도를 '부득이 한 것'으로서 시인하고 있는 것은 이 문장뿐이며, 다른 데에선 이것을 모두 부자연인 도로서 부정하고 있는 것이다. 아마도 이 문장은 장자의 후학(後學) 사상이 혼입된 것이리라.

유왕(幽王) 2년, 지진이 있어 서주(西周)의 세 강(경수·위수·낙수)이 흔들렸다. 백양보(伯陽甫)가 말했다.
"주는 망하려 하고 있다. 천지의 기라는 것은 그 차서(次序 ; 차례와 순서)를 잃지 않는 게 상태(常態)이다. 만일 차서를 잃는다면, 왕의 부덕이 이것을 어지럽히기 때문이다. 양기(陽氣)가 굴복(屈伏)되어 지상으로 나오지 못하는 곳에 음기(陰氣)가 덮여 상승할 수 없게 하면 지진이 생기는 것이다."
이 무렵 유왕은 포사(褒姒)를 총애했다. 포사가 아들인 백복(伯服)을 낳자 왕은 태자를 폐하려고 했다. 태자의 어머니는 신후(申侯 ; 백이의 자손)의 딸로 정비였으나 이를 폐하고 태자 의구(宜臼)도 물리쳤다. 그리하여 포사를 왕후로 삼고 백복을 태자로 봉했던 것이다. 주의 태사(太史)인 백양은 역대의 기록을 읽고서 '주는 망하리라' 하고 탄식했다.
기록은 이러했다.
옛날 하후씨가 쇠미했을 무렵 두 마리의 용이 나타나 궁중의 뜰에 머무르며 말했다.
"우리들은 포(褒)의 조상인 이군(二君)이다."
하의 왕은 이것을 죽일 것인가, 떠나게 할 것인가, 머무르게 할 것인가 점쳤지만 어느 것이나 길(吉)은 아니었다. 그 입에서 내뿜는 거품(용의 정기)을 청하여 간직해 두는 것을 점쳤더니 길이었다. 그래서 비단을 깔고 용에게 조서를 보여 그 뜻을 알렸다.

그러자 용은 떠나고 거품은 남았으므로 그것을 상자에 넣어 두었다. 하가 멸망했을 때 그 상자는 은에 전해졌고, 다시 은이 멸망하자 주에 전해졌다. 하·은·주 3대 동안 감히 열어보는 자가 없었지만, 여왕 말년에 이르러 열어보았더니 거품이 후궁 뜰에 흘러나와 제거할 수가 없었다. 여왕은 여자들을 발가벗겨 이것을 향해 소리치게 하였다. 그랬더니 거품은 도마뱀으로 변하여 왕의 후궁으로 들어갔다. 후궁의 한 동첩(童妾 ; 7세)이 이것과 만났다. 그리하여 비녀를 꽂을 나이(15세)가 되어 임신하고, 남편이 없는데 아이를 낳았으므로 불길하다 하여 내버렸다. 선왕의 시대에 거리의 동녀(童女)들이 노래했다.

산뽕나무의 활과 기(箕)의 전통
이것이 주를 망하게 하리라.

선왕이 이 노래를 마음으로 꺼려하고 있을 때, 마침 부부로 그러한 것을 파는 자가 있었으므로 잡아다 죽이려고 했는데 놓치고 말았다. 부부는 달아나는 도중, 후궁의 동첩이 버린 갓난애가 울고 있는 것을 발견하고 가엾이 생각하여 주워 올렸다. 그리고 그들은 포로 도망했다.
그뒤 포의 군주가 주왕에게 죄를 짓게 되자 예의 동첩이 버렸던 아이를 바치면서 용서를 빌었다. 이 아이는 절세의 미녀로 성장했고, 바로 포사였다. 태사인 백양은 말했다.
"화가 성립되고 말았다. 이제 어쩔 수가 없다."

10

"내가 들어 알고 있는 바를 말하리라. 무릇 나라와 나라 사이의 교제란 가까우면 반드시 진의로써 하고, 멀리 있으면 반드시 말로써 충심을 다해야 할 것이다. 말이란 반드시 이를 전하는 사자(使者)가 필요하다. 양국 군주 모두 기뻐할 말이나 양국 군주가 성을 낼 말을 전하는 일은 세상에서 매우 어려운 일이다. 양국 군주를 기뻐하도록 할려면 거기에는 반드시 지나치게 칭찬하는 말이 많아지고, 양국 군주를 성내도록 할려면 거기에는 반드시 지나치게 헐뜯는 말이 많아진다. 무릇 지나친 것에는 진실성이 없고, 진실성이 없다면 신용이 없어지고, 신용이 없어지면 그 말을 전하는 사자가 화를 입게 된다. 그러므로 격언에도 '있는 그대로를 전하여 지나친 말을 전하지 않는다면 우선은 안전하다'고 했다.

또 기교로 승부를 겨루는 자는 처음에는 정정당당히 하지만 끝에 가서는 음흉한 악의를 갖게 되고, 심해지면 도리를 벗어난 수단까지 동원한다. 예의범절을 좇아 술을 마시는 자도 처음에는 윤리에 벗어나지 않지만 끝에 가서는 어지럽게 굴고, 심해지면 별의별 야릇한 쾌락이 많아진다.

일이란 이와 마찬가지로 진실에서 시작되어 항상 거짓으로 끝나는 것이다. 시작은 간략하지만 끝이 가까워지면 반드시 거창하게 되는 법이다. 말이란 바람이나 물결과 같은 것이요, 행위란 진실을 상실한 것이다. 바람이나 물결은 흔들리기 쉬운 것이요, 진실이 상실되면 위험에 빠지기 쉽다. 그러므로 화를 내는 것은 별다른 이유가 없고, 지나치게 능숙한 말이나 한쪽에 치우친 말에 의해서이다. 짐승이 죽음을 앞에 두면 울음소리를 가리지 않고 숨소리도 거칠어져 온갖 사나운 마음이 생긴다. 군주도 너무 준엄하게 다그치면 좋지 않은 마음으로 대응하게 되고, 그 스스로 그렇게 됨을 알지 못한다. 군주가 만약 왜 그런지를 스스로 알지 못하면 누가 그 결과를 알 것인가.

그러므로 격언에도 '군주의 명령을 바꾸지 말고 일을 억지로 이루려고 하지 말라'고 하였다. 그것은 도를 넘으면 불필요한 덧붙임이 되기 때문이요, 명령을 바꾸고 일을 억지로 이루려고 함은 위험한 일이다. 좋은 일의 성공은 오랜 시일이 필요하고, 나쁜 일은 고치려고 해도 고칠 수가 없으니, 어찌 삼가지 않겠는가. 무롯 사물의 움직임에 몸을 맡겨 마음을 편히 하고 부득이한 일에 의지하여 마음을 닦으면 극진할 것이다. 어찌 일을 꾸며서 보고할 수 있겠는가. 군주의 명을 그대로 전하는 것보다 더할 일이 없으니 이것이 어려운 일이다."

원문 丘는 請復以所聞하리다 凡交로 近則必相靡以信하고 遠則必忠之以言이어니 言必或傳之라 夫傳兩喜兩怒之言은 天下之難者也요 夫兩喜必多溢美之言이고 兩怒必多溢惡之言이리라 凡溢之類妄이요 妄則其信之也莫이니 莫則傳言者殃이라 故로 法言도 曰 傳其常情하여 無傳其溢言이면 則幾乎全이라 且以巧鬪力者는 始乎陽에 常卒乎陰하여 泰至則多奇巧라 以禮飮酒者는 始乎治에 常卒乎亂이니 泰至則多奇樂이라 凡事亦然으로 始乎諒하고 常卒乎鄙이리다 其作始也簡이면 其將畢也必巨하리라 夫言者風波也요 行者實喪也이니라 風波易以動이요 實喪易以危라 故로 忿設無由는 巧言偏辭라 獸死不擇音하고 氣息茀然에 於是竝生心厲이리라 剋核泰至면 則必有不肖之心應之이니 而不知其然也로다 苟爲不知其然也면 孰知其所終이라 故로 法言曰 無遷令에 無勸成하라 過度益也이니 遷令勸成殆事라 美成在久요 惡成不及改이니 可不愼與잇고 且夫乘物以遊心이면 託不得已以養中이니 至矣이니라 何作爲報也로 莫若爲致命이니 此其難者이리다

🈯 **구청복이소문**(丘請復以所聞) 구(丘)는 공자의 이름. 복(復)은 대답하다(答也). **범교**(凡交) 교(交)는 서로 사귀는 것. 여기서는 국교(國交). **근즉필상미이신**(近則必相靡以信) 상미(相靡)는 서로 따른다는 것. 미(靡)는 붙좇다, 순순히 따르다로 영향을 서로 주어 따르게 하는 것. 신(信)은 신의, 믿음. **원즉필충지이언**(遠則必忠之以言) 충지(忠之)의 충(忠)은 진심. 충지는 진심으로 이것에 대한다는 것. **언필혹전지**(言必或傳之) 문제는 혹(或)으로 유(有)와 같다고 봄. 따라서 말을 반드시 전하는 자가 있어야 한다는 뜻. **양희양노지언**(兩喜兩怒之言) 양희(兩喜)와 양노(兩怒)의 양은 양쪽이란 뜻. 즉 쌍방이 기뻐하고 쌍방이 노여워 하는 것. **양희필다일미지언**(兩喜必多溢美之言) 일(溢)은 넘치다, 지나치다. 일미(溢美)는 실제 이상으로 미화시키는

것. 지나치게 칭찬하는 것. **양노필다일악지언**(兩怒必多溢惡之言) 악(惡)은 나쁘다, 악하다. 따라서 일악(溢惡)은 지나치게 악한 것. **범일지유망**(凡溢之類妄) 망(妄)은 성실하지 못하다. **망즉기신지야막**(妄則其信之也莫) 막(莫)을 박(薄)의 뜻으로 해석하여 '엷어진다'로 봄. '막'을 막연하여 의심한다는 뜻으로 해석하는 사람도 있음. **막즉전언자앙**(莫則傳言者殃) 앙(殃)은 벌을 받다, 재앙이 있다. **법언**(法言) 격언. **전기상정**(傳其常情) 희로에 치우치지 않는 평소 그대로인 마음(실정)을 전함. **차이교투역자**(且以巧鬪力者) 교(巧)는 기교, 재주. 투(鬪)는 투(鬪). 싸우다, 겨루다. **시호양 상졸호음**(始乎陽 常卒乎陰) 양(陽)은 밝음. 음(陰)은 그늘. 또 혹자는 양을 '희(喜)'로 보고 음을 '노(怒)'로 봄. 졸(卒)은 마치다, 끝내다. 그러나 여기서는, '처음에는 명랑하여 정정당당해 보이지만, 끝이 되면 음흉한 악의를 갖게 되는 것이 보통이다'로 해석함. **태지즉다기교**(泰至則多奇巧) 태(泰)는 심하다(甚也). **시호치 상졸호란**(始乎治 常卒乎亂) 치(治)는 이(理)로 윤리. 즉 처음에는 윤리에 벗어나지 않지만 끝이 되면 어지러워지는 게 보통이다. **기락**(奇樂) 기이한 즐거움. 즉 별의별 야릇한 쾌락. **시호량 상졸호비**(始乎諒 常卒乎鄙) 유월의 설을 좇아 양(諒)을 도(都)로 우아하다는 뜻으로 해석. 비(鄙)는 야비하다, 조야하다. **기작시야간 기장필야필거**(其作始也簡 其將畢也必巨) 간(簡)은 간소, 간략. 거(巨)는 커진다는 것. 작(作)은 위(爲)와 통함. **행자실상야**(行者實喪也) 이 해석엔 이설이 많다. 즉 실상(實喪)을 득실(得失)로 보는 설이 있는데, 여기서는 문자 그대로 실(實)을 '진실'로 새김. 진실을 잃은 행위는. **분설무유 교언편사**(忿設無由 巧言偏辭) 분(忿)은 분노. 무유(無由)는 이유가 달리 없다는 것. 설(說)은 만들어지다, 생기다(生也). 교언(巧言)은 간사스런 말이고 편사(偏辭)는 그럴듯하게 짜맞추는 말. **수사불택음**(獸死不擇音) 수(獸)는 짐승. 짐승이 죽을 때는 소리를 가리지 않는다. 죽음에 즈음해서는 공포로 울음소리를 가릴 여유도 없이 처절하게 운다. **기식불연**(氣息茀然) 숨소리가 거칠다. 불(茀)은 강하고 왕성하다는 뜻이 있음. **어시병생심려**(於是竝生心厲) 어시(於是)는 여기에서. 여(厲)는 사나워지다. 병생(竝生)은 함께 생긴다는 것. 심려(心厲)는 마음의 병. 여기서 사나운 마음이 함께 생긴다. **극핵태지**(剋核泰至) 극핵(剋核)은 엄격함, 준엄. 엄격이 너무 지나치면. **부지기연**(不知其然) 그것이 그러함을 모르게 된다. **구위부지기연야**(苟爲不知其然也) 구(苟)는 약(若)과 같고, 만일, 적어도. 만약 왜 그런지를 자기도 모르게 된다면. **무천령 무권성**(無遷令 無勸成) 천(遷)은 개(改)와 같고, 고치다, 달리하다. 영(令)은 법령. 권(勸)은 권하는 것. 성(成)은 성공. **과도익야**(過度益也) 익(益)은 넘친다는 뜻. 불필요한 덧붙임. **미성재구 악성불급개**(美成在久 惡成不及改) 미(美)는 선(善)과 통하며, 좋은 일. 좋은 일이 이루어지는 데는 오랜 세월이 걸리고, 나쁜 일은 일단 이루어지면 고칠 수가 없다. **승물이유심**(乘物以遊心) 승물(乘物)은 사물을 타는 것으로 사물의 움직임에 몸을 맡기는 것. 바꾸어 말한다면 사물, 즉 자연에 거역하지 않는 것. 유심(遊心)은 마음이 노니는 것으로 소요(逍遙). **탁부득이이양중**(託不得已以養中) 제7절의 '우어부득이(寓於不得已)'와 마찬가지로 '탁부득이(託不得已)'는 같은 뜻으로서 장자의 운명관을 나타내는 말임. 또 양중(養中)은 '양생주편'의 '연독(緣督)'의 독(督)과 마찬가지로 유교의 '중용'에 가까운 의미라고 해석됨. 일설에는 중(中)은 심중(心中)을 가리키며 따라서 양중은 마음을 키운다는 뜻이라 한다. **위보야**(爲報也) 보(報)는 군주에 대한 보고의 의미와, 행위에 대한 보답의 의미를 아울러 갖고 있다고 생각됨. **위치명**(爲致命) 치(致)는 '보내다'의 뜻이 있지만 여기서는 군주의 명령을 달성했다는 의미와 하늘의 명, 즉 천명을 따른다는 의미를 아울러 갖고 있다고 해석함.

[해설] 포사는 좀처럼 웃지를 않았다. 유왕은 포사를 웃게 하고자 갖가지로 노력했으나 아무래도 웃지 않았다.

유왕은 봉화와 큰북을 마련하여 적군의 침입이 있으면 봉화를 올려 제후에게 연락하도록 하고 있었다. 그런데 언젠가 실수로 봉화를 올리는 바람에 제후들이 허둥지둥 달려왔다. 달려와 보았더니 적의 모습이 없어 제후들은 모두 어리둥절해했다. 그 모습이 우스워 포사는 크게 웃었다.

유왕은 기뻐하고 포사를 웃기기 위해 자주 봉화를 올렸다. 그 뒤 제후들은 봉화를 믿지 않고 차츰 달려오지 않게 되었다.

유왕은 괵석보(虢石父)를 경(卿)으로 임명하여 정사를 맡겼는데 나라사람들이 모두 원망했다. 석보의 사람됨이 간사하고 아부를 잘했으며 이익을 좋아했기 때문이다.

왕은 이와 같은 인물을 중용(重用)하고 왕비와 태자를 폐했기 때문에 신후(申侯)는 노하여 증(繒 ; 우의 자손)이나 서이·견융과 손잡고 왕을 공격했다.

유왕은 봉화를 올렸지만 제후들은 하나도 달려오지 않았다. 신후 등은 마침내 여산(驪山) 기슭에서 유왕을 죽였고 포사를 사로잡았으며 왕실의 재물을 빼앗아 물러갔다. 기원전 771년의 일이다.

이리하여 폐한 태자 의구가 왕이 되었는데, 이가 평왕(平王)이다. 견융의 약탈로 호경이 황폐해졌으므로 평왕은 도읍을 낙읍(낙양)으로 옮겼다. 호경의 서주(西周)가 끝나고 낙읍의 동주(東周)가 시작된 것이다.

도읍은 옮겼지만 평왕 시대에는 주 왕실이 쇠미하고 제후로서 강자가 약자를 집어삼키는 일이 시작되었다.

《춘추》는 공자가 편집했다는 노(魯)나라 연대기로, 노 은공(隱公) 원년(B.C. 722)부터 시작된다. 그것은 주 평왕 49년에 해당된다.

이 무렵 제후로 정(鄭)이 강했는데, 정은 비교적 역사가 짧은 나라다. 정의 환공 우(桓公友)는 선왕의 이복동생으로, 선왕 때 비로소 정에 봉해졌다. 환공은 백성들의 존경을 받았으므로 유왕이 그를 주의 사도(司徒)로 임명했다. 견융이 주를 공격할 때 정 환공도 여산에서 왕과 함께 살해되었다. 나라 사람들이 이때 협력하여 그 아들을 추대했는데, 이 사람이 정 무공(武公)이다.

무공이 신후의 공녀를 아내로 맞았는데, 이가 무강(武姜)이다. 이윽고 무강은 태자인 오생(寤生)을 낳았다. 무강은 심한 난산 끝에 낳은 오생을 사랑하지 않았다. 그뒤 무강은 단(段)을 낳았는데, 순산이었으므로 이 아들을 편애했다. 무공이 병석에 눕게 되자 무강은 단을 태자로 봉해달라고 울며 애원했지만, 무공은 그것을 들어주지 않았다. 이리하여 오생이 후계자가 되어 정 장공(莊公)이라 불렸다.

장공은 동생을 경(京)에 봉했는데 대부인 채중(祭仲)이 반대했다.

"경은 도읍보다 광대합니다. 서자(여기선 태자 이외의 아들)를 봉할 곳이 아닙니다."

그러나 장공은 말했다.

"어머님인 무강이 간절히 원하시는 바이다. 나는 어머님의 희망을 꺾고 싶지는 않다."

한편 주에선 평왕이 죽고 태자인 설보(洩父)도 일찍 죽었기 때문에 그 아들 임(林)이 섰는데, 이가 환왕(桓王)이다. 환왕 3년(B.C. 717), 정 장공이 입조했는데 그 대우가 좋지 않았으므로 장공은 몹시 화가 나서 돌아갔다.

이때 환왕은 괵공(虢公)을 중용했다. 정 장공과 대항시키기 위해서였다.

장공은 여러 모로 기분이 상하여 영지의 일부를 노나라와 멋대로 교환했다. 즉 정에는 팽(祊)이라는 고을이 있고, 이것이 노나라 영토 안에 섬처럼 외떨어져 있었다. 한편 노는 허(許)라는 고을이 있었는데, 그것이 정의 세력권 안에 위치하고 있었다.

왜 이런 일이 있었을까? 정은 주왕의 대리로서 태산(泰山)에서 제사지낼 의무가 있었고 팽은 그 제읍(祭邑)이었다. 또 허는 노나라가 주 왕실에 입조할 때 비용을 조달하는 곳이었다.

이 영토 교환은 정과 노나라의 주 왕실에 대한 도전이나 다름없었다. 왜냐하면 영토 교환을 함으로써 정은 태산의 제사를 지내지 않겠다는 것이고, 노는 입조하지 않겠다는 의사 표시나 같았기 때문이다. 이리하여 환왕은 진(陳), 채(蔡), 위(衛), 괵(虢)의 제후군을 소집하여 정의 토벌에 나섰다.

정 장공은 채중, 고거미(高渠彌) 등을 장군으로 하여 왕군과 싸워 무찔렀다. 이때 축첨(祝瞻)이란 자가 쏜 화살이 왕의 팔꿈치를 맞혔다. 축첨은 다시 추격하려 했지만 정 장공은 그것을 제지했다.

"장(長)을 범하는 일조차 꺼림칙하거늘, 하물며 천자에 있어서라."

그리하여 장공은 채중을 시켜 왕의 부상을 위로케 했다. 바야흐로 '춘추시대'의 시작이니, 기원전 707년의 일이었다.

11

안합(顏闔)이 위(衛)나라 영공(靈公)의 태자 스승이 되자, 그는 거백옥(蘧伯玉)에게 가르침을 청했다.

"여기 어떤 사람이 있는데, 그는 태어나면서부터 잔혹합니다. 그래서 이 사람과 함께 무도(無道)한 짓을 하면 나라를 위태롭게 할 것이며, 정도(正道)를 지킨다면 내 몸이 위태로울 것입니다. 그의 지혜는 다른 사람의 잘못은 무엇 하나 놓치지 않지만 자신의 허물은 모릅니다. 이러한 사람을 어떻게 하면 좋겠습니까?"

거백옥이 대답했다.

"좋은 질문이다. 경계하고 삼가서 그대의 몸을 바로잡아야 할 것이다. 행동은 그를 따를 만한 것이 없고 마음은 그와 융합할 만한 것이 없다. 비록 그렇다 할지라도 이 두 가지에는 조심할 점이 있다. 따르면서도 끌려들지 말고, 화합하면서도 드러나지 않게 하는 것이다. 행동을 따르다가 끌려들면 자빠지고 망하고 무너지며 미끄러지게 된다. 마음을 화합시켜 드러나게 되면 곧 소문이 나서 명성을 얻고 결국에는 요사스러움이 되고 허물이 된다. 따라서 그가 어린아이 같은 짓을 하거든 더불어 어린아이가 되고, 버릇없이 행동하거든 또한 더불어 버릇없는 짓을 하라. 그가 또한 방종한 짓을 하면 또한 더불어 방종한 짓을 하라. 이와 같이 그가 하는 대로 좇으면서 허물없는 경지까지 이르는 것이다."

[원문] 顏闔이 將傅衛靈公太子에 而問於蘧伯玉하여 曰 有人於此에 其德天殺이라 與之爲無方이면 則危吾國이요 與之爲有方이면 則危吾身이라 其知適足以知人之過나 而不知其所以過라 若然者는 吾奈之何요 蘧伯玉曰 善哉問乎라 戒之愼之하여 正女身哉라 形莫若就하고 心莫

若和하라 雖然이나 之二者有患이라 就不欲入하고 和不欲出하라 形就
而入이면 且爲顚爲滅에 爲崩爲蹶이라 心和而出이면 且爲聲爲名에 爲
妖爲孽이라 彼且爲嬰兒면 亦與之爲嬰兒하라 彼且爲無町畦면 亦與之
爲無町畦하라 彼且爲無崖면 亦與之爲無崖하여 達之入於無疵하리라

㈜ **안합장부**(顔闔將傅) 안합(顔闔)은 노(魯)나라의 현인. '달생편(達生
篇)'이나 '양왕편(讓王篇)'에도 나옴. 부(傅)는 스승. **위영공태자**(衛
靈公太子) 태자는 이름을 괴외(蒯聵)라고 했는데 난폭하기로 유명함.
후에 자기 자식을 내쫓고 장공(莊公)이 됨. **거백옥**(蘧伯玉) 위나라
의 대부. 《논어》에도 나오는데 공자가 군자라고 칭찬한 바 있음. **유
인어차**(有人於此) 어(於)는 여기에. 여기에 이와 같은 이가 있다. 괴
외를 가리킨다. **천살**(天殺) 천성이 잔인함. **여지위무방**(與之爲無
方) 방(方)은 방법. 무방(無方)은 무도(無道), 폭역(暴逆). **유방**(有
方) 정도(正道). **기지적족이지인지과**(其知適足以知人之過) 적(適)
은 마침. 과(過)는 허물, 잘못. **형막약취 심막약화**(形莫若就 心莫若
和) 형(形)은 형체, 즉 몸. 취(就)는 좇다, 따르다. 화(和)는 조화.
막(莫)은 꾀하다. **이자유환**(二者有患) 환(患)은 걱정, 염려. **취불
욕입**(就不欲入) 입(入)은 마음속까지 깊이 들어 가는 것. **화불욕출**
(和不欲出) 출(出)은 드러내는 것. **위전위멸 위붕위궐**(爲顚爲滅 爲崩
爲蹶) 전(顚)은 자빠지는 것, 뒤집히는 것, 멸(滅)은 파멸. 붕(崩)은
무너짐. 궐(蹶)은 걸려서 넘어지는 것. 이 네 가지는 모두 자신이 상
대방에게 해를 입는 것. **위요위얼**(爲妖爲孽) 요(妖)와 얼(孽)은 둘
다 재앙. **피차위영아 역여지위영아**(彼且爲嬰兒 亦與之爲嬰兒) '그가
어린이가 되면 이것과 더불어 역시 어린이가 된다'의 뜻. 차(且)는 어
조사로 뜻이 없고 뜻을 강조함. **무정휴**(無町畦) 정(町)과 휴(畦)는
밭의 경계. 무제한, 절도가 없다. **무애**(無崖) 애(崖)는 낭떠러지인
데, 전의되어 사물의 끝. 여기서는 '방종'으로 해석함. **무자**(無疵)
자(疵)는 상처, 흠. 결점이 없는 것. 즉 완전한 상태.

[해설] 정 장공은 왕군을 물리칠 정도였는데, 이번에는 동생 단이
군사를 이끌고 공격해 왔다. 단을 편애하는 무강은 성 안에서 내
응(內應)했다. 하지만 장공은 잘 막아냈고 단은 패주하여 멀리
달아났다. 이때 장공은 어머니 무강을 성영(城穎)이라는 곳에 감

금하고 맹세했다.
"황천에 가기까지는 결코 만나뵙지 않으리라."
그로부터 1년쯤 지나자 장공은 자기의 맹세를 후회했다. 그러던 어느 날, 영곡(潁谷)의 고숙(考叔)이 예물을 바쳤다. 장공은 식사를 함께 했는데 그 자리에서 고숙이 말했다.
"저에겐 어머니가 한 분 계십니다. 주군께서 하사하신 이 음식을 어머니께 갖다 드리는 것을 허락해 주십시오."
그러자 장공이 말했다.
"나도 어머님과 몹시 만나고 싶다. 그러나 황천에 가기까지는 뵙지 않겠다고 맹세했으므로 어길 수는 없다. 어떻게 하면 좋겠는가?"
"어렵지 않습니다. 황천은 땅 속이 아닙니까. 땅을 깊이 파고서 거기서 만나뵙도록 하십시오."
장공은 크게 기뻐하고 고숙이 말한 대로 하여 무강과 만났다. 이 무렵 송 무공(宋繆公)이 죽고 그 공자인 빙(馮)이 정에 망명해 왔다.
송은 오래된 나라이다. 송에 선공(宣公)이란 인물이 있었는데, 그에겐 태자 여이(與夷)가 있었다. 선공이 병에 걸려 임종을 맞았을 때 아우인 화(和)를 불러 말했다.
"아버지가 죽어 아들이 그 뒤를 잇고 형이 죽어 동생이 그 뒤를 잇는 것은 천하의 통례이다. 나는 내 후계자로 동생인 너를 세우겠다."
화는 세 번 사양하고서 위를 받았는데, 이 사람이 무공(《사기》의 같은 송미자 세가에는 목공이라고 되어 있음)이다. 세월이 흘러 무공 역시 죽을 병에 걸렸다. 무공은 대사마인 공보(孔父)를 불러 부탁했다.
"선군이신 선공은 태자인 여이를 제쳐놓고 나를 즉위시켜 주셨다. 그 은혜를 나는 잊을 수가 없다. 내가 죽거든 반드시 여이를 세워라."
"하지만 신하들은 모두 공자 빙(무공의 아들)을 세우기를 원하고 있습니다."
"아니다, 빙을 세워선 안 된다. 나는 선공의 은혜를 저버리지 못한다."
이리하여 무공은 방해가 되지 않도록 빙을 달아나게 하여 정에 가도록 했다. 이윽고 무공이 죽고 여이가 섰는데 상공(殤公)이다. 이때 위나라 공자 주우(州吁)가 군주를 시해하고 자립하여 제후의 환심을 사고자 송에 사신을 보내어 제의했다.
"귀국의 공자인 빙이 달아나 정에 거주하고 있습니다. 이대로 버려두면 반드시 반란을 일으킬 것입니다. 우리 나라와 연합하여 정벌합시다."
송 상공은 어리석게도 위와 함께 정을 공격했고 별 이득도 없이 돌아왔다. 정은 이듬해 송을 쳤고 그 보복을 하였으며, 이때부터 송은 자주 제후의 공격을 받게 된다.
앞서 나온 대사마 공보가(嘉)의 아내는 미인이었다. 어느 날, 외출했다가 길에서 태재(太宰)인 화독(華督)을 만났다. 화독은 첫눈에 관심을 갖고 어떻게든지 그녀를 자기 것으로 만들려고 음모를 꾸몄다. 그는 사람을 시켜 소문을 퍼뜨리게 하였다.
"상공이 즉위하고서 아직 10년밖에 되지 않았는데 그동안에 전쟁이 11회나 있었으니, 백성은 시달려 도저히 견딜 수 없을 정도이다. 이런 사태는 모두 보필의 자리에 있는 공보의 책임이다. 나는 공보를 죽여 백성을 편안케 하리라."
화독은 마침내 공보를 공격하여 이를 죽이고 그 아내를 빼앗았다. 상공이 이를 책망하자 화독은 주군마저 죽이고 빙을 맞아 군주로 추대했다. 그가 송 장공이다.

12

"그대는 저 사마귀란 놈을 모르는가? 그놈이 앞발을 높이 들고 수레바퀴에 맞섬은, 그것을 감당할 수 없음을 모르기 때문이다.

이것은 그 재주의 빼어남을 자랑함이니, 이것을 경계하고 삼가라. 그대의 빼어난 것을 자랑하여 이로써 상대방을 범하면 위태롭다.

 그대는 저 호랑이를 기르는 사람을 모르는가. 그가 호랑이에게 살아 있는 먹이를 주지 않음은 호랑이가 이것을 죽이려고 성을 내기 때문이다. 또 먹이를 통째로 호랑이에게 주지 않음은 호랑이가 그것을 찢으려고 성내기 때문이다. 호랑이를 기르는 자는 그 배부름과 굶주림을 잘 조절하여 그 성난 마음을 자극하지 않아야 한다. 호랑이가 사람과는 유(類)를 달리 하면서도 자기를 기르는 자에게는 잘 보이려 하는 것은 양호자(養虎者)가 호랑이의 본성을 따르기 때문이다. 그런데 양호자를 물어 죽이는 것은 호랑이의 본성을 거스르기 때문이다.

 말을 사랑하는 자는 광주리에 말똥을 담고 큰 조개껍데기에 오줌을 받기도 하지만 마침 모기나 등에가 말등에 붙었다고 이것을 느닷없이 때리면, 말은 재갈을 끊고 주인의 목을 부러뜨리거나 가슴을 으스러트릴 것이다. 말을 돌보는 뜻이 지극한 바 있어도 사랑을 잃을 수가 있으니 어찌 삼가지 않을 수가 있겠는가.”

[원문] 汝不知夫螳螂乎아 怒其臂以當車轍하니 不知其不勝任也이니라 是其才之美者也이니 戒之愼之하라 積伐而美者以犯之하면 幾矣니라 汝不知夫養虎者乎아 不敢以生物與之는 爲其殺之之怒也니라 不敢以全物與之는 爲其決之之怒也니라 時其飢飽하고 達其怒心하라 虎之與人異類이나 而媚養己者는 順也이니라 故로 其殺者는 逆也이니라 夫愛馬者는 以筐盛矢하고 以蜄盛溺하되 適有蚉䖟僕緣이 而拊之不時면 則缺銜毁首碎胸하리라 意有所至라도 而愛有所亡이니 可不愼邪잇고

㉢ 당랑(螳螂) 사마귀, 버마재비. **노기비이당거철**(怒其臂以當車轍) 이 말은 '천하편(天下篇)', 《회남자》, 《한시외전(韓詩外傳)》에도 나옴. 당랑지부(螳螂之斧)라는 말도 여기서 나왔고, 약자가 자기 분수도 모르고 강자에게 맞서는 비유로 사용됨. 노(怒)는 화내다. 비(臂)는 앞발. 당(當)은 맞선다. 거철(車轍)은 수레바퀴 자국. 여기서는 수레가 오는

길을 가리킴. **불승임야**(不勝任也) 승(勝)은 이기다. 임(任)은 당하다(當也), 감당하다. 당해내지 못한다는 뜻. **시기재지미자야**(是其才之美者也) 재(才)는 재능, 능력. 미(美)는 뛰어남, 훌륭함. **기의**(幾矣) 기(幾)는 위태하다, 위험하다. **양호자**(養虎者) 호랑이를 기르는 사람. **적벌이미자이범지**(積伐而美者以犯之) 적벌(積伐)의 적은 많이 쌓임, 즉 많다. 벌은 자랑하다. 이(而)는 그대. 범지(犯之)의 범은 범하다. 즉 그대의 훌륭함을 자랑하고 이로써 상대방을 범하다. **생물여지**(生物與之) 여(與)는 주다. **위기살지지노야**(爲其殺之之怒也) 기(其)는 호랑이를 가리킴. 앞의 지(之)는 먹이. 즉 여기서는 생물(生物)을 가리키고, 뒤의 '지'는 어조사. **전물여지**(全物與之) 전물(全物)은 온전한 전체, 통째. **위기결지지노야**(爲其決之之怒也) 결(決)은 열(裂)과 같고, 끊는다의 뜻. **시기기포**(時其飢飽) 기(飢)는 굶주림. 포(飽)는 배부름. **달기노심**(達其怒心) 달(達)은 인도하다. **미양기자순야**(媚養己者順也) 양기자(養己者)는 자기를 길러준 사람. 미(媚)는 보비위하다, 아첨하다. **역야**(逆也) 역(逆)은 거스르다. **이광성시**(以筐盛矢) 광(筐)은 광주리. 시(矢)는 똥(糞也), 말똥. 광주리에 말똥을 담고. **이신성뇨**(以蜄盛溺) 신(蜄)은 대합. 아름다운 제기(祭器)로 사용되었음. 요(溺)는 오줌. **적유문맹복연**(適有蚉蝱僕緣) 문(蚉)은 모기이고 맹(蝱)은 등에. 복연(僕緣)의 복은 왕염손(王念孫)의 설을 좇아 '붙다'로 새김. 연은 '좇음'인데 복연을 '달라붙다'로 본다. **부지불시**(拊之不時) 부(拊)는 치다, 때리다. **결함훼수쇄흉**(缺銜毀首碎胸) 함(銜)은 재갈. 결함(缺銜)은 재갈을 물어뜯는 것. 훼수(毀首)라 함은 목이 부러지는 것. 쇄흉(碎胸)은 가슴이 으스러지는 것. **애유소망**(愛有所亡) 망(亡)은 없어지다(失也).

[해설] 제가 북융의 공격을 받았을 때 정나라는 태자 홀(忽)을 장군으로 파견하여 구원했다. 제 이공(齊釐公)은 그 공녀를 홀에게 출가시키려 했으나 홀은 사양했다.
"우리 정은 작은 나라입니다. 제와는 걸맞지 않습니다."
그때 채중이 동행하고 있었는데, 홀에게 승낙하라고 권했다.
"우리 주군께선 총애하는 부인이 많고 따라서 사랑하시는 공자도 많이 있습니다. 당신은 대국의 원조가 없다면 도저히 즉위하실 수가 없을 것입니다. 현재도 세 명의 공자가 모두 군주가 되고

자 바라고 있습니다."
　세 공자란 태자인 홀, 그 동생인 돌(突), 또 그 동생인 자미(子亹)였다. 정 장공은 재위 43년으로 죽었다. 일찍이 장공은 채중을 등(鄧)이란 작은 나라에 사자로 보내어 공녀를 맞아 태자 홀을 낳았던 것이다. 그리하여 장공이 죽자 채중은 홀을 세웠는데, 이가 소공(昭公)이다.
　장공은 또 송나라 정경(正卿) 옹씨(雍氏)의 딸을 맞아 돌을 낳았었다. 송 장공은 채중이 홀을 세웠다는 말을 듣고 사자를 보내어 채중을 오게 하고 위협하며 강요했다.
　"귀국하여 돌을 즉위시켜라. 아니면 너를 죽이겠다."
　채중은 할 수 없이 귀국하자 돌을 즉위시켰는데, 이가 여공(厲公)이다. 소공은 이것을 알자 위로 망명했다.
　채중은 정의 정치를 마음대로 주물렀다. 여공은 차츰 채중이 싫어졌다. 그래서 채중의 사위인 옹규(雍糾)를 은밀히 불러 장인을 죽일 것을 명령했다. 옹규는 주군의 명령을 받았지만 고민하지 않을 수 없었다. 잠을 못 이루는 옹규에게 아내가 물었다.
　"무슨 걱정이라도 있습니까?"
　옹규가 비밀을 아내에게 털어놓자, 그녀는 자기 어머니에게 물었다.
　"아버지와 남편 중 어느 쪽이 더 가까울까요?"
　어머니는 대답했다.
　"아버지는 하나뿐이다. 그런데 천하의 남자는 누구라도 남편이 될 수 있지."
　그래서 옹규의 아내는 남편의 비밀을 아버지에게 고했다. 채중은 오히려 옹규를 죽이고 그 시체를 저자거리에 효시했다. 여공은 역(櫟)으로 달아나 그곳에서 자립했다. 채중은 위나라로 망명한 소공을 다시 맞아 군주로 모셨다(B.C. 697).
　정나라에선 채중 다음으로 고거미가 세력가였다. 소공은 태자 시절 고거미를 싫어했고 경으로 임명되는 것을 반대한 일이 있었다. 고거미는 소공이 복위하자 주살될 것을 두려워하여, 사냥에 나갔을 때 소공을 쏘아 죽였다. 이리하여 채중은 고거미와 의논하여 자미를 군주로 추대했다(B.C. 695).
　이해 여름, 제 양공(齊襄公)이 제후를 수지(首止)란 곳에 소집했다. 이것이 이른바 회맹(會盟)이다.
　채중은 회맹에 가지 말라고 말렸다. 자미와 양공 둘다 공자였을 무렵 팔씨름을 하여 싸운 일이 있었던 것이다. 그러나 자미는 듣지 않았다.
　"제나라는 강대하고 또한 여공이 역에 있다. 내가 만일 출석하지 않는다면 양공이 트집을 잡아 제후와 더불어 우리 정을 공격하고 여공을 복위시키고자 할 것이다. 나는 출석하는 편이 좋을 것이다. 출석했다고 하여 반드시 나에게 치욕을 가하지는 않을 것이다. 양공이 옛날의 원한을 지금껏 품고 있지 않을 것이다."
　그러나 자미는 제 양공에게 살해되고 말았다. 채중은 할 수 없이 영(嬰)을 추대했는데, 이가 정자(鄭子)이다.

13

　목수인 석(石)이 제의 곡원 땅에 이르렀을 때 사당의 신목(神木)을 보았다. 그 크기는 수천 마리 소를 덮고, 줄기의 둘레는 백 아름이나 되었다. 높이는 산을 내려다보았고 땅에서 열 길이나 위에 가지가 나 있었다. 그 가지로 배를 만든다면 수십 척이나 만들 정도가 되어 이를 구경하는 사람들이 많아 저자처럼 시끄러웠다. 그러나 목수의 우두머리인 석은 거들떠보지도 않았고 걸음도 멈추지 않았다. 그의 제자는 싫증이 나도록 이를 구경하였고, 이윽고 뛰어서 석을 쫓아가 물었다.
　"제가 도끼를 잡고 스승님을 따른 이래 일찍이 이처럼 훌륭한 재목은 보지 못했습니다. 그런데 스승님은 거들떠 보지도 않으시고 걸음도 멈추지 않으시니 어째서입니까?"
　장석이 대답했다.

"그만두어라. 아예 말하지도 말아라. 그것은 쓸모없는 나무이다. 그것으로 배를 만들면 가라앉을 것이고, 관곽을 만들면 빨리 썩을 것이다. 그것으로 그릇을 만들면 쉽게 부서질 것이고, 그것으로 문호를 짜면 나무진이 배어나올 것이고, 기둥을 세우면 좀이 먹을 것이다. 이는 재목이 되지 않는 나무다. 쓸 데가 도무지 없어 그렇듯 오래 살게 되었을 뿐이다."

원문 匠石之齊에 至乎曲轅하고 見櫟社樹라 其大蔽는 數千牛요 絜之百圍라 其高臨山하고 十仞에 而後有枝라 其可以爲舟者로 旁十數라 觀者如市이거니와 匠伯不顧하고 遂行不輟이라 弟子는 厭觀之하고 走及匠石하여 曰 自吾執斧斤하여 以隨夫子로 未嘗見材如此其美也어늘 先生은 不肯視하고 行不輟하니 何邪잇고 曰 已矣니라 勿言之矣하라 散木也이니라 以爲舟則沈이요 以爲棺槨則速腐요 以爲器則速毀요 以爲門戶則液樠이요 以爲柱則蠹이니 是不材之木也이니라 無所可用이라 故能若是之壽이리라

주 장석지제(匠石之齊) 장석(匠石)의 장은 기술자를 일컫는 말로서 목수 따위. 석은 그 이름. 여기서의 지(之)는 가다. **곡원**(曲轅) 고장 이름이라고도 하고 길 이름이라고도 함. 원래는 수레의 앞에 달린 채를 말함. 여기서는 지명으로 새김. **역사수**(櫟社樹) 역(櫟)은 상수리나무. 사(社)는 사당을 말하는데, 역사수는 그 사당에 심은 나무. **기대폐수천우**(其大蔽數千牛) 폐(蔽)는 덮다. **혈지백위**(絜之百圍) 혈(絜)은 재다, 헤아리다. 위(圍)는 아름. **십인**(十仞) 인(仞)은 주나라 때의 척도(尺度)로 여덟 자, 또는 일곱 자였다고 함. **방십수**(旁十數) 방(旁)은 너비를 뜻하는데, 여기서는 유월의 설을 좇아 '무릇'이라고 해석. 무릇 몇십 개나. **장백불고**(匠伯不顧) 장백(匠伯)은 도목수, 목수의 우두머리. **수행불철**(遂行不輟) 수(遂)는 나아가다(進也). 행(行)은 걸음. 철(輟)은 그치다, 멎다. 걸음을 멈추지 않고 나아가다. **주급장석**(走及匠石) 주급(走及)은 따라잡다. **자오집부근**(自吾執斧斤) 자(自)는 ……로부터. 부근(斧斤)은 도끼. **불긍시**(不肯視) 굳이 보지도 않았다. **물언지의**(勿言之矣) 물(勿)은 ……말라. 말도 하지 마라. **산목**(散木) 산(散)은 한가롭고 일이 없다는 뜻으로 쓸

모없는 나무. **관곽**(棺槨) 널. 관(棺)은 속널이고 곽(槨)은 겉널. 중국에서는 이중의 널을 사용하여 사체가 썩지 않게 함. **문호측액만**(門戸則液樠) 문호(門戸)는 문짝. 액만(液樠)이란 액이 넘친다는 뜻으로서, 수액(樹液)이 번져나오는 것. **두**(蠹) 나무를 좀이 먹는 것.

[해설] 제는 태공 망 여상이 봉해진 나라로 대국이다. 일찍이 정나라 태자 홀이 제를 구원했을 무렵, 그 군주는 이공(釐公)이었다. 이공에겐 이중년(夷仲年)이란 동생이 있었는데 일찍 죽었기 때문에 그 아들인 공손무지(公孫無知)를 극진히 사랑했다. 그리하여 녹봉이나 의복 등을 태자와 똑같이 대우해 주었다. 이윽고 이공이 죽고 태자인 제예(諸兒)가 뒤를 이었는데, 이가 제 양공이다.

양공은 태자였던 무렵 무지와 다툰 적이 있어, 군주가 되자 그 대우를 격하시켰다. 무지는 이것을 원망했다.

양공 4년, 노 환공(魯桓公)이 부인을 동반하여 제나라를 방문하였다. 환공의 부인은 문강(文姜)인데 바로 양공의 누이였고, 출가 전 제예(양공)와 육체관계가 있었다. 문강이 제에 오자 양공은 또 거침없이 그녀와 간통했다. 환공은 이것을 알고 부인을 질책했다. 이렇게 되자 양공은 잔치를 벌여서 환공을 술 취하게 하고 장사이던 공자 팽생(彭生)을 시켜 환공을 죽였다. 노나라 사람들이 이를 비난하자 양공은 팽생을 죽이고서 사죄했다.

양공 12년의 일이다. 일찍이 양공은 대부인 연칭(連稱)과 관지보(管至父) 두 사람에게 규구(葵丘)를 지키게 했는데, 외〔瓜〕가 여물 때 7월에 부임시키고 1년이 차면〔滿〕――지방 수령의 임기를 과만(瓜滿)이라고 함――돌아오게 해준다고 약속했는데, 양공은 교체원을 보내주지 않았다. 이 때문에 두 사람은 불만을 품고 공손무지를 추대하여 난을 일으킬 음모를 꾸몄다. 마침 연칭의 종매(從妹)로 후궁에 있는 여자가 있었는데 군주의 총애를 받지 못하고 있었으므로, "성공하면 너를 무지의 부인으로 만들어 주겠다."고 하여 양공의 동정을 탐지하게 하였다.

어느 날, 양공은 고분(姑棼)에서 놀았고 패구(沛丘)에서 사냥했다. 이때 양공의 앞에 괴상한 돼지가 나타났다. 측근이 말했다.
"팽생입니다."
 양공은 성이 나서 화살을 쏘았다. 그랬더니 돼지는 사람처럼 두 다리로 서며 슬피 울었다. 양공은 놀라 수레에서 떨어지며 발을 삐었는데 허둥지둥 도망치는 바람에 신발마저 잃었다. 양공은 더욱 화가 나서 숙소에 돌아오자 신발 담당 관리인 불(茀)의 볼기 300대를 때렸다. 무지, 연칭, 관지보 등은 양공이 부상당했다는 소문에 병을 일으켜 궁전을 습격했다. 이때 불이 말했다.
 "잠깐 기다리십시오. 난입하여 궁중을 놀라게 해서는 안 됩니다. 궁중을 놀라게 한다면 양공 있는 곳까지 침입하기가 쉽지 않습니다."
 처음에 무지는 불을 신용하지 않았다. 그러자 불은 볼기 맞은 상처를 보였고 무지도 그제서야 그를 믿고 궁 밖에서 대기하고는 불을 먼저 들여보냈다. 불은 궁중에 들어가자 양공을 방의 문호 사이에 숨겼다. 무지는 한참 기다려도 불의 신호가 없으므로, 마침내 발각을 두려워하여 궁중으로 난입했다. 불은 양공의 심복들과 이들을 맞아 싸웠지만 당하지를 못하고 모두 전사했다.
 무지는 양공을 찾았지만, 좀처럼 발견되지 않았다. 어떤 자가 문호 아래로 사람의 발이 있는 것을 발견했다. 열어보았더니 양공이었으므로 이를 시해했다(B.C. 686).

14

 장석이 돌아왔다. 그날밤 꿈에 사당나무가 나타나 말했다.
 "너는 나를 또 무엇에 비교하려느냐? 세상에서 쓸모있다고 하는 나무에 비교할 것이냐? 아가위·배·귤·유자나무의 열매와 외 등은 열매가 여물면 곧 따내어져 욕을 본다. 큰 가지는 꺾이고 작은 가지는 찢긴다. 이는 그 능력으로써 그 삶을 고통받는 것이다. 그러므로 그 천수를 마치지 못하고 중도에 요절하니, 스스로 세속으로부터 두들겨 맞는 것이다. 만물로서 이와 같지 않은 것이 없느니라.

또 나는 내가 쓸모없기를 원해 온 지 오래다. 죽음이 가까워진 지금에서야 이 소망을 달성했으니 내 대용(大用)을 이루었다. 내가 쓸모가 있었다면, 또한 이렇게 클 수 있었겠는가. 뿐더러 너와 나는 모두 물질이다. 서로가 물질이니 어찌겠느냐? 그리고 죽음이 가까운 산인(散人)이 어찌 산목(散木)을 알 수 있겠느냐?"

장석이 깨어 그 꿈 이야기를 했다. 제자가 물었다.

"쓸모없기를 바라던 것이 오히려 사당나무가 됨은 어째서일까요?"

"이제 쓸데없는 소린 그만 해두어라. 그 또한 단지 사당에 의지하고 있는 것에 지나지 않는다. 생각건대 자기를 모르는 자가 이러니저러니 욕한다고 하여 나타난 것이다. 사당나무가 안 되었더라면 베일 위험이 있었을 테지. 또한 그 나무가 자신을 보전함은 예사 것들과는 다르다. 사당나무가 되었다고 이것을 예찬한다면, 당치도 않은 일이다."

[원문] 匠石이 歸하자 櫟社見夢하여 曰 女는 將惡乎比予哉아 若將比予於文木邪잇고 夫柤梨橘柚果蓏之屬은 實熟則剝則辱이요 大枝折에 小枝泄라 此以其能苦其生者也니라 故로 不終其天年이고 而中道夭하여 自掊擊於世俗者也니라 物莫不若是니 且予求無所可用久矣니라 幾死로 乃今得之하여 爲予大用이라 使予也而有用이면 且得有此大也邪잇고 且也인즉 若與予也皆物也니라 奈何哉其相物也로 而幾死之散人이 又惡知散木인가 匠石이 覺而診其夢하니 弟子는 曰 趣取無用인데 則爲社何邪잇고 曰 密 若無言하라 彼亦直寄焉은 以爲不知己者詬厲也니라 不爲社者면 且幾有翦乎아 且也인즉 彼其所保與衆異니 而以義譽之는 不亦遠乎아

㈜ **여장오호비여재**(女將惡乎比予哉) 장(將)은 또(且也). 비(比)는 비교하다. **문목**(文木) 아름다운 나무란 뜻인데, 이 경우에는 산목(散

木)에 대해서 '쓸모있는 나무'. **사리귤유과라지속**(柤梨橘柚果蓏之屬) 사(柤)는 아가위. 이(梨)는 배나무. 귤(橘)은 귤나무. 유(柚)는 유자나무. 과(果)는 과일. 라(蓏)는 풀열매. 즉 덩굴에 열리는 오이나 참외 따위를 가리킴. 《집운(集韻)》에 이르기를 '목실왈과 초실왈라(木實曰果 草實曰蓏)'라고 함. 속(屬)은 종류. 그러므로 '아가위나 배·귤·유자나무의 열매와 외 종류에 이르기까지'. **실숙즉박**(實熟則剝) 숙(熟)은 익다. 박(剝)은 따내다, 잡아뜯다. **소지예**(小枝泄) 유월(渝樾)은 예(泄)를 예(拽)로 보았음. 예(拽)는 '당기다'인데 여기선 '찢기다'로 풀이함. **차이기능고기생자야**(此以其能苦其生者也) 능(能)은 능력. 즉 그 나무로서 지니고 있는 쓸모. **부종기천년 이중도요**(不終其天年 而中道夭) 중도요(中道夭)는 젊어서 죽는 것. 부종기천년의 천년(天年)과 대비하면 뜻이 분명해짐. 천년은 하늘이 준 나이, 즉 천수. **자부격어세속자**(自掊擊於世俗者) 자(自)는 스스로. 부격어(掊擊於)의 부는 치다. **무소가용**(無所可用) 쓸모가 없다. **기사내금득지**(幾死乃今得之) 내(乃)는 겨우, 가까스로. 죽음이 가까워서야 이제 겨우 이를 얻었다. **대용**(大用) 문자 그대로는 '큰 쓸모'인데, 역사(櫟社)는 오히려 '쓸모없음'을 대용이라고 역설적으로 말함. **이기사지산인**(而幾死之散人) 산인(散人)은 산목(散木)과 마찬가지로 쓸모없는 인간. 더구나 죽음도 멀지 않은 산인이란 뜻. **진기몽**(診其夢) 진(診)은 증험하다(驗也). **촉취무용**(趣取無用) 촉(趣)은 재촉하다. 취(取)는 득(得)과 통하는데, 취하다, 얻고자 한다. **왈밀약무언**(曰密若無言) 밀(密)은 조용하다. **직기언**(直寄焉) 직(直)은 다만〔但也〕. 언(焉)은 이것. 다만 이것에 의지하다. **이위부지기자구려야**(以爲不知己者詬厲也) 이위(以爲)는 생각건대, 생각하기를. 즉 일종의 의문사. 구려(詬厲)는 욕설, 악담. **차기유전호**(且幾有翦乎) 기(幾)는 위태롭다, 위험하다. 전(翦)은 자르다. **피기소보여중이**(彼其所保與衆異) 피(彼)는 그것. 역사를 가리킴. 보(保)는 평안하다. **이의예지 불역원호**(而義譽之 不亦遠乎) 의(義)의 해석이 까다롭다. 《장자소(莊子疏)》에 따르면 '사당나무로서의 본의(本義；존재이유)'라고 한다. 그러므로 해석에서는 '의'가 '사당나무' 자체가 되는 셈임.

해설 '무용(無用)의 용(用)'은 이미 앞에서도 나왔었다. 얼핏 보아 쓸모없게 보이는 것이 사실은 큰 활동을 가진다는 것이다. 장자는 여기서 또 무용과 유용을 설명하고 있을 뿐 아니라 "인위를 버리고 필연(必然)인 채로 따르라."고 한다. 인위적인 것을 초월한 필연성이란, 보통 우리가 '운명'이라 부르는 것이다.
 그러므로 장자의 사상인 '만물제동' 또는 '무위자연'의 입장을 인생의 현실에 밀착시켰을 경우에는 이것을 '인간의 운명을 그대로 긍정하는 입장'이라고 말할 수도 있는 것이다. 이것은 또 한마디로 '운명수순'의 입장이기도 하다.

 무지가 제군이 되었을 무렵 양공의 두 동생은 각각 외국에 망명하고 있었다. 즉 규(糾)는 노에 있고 관중(管仲)과 소홀(召忽)이 후견인이었다. 또 소백(小白)은 거(莒)라는 작은 나라에 있었는데 포숙(鮑叔)이 그 후견인이었다. 소백은 젊었을 무렵부터 대부인 고계(高係)와 친밀했다.
 이윽고 옹림(雍林)의 사람이 공손무지를 죽이자 제에선 그 후계자로 누구를 세울 것인가 의논했다. 대부인 고씨와 국씨(國氏)는 먼저 은밀히 사람을 거에 보내어 소백을 데려오기로 하였다.
 노도 무지가 죽었다는 것을 알자 병력을 딸려 규를 제에 보냈고, 관중에겐 별동대를 이끌게 하여 거로부터 오는 소백의 길을 막게 했다. 관중은 소백이 나타나자 화살로 이를 쏘았다. 화살은 소백의 띠 장식을 맞혔다. 소백은 일부러 쓰러지며 죽은 시늉을 하였고, 멀리서 이것을 본 관중은 감쪽같이 속고서 돌아가 규에게 소백을 사살했다고 보고했다. 이리하여 규는 안심하고 매우 느릿한 태도로 행군했다.
 한편 포숙은 소백을 온량거(轀輬車)에 숨겨 질주했고, 또 고씨와 국씨의 내응이 있어 쉽게 제군이 되었다.
 한편 규와 노의 군대는 천천히 행군하며 엿새 만에 도착하고 보니 이미 소백이 군위에 올라 있었다.
 이때 제에서는 모든 백성이 나서서 노를 막았고 건시(乾時)란 곳에서 무찔렀다. 제군이 패주하는 노군의 퇴로를 끊고 조건을 제시했다.

"공자 규는 형제로서 이쪽이 차마 주살할 수 없으니 노의 손으로 죽여주기 바란다. 소홀과 관중은 원수이니 송환해 달라. 마음껏 치욕을 주고 죽여 그 살로 젓갈〔醢〕을 담으리라. 명령대로 하지 않으면 노군을 포위할 테다."

노에선 이 요구대로 규를 죽였고 소홀은 자결했다. 그러나 관중은 포로가 되기를 자청했다. 환공(소백)은 관중을 죽이려 했지만, 포숙이 간했다.

"저는 다행히 우리 주군을 모실 수가 있었습니다. 우리 주군께선 마침내 군위(君位)에 오르셨습니다. 주군은 이미 존귀하시고 저와 같은 재주없는 신은 주군을 존귀하게 할 수가 없습니다. 주군께서 장차 제만을 다스리실 생각이시라면 고계와 이 숙아(叔牙 ; 포숙의 자)로 충분합니다. 그러나 만일 천하의 패왕을 바라신다면 이오(夷吾 ; 관중의 자)가 아니고선 보필의 소임을 다하지 못합니다. 이오가 있는 나라는 권위가 있습니다. 이 인물을 잃어선 안 됩니다."

제 환공은 이 말을 좇아 관중을 재상에 임명하고 국정을 맡겼다. 기원전 685년의 일이다.

15

남백자기가 상(商)의 구(丘)를 구경하다가 큰 나무를 보았다. 그 나무는 보통 나무와는 다른 데가 있었다. 네 필의 말이 끄는 수레 천 숭을 매어도 그 나무의 그늘에 가려서 보이지 않을 정도였다.

자기가 말했다.

"이게 무슨 나무일까. 이는 반드시 훌륭한 재목일 것이다."

그런데 우러러 그 가는 가지를 보니 꾸불꾸불하여 마룻대나 들보가 될 수 없었고, 그 큰 뿌리를 굽어 보니 말리고 풀려서 관곽을 만들 수 없었다. 그 잎사귀를 핥아보니 어찌나 독한지 입이 헐어서 상처가 났고, 냄새를 맡아보니 사람으로 하여금 취하게 만들어 사흘이 지나도 깨지 않았다. 자기는 말했다.

"이는 과연 재목감이 아니구나. 그러기에 이렇게까지 클 수가 있었구나. 아아, 신인(神人)도 이렇듯 쓸모없음으로써 이루는 것이로구나."

원문 南伯子綦가 遊乎商之丘할 때 見大木焉하니 有異라 結駟千乘에 隱將芘其所藾라 子綦는 曰 此何木也哉아 此必有異材夫라 仰而視其細枝하니 則拳曲而不可以爲棟梁이라 俯而視其大根하니 則軸解而不可以爲棺槨이라 咶其葉하니 則口爛而爲傷이라 嗅之하니 則使人狂酲하여 三日而不已라 子綦는 曰 此果不材之木也요 以至於此其大也이니라 嗟乎라 神人以此不材로다

㈜ **상지구**(商之丘) 상(商)은 탕이 봉해졌던 지명. 지금도 하남성에 상구(商邱)라는 지명이 있음. 지(之)는 상에 속한다는 말을 강조함. **결사천승**(結駟千乘) 결(結)은 매다, 붙들어매다. 사(駟)는 네 필의 말. 승(乘)은 수레의 단위. **은장비기소뢰**(隱將芘其所藾) 비(芘)는 '가리우다'로 비(庇)와 통함. 즉 차양처럼 덮는 것. 뢰(藾)도 '덮다'인데 이것은 그늘지게 덮는 것. 곽상(郭象)은 '뢰'를 '그늘'로 보고 '그 그늘진 곳을 가려 보이지 않았다'고 봄. **필유이재부**(必有異材夫) 이재(異材)는 색다른 재목, 즉 훌륭한 재목. 부(夫)는 재(哉)와 같다. **권곡**(拳曲) 주먹처럼 울퉁불퉁하니 꾸부러진 것. **동량**(棟梁) 마룻대와 들보. **축해**(軸解) 여러 가지 설이 있으나 타당한 해석이 없다. 여기선 '빈 곳'이란 뜻으로 새김. **시기엽**(咶其葉) 시(咶)는 핥다. **구란이위상**(口爛而爲傷) 난(爛)은 썩다, 허물 벗어지다의 뜻이 있는데, 헐다, 부르트다로 새김. **후**(嗅) 냄새를 맡다. **광정**(狂酲) 몹시 취한 상태. **차호신인이차부재**(嗟乎神人以此不材) 차호(嗟乎)는 감탄사로, 슬프다는 뜻.

해설 이 장도 전장의 '역사' 이야기와 같다. 다만 '차호신인이차부재(嗟乎神人以此不材)'라고 역설적으로 말했다는 데 장자의 진면목이 있다.

관중과 포숙의 우정은 하나의 전형이다. 관중은 젊어서 생활이 어려웠으므로 언제나 포숙을 속였지만, 포숙은 시종 호의로써 해석하고 기만된 일에 이러쿵저러쿵 말하지 않았다. 관중이 말했다.

"내가 가난했을 무렵 포숙과 같이 장사를 한 일이 있다. 이익을 나눌 때 내가 많이 갖도록 하였으나, 포숙은 나를 탐욕하다고는 생각지 않았다. 그것은 내가 가난함을 이해해 주었기 때문이다. 나는 일찍이 포숙을 위해 어떤 일을 도모했다가 심한 곤경에 빠진 일이 있지만, 포숙은 나를 어리석다고는 생각지 않았다. 그것은 때에 이(利)와 불리(不利)가 있음을 알고 있었기 때문이었다. 나는 일찍이 세 번 사관(仕官)하여 세 번 모두 군주로부터 쫓겨났지만 포숙은 나를 불초(不肖)라고는 생각지 않았다. 그것은 내가 시세(時勢)에 맞지 않았을 뿐임을 알고 있었기 때문이었다. 나는 일찍이 세 번 싸워 세 번 모두 달아났지만, 포숙은 나를 비겁자라고는 생각지 않았다. 그것은 나에게 노모(老母)가 있음을 알고 있었기 때문이었다. 공자 규가 패했을 때 나와 함께 그 대부였던 소홀은 싸우다 죽었다. 나는 붙잡혀 옥에 던져졌고 치욕을 당해지만 포숙은 나를 염치없다고는 생각지 않았다. 그것은 내가 작은 일을 어기는 것을 부끄럽게 여기지 않고 공명(功名)이 천하에 나타나지 않는 것을 부끄러움으로 여기는 것을 알고 있었기 때문이었다. 참으로 나를 낳아준 것은 부모이지만, 나를 참으로 이해해 준 것은 포숙이었다."

즉 관중은 철저한 이기주의자이고 현실주의자라고 하겠다.

포숙은 관중을 천거하고 그 자신은 관중의 아랫자리에서 일했다. 포숙의 자손은 대대로 제의 녹을 받고 10여 대에 걸쳐 그 봉읍(封邑)을 유지했고 항상 명대부였다. 천하의 사람들은 관중의 현재(賢才)를 칭찬하기보다도 포숙이 인물을 잘 이해하고 있었음을 높이 평가했다. 즉 관중은 현실적인 유능한 실무가로 백성들의 생활을 향상시켰지만, 이상적으로는 역시 포숙을 더 존경했던 것이다.

16

송에 '형지(荊氏)'라는 고장이 있는데, 노나무·잣나무·뽕나무가 잘 자랐다. 그런데 이것들이 자라 굵기가 주먹만해지면 원숭이 부리는 사람이 원숭이를 매는 말뚝으로 쓰고자 베어 간다. 세 뼘이나 네 뼘이 되면 좋은 들보를 구하는 사람이 이를 베어 간다. 일여덟 뼘이 되면 귀인이나 부잣집의 관곽으로 쓰기 위해 이를 베어 간다. 그러므로 그곳의 나무들은 하늘이 준 수명을 마치지 못하고 중도에서 도끼에 의해 죽게 된다. 이것이 곧 재목의 근심이다.

그러므로 이마가 흰 소·코가 위로 향해 있는 돼지·치질이 있는 인간은 절대로 황하에 던져져 떠다니는 일이 없다. 이는 제사를 지내는 사람들이 이것들 모두가 불길해서 제물로 쓸 수 없음을 알고 있기 때문이다. 그러나 이렇듯 상서롭지 못하다는 것을 신인은 가장 좋게 여기는 것이다.

[원문] 宋에 有荊氏者로 宜楸柏桑이라 其拱把而上者는 求狙猴之杙者斬之하고 三圍四圍는 求高名之麗者斬之하고 七圍八圍는 貴人富商之家에 求樿傍者斬之라 故로 未終其天年하고 而中道之夭於斧斤이니 此材之患也이니라 故로 解之以牛之白顙者와 與豚之亢鼻者와 與人有痔病者는 不可以適河하나니 此皆巫祝以知之矣니라 所以爲不祥也는 此乃神人之所以爲大祥也이니라

㈜ **형지**(荊氏) 땅 이름. **의추백상**(宜楸柏桑) 의(宜)는 마땅하다, 알맞다. 추(楸)는 노나무, 또는 가래나무. 백(柏)은 잣나무. 상(桑)은 뽕나무. 모두 유용하게 쓰이는 나무들임. **공파이상자**(拱把而上者) 공파(拱把)는 손으로 움켜잡는 것, 또는 그 정도의 굵기. 이상자(而上者)는 ……이 넘는 것. **구저후지익자참지**(求狙猴之杙者斬之) 저후(狙猴)는 원숭이. 익(杙)은 말뚝. 참(斬)은 베다. 원숭이를 묶어 두는 말뚝을 구하는 자가 이것을 베다. **고명지려**(高名之麗) 고명(高名)의

명은 크다는 뜻. 이른바 '고대광실'의 고대로서 으리으리한 집. 여(麗)는 마룻대, 도리. **해지이우지백상자**(解之以牛之白顙者) 해(解)는 해제(解除) 또는 해사(解祠)라 함. 신에게 죄를 빌고 그 탈을 없애기 위하여 제물을 바치는 제사. 원문으로 보아 수신에게 드리는 제사인 듯. 백상(白顙)의 상은 이마, 즉 흰 이마. **항비**(亢鼻) 코가 위로 향한 것. **여인유치병자**(與人有痔病者) 치병(痔病)은 치질. **불가이적하**(不可以適河) 하(河)는 황하. 황하의 수신제에 사람을 제물로 바쳤다는 것은 《사기》에 나옴. **무축**(巫祝) 무(巫)는 무당. 축(祝)은 축문을 읽는 사람으로 곧 제관(祭官). **불상**(不祥) 상(祥)은 복(福). 따라서 불상은 불길이다. **차내신인지소이위대상야**(此乃神人之所以爲大祥也) 내(乃)는 즉. 이것이 즉 신인이 가장 좋게 여기는 이유이다.

해설 여기서도 장자는 세상 상식을 역설로 말하고 있다. 세상에선 무릇 쓸모있는 자가 쓸모없는 자보다 못하다는 식으로. 마치 유능한 관중보다 포숙이 낫다는 것처럼.
 이런 역설로 생각한다면 세속을 떠나 산야에 파묻혀 사는 것이 인간으로서 가장 안전한 셈이다.

 관중의 사상은 《관자》로 전해진다.
 "나라가 부유해지면 멀리서도 사람이 모여들고, 고장이 개발되면 백성이 머물러 살게 된다. 창름(倉廩 ; 곳집)이 차야 사람은 비로소 예절을 알고, 의식(衣食)이 넉넉해야 비로소 영욕(榮辱)을 안다. 윗사람의 행동이 법도에 어긋나지 않으면 육친(六親 ; 아버지·어머니·형·아우·아내·자식)이 화목하여 나라가 튼튼해진다. 사유(四維 ; 나라를 다스리는 네 가지 대원칙, 즉 예·의·염·치)가 팽팽하지 않다면 나라는 멸망한다."
 관중의 사상이 여기에 모두 응축되어 있다고 하겠다. 그는 정령(政令)을 내릴 때 물이 상류로부터 흘러내려 차츰 낮은 곳에 이르듯, 인심에 순응하도록 했다. 그러므로 논의는 비근(卑近)하여 실행하기 쉬웠다. 뭇사람이 바라는 것은 이를 주었고 뭇사람이 꺼리는 것은 이를 제거했다. 그리하여 정치의 실제면에선 곧

잘 화를 바꾸어 복으로 만들고 실패를 전환시켜 성공으로 이끌었다. 또한 무슨 일이고 그 경중(輕重)을 헤아리고 신중히 균형을 이루도록 하였다.

요즘의 말로 관중은 부국강병책(富國強兵策)을 실행한 정치가였다. 제를 리(里)·향(鄕)의 행정단위로 나누고 구석까지 정치가 미치도록 하였다. 그리하여 그는 토지개혁을 했다. 주나라 이래의 정전법(井田法)을 폐지했다.

900무(畝)의 네모꼴 땅을 아홉 등분하면 그것은 정(井)자 꼴이 된다. 이 땅을 여덟 집에 분배하여 각각 100무씩 경작시킨다. 그리하여 한가운데의 100무는 여덟 집이 공동 경작하여 그 수확물을 정부에 바치는 것이다. 이것이 곧 정전법이다.

또 수확한 뒤의 떨어진 이삭이나 볏단은 과부가 주워가게 해 자기나 가족의 생계에 충당하게 했다.

남자는 22세가 되면 정전법에 의해 공전(公田)이 주어지고, 60세가 되면 그것을 반환한다. 관중은 이런 공전법을 폐지하였다. 그 대신 징세제(徵稅制)로 바꾸었다. 이것은 합리적이었다. 토지의 비옥이나 척박에 따라 단계를 두고 세율을 정했기 때문이다. 이 결과 제나라의 생산은 증가되고 나라도 백성도 부유해졌다.

그는 또 군제(軍制)를 정비했다. 다섯 집을 1궤(軌)로 하고, 10궤를 1리(里)로 하고, 4리를 1연(連)으로 하고, 10연을 1향(鄕)으로 하고, 5향을 1군(軍)으로 편성한 것이다.

1궤는 다섯 명으로 오(伍)라고 한다. 따라서 1리는 50명, 1연은 2백 명, 1향은 2천 명의 병력이다. 이것을 여(旅)라고도 했다. 1군은 5여이므로 1만 명이 된다. 나라엔 3군(三軍)이 있고 그 가운데 1군은 군주가 직접 거느리는 제도였다.

3군은 15여로, 15향으로 유지되고 성립되어 있었다. 관중은 행정단위로 리·향을 두고 있었는데, 6향이 남는 셈이다. 이 6향은 상공업자의 향이었다. 이들은 물건을 만들거나 유통시키는 게 업이고 병역은 면제되어 있었다.

《사기》에선 관중이 이밖에,

"경중(輕重), 어염(魚鹽)의 이(利)를 마련하여 이로써 민중을 구제하고, 어질고 능력있는 자를 등용했다."
고 하였다. '경중'은 물가의 통제령인 듯 싶다. 그리고 제염이나 어업에도 힘썼다. 제의 국력이 비약적으로 발전되고 제 환공이 패자가 될 기초가 닦여졌다.

"남에게 주는 것이 실은 이윽고 얻는 것이 된다. 이것을 아는 게 정치의 요체(要諦)이다."(《관자》 목민편)

《노자》 제36장에도 비슷한 말이 있다.

"바야흐로 뺏고자 하면 잠시 이것을 주라(將欲奪之 必固與之)."

17

지리소(支離疏)는 턱이 배꼽에 숨어 있고 어깨가 정수리보다 높고 상투는 하늘을 향해 솟아 있고 오장은 위에 있고 두 넓적다리는 옆구리를 끼어잡고 있는 불구자이다. 그러나 그는 바느질이나 세탁을 하면 생계를 꾸려갈 수가 있었다. 게다가 방아까지 찧어주게 되면 열 명은 충분히 부양할 수 있었다. 더욱이 나라에서 병사를 징집해도 병역 면제를 해주므로 팔을 마음껏 흔들면서 사람 사이를 다닐 수도 있다. 나라에서 큰 역사가 있어도 지리소는 언제나 병자라 하여 일이 부과되지 않았다. 나라에서 병자에게 곡식을 내릴 때에는 3종의 곡식과 열 묶음의 장작을 받았다.

그 신체가 불구인 자조차 이와 같이 몸을 보양하고 천명을 다 할 수 있는 데 하물며 그 덕을 지리소처럼 하는 사람이야 말할 게 있겠는가.

[원문] 支離疏者는 頤隱於臍하고 肩高於頂하고 會撮指天하고 五管在上하고 兩髀爲脅이나 挫鍼治繲로 足以餬口하고 鼓筴播精으로 足以食十人이라 上徵武士면 則支離攘臂하며 而遊於其間이라 上有大役이면 則支離以有常疾이라 不受功이니라 上與病者粟하면 則受三鍾에 與十束

薪이니라 夫支離其形者로 猶足以養其身하고 終其天年하거늘 又況支離其德者乎아

㊟ **지리소**(支離疏) 지리(支離)는 지리멸렬(支離滅裂)의 뜻인데, 신체가 제멋대로 붙은 불구자. 소(疏)는 두뇌 활동이 굼뜨다는 뜻인 듯. 장자가 창작한 인물. '지락편(至樂篇)'에는 지리숙(支離叔)이라는 인물이 등장한다. **이은어제**(頤隱於臍) 이(頤)는 턱. 제(臍)는 배꼽. **견고어정**(肩高於頂) 견(肩)은 어깨. 정(頂)은 꼭대기란 뜻인데, 이 경우 정수리. **회촬**(會撮) 상투. **오관재상**(五管在上) 오관(五管)은 오장. 오장이 머리 위에 있다는 것. **양비위협**(兩髀爲脅) 비(髀)는 넓적다리. 협(脅)은 옆구리인데 '양넓적다리가 옆구리를 끼어잡다'. **좌침치해**(挫鍼治繲) 좌(挫)는 안(按)과 통하여 누르다. 침(鍼)은 바늘. 따라서 바늘질. 치해(治繲)의 해는 씻다, 빨다로서 빨래를 뜻함. **족이호구**(足以餬口) 호(餬)는 호(糊)와 같은데 멀겋게 쑨 죽. 호구(餬口)는 흔히 입에 풀칠한다는 형용사. **고책파정**(鼓筴播精) 고(鼓)는 까부르다, 흔들다이고 책(筴)은 키를 뜻함. 즉 키질. 파(播)는 뿌린다. 정(精)은 고른다. 그런데 정을 쌀로 해석하여, 키질을 하여 겨나 뉘 따위를 골라낸다고 해석함. **상징무사**(上徵武士) 상(上)은 관(官), 정부. **양비**(攘臂) 양(攘)은 밀치다, 물리치다, 흔들다 등의 뜻이 있는데, 이 경우 팔뚝을 휘두르는 것. 다음의 구 '이유어기간(而遊於其間)'이 있으므로 표현을 바꾸어 '그 사이를 마음놓고 다닌다'로 의역할 수 있음. **대역**(大役) 큰 공사. **상질**(常疾) 항상 몸에 지닌 병이란 뜻이겠는데, 이 경우는 불구자. **불수공**(不受功) 공(功)이란 노고를 하여 얻어지는 것이며, 또 일한다는 뜻이 있음. 여기서는 일, 노역. **상여병자속**(上與病者粟) 속(粟)은 곡식. **삼종**(三鍾) 종(鍾)은 양의 단위로서 1종이 약 50리터라고 함.

[해설] 무슨 장애자의 이점을 열거하고 있는 것처럼 느껴질지 모른다. 무용(無用)이 유용(有用)보다 낫다는 것은 확실히 역설이지만, 노자의 다음과 같은 사상을 이해한다면 납득이 가리라.

　노자는 인간의 지식이나 욕망을 부자연한 것으로서 부정할 뿐 아니라 인의·충효의 도덕조차도 배제했었다. 이와 같은 '자연주의'는 당시의 사회가 문화의 자가중독(自家中毒) 증상에 빠져 있

는 것에 대한 반성으로서 생겨난 것이었다. 그러나 그것과는 별도로 다른 근거도 있었다. 그것은 무지무욕(無知無欲)이고 무도덕(無道德)이라는 철저한 자연상태에 가까운 모델이 가까이 실재했다. 다름아닌 중국의 농촌이고 거기에 사는 순박한 사람들이었다.

중국에선 옛날부터 대제국의 통일이 지속되는 일이 많고 그 점에선 인도 등과 대조적이지만 그런데도 불구하고 지방의 농촌은 태고 이래의 생활 형태를 완고하게 지켰다. 농촌의 생활을 노래한 '격양가'로,

"해뜨면 일어나고 해지면 들어가 쉬며, 우물을 파서 마시고 밭을 갈아 먹네. 천자인들 나에게 있어 무엇이랴."
고 했지만, 이것은 중국 농민의 의식을 잘 나타낸 것이라고 하겠다.

노자의 시대에도 농촌의 사정은 마찬가지였다. 노자가 '자연으로 돌아가라'고 했을 때 이런 중국 농촌의 자연생활이 염두에 있었던 것이다. 이 점은 아래의 글에서 엿볼 수 있다.

"나라는 작고 인구는 적다. 비록 남달리 뛰어난 인재가 있을지라도 실력을 발휘할 여지마저 없다. 주민은 모두 생명을 소중히 하여 멀리 발길을 옮기지도 않는다. 배에도 수레에도 탈 필요가 없고 무기도 사용처가 없다. 글을 쓰든가 읽든가 하는 얕은 지혜 따위는 잊고서 오로지 현재 그대로인 의식주에 만족하여 생활을 즐기고 있다. 손이 닿을 듯한 바로 이웃 나라와도 왕래를 하지 않는다. 이것이 나의 이상향(理想鄕)이다."(《노자》제80장)

이것이 '소국과민(小國寡民)'의 이상향이고 도원향(桃源鄕)이다. 장자의 '무하유지향(無何有之鄕)'도 같다.

이런 이상향이 노자나 장자의 자연사상의 출발점이 되었던 것이고, 그 원점이 된 자연상태였다고 해도 좋으리라. 그들이 찬미해 마지않는 무지무욕, 나아가선 무도덕, 무예의(無禮義), 한마디로 말하면 무문화는 소국과민이던 원시적인 촌락 공동체의 실태 그것이었다.

이렇듯 노자는 소국과민이라는 농촌의 생활을 이상으로 하는만

큼 그 정치적인 이상도 현재의 대국간의 형태를 파괴하여 작은 촌락 공동체로 분해시켜 버리는 데 있는 것처럼 보인다. 그러나 실은 그렇지가 않다. 하기야 공자가 주장하는 듯한 중앙 집권적인 문화국가의 건설이라는 것에는 맹렬한 반대를 하고 있지만, 그러나 그렇다고 하여 이른바 '무정부주의'는 아니다. 그것에 대해선 다음 장에서 설명하겠다.

18

공자가 초(楚)나라로 갔다. 그때 초의 기인 접여(接輿)가 공자가 묵고 있는 집 문앞을 지나가면서 노래했다.

"봉아, 봉아, 어찌하여 덕이 쇠했는가. 내세는 기다릴 수 없고, 가버린 세상은 쫓을 수 없다. 천하에 도가 있다면 성인은 훌륭한 일을 이루고, 천하에 도가 없으면 성인은 그저 살아갈 뿐이다. 현세에 있어서는 형벌만 겨우 면할 뿐. 복은 깃털보다도 가벼워 이를 잡는 법을 알지 못하고, 화는 땅보다 무거운데 이를 피하는 법을 알지 못한다. 그만두어라, 그만두어라, 덕으로써 사람에게 임하는 것을. 위태롭구나, 위태롭구나, 갑갑한 예의로 사람을 속박하는 일은. 가시나무여, 가시나무여! 내 가는 길을 막지 마라. 내 가는 길은 각곡이니 내 발을 상하게 하지 마라. 산의 나무는 스스로 베이고, 등불은 스스로 탄다. 계수나무는 먹을 수 있기 때문에 베어지고, 옻은 쓸모가 있어 쪼개진다.

세상 사람 모두가 유용의 용(用)은 알지만 무용의 용은 알지 못한다."

[원문] 孔子가 適楚라 楚의 狂接輿가 遊其門하여 曰 鳳兮鳳兮 何如德之衰也잇고 來世不可待요 往世不可追也이니라 天下有道면 聖人成焉이요 天下無道면 聖人生焉이라 方今之時에 僅免刑焉이라 福輕乎羽나 莫之知載요 禍重乎地나 莫之知避라 已乎已乎여 臨人以德하고 殆乎

殆乎여 畫地而趨로다 迷陽迷陽이여 無傷吾行하고 吾行卻曲이여 無傷吾足이로다 山木自寇也요 膏火自煎也이니라 桂可食이라 故伐之이고 漆可用이라 故割之이니라 人皆知有用之用이나 而莫知無用之用也이니라

㈜ **광접여**(狂接輿) 광(狂)은 여기선 기인. 능력을 갖추고 있으나 벼슬에 오르지 않고 자유롭게 사는 사람. 접여(接輿)는 은자의 이름. 《논어》 '미자편(微子篇)'에 '초광접여가 이과공자왈 봉혜봉혜 하덕지쇠 왕자불가간 내자유가추 이이이이 금지종정자태이(楚狂接輿歌 而過孔子曰 鳳兮鳳兮 何德之衰 往者不可諫 來者猶可追 已而已而 今之從政者殆而)'라는 글이 나옴. 이것과 본문을 대조하면 장자의 사상을 이해하는 데 도움이 되리라. 이때 공자는 접여의 노래를 듣고 수레에서 내려 그에게 노래의 뜻을 듣고자 했지만, 그가 피해 달아났으므로 그 참뜻을 알지 못했음. 이 절은 그것을 장자식으로 바꾸어 놓았다고 생각됨. **봉혜봉혜**(鳳兮鳳兮) 봉(鳳)은 공자를 가리킴. 참고로 말하면, 흔히 봉황(鳳凰)이라고 말하는데 '봉'은 수컷, '황'은 암컷을 가리킴. 물론 이 새는 상상의 새로 성왕의 시대에 나타난다는 길조(吉鳥). 혜(兮)는 어조사로 말을 멈출 때 쓴다. **하여덕지쇠야**(何如德之衰也) 문법상 '덕지쇠야하여(德之衰也何如)'의 도치형. 유월(兪樾)은 여(如)를 여(汝)로 보고 '너'라고 새김. **성인성언……성인생언**(聖人成焉……聖人生焉) 성언(成焉)은 훌륭한 일을 해냄. 생언(生焉)은 자기 삶을 소중히 함. 성인은 자연의 도를 좇아 행하는 자이므로 이런 말이 나온다. 결코 역행(逆行)하는 법이란 없다. **방금지시 근면형언**(方今之時 僅免刑焉) 근(僅)은 겨우, 적다. 근면형언은 '겨우 형을 면할 뿐이다'이지만 그 '겨우'도 확실히 보장된 것이 아니다. 그래서 '방금지시'란 말을 썼고, '지금 이와 같은 때'라는 여운 속에 시대의 분위기를 엿보게 해 준다. **막지지재**(莫之知載) 재(載)는 싣다, 받다, 가득하다 등 의미가 많은 글자인데, 《집해(集解)》에선 이것을 '잡기 쉬운 것인데 잡지 않음'이란 풀이했음. 여기서는 이 '잡다'의 해석을 따름. **획지이추**(畫地而趨) 땅에 선을 긋고 그 안을 종종걸음으로 뛴다는 뜻. 추(趨)는 본디 귀인 앞을 지나갈 때 종종걸음으로 뛰어 경의를 표하는 예를 말함. 그러므로 '갑갑한 예의로 사람을 속박한다'는 의미가 됨. **미양**(迷陽) 초나라에 자생하던 가시나무. 일설에 의하면 미(迷)는 망(亡), 양(陽)은 동(動)이며 움직이지 마라의 뜻이라 함. **각곡**(卻曲) 꼬불꼬불하게 힘든 걸음걸이를 하지 않음. **자구야**(自寇也) 스스로

에게 해를 주다. **고화자전야**(膏火自煎也) 고(膏)는 등잔 기름인데, 이 등잔 기름이 자기를 졸아붙게 함.

해설 노자는 결코 '무정부주의자'가 아니다. 《노자》에는 대국(大國)이란 말이 자주 나오지만, 그것은 많은 경우 '소국'에 대해 쓰여지고 있는 것이므로 노자 시대에 현존했던 대소의 제후국들을 의식한 것이라고 하겠다. 그런데 노자는 이 '대국'의 존재 이유를 부정하지 않을 뿐더러 때로는 대국이 되기 위한 마음가짐을 설하는 일조차 있다.

"대국은 강으로 비유한다면 하류이다. 각국은 이것에 합류하려 한다. 바꾸어 말한다면 천하에 있어서의 '여자'이다. 여성은 스스로 움직이는 일 없이 남성을 뜻대로 움직인다. 항상 수동이기 때문에 그것이 가능한 것이다. 대국이 소국에 고개 숙인다면 소국은 절로 대국에 귀속한다. 소국이 대국에 고개 숙인다면 대국은 절로 소국을 받아들인다. 대국은 천하의 백성을 비호하여 부양하고 싶다고 바란다. 소국은 대국의 비호에 의지하여 자기의 안전을 도모하려 한다. 양자의 소원은 본디 모순되는 게 아닌 것이다. 우선 대국이 마땅히 고개 숙이는 게 좋다(大者宜爲下). 그래야만 쌍방의 소원은 달성된다."(제61장)

"큰 것이 마땅히 아래가 되어라(大者宜爲下)."

이것은 매우 중요한 말이다. 노자는 약(弱)을 높이 평가했다. 그것도 그저 약하다고 하기보다 강자가 굳이 약자의 입장을 지키는 데 의미를 두고 있는 것이다.

이것도 역설 같지만, '무용의 용'이 천명을 다한다는 발상과 같다.

그런데 소국과민의 촌락 공동체의 생활을 이상으로 하는 노자가 그 반대의 것이라고 할 대국을 부정하지 않을 뿐 아니라, 왜 그것을 적극적으로 긍정하려는 것일까?

여기에 중국사람인 노자의 '현실주의'가 있다. 태고의 자연 그대로인 촌락이라는 것은 한낱 유토피아가 아니라 현실의 중국에 존재했던 것이다. 그러나 이와 같은 촌락을 기반으로 하는 크고 작은 국가들이 또한 많이 있었다는 게 당시의 중국 현실이었다. 이런 대소의 국가가 성립된 것은 그런 대로의 역사적 필연성이 있기 때문이었다. 만일 이런 필연성을 무시하고 느닷없이 국가 조직을 해소하여 원시적인 촌락 공동체로 환원하라고 하는 것이라면, 그것은 한낱 이상이 되고 실현 가능성이 없는 것이 되고 말리라. 노자(장자를 포함해서)는 그와 같은 길을 택하지 않았다.

　노자가 생각한 것은 국가가 이와 같은 농촌의 소박한 자연을 파괴하는 일 없이 오히려 이것을 보호하고 키워가는 일이었다. 그러자면 나라 자체나 군주 스스로 인위의 문화를 버리고 자연의 도로 돌아갈 필요가 있다. 따라서 노자가 이상으로 했던 것은 문화국가가 아닌 자연국가였다. 자연으로 돌아가는 것을 목표로 하는 국가였던 것이다.

덕충부(德充符)

1

　노(魯)나라에 올자인 왕태(王駘)라는 사람이 있었는데, 그를 좇아 배우는 자가 중니의 제자와 맞먹었다. 중니의 제자인 상계(常季)가 중니에게 물었다.
　"왕태는 올자인데도 그를 좇아 배우는 자가 선생님과 노나라를 양분할 정도입니다. 서서 가르치지 않고 앉아 논의하지도 않는데, 비어 있는 상태로 찾아갔다가 가득 채워갖고 돌아옵니다. 본디부터 그에겐 말 없는 가르침이 있고 형체도 없이 마음이 대성한 자입니까? 그는 대체 어떤 사람입니까?"
　중니가 대답했다.
　"그는 성인이다. 나는 다만 기회를 놓쳐서 아직 그를 찾아가지 못했을 뿐이다. 나도 장차 그를 스승으로 삼으려 하거늘 하물며 나보다 못한 자는 말할 것이 있겠느냐? 어찌 노나라 사람들만 그렇겠느냐. 나는 장차 천하를 이끌고 더불어 이에 좇고자 한다."
　상계가 거듭 물었다.
　"그는 올자입니다. 그런데도 선생님보다 덕이 훌륭하다고 하니 예삿사람이 아닐 것입니다. 그와 같은 사람의 마음씀은 대체 어떤 것일까요?"
　중니가 대답했다.
　"사람에게 있어 죽고 사는 일은 큰 문제인데 그는 이에 의해 마음이 변하지 않는다. 천지가 뒤집히고 거꾸로 떨어진다 할지라도 이와 더불어 잃지 않는다. 형상을 초월한 도를 밝히고 만물과 더불어 옮기지 않으며, 사물의 변화를 운명으로 삼아 그 근본을 지키는 것이다."
　상계가 물었다.
　"그것은 무엇을 말하는 겁니까?"
　중니가 대답했다.
　"그 다른 입장에서 이를 보면 간과 쓸개도 초(楚)나 월(越)만큼이나 멀지만, 그 같은 입장에서 이를 보면 만물이 모두 하나다. 무릇 그러한 자는 이목의 즐거움을 모르고 마음을 덕의 조화에서 노닐게 한다. 만물을 하나로 보고 그 상실되는 형상을 보지 않는다. 그러므로 그는 자신이 한쪽 발을 잃은 것도 마치 흙을 털어버리듯이 아무렇지도 않게 생각하는 것이다."

원문 魯에 有兀者로 王駘는 從之游者가 與仲尼相若이라 常季가 問於仲尼하여 曰 王駘는 兀者也이나 從之游者가 與夫子中分魯라 立不敎하고 坐不議하며 虛而往하여 實而歸라 固有不言之敎에 無形而心成者邪잇가 是何人也잇가 仲尼가 曰 夫子聖人也이니라 丘也直後而未往耳라 丘將以爲師이어니와 而況不若丘者乎아 奚假魯國에 丘將引天下而與從之이리라 常季가 曰 彼兀者也로 而王先生이니 其與庸亦遠矣라 若然者는 其用心也에 獨若之何이리오 仲尼는 曰 死生亦大矣로 而不得與之變이라 雖天地覆墜라도 亦將不與之遺라 審乎無假에 而不與物遷이고 命物之化로 而守其宗也이니라 常季는 曰 何謂也잇가 仲尼는 曰 自其異者視之면 肝膽楚越也이고 自其同者視之면 萬物皆一也이니라 夫若然者는 且不知耳目之所宜하고 而游心乎德之和하며 物視其所一하고 而不見其所喪하여 視喪其足을 猶遺土也이니라

　㈜ **올자왕태**(兀者王駘)　올자(兀者)는 발뒤꿈치를 베는 형벌을 받은 자. 왕태(王駘)의 태는 둔마를 가리키는 것으로 보아 어리석은 사람을 나타내는 것 같지만 사실은 유덕(有德)한 자를 반증하기 위해 제시한 인물임. **종지유자**(從之游者)　유(游)는 유(遊)와 같다. 배우다. **상계**(常季)　공자의 제자라는 설이 있지만 확실치 않음. **중분노**(中分魯)　중(中)은 가운데란 뜻이 있고 중분(中分)은 이분하다. **입불교좌불의**(立不敎 坐不議)　서서 가르치지 않고 앉아서 말하지 않는다.

일설에 의하면 '입(立)'과 '좌(坐)'는 별뜻이 있는 게 아니고 단지 수식하기 위한 글자라고 함. **허이왕 실이귀**(虛而往 實而歸) 허(虛)는 비었다는 뜻. 실(實)은 알차다는 뜻. 즉 머리가 텅 빈 자가 가서 마음을 채워갖고 돌아옴. **해가노국**(奚假魯國) 해가(奚假)는 ……뿐 아니다. **인천하**(引天下) 인(引)은 이끌다, 인도하다. **기여용역원의**(其與庸亦遠矣) 용(庸)은 어리석다. 그 아래 역원의(亦遠矣)가 붙어 있으므로 '또한 어리석음과 멀다'가 된다. 즉 예사롭지 않다는 것. **기용심야 독약지하**(其用心也 獨若之何) 용심(用心)은 마음씀. 약지하(若之何)는 약하(若何), '어떻게 하는가'이다. 독(獨)은 홀로, 다만. **천지복추**(天地覆墜) 하늘이 뒤집히고 땅이 떨어지다. **역장불여지유**(亦將不與之遺) 유(遺)는 잃어버리다(失也). **심호무가**(審乎無假) 심(審)은 살피다, 밝히다의 뜻이 있고, 무가(無假)는 거짓이 아닌 것, 즉 진실. **명물지화 이수기종야**(命物之化 而守其宗也) 사물의 변화를 천명에 의한 필연적인 것으로 받아들이고 이것에 저항하는 일 없이 그 근본에 있는 만물제동의 이치에 몸을 두고서 거기서 떠나려 하지 않는다는 것. **간담초월야**(肝膽楚越也) 간담(肝膽)은 간과 쓸개. 초월(楚越)은 전국시대의 초나라와 월나라. 간과 쓸개는 사람의 몸 안에 있어 아주 가까운데 초와 월은 수천 리나 떨어져 아주 멀다. 즉 여기서는 앞의 구를 받아 그 다른 것. 차별적인 입장에서 보면 간담은 가까운 것이지만 초월만큼 멀게 보인다는 뜻. **이목지소의**(耳目之所宜) 의(宜)는 좋아한다(好也). 소의(所宜)는 좋아하는 것. 귀와 눈을 즐겁게 해주는 것. 쾌락. **덕지화**(德之和) 덕(德)은 마음의 활동, 기능. 마음의 온갖 활동이 융합하여 하나가 되는 경지. **시상기족 유유토야**(視喪其足 猶遺土也) 상(喪)과 유(猶)는 모두 '잃다'의 뜻이지만, 잃는 것은 버리는 것과도 통한다.

|해설| '덕충부(德充符)'란, 덕이 안에 가득 차 있다면 그것이 표적이 되어 겉으로 나타난다는 뜻이다. 이 편에선 많은 불구자가 등장하고 있지만, 겉모습이 불구인 자야말로 내면에 덕을 갖춘 증거라는 것이다. 덕이란 무엇인가? 유가와 다른 도가의 해석으로, 덕은 일체의 운명을 그대로 시인하고 모든 것을 봄날처럼 따뜻하게 감싸주는 것이다.

　앞서 노자는 농촌의 소박한 자연으로 돌아가는 것을 이상으로

삼았다고 했다. 참고로 노자는 장자와는 달리 정치적 이상을 품고 있었기 때문에 거기서 특유한 정책론이 전개되었다. 지식·욕망·도덕 등을 부자연한 인위로서 배척할 뿐 아니라 이런 것을 조장(助長)하려는 일체의 정책에 반대했다.

"천하에 금제(禁制)가 많아지면 많아질수록 백성은 더욱더 가난해지고, 백성이 문명의 이기(利器)를 가지면 가질수록 나라는 더욱더 혼란해진다. 백성이 기술을 알면 알수록 진기한 물건이 만들어지고, 법령이 갖추어질수록 도둑은 더욱더 많아진다.

그러니까 성인도 말한다. '내가 무위로 있다면 백성은 자연히 교화되리라. 내가 조용함을 즐기면 백성은 자연히 바르게 되리라. 내가 사업(토목·전쟁 따위)을 일으키는 일이 없다면 백성은 절로 부유해지리라. 내가 욕심이 없다면 백성은 절로 순박해지리라'고."(제57장)

"현인을 존중하는 듯한 일이 없다면 백성 사이에 다툼이 일어나는 일도 없으리라. 항상 백성을 무지무욕(無知無欲)인 채로 놔두고 교활한 마음을 가진 인간을 개입시키지 않도록 하라. 이와 같은 무위의 정치를 하면 다스려지지 않는 것이란 없게 되는 것이다."(제3장)

이 같은 노자의 말의 이면에는, 물론 공자를 비롯한 유가에 대한 강한 반감이 있었다.

2

상계가 말했다.

"그는 자기를 다스리는 데 있어 그 지혜로써 그 마음을 체득하고, 그 마음으로써 상심을 체득했을 뿐입니다. 그런데 뭇사람이 무엇 때문에 그에게 모여드는 것일까요?"

중니가 대답했다.

"사람은 흐르는 물을 거울삼지 않고, 괴어 있는 물을 거울삼는다. 오직 머무르는 자만이 능히 뭇사람을 머무르게 한다. 목숨을 땅에서 받은 자 가운데 소나무와 잣나무만이 오직 홀로 겨울 여름 가리지 않고 청청하다. 목숨을 하늘에서 받은 자 가운데 오직 순임금만이 홀로 천성을 옳게 지녀 올바르게 살고 또 백성을 올바르게 했다.

무릇 바른 생을 그 처음처럼 지닌 증거는, 세상일을 두려워하지 않는다는 사실이다. 용사 혼자서 씩씩하게도 수많은 적군 속에 돌입한다. 명예를 구하는 자조차도 이와 같은데, 하물며 천지를 지배하고 만물을 포용하며 육신을 다만 임시 거처로 삼고 귀와 눈을 치레로 알며, 만물이 하나임을 깨닫고 생사를 초월한 사람이 무엇을 두려워하겠느냐. 그는 이윽고 날을 정하여 도에 도달하리라. 사람들이 그를 좇는 것이지, 그가 어찌 사람들을 의식적으로 모으는 것이겠는가."

원문 常季는 曰 彼爲己에 以其知得其心하여 以其心得其常心이라 物何爲最之哉이리오 仲尼는 曰 人莫鑑於流水하고 而鑑於止水하나니 唯止能止衆止라 受命於地에 唯松柏獨也正으로 冬夏靑靑이라 受命於天에 唯舜獨也正으로 幸能正生하야 以正衆生이라 夫保始之徵은 不懼之實이라 勇士一人이 雄入於九軍이라 將求名而能自要者도 而猶若是어늘 而況官天地하고 府萬物하며 直寓六骸하고 象耳目에 一知之所知하며 而心未嘗死者乎아 彼且擇日而登假하리라 人則從是也로 彼且何肯以物爲事乎아

㊀ **피위기 이기지득기심**(彼爲己 以其知得其心) 위(爲)는 다스리다(治也). **상심**(常心) 상(常)은 항상. 즉 오래고 변하지 않는 것. 따라서 상심은 부동심(不動心). **물하위최지재**(物何爲最之哉) 물(物)은 뭇사람. 최(最)는 백성을 모으다. **감어유수**(鑑於流水) 감(鑑)은 거울삼을 만한 것. 유수(流水)는 흐르는 물. **지수**(止水) 멎어 있는 물, 즉 고요하고 잔잔한 물. **유지능지중지**(唯止能止衆止) 오직 멎어 있는 것만이 멎기 원하는 것에 정지된 상태를 줄 수 있다. 이 글은 전체적으로 의미를 파악해야 하는데, '물은 거울이 되고자 하지 않더라도 사람이 스

스로 와서 거울삼는다. 다만 저절로 정지하므로 능히 정지를 찾는 많은 것을 정지하게 한다'는 설과 '다만 상심을 얻은 자만이 능히 사람들로 하여금 각기의 상심을 얻게 만든다'라고 하는 해석이 있다. **행능정생 이정중생**(幸能正生 以正衆生) 행(幸)은 다행히도. **부보시지징**(夫保始之徵) 보(保)는 보전하다. 징(徵)은 조짐, 증거. **불구지실**(不懼之實) 실(實)은 실정, 사실. **용사일인 웅입어구군**(勇士一人 雄入於九軍) 웅(雄)은 씩씩하다, 굳세다. 입(入)은 돌입. 구군(九軍)은 본디 천자의 6군과 제후의 3군을 합친 것인데, 여기서는 많은 군사, 대군의 뜻. 1군은 12,500명. **장구명이능자요자**(將求名而能自要者) 명(名)은 명성, 명예. 자요자(自要者)는 일의 성공을 기대하는 자. 요(要)는 구하다(求也), 기다리다(待也). **관천지**(官天地) 관(官)은 관(管)과 통하며 관리하다. 전의하여 지배하다. **부만물**(府萬物) 부(府)는 장(藏). 자기집에 거둬들인다. **직우육해**(直寓六骸) 직(直)은 다만〔但也〕. 우(寓)는 '살다'의 뜻인데 여기서는 '임시로 거처하는 집'으로 봄. 육해(六骸)는 머리·몸통·양손·양발로, '자기 육체'를 가리킴. 다만 자기의 육체를 이 세상의 임시 거처로 삼고 이것을 잃는 일이 있더라도 아까워하지 않는다. **상이목**(象耳目) 상(象)은 형상〔形也〕. 귀와 눈을 외적인 장식물로밖에 생각하지 않고, 감각이나 욕망에 사로잡히는 일이 없다. **일지지소지**(一知之所知) 인간의 지혜는 모든 것을 판별하여 이원의 대립을 만들지만, 그 나눔의 지식을 초월하여 만물제동의 이치에 도달한다. **피차택일이등하**(彼且擇日而登假) 택일(擇日)은 날을 가리다. 등하(登假)의 하는 '아득하다'인데, 옛날에는 임금의 승하(昇遐)나 신선의 승천에 사용되었다. 등하는 하늘로 오르다.

[해설] 노장학파는 유가와 대립한다. 공자는 인의·충효의 도덕에 의해 천하의 질서를 재건하고자 생각했고, 현자를 등용하여 국정에 참가시키려는 생각을 가지고 있었다. 이것을 뒤이은 맹자는 천하에 널리 학교를 마련하고 영재교육을 일으켜야 한다고 주장했다. 그런데 노자는 이와 같은 인위적인 정책이야말로 소박한 백성을 자연으로부터 격리시키는 것이고, 모든 혼란과 타락의 원인이 된다고 생각했던 것이다.

따라서 노자가 이상으로 하는 정치에선 민중의 교육이나 훈련도 없고 일체의 간섭을 않는 자유방임(自由放任)이 원칙이다. 이를테면 '정치없는 정치가 가장 좋은 정치'인 셈이다.
　이렇듯 '무위의 정치'는 자유방임의 정치이고 무위무책(無爲無策)의 정치로서, 자못 무책임하고 민중에 대해선 냉혹한 것처럼 보인다. 이 점은 노자도 인정하고 있다.
　"천지는 불인(不仁)이다. 만물을 낳기만 하였지 돌보지 않는다. 성인도 불인이다. 만백성을 사는 대로 버려둘 뿐 가르쳐 이끌려고 하지 않는다(天地不仁 以萬物 爲芻狗 聖人不仁 以百姓 爲芻狗)."
(《노자》제5장)
　원문 가운데 '추구(芻狗)'는 짚으로 만든 개로서 제사 때 사용되는 저주물이었다. 제사가 끝나면 아낌없이 버려지고 만다. 천지는 만물을 탄생시키지만, 낳고 나면 아무런 미련도 없이 버리고 방임하여 돌아보는 일이 없다. 이를테면 낳기만 하고 돌보지는 않는 어머니와 같다. 이런 천지의 도를 좇는 성인도 백성의 부모이면서 아무런 시중이나 뒷바라지를 하는 일 없이 기아처럼 취급한다. 불인이고 비정이라 할 것이다.
　그러나 이 불인이나 비정으로 보이는 것이 사실은 최대의 자애(慈愛)이다. 세상의 예사 사랑은 인간을 자못 아끼고 돌보는 것처럼 보이지만, 결과에 있어선 깊은 상처를 주고 해치고 있는 것이다. 이것이 노자의 확고한 신념이었다.
　이하《장자》의 '덕충부편'도 노자의 이 신념을 염두에 두고 이해한다면 뜻이 분명해진다. 도가의 이런 신념은 역사에서도 나타난다.

3

　신도가(申徒嘉)는 올자이다. 정나라의 재상인 자산(子産)과 함께 백혼무인(伯昏無人)을 스승으로 삼았다. 그런데 어느 날, 자산이 신도가와 함께 걷는 것을 꺼려하여 신도가에게 말했다.
　"내가 먼저 나가면 자네는 남아 있고, 자네가 먼저 나가면 내가 남아 있겠네."

그 이튿날, 또 자리를 같이하게 되었다. 자산이 신도가에게 말했다.

"내가 먼저 나가면 자네는 남아 있고, 자네가 먼저 나가면 내가 남아 있겠네. 지금 내가 나가려 하는데 자네는 남아 있겠소, 어찌하겠소? 당신은 재상을 보고도 예의를 갖추지 않으니, 그러면 자네가 재상과 동등하단 말인가?"

신도가가 대답했다.

"한 선생님의 문하에 있는 제자들 사이에도 재상이니 뭐니하는 구별이 있는가? 자네는 자신이 재상임을 기뻐하여 남을 얕보려는 자이다. 듣건대 '거울이 맑은 것은 먼지가 끼지 않았기 때문이고, 먼지가 낀다면 맑지 않게 된다. 현인과 오래 있으면 허물이 없어진다'고 했다. 그런데 지금 선생님의 큰 덕을 배우고자 하는 자네가 이 같은 말을 할 수 있는가?"

[원문] 申徒嘉는 兀者也라 而與鄭子產과 同師於伯昏無人이라 子產이 謂申徒嘉하여 曰 我先出則子止요 子先出則我止하리라 其明日에 又與合堂同席而坐라 子產이 謂申徒嘉하여 曰 我先出則子止요 子先出則我止하리라 今我將出하리니 子可以止乎아 其未邪아 且子見執政而不違이니 子齊執政乎아 申徒嘉는 曰 先生之門에 固有執政焉如此哉아 子而說子之執政하여 而後人者也라 聞之曰 鑑明則塵垢不止이고 止則不明也라 久與賢人處에 則無過이리라 今子之所取大者는 先生也거늘 而猶出言若是하니 不亦過乎아

㊉ **신도가**(申徒嘉) 가공의 인물인 듯. **정자산**(鄭子產) 정(鄭)은 정나라란 뜻. 실존인물로, 정나라의 명재상이었음. **백혼무인**(伯昏無人) 역시 가공의 인물인 듯. **아선출즉자지**(我先出則子止) 신분이 높거나 연장자와는 함께 걷지 않고 뒤에서 따라가는 것이 예라는 뜻임. **우여합당동석이좌**(又與合堂同席而坐) 우(又)는 또, 다시. 합당(合堂)의 합은 모이다. 즉 당에 모이다. 동석(同席)은 '같이 앉다'로 해도 괜찮지만, 석(席)은 자리, 돗자리를 말함. 따라서 자리를 같이했다는 뜻.

금아장출 자가이지호 기미야(今我將出 子可以止乎 其未邪) 장(將)은 장차. 미야(未邪)는 의문사로, 미는 아니다, 못하다의 뜻이 있음. 따라서 가이(可以)와 대응하여 '어떤가, 남아 있겠는가'의 뜻이 됨. **견집정이불위**(見執政而不違) 집정(執政)은 정치를 집행하는 사람, 재상. 자산을 가리킴. 위(違)는 피하다. **자제집정호**(子齊執政乎) 제(齊)는 가지런하다(等也). 즉 동등하다는 것. **고유집정언여차재**(固有執政焉如此哉) '본디 집정이 있어서 이와 같이 해야 하는가'인데 '당신이나 나 한 스승을 모신 제자일 뿐, 재상이니 뭐니 하는 구별이 없잖은가'라는 반어. **열자지집정**(說子之執政) 열(說)은 열(悅)과 통하며 기뻐하다. **후인자야**(後人子也) 남을 뒤로 하는 자. 즉 얕본다는 뜻. **금자지소취대자**(今子之所取大者) 취대(取大)는 소중히 여기는 것. 또 일설에는 '견식을 넓히는 것'이라고도 한다. 여기선 대도라고 새김.

[해설] 관중은 부국강병책을 시행하여 제 환공으로 하여금 패자가 되는 길을 열어 주었다.

한편 정나라에선 채중이 죽었는데, 기원전 682년의 일이다. 그러자 채중에 의해 쫓겨났던 여공 돌이 복귀 운동을 시작했다. 여공은 먼저 정의 대부 보하(甫瑕)를 납치하여 복귀 운동에 가담하라고 협박했다. 보하는 협력을 맹서하고 돌아와 군주인 정자(鄭子)와 그 두 아들을 죽이고 여공을 은밀히 나라에 끌어들였다.

이리하여 정의 군주로 복귀한 여공은 그동안의 원한을 풀려고 했다. 여공은 먼저 백부뻘인 대부 원(原)을 불러 책망했다.

"내가 망명하여 있었는데 백부님이 나를 복귀시키려는 의사가 없었다는 것은 잘못이 아닙니까."

"군을 섬김에 있어 두 마음이 없음은 인신(人臣)의 직무입니다. 저는 제 죄를 압니다."

원은 이렇게 말하고는 자결했다. 즉 원은 소공을 섬겼고 자미를 섬겼고 정자를 섬겼는데, 이들은 모두 군주였다. 그런 그들을 배반하지 않은 것은 신하의 도리였지만, 여공으로 볼 때에는 두 마음을 가진 것이 된다. 그래서 결국 책임을 지고 자결한 것이었다.

여공은 또 정자를 죽인 보하를 불러,
"정자를 섬기는 데 너는 두 마음이 있었다."
라고 책망했다. 그리고는 보하를 죽였다.

서로 모순되는 이론이지만, 이것이 중국인의 사고방식이었다. 《장자》'인간세편'에서 이미 보았듯이 신하로서 군신을 섬기는 것도 몹시 어렵다고 하겠다.

4

자산은 그 말을 듣고 비웃었다.
"자네는 절름발이 주제에 요(堯)임금과 더불어 착함을 다투고 있군. 자네의 덕을 헤아려 볼 때 스스로를 돌아봄이 부족하지 않은가?"

신도가가 말했다.
"스스로 그 허물을 변명하여 발을 잃음이 당치 않다고 생각하는 자는 많고, 스스로 그 허물을 변명하지 않고 발이 있음이 당치 않다고 생각하는 자는 적소. 사람의 힘으로는 어찌할 수 없음을 알고서 이것에 안주하고 천명을 좇음은, 오직 덕있는 자만이 이를 할 수 있소. 활의 명인 예의 과녁 안에서 논다면 중앙에 있는 사람은 모두 화살을 맞을 것이오. 만약 적중하지 못한다면 그것은 천명인 것이오. 사람이 그 온전한 발로써 내 온전치 않은 발을 비웃는 자는 많소. 이를 보고 나는 벌컥 성을 냈소. 그런데 선생님이 계신 곳으로 가면 유쾌한 기분으로 돌아온다네. 이는 선생님이 나의 마음을 닦아 깨끗이 해 주시기 때문일 것이오. 나는 선생님 밑에서 배운 지 19년이 되었으나 선생님 앞에선 내가 올자임을 한 번도 느끼지 못했소. 그런데 자네는 지금 나와 마음을 허락하고 지내야 할 텐데 나를 겉모양으로만 판단하려 하니 또한 잘못이 아니겠소."

자산은 숙연하여 표정을 고치고 말했다.

"알겠소. 더 말하지 말게."

원문 子産은 曰 子旣若是矣인데 猶與堯爭善이오 計子之德은 不足以自反邪잇고 申徒嘉는 曰 自狀其過하여 以不當亡者衆하고 不狀其過하여 以不當存者寡라 知不可奈何로 而安之若命은 唯有德者能之라 遊於羿之彀中에 中央者中地也요 然而不中者命也이니라 人以其全足으로 笑吾不全足者衆矣라 我怫然而怒라 而適先生之所에 則廢然而反이라 不知先生之洗我以善邪잇고 吾與夫子遊十九年矣요 而未嘗知吾兀者也이니라 今子與我遊於形骸之內커늘 而子索我於形骸之外하니 不亦過乎아 子産은 蹵然改容更貌하고 曰 子無乃稱하라

주 **자기약시의 유여요쟁선**(子旣若是矣 猶與堯爭善) 기(旣)는 이미. 유(猶)는 오히려. 선(善)은 착함. 약시의(若是矣)는 '그와 같다'이지만, 신도가를 가리켜 '그런 절음발이 주제에'라는 뜻임. **자반야**(自反邪) 반(反)은 반성. 돌이켜 보라는 뜻. **자상기과 이부당망자중**(自狀其過 以不當亡者衆) 자상(自狀)의 상은 베풀다(陳也), 진술하다. 말로써 변명하는 것. 망(亡)은 없어지다(失也)이고, 여기서 이(以)는 생각하다. 스스로 그 잘못을 변명하고 발을 잃을 만한 형벌은 당치 않다고 생각하는 사람이 많다. **존자과**(存者寡) 존(存)은 있다, 보존하다이고, 과(寡)는 적다. **지불가내하 이안지약명 유유덕자능지**(知不可奈何 而安之若命 唯有德者能之) '인간세편'에도 나옴. 장자의 운명관을 요약한 말. **유어예지구중**(遊於羿之彀中) 예(羿)는 전설상의 활의 명인. 구중(彀中)은 화살이 닿는 거리, 즉 사정거리. 이 말에서 출전하여, 자기 손아귀에 드는 것을 '구중에 든다'고 함. **중앙자중지야**(中央者中地) 중앙(中央)은 한가운데. 중지(中地)는 화살이 명중하는 곳. **불연**(怫然) 발끈하며 화를 내는 것. **폐연이반**(廢然而反) '노여움을 버리고 평정한 상태로 돌아간다'인데, 폐연(廢然)은 깨끗이 잊는 것. **형해**(形骸) 몸, 육체. **축연**(蹵然) 삼가는 것, 또는 불안해하는 것. **무내칭**(無乃稱) 내(乃)는 어조사로, '더 말하지 말게'라는 뜻.

해설 여기선 한 가지만 짚고 넘어가면 된다. 정나라의 자산은 실제 인물로, 나중에 설명되겠지만, 공자가 지극히 존경하던 인물이

다. 장자는 신도가의 입을 빌어 그런 자산을 비판하고 있는 셈이다.

　제 환공은 이웃의 소국을 차례로 병탄(倂呑)하였다. 병탄한 나라는 《한비자》에 의하면 30개국이고, 《순자》에 의하면 35개국에 이른다.
　이리하여 제 환공은 기원전 679년 송·진·위·정과 진(甄)이라는 곳에서 회맹하였고, 처음으로 패자가 되었다. 춘추시대엔 모두 '오패'가 있는데, 그 첫번째 패자가 된 것이다.
　제 환공은 재위중 아홉 번 회맹하였다. 회맹이란 제후 사이에 무엇인가 문제가 있을 때 모여 의논하고 결론을 내리는 것이다. 패자는 바로 그 모임의 주도자이고 국력의 뒷받침이 있어야 한다.
　여기엔 물론 형식이 있다. 《주례(周禮)》에 의하면 '희생물을 죽이고 그 피를 나누어 마신다'고 하였다. 이렇게 하늘에 맹서하고 그 맹약한 내용을 명주 따위에 썼는데, 이것을 '명(命)'이라 했다. 《맹자》에 의하면 규구(癸丘)의 회맹에선 다섯 가지의 명이 있었다.
　초명, 불효자는 주살한다. 수자(樹子: 태자)를 바꾸지 않는다. 첩으로 처를 삼지 않는다.
　재명, 현(賢)을 존중하고 재(才)를 키우며 덕있는 이를 기린다.
　삼명, 노인을 공경하고 어린이를 아낀다. 손님과 나그네를 소홀히 하지 않는다.
　사명, 사(士)는 관직을 세습하지 않고 겸임하지 않는다. 사를 채용함에는 반드시 우수한 자를 뽑는다. 대부를 함부로 죽이지 않는다.
　오명, 둑을 구부리지 않는다. 수입미의 금수를 해선 안 된다. 제후의 중요 인사는 보고한다.
　규구의 회맹은 기원전 651년에 있는데, 이때 처음으로 제 환공이 주왕을 젖혀놓고 천하의 정치를 지도한다는 자세를 보였다.

그러나 이런 회맹에 반대하는 제후도 있었다. '맹'에 불만이 있는 제후는 참가하지 않았다. 그런 때에는 맹주가 그 제후를 벌하기 위해 군을 일으키고 다른 제후와 함께 쳤다.

5

노(魯)나라의 숙산무지(叔山無趾)란 올자가 자주 중니를 찾아 갔다.
중니가 말했다.
"그대는 삼가지 않아 올자가 되는 화를 당했다. 이제 와서 어찌하겠다는 것인가?"
무지가 말했다.
"제가 비록 할 바를 알지 못하고 처신을 가볍게 하여 한쪽 발을 잃었으나, 제가 찾아온 것은 발보다 더 소중한 것이 있음을 알고 그것을 힘써 보전하려 함입니다. 무릇 하늘은 어떤 것이나 덮지 않음이 없고 땅은 어떤 것이나 그 위에 싣지 않음이 없습니다. 전 선생님을 천지같이 알았는데 이런 말씀을 하실지 어떻게 알았겠습니까?"
공자가 말했다.
"제가 어리석었습니다. 부디 들어오십시오. 제가 알고 있는 바는 무엇이든지 말씀해드리겠습니다."
라고 했으나 무지는 가버렸다. 공자가 제자들에게 일렀다.
"너희들은 학문에 힘써라. 저 무지는 올자인데도 오히려 배움에 힘써 이로써 과거의 잘못을 돌이켜 보상하려 한다. 하물며 사지가 온전한 너희들에게 있어서랴."
무지가 노담(老聃)에게 말했다.
"공구가 지인이 되자면 아직도 멀지 않았습니까? 그런데도 그는 어찌하여 빈번히 그대에게 배우려 합니까? 그는 바로 괴상한 속임수로 이름이 알려지기를 바라고 있는데, 지인은 그것을 자기의 자유를 속박하는 차꼬나 수갑으로 여긴다는 것을 모르는가 봅니다."

노담이 대답했다.

"그렇다면 죽고 사는 것을 하나로 알고, 옳고 그름을 일관으로 아는 자로 하여금 그 차꼬와 수갑을 풀어주도록 함이 어떻겠습니까? 그것은 가능할 텐데요."

무지가 말했다.

"하늘이 공구를 형벌한 것인데 어찌 이를 풀 수가 있겠습니까?"

원문 魯에 有兀者로 叔山無趾가 踵見仲尼라 仲尼는 曰 子不謹하여 前旣犯患若是矣니 雖今來何及矣리오 無趾는 曰 吾唯不知務에 而輕用吾身하여 吾是以亡足이나 今吾來也는 猶有尊足者存이라 吾是以務全之也로다 夫天無不覆하고 地無不載라 吾以夫子爲天地이니 安知夫子之猶若是也잇고 孔子는 曰 丘則陋矣라 夫子胡不入乎아 請講以所聞하리다 無趾는 出이라 孔子가 曰 弟子勉之하라 夫無趾는 兀者也로 猶務學하여 以復補前行之惡이거늘 而況全德之人乎아 無趾는 語老聃하여 曰 孔丘之於至人은 其未邪아 彼何賓賓以學子爲오 彼且蘄以諔詭幻怪之名聞하나니 不知至人之以是爲己桎梏邪잇고 老聃이 曰 胡不直使彼以死生爲一條하고 以可不可爲一貫者로 解其桎梏이 其可乎아 無趾는 曰 天刑之니 安可解리오

㈜ **숙산무지**(叔山無趾) 숙산(叔山)은 지명. 지(趾)는 복사뼈 이하의 발가락 부분. 무지(無趾)는 올자(兀者)와 같은 뜻. **종견중니**(踵見仲尼) 종(踵)은 뒤를 좇는 것. **불근**(不謹) 근(謹)은 삼가다. **전기범환약시의**(前旣犯患若是矣) 범(犯)은 일으키다. 환(患)은 재앙이므로, 재앙을 일으키다. 앞서 이미 재앙을 불러일으켜 올자가 되었다. **하급의**(何及矣) 급(及)은 미치다. 어찌 미치겠느냐, 도리가 없다, 너무 늦었다. **유부지무**(唯不知務) 무(務)는 명사일 때 '일', 동사일 때 '힘쓰다'. 여기서는 명사로서 '오직 자기로서 할 바를 몰랐다.' **유유존족자존**(猶有尊足者存) 존(尊)은 높다(貴也, 高也). 오히려 발보다 귀한

것이 있다. **오시이무전지야**(吾是以務全之也) 전(全)은 온전하다(完也). **안지부자지유약시야**(安知夫子之猶若是也) 안지(安知)의 안은 무엇, 어느[何也]. '어찌 알았겠느냐?'의 경우처럼 의문사로 쓰기도 함. 야(也)는 야(邪)와 같음. **공자**(孔子) 앞에서는 이름인 '중니'를 이야기하다 이후부터 공자라 지칭하는 것은 의도적으로 비판하려는 표현임. **누의**(陋矣) 누(陋)는 고루하다, 어리석다. **호불입호**(胡不入乎) 호불(胡不)은 하불(何不)과 같고, '어찌……하지 않는가'. 어찌 들어오지 않습니까? **강이소문**(講以所聞) 강(講)은 강론하다(論也). **무지출**(無趾出) 출(出)은 가다[往也]. **면지**(勉之) 면(勉)은 힘쓰다, 부지런하다. **이복보전행지악**(以復補前行之惡) 복보(復補)는 보상하다. 전행(前行)은 앞서 행한 일. 지난 잘못을 보상하다. **전덕지인**(全德之人) 죄를 범하지 않아 사지가 멀쩡한 사람. **빈빈**(賓賓) 유월에 의하면 빈빈(頻頻)과 같고, 자주, 빈번히. **기이숙궤환괴지명문**(蘄以諔詭幻怪之名聞) 숙궤환괴(諔詭幻怪)는 사람의 눈을 속이는 괴상한 짓. 괴상한 속임수로써 이름이 알려지기 바란다. **질곡**(桎梏) 차꼬와 수갑. 사람의 자유를 속박한다는 뜻. **호부직사피이사생위일조**(胡不直使彼以死生爲一條) 일조(一條)는 한 가닥의 새끼. **이가불가위일관자**(以可不可爲一貫者) 일관(一貫)은 많은 것을 꿰는 끈. 가불가(可不可)로써 하나의 끈으로 삼다. '호부직……일관자'는 사생과 가불가의 차별을 없애는 만물제동의 입장을 풀이한 것. **안가해**(安可解) 어떻게 풀 수가 있는가. 불가능하다는 의미.

[해설] 이 무렵 진(晉)이 두각을 나타냈다. 당숙우(唐叔虞)는 주 무왕의 아들로 성왕의 아우이다. 황하와 분수(汾水) 사이에 있는 백리 사방의 땅 '당'에 봉해져 당숙우라고 불렸던 것이다. 우의 아들 섭(燮) 때 국호를 '진'이라 고쳤다.

세월이 흘러 목후(穆侯)일 때 제강(齊姜)을 아내로 맞아 태자 구(仇)를 낳았다. 이어 또 후궁이 아들을 낳았는데, 이번에는 성사(成師)라고 이름지었다. 대부이던 사복(師服)이 이상하다는 듯이 말했다.

"우리 주군의 아드님에 대한 이름짓기는 우습지 않은가. 태자를 구라고 이름지었다. 구란 원수를 뜻한다. 그런데 다음 아기는 성사라고 하셨다. 성사란 위대한 이름으로 성공하는 자의 호칭이다. 이름은 아버지가 몸소 짓는 법이고 만물은 이름에 의해 정해진다. 이렇다면 적자와 서자의 이름이 반대다. 앞으로 진은 어지러워지지 않겠는가?"

인간생활에는 질서가 중하다. 유가는 이 질서를 중하게 여긴다.

이윽고 목후가 죽고 그 아우 상숙(殤叔)이 스스로 군주임을 칭했다. 태자 구는 도읍에서 도망쳤다. 이어 4년 있다가 태자는 무리를 모아 상숙을 치고 이를 몰아내어 즉위했다. 이가 진 문후(晉文侯)이다. 그리하여 문후가 죽고 그 아들인 소후 백(昭侯伯)이 섰다.

소후는 문후의 세제(世弟)인 성사를 곡옥(曲沃)에 봉했다. 곡옥은 채읍(采邑)으로서 도읍인 익(翼)보다도 컸다. 따라서 사람들이 은밀히 걱정했다.

"진이 어지러워질 원인은 곡옥에 있다. 말(末)이 본(本)보다 크고 게다가 민심까지 얻고 있다. 이걸로써 난이 일어나지 않는다면 오히려 이상한 일이다."

예언은 맞았다. 소후 7년에 대부인 번보(潘父)가 군주를 죽이고 곡옥의 성사를 맞았다. 익의 사람들은 분개하여 성사를 공격했다. 내란이 일어난 것이다. 성사는 패하여 곡옥으로 돌아갔다. 익의 사람들은 소후의 아들 평(平)을 추대했는데, 이가 효후(孝侯)이다.

효후 9년, 성사가 죽고 그 아들 선(鱓)이 뒤를 이어 환숙(桓叔)이라 자칭했다. 그리하여 효후 15년, 환숙이 마침내 익을 공격하여 효후를 죽였다. 이번에도 익사람들이 분개하여 환숙을 몰아냈지만, 환숙은 계속 본가를 노렸다.

본가에선 효후의 아들 극(郄)을 세웠고, 이가 악후(鄂侯)이다.

악후는 재위 4년 만에 죽었는데, 이 틈을 노려 곡옥의 환숙(장백)은 또 공격을 해왔다. 주 왕실에선 괵중(虢仲)에게 병력을 주어 장백을 치게 하였고, 장백은 패주하여 곡옥을 사수했다. 익사람들은 악후의 아들 광(光)을 추대했고, 애후(哀侯)라고 불렀다.

애후 2년, 곡옥의 장백이 죽고 그 아들 칭(稱)이 뒤를 이었는데 이가 곡옥의 무공(武公)이다. 애후 9년, 무공은 분수가에서 익 사람들을 격파하고 애후를 포로로 하였다. 익사람들은 다시 애후의 아들 소자(小子)를 추대했는데 이를 소자후(小子侯)라고 한다.

소자후 원년에 곡옥의 무공은 포로인 애후를 죽였고 곡옥의 세력은 자꾸만 강성해졌다. 익사람들은 어쩔 도리가 없었다. 그리하여 소자후 4년에 곡옥의 무공은 소자후를 유인하여 암살했다. 주 왕실에선 이때도 괵중을 시켜 곡옥을 쳤고, 애후의 동생 민(緡)을 세우게 하여 진후(晉侯)로 인정했다.

그러나 진후 28년, 곡옥의 무공은 익을 공략하고 그곳의 모든 보물을 주에 바쳤다. 이리하여 주 이왕(釐王)도 무공을 진후로 인정하게 되었다. 기원전 678년의 일이다. 이름 한번 잘못 지었다가 통산 67년에 걸친 내란이 계속되었던 셈이다.

6

노(魯)나라 애공(哀公)이 중니에게 물었다.

"위(衛)나라에 못생긴 남자가 있는데 애태타(哀駘它)라고 하오. 그런데 장부도 그하고 같이 거처하게 되면 그를 사모하여 떠나지를 못하고, 여인이 그를 보면 부모에게 청하여 말하기를, '다른 사람의 아내가 되느니보다 오히려 애태타의 첩이 되고 싶다'고 말하는 자가 수십 명에 이른다고 하오. 그러나 그가 자기 의견을 주장하는 것을 들은 자가 없고 늘 다른 사람과 어울릴 뿐이라 하오. 임금으로서 죽음에서 사람들을 구제하는 것도 아니고 많은 재산을 가지고 사람들의 배를 채워주는 것도 아니다. 그 추악함으로 세상을 놀라게는 하지만 사람과 화할 뿐 자기 주장을 하지 않고, 그 지식이 사역(四域)에서 벗어난 것도 아닌데도 불구하고 많은 사람들이 그 앞에 모이는 것은 필시 이인(異人)이기 때문이리라. 그래서 과인이 불러 그를 만나 보았는데 과연 추남으로서 천하를 놀라게 할 만했수 그런데 그와 함께 지낸 지 몇 달이 되지 않아 과인은 그 사람 됨에 호의를 갖게 되었고, 1년이 되지 않아 과인은 그를 믿게 되었소. 마침 나라에 재상이 없는지라 과인은 나라를 전하고자 했소. 그러자 민망한 듯이 대답하되 망설이는 품이 사양하는 것 같았소. 과인은 그 담담한 모습을 보고 부끄러워하면서 마침내 나라를 전하였소. 그런데 얼마 되지 않아 그는 과인을 떠나가 버렸소. 과인은 무엇인가 잃은 것 같았고, 더불어 이 나라를 함께 다스리면서 즐거워할 사람이 없는 것 같았소. 그 사람은 어떤 사람이오?"

원문 魯哀公이 問於仲尼하여 曰 衛에 有惡人焉하니 曰哀駘它라 丈夫與之處者면 思而不能去也이고 婦人見之면 請於父母하여 曰 與人爲妻보다 寧爲夫子妾者로 十數而未止也이니라 未嘗有聞其唱者也로 常和人而已矣라 無君人之位로 以濟乎人之死요 無聚祿으로 以望人之腹이요 又以惡駭天下요 和而不唱하며 知不出乎四域인데 且而雌雄合乎前이니 是必有異乎人者也이니라 寡人이 召而觀之하니 果以惡駭天下라 與寡人處하여 不至以月數에 而寡人有意乎其爲人也하고 不至乎期年에 而寡人信之하여 國無宰에 而寡人傳國焉하니 悶然而後應에 氾而若辭라 寡人醜乎로 卒授之國이나 無幾何也로 去寡人而行이라 寡人卹焉에 若有亡也이니라 若無與樂是國也이니 是何人者也아

㊉ 노애공(魯哀公) 춘추 말기의 노(魯)나라 군주로, 재위 B.C. 495~B.C. 468. 공자는 신하로서 애공을 섬김. 악인(惡人) 추남. 악(惡)은 더럽다의 뜻. 애태타(哀駘它) 가공 인물. 이이(李頤)는 '애태(哀駘)는 흉한 모습, 타(它)는 그 이름'이라 했고, 또 일설에는 태타는 등에 혹이 난 모습, 즉 곱사등을 형용하는 말이라 함. **장부여지처자**(丈夫與之處者) 장부(丈夫)는 장년 남자. 처(處)는 살다. **사이불능거**(思而不能去) 사(思)는 사모. **부인**(婦人) 이 경우는 여인을 이른다. **영위부자첩자**(寧爲夫子妾者) 영(寧)은 '……일지언정'. 즉 앞구를 받아, 남의 아내가 되기보다는 차라리 부자(애태타를 말하며, 여기서 부자는 남성에 대한 경칭으로 쓰임)의 첩이 되겠다. **십수이미지야**

(十數而未止也) 수십에 그치지 않는다. **미상유문기창자야 상화인이이의**(未嘗有聞其唱者也 常和人而已矣) 창(唱)은 선두에 나서 주장하다. 화(和)는 동조하는 것. 이의(已矣)는 뿐이다. 그 주장하는 것을 들은 적이 없고, 늘 동조할 뿐이다. **군인지위**(君人之位) 인군의 자리. 지(之)는 의. **취록이망인지복**(聚祿以望人之腹) 취(聚)는 모으다, 저축하다. 녹(祿)은 재산, 녹봉. 따라서 취록은 많은 재산. 망(望)은 보름달이란 뜻에서 전의되어 채우다, 가득차다. **이악해천하**(以惡駭天下) 해(駭)는 놀라게 하다(驚起). **지불출호사역**(知不出乎四域) 사역(四域)은 사방의 지역이란 뜻인데, 여기서는 나라로 해석함. 지식의 범위가 좁다는 것. **자웅합호전**(雌雄合乎前) 일설에는 자웅을 동물의 암·수컷이라 보고, 애태타 앞에서 두려워하는 일 없이 교미하는 거라고 함. 그러나 여기서는 앞의 부인·장부를 가리킴. **과인**(寡人) 군주의 자칭. 황제는 짐(朕)이라 함. **기년**(期年) 1년. **국무재**(國無宰) 재(宰)는 재상, 수상. **민연이후응**(悶然而後應) 민연(悶然)은 번민하다, 괴로워하다. 응(應)은 대꾸, 대답. **범이약사**(氾而若辭) 해석이 구구하다. 범(氾)은 '뜨다'라는 뜻인데, '종잡을 수 없다'는 해석을 택함. **과인추호**(寡人醜乎) 추(醜)는 부끄럽다(恥也). **졸수지국**(卒授之國) 졸(卒)은 마침내. **출언**(怴焉) 걱정하는 것.

[해설] 진(陳)이란 소국이 있다. 진의 호공 만(胡公滿)은 순(舜)의 자손이다. 일찍이 순이 서민이었을 무렵 우가 그 두 딸을 순의 배우자로 주고 규수(嬀水)의 규예(嬀汭)에 살도록 하였다. 이 때문에 그 자손은 규씨라고 일컬었다. 순이 죽자 우에게 나라를 전하고, 순의 아들 상균은 우(虞)에 봉해져 제후가 되었다. 하나라 시절 그 자손은 혹 나라를 잃거나 또 존속하거나 했다. 주 무왕이은 주왕을 이기자 다시 순의 후예를 찾았고, 이때 규만(嬀滿)을 발견하여 진에 봉했던 것이다.

훨씬 후대에 내려와 문공 어(文公圉)는 채의 공녀를 아내로 맞이하여 타(佗)를 낳았다. 문공이 죽자 장남인 환공 포(桓公鮑)가 섰다. 포는 채 공녀의 소생이 아니었으므로 환공이 병석에 눕게 되자 채의 사람들이 타를 위해 내란을 일으켰다. 마침내 환공이 병으로 죽자 태자인 면(免)을 죽이고 타를 세웠는데, 이가 여공

(厲公)이다.

　여공 2년에 그 아들인 경중완(敬仲完)이 태어났다. 때마침 주나라 태사(太史)가 진나라를 지나게 되자 여공은 아이의 장래를 점쳐 달라고 부탁했다. 주의 태사는 8괘로 점을 치고 말했다.
　"이 아이는 언젠가 제후가 되겠지만, 그것은 진국이 아니라 타국일 것입니다. 또한 이 아이의 시대가 아니고 그 자손의 시대이겠지요. 그런데 사물은 같으면서 두 개가 모두 커질 수는 없습니다. 따라서 진이 쇠약하면 이 아이의 나라가 왕성할 것입니다."
　여공은 채국의 원조로 군주가 되었기 때문에 채 공녀를 아내로 맞았다. 그런데 이 채 공녀는 행실이 나쁜 여자로 이미 채사람과 간통하고 있었고, 여공은 여공대로 자주 채국에 가서 황음(荒淫)을 일삼았다.
　여공 7년, 살해된 태자 면의 세 아우 약(躍), 임(林), 저구(杵臼)가 채국인에게 뇌물을 쓰고 미녀로 여공을 유혹케 하여 마침내 여공을 죽여버렸다. 이리하여 약이 군주로 복귀했는데 이가 진 이공(陳利公)이다. 이공은 재위 5개월 만에 죽고 임이 뒤를 이었는데 이가 장공(莊公)이다(장공이나 환공은 모두 시호이고 그 사람의 생전 사적에 따라 시호가 정해지므로 동명이인이 많이 나옴. 그래서 나라 이름을 붙여 구별함).
　장공 역시 재위 7년으로 죽었고, 막내인 저구가 섰으며 선공(宣公)이라 하였다. 여공의 아들 경중완은 그 사이 장성하고 있었다. 이 무렵 선공은 측실을 총애하여 그 몸에서 관(款)을 얻었다. 선공은 관을 사랑한 나머지 태자 어구(御寇)를 죽이고 말았다. 어구와 친했던 경중완은 몸의 위험을 느끼고 제나라로 달아났다. 기원전 672년의 일이다.
　제 환공은 경중완을 경으로 쓰려고 했지만 완은 사양했다.
　"타국에서 와 우리 주군을 섬기는 몸으로서는 국사의 중대한 부담을 면할 수가 있다면, 그것이야말로 주공의 은혜이십니다. 감히 높은 자리를 바라지 않습니다."
　그래서 환공은 공정(工正 : 각 장색을 관할하는 직책)에 임명하고 성도 하사하여 전완(田完)이라 부르게 하였다.

7

중니가 대답했다.
"일찍이 제가 초나라에 사신으로 갔다가 때마침 새끼 돼지들이 그 죽은 어미의 젖을 빠는 것을 보았습니다. 조금 있으니 새끼들이 놀라며 모두 어미를 버리고 달아났습니다. 죽은 어미 돼지가 자기들을 봐주지 않고 자기들과는 다른 모양으로 돼 있었기 때문입니다. 새끼 돼지들이 그 어미를 사랑하는 것은 어미 돼지의 몸을 사랑하는 게 아니라 그 몸을 움직이게 하는 것, 즉 그 근본인 덕을 사랑하는 것입니다. 싸워서 죽은 자는 그 사람을 장례할 때 삽(翣)으로써 꾸미지 않고, 발이 잘린 자의 신은 소중히 여기지 않는데, 모두 그 근본이 없어졌기 때문입니다. 그러나 천자를 모시게 되는 자는 손톱을 깎지 않고 귀고리를 달려고 귀를 뚫지 않으며, 새로 장가든 자에게는 숙직도 그만두게 하고 부역도 시키려 하지 않습니다.
형체를 온전히 보전하는 것만으로도 오히려 그와 같은데 하물며 온전한 덕을 갖춘 사람에게 있어서야 말할 게 있겠습니까?
지금 애태타는 말이 없는데도 믿어지고 공(功)이 없는데도 친하며, 이국의 사람으로 하여금 나라를 주고서도 혹 그가 그 자리를 맡지 않을까를 염려하게 하니, 이는 반드시 온전한 재주가 있으나 덕이 겉에 나타나지 않은 자일 것입니다."
애공이 거듭 물었다.
"무엇을 일컬어 온전한 재주라 하오?"
중니가 대답했다.
"사생존망·궁달빈부·현여불초·훼예·기갈·한서는 모든 인간 현상변화이며 운명의 운행입니다. 이런 변화는 밤낮으로 눈앞에서 일어나도 그것의 시작을 알지 못합니다. 그러므로 이로써 화

(和)를 어지럽히지 못하며 마음에 들어서지도 못합니다. 그러므로 마음의 조화를 어지럽히지 않고 언제나 즐거움을 잃지 않으며, 밤낮으로 변화가 끼어들 틈을 주지 않으면 만물과 더불어 봄 기운을 즐길 수 있습니다. 이것이야말로 사물과 접촉하여 그 마음에 화기가 어린 봄 같은 때를 만드니, 재능이 온전하다 함은 이를 이르는 것입니다."

중니가 대답했다.
"무엇을 덕이 겉으로 나타나지 않은 것이라 하오?"
"평(平)이란 물이 멎어 있음의 지극한 것입니다. 이는 모든 표준이 되는 것이니, 안에 잔잔함을 간직하고 밖으로 나타내 보이지 않아서입니다. 덕이란 조화를 이룬 것이니, 덕이 겉에 나타나지 않음으로써 만물이 거기서 떠나지 못하는 것입니다."

애공이 다른 날, 민자(閔子)에게 말했다.
"나는 처음에 남면하여 천하의 임금이 되자 백성의 기강을 확립하고 그 죽음을 근심함으로써 내 스스로 할 바를 다했다고 생각했다. 그런데 이제 나는 지인의 말을 듣고서 나에게는 그런 자격이 없고, 경솔하게 내 몸을 처신하여 나라를 망하게 하지나 않을까 염려하게 되었다. 나와 공구는 군신이 아니고 덕으로 사귀는 친구이다."

[원문] 仲尼는 日 丘也嘗使於楚矣하니 適見独子食於其死母者라 少焉眴若하고 皆棄之而走라 不見己焉爾하고 不得類焉爾라 所愛其母者는 非愛其形也로 愛使其形者也이오이다 戰而死者는 其人之葬也에 不以翣資하고 刖者之屨는 無爲愛之니 皆無其本矣이오이다 爲天子之諸御는 不爪翦하고 不穿耳하며 娶妻者는 止於外에 不得復使로 形全猶足以爲爾인데 而況全德之人乎아 今哀駘它는 未言而信하고 無功而親하고 使人授己國하여 唯恐其不受니 是必才全而德不形者也이오이다 哀公이 日 何謂才全인가 仲尼는 日 死生存亡과 窮達貧富와 賢與不肖毁譽와 饑渴寒暑는 是事之變으로 命之行也요 日夜相代乎前이나 而知不能하고 規乎其始者也이오이다 故로 不足以滑和는 不可入於靈府라 使之和豫에

성도 하사하여 전완(田完)이라 부르게 하였다.

7

중니가 대답했다.
"일찍이 제가 초나라에 사신으로 갔다가 때마침 새끼 돼지들이 그 죽은 어미의 젖을 빠는 것을 보았습니다. 조금 있으니 새끼들이 놀라며 모두 어미를 버리고 달아났습니다. 죽은 어미 돼지가 자기들을 봐주지 않고 자기들과는 다른 모양으로 돼 있었기 때문입니다. 새끼 돼지들이 그 어미를 사랑하는 것은 어미 돼지의 몸을 사랑하는 게 아니라 그 몸을 움직이게 하는 것, 즉 그 근본인 덕을 사랑하는 것입니다. 싸워서 죽은 자는 그 사람을 장례할 때 삽(翣)으로써 꾸미지 않고, 발이 잘린 자의 신은 소중히 여기지 않는데, 모두 그 근본이 없어졌기 때문입니다. 그러나 천자를 모시게 되는 자는 손톱을 깎지 않고 귀고리를 달려고 귀를 뚫지 않으며, 새로 장가든 자에게는 숙직도 그만두게 하고 부역도 시키려 하지 않습니다.
형체를 온전히 보전하는 것만으로도 오히려 그와 같은데 하물며 온전한 덕을 갖춘 사람에게 있어서야 말할 게 있겠습니까?
지금 애태타는 말이 없는데도 믿어지고 공(功)이 없는데도 친하며, 이국의 사람으로 하여금 나라를 주고서도 혹 그가 그 자리를 맡지 않을까를 염려하게 하니, 이는 반드시 온전한 재주가 있으나 덕이 곁에 나타나지 않은 자일 것입니다."
애공이 거듭 물었다.
"무엇을 일컬어 온전한 재주라 하오?"
중니가 대답했다.
"사생존망·궁달빈부·현여불초·훼예·기갈·한서는 모든 인간 현싱변화이며 운명의 운행입니다. 이런 변회는 밤낮으로 눈앞에서 일어나도 그것의 시작을 알지 못합니다. 그러므로 이로써 화

(和)를 어지럽히지 못하며 마음에 들어서지도 못합니다. 그러므로 마음의 조화를 어지럽히지 않고 언제나 즐거움을 잃지 않으며, 밤낮으로 변화가 끼어들 틈을 주지 않으면 만물과 더불어 봄기운을 즐길 수 있습니다. 이것이야말로 사물과 접촉하여 그 마음에 화기가 어린 봄 같은 때를 만드니, 재능이 온전하다 함은 이를 이르는 것입니다."

중니가 대답했다.
"무엇을 덕이 겉으로 나타나지 않은 것이라 하오?"
"평(平)이란 물이 멎어 있음의 지극한 것입니다. 이는 모든 표준이 되는 것이니, 안에 잔잔함을 간직하고 밖으로 나타내 보이지 않아서입니다. 덕이란 조화를 이룬 것이니, 덕이 겉에 나타나지 않음으로써 만물이 거기서 떠나지 못하는 것입니다."

애공이 다른 날, 민자(閔子)에게 말했다.
"나는 처음에 남면하여 천하의 임금이 되자 백성의 기강을 확립하고 그 죽음을 근심함으로써 내 스스로 할 바를 다했다고 생각했다. 그런데 이제 나는 지인의 말을 듣고서 나에게는 그런 자격이 없고, 경솔하게 내 몸을 처신하여 나라를 망하게 하지나 않을까 염려하게 되었다. 나와 공구는 군신이 아니고 덕으로 사귀는 친구이다."

[원문] 仲尼는 曰 丘也嘗使於楚矣하니 適見㹠子食於其死母者라 少焉眴若하고 皆棄之而走라 不見己焉爾하고 不得類焉爾라 所愛其母者는 非愛其形也로 愛使其形者也이오이다 戰而死者는 其人之葬也에 不以翣資하고 刖者之屨는 無爲愛之니 皆無其本矣이오이다 爲天子之諸御는 不爪翦하고 不穿耳하며 娶妻者는 止於外하고 不得復使로 形全猶足以爲爾인데 而況全德之人乎아 今哀駘它는 未言而信하고 無功而親하고 使人授己國하여 唯恐其不受리니 是必才全而德不形者也이오이다 哀公이 曰 何謂才全인가 仲尼는 曰 死生存亡과 窮達貧富와 賢與不肖毁譽와 饑渴寒暑는 是事之變으로 命之行也요 日夜相代乎前이나 而知不能하고 規乎其始者也이오이다 故로 不足以滑和는 不可入於靈府라 使之和豫에

通而不失於兌요 使日夜無郤에 而與物爲春이라 是接而生時於心者也로 是之謂才全이오이다 何謂德不形인가 曰 平者는 水停之盛也라 其可以爲法也로 內保之而外不蕩也요 德者成和之修也로 德不形者면 物不能離也이오이다 哀公이 異日以告閔子하여 曰 始也 吾以南面而君天下하고 執民之紀하여 而憂其死하고 吾自以爲至通矣라 今吾聞至人之言하니 恐吾無其實에 輕用吾身하고 而亡吾國이라 吾與孔丘는 非君臣也로 德友而已矣이니라

㉖**상사어초의**(嘗使於楚矣) 상(嘗)은 일찍이. 사(使)는 사신. **적견돈자 식어기사모자**(適見㹠子食於其死母者) 적(適)은 마침, 우연히. 돈(㹠)은 돈(豚)과 같다. 돈자는 새끼 돼지. 식(食)은 먹다로 이 경우 '젖을 먹다'로 새김. **소언순약 개기지이주**(少焉眴若 皆棄之而走) 소언(少焉)은 잠시, 얼마 후에. 순(眴)은 순(瞬)과 같다 하며, 놀라는 모양, 눈을 깜박거림 등의 설이 있음. 여기선 이 세 가지를 참작하여 풀이함. '눈을 깜박거린다' 할 때에는 '현'으로 발음. 주(走)는 달아나다. **불견기언이 부득유언이**(不見己焉爾 不得類焉爾) 언이(焉爾)의 이(爾)와 이(耳)가 같은데 '……때문이다'. 즉 어미 돼지가 새끼 돼지를 돌아봐 주지도 않고, 자기와는 전혀 닮지 않은 것이 되어 버렸기 때문이다. **애사기형자**(愛使其形者) 이 경우의 사(使)는 부리다, 그 모양을 부리는 자를 사랑하다. 바꾸어 말하면 그 육체를 지배하는 자를 사랑한다는 뜻. **불이삽자**(不以翣資) 삽(翣)과 자(資)를 관(棺)의 장식물로 보는 설이 있으나, 삽만을 관의 장식물로 새김. 삽은 부채처럼 생긴 명정의 일종으로 이 경우에는 생전의 무공을 나타낸 것이라고 추측됨. 자(資)는 이이(李頤)의 설을 좇아 '보내다'로 새김. 삽으로써 보내주지 않음. **월자지구**(刖者之屨) 월자(刖者)는 올자(兀者). 즉 발뒤꿈치 잘린 형을 받은 자. 구(屨)는 신. **개무기본의**(皆無其本矣) 본(本)은 근본, 바탕. **천자지제어**(天子之諸御) 어(御)는 후궁. 천자의 첩. **부조전**(不爪翦) 조(爪)는 손톱. 전(翦)은 깎다. 손톱을 깎지 않는 것은 정기(精氣)를 손상시키지 않기 위해서임. **불천이**(不穿耳) 천(穿)은 뚫다. 후궁들은 귀고리를 달기 위해 귀에 구멍을 뚫지 않는다. **취처자 지어외 부득부사**(娶妻者 止於外 不得復使) 이 구는 여러 가지 설이 있는데, 여기서는 '새로 장가든 자는 밖에서 쉬고 다시 들어와 쓰이지 않음(혹은 다시 들어와 숙직하지 않음)'이라 하는 해석을

택함. **형전유족이위이**(形全猶足以爲爾) 바깥 모양을 온전히 하는데도 오히려 이렇게 함이 족함. 이(爾)는 그러할(然也). **무공이친**(無功而親) 공(功)은 공적, 공훈. **시필재전이덕불형자야**(是必才全而德不形者也) '이는 반드시 재능이 온전하고 덕을 밖으로 나타내지 않는 자'라는 뜻인데, 이것은 장자의 중요사상이다. 덕은 마음의 활동이며 이것을 밖으로 나타내지 않는다는 것은 유교 도덕에 의한 정치를 부정하는 태도를 표시하는 것임. **궁달빈부**(窮達貧富) 곤궁과 영달. 앞서의 사생존망(死生存亡)과 마찬가지로 궁달빈부는 각각 비슷한 뜻의 말을 두 자씩 겹쳐 쓰고 있다. 즉 사와 망, 생과 존, 궁과 빈, 달과 부가 그것이다. 강조하는 의미로 썼으리라. **현여불초훼예**(賢與不肖毀譽) 현(賢)은 어짊. 불초(不肖)는 못남. 훼(毀)는 비방, 헐뜯음이고, 예(譽)는 명예, 칭찬. **기갈한서**(饑渴寒暑) 기(饑)는 기(飢)와 같고, 굶주림. 갈(渴)은 목마름. **시사지변 명지행야**(是事之變 命之行也) 이것은 사물의 변화이고 운명의 흐름. **규호기시자야**(規乎其始者也) 규(規)는 계(計)와 통하여 '헤아리다'. 그 시작을 헤아리다. **골화**(滑和) 마음의 평화를 어지럽히는 것. 골(滑)은 어지럽다(亂也). **영부**(靈府) 곽상의 주에 의하면 마음. **사지화예**(使之和豫) 화(和)는 조화. 예(豫)는 유(愉)와 통하여 즐거워하는 것. 이것으로 하여금 조화와 즐거운 것으로 만듦. **불실어태**(不失於兌) 태(兌)는 기쁨. **사일야무극**(使日夜無郤) 극(郤)은 틈. 밤낮 틈도 없다. 즉 밤낮을 두고 쉴새없이. **평자 수정지성야**(平者 水停之盛也) 평(平)은 수평. 수평이란 물이 완전하게 정지된 상태이다. 수정지성(水停之盛)은 물이 완전하게 정지된 상태의 극점을 가리킴. **덕자성화지수야**(德者成和之修也) 덕은 사물의 조화가 잘 이루어진 상태. 수(修)는 그 조화가 이루어지도록 닦는다는 것. **민자**(閔子) 공자의 문인. 성은 민(閔), 이름은 손(損), 자는 자건(子騫). **집민지기**(執民之紀) 기(紀)는 기강. 집(執)은 집행. 백성의 기강을 바로잡음. **지통**(至通) 최고의 도에 이름. 즉 백성을 다스리는 최고의 방법을 통달함.

[해설] 이하 '덕충부편' 제6절과 제7절을 정리해 본다면, 이런 이야기가 된다.

노나라에 애태타라는 발뒤꿈치를 잘린 형을 받은 추남이 있었다. 그는 대단한 인기가 있어 많은 사람들이 그의 곁을 떠나지 못했다. 여자들 중에는 "다른 사람의 아내가 되기보다는 그의 첩이라도 되고 싶다."고 소원하는 사람이 있을 정도였다. 노의 군주인 애공이 이를 이상히 여기고 공자에게 물었더니, 공자는 이렇게 대답했다.

"그것은 그의 재능이 완전하기 때문입니다."

"재능이 완전하다는 것은 무엇인가?"

"죽음과 삶, 존재와 멸망, 곤궁과 영화, 가난과 부유함, 헐뜯음과 명예, 굶주림과 목마름, 추위와 더위, 이것들은 인간계에 나타나는 현상의 변화이고 운명의 순환입니다. 밤낮으로 눈앞에 나타나면서도 그것이 어디로부터 비롯되는 것인지 인지(人知)로선 그 근원을 규명하지 못합니다. 인지를 초월한 것인 이상 이와 같은 운명의 변화에 의해 마음의 평화를 깨뜨릴 필요는 없는 것이고, 이것을 영부, 즉 마음속에 침입시켜선 안 됩니다. 오히려 운명을 자기에게 조화시켜 쾌적한 것으로 만들고 쉴새없이 기쁨을 가져다 주는 것으로 만들며 평소 쉴새없이 만물과 접하면서 일체의 사물을 봄과 같은 따뜻한 마음으로 감싸듯이 합니다. 이와 같은 인물은 만물에 접하여 마음속에 화창한 봄의 때를 가져다 주는 것이니, 이와 같은 심경에 있는 자는 완전한 재능의 소유자로 부르는 것입니다."

이 가운데 사생존망(死生存亡)·궁달빈부(窮達貧富)·현여불초(賢與不肖)·훼예(毀譽)·기갈(饑渴)·한서(寒暑)는 '이는 사물의 변화로서 운명의 순환이다'와 '사물을 봄으로 만들다'라는 만물제동의 입장에서 운명긍정의 사상을 나타내는 것이다.

8

절름발이 꼽추이며 언청이인 한 사람이 위(衛)나라 영공(靈公)에게 자기 의견을 말했더니 영공은 이를 듣고 기뻐했다. 그후에 정상적인 사람을 보면 그 목이 작고 가늘다고 생각하게 되었다.

목에 큰 혹이 나있는 사람이 제 환공(齊桓公)에게 자기 의견을 말하니 환공이 이를 듣고 기뻐했다. 그후에 정상적인 사람을 보면 역시 그 목이 작고 가늘다고 생각하게 되었다.

그러므로 덕이 커지면 겉모양을 잊게 된다. 사람은 그 잊어야 할 것을 잊지 않고, 그 잊어선 안 될 것을 잊는다. 이것을 일컬어 '참된 망각'이라 한다. 그러므로 성인에게는 자유가 있다. 그리고 지식을 재앙으로 보고 규범을 아교로 보고 덕을 구속으로 보고 기교를 장사하는 것으로 본다. 성인은 모략하지 않으니 어찌 지혜를 쓰랴. 깎지 않으니 어찌 아교를 쓰랴. 덕을 잃음이 없으니 어찌 도덕이 필요하랴. 물건 매매를 하지 않으니 어찌 장사를 하랴. 이의 네 가지는 천육이다. 천육이란 하늘이 먹여 주는 것이다. 이미 먹을 것을 하늘에서 받았으니 어찌 또 인위가 필요하랴.

사람에게는 사람의 형체가 있으나 인정이 없다. 사람의 형체가 있으므로 집단을 이루어 함께 살고, 사람의 정이 없으므로 시비가 없다. 작디작은 것은 사람에게 속해 있기 때문이요, 크나큰 것은 홀로 그 하늘의 덕을 이루고 있기 때문이다.

[원문] 闉跂支離無脤이 說衛靈公하니 靈公說之라 而視全人하니 其脰肩肩이라 甕㼜大癭이 說齊桓公하니 桓公說之라 而視全人하니 其脰肩肩이라 故로 德有所長은 而形有所忘이라 人不忘其所忘이요 而忘其所不忘이니 此謂誠忘이라 故로 聖人有所遊하여 而知爲孼하고 約爲膠하고 德爲接하고 工爲商이라 聖人은 不謀惡用知요 不斲惡用膠요 無喪惡用德이요 不貨惡用商이라 四者天鬻也이니라 天鬻也者는 天食也이니라 旣受食於天하니 又惡用人이리오 有人之形이나 無人之情이라 有人之形이니 故羣於人이요 無人之情이니 故是非不得於身이라 眇乎小哉라 所以屬於人也이니라 警乎大哉라 獨成其天이니라

㈜ 인기지리무신(闉跂支離無脤) 장자가 창작한 인물로, 인기(闉跂)는 절름발이, 지리(支離)는 꼽추, 무신(無脤)은 언청이란 의미의 합성어,

또는 그런 인물. **설위영공**(說衛靈公) 영공(재위 B.C. 534~B.C. 493)은《논어》에도 그 이름이 나오며 '인간세편'에서는 태자로 등장함. 설(說)은 언변으로 상대방을 설득하는 것. **열지**(說之) 기뻐함. **이시전인**(而視全人) 이(而)는 결합사로, 그리하여. 전인(全人)은 온전한 사람, 불구자가 아닌 보통사람. **기두견견**(其脰肩肩) 두(脰)는 목. 견견(肩肩)은 여위고 가늘다는 형용. 목이 가늘고 빈약하다는 뜻. **옹앙대영**(甕㼜大癭) 가공 인물. 역시 목에 큰 혹이 달렸다는 의미가 들어 있음. **설제환공**(說齊桓公) 환공(재위 B.C. 685~B.C. 643)은 춘추시대의 패자. **덕유소장**(德有所長) 장(長)은 크다(大也). **차위성망**(此謂誠忘) 성망(誠忘)은 참된 망각을 가리킴. 여기서 망각이란 세속의 정(情)을 버리는 것. **지위얼**(知爲孼) 얼(孼)은 재앙, 화근. 여기서의 위(爲)는 생각하다. **약위교**(約爲膠) 약(約)은 약속, 규범, 예의. 교(膠)는 아교. **접**(接) 접촉, 인간 상호의 유대. **공위상**(工爲商) 공(工)은 공업, 기예. 공업이 상업보다 실익을 가져온다는 게 당시의 상식이었으나, 그 공도 상과 마찬가지로 무익한 것이라고 보았음. **불착**(不斵) 착(斵)은 깎다, 쪼개다. **무상**(無喪) 상(喪)은 잃다. **불화**(不貨) 화(貨)는 재물. 또는 매매하다. **사자천육야**(四者天鬻也) 사자(四者)는 앞의 '지(知)·약(約)·덕(德)·공(工)'의 네 가지. 육(鬻)은 양(養)과 통함. **묘호**(眇乎) 작다는 것, 즉 미미함. **오호**(警乎) 크다는 것.

[해설] 일찍이 제 환공은 군주가 되자 먼저 노나라를 쳤다. 그 이유는 간단했다. 규(糾)를 위해 군대를 보냈던 노나라에 보복하기 위해서였다. 규는 환공과 군위를 다투었던 인물로, 이미 노에 의해 살해된 뒤였다.

제 환공은 이 전쟁에서 노의 장군 조말(曹沫)이 이끄는 노군을 세 차례 격파하고 가(柯)라는 곳에서 강화를 맺었다. 패배한 노는 수(遂)의 땅을 제에 할양하게 되었다.

가에서의 강화조약 때 제 환공과 노 장공(魯莊公)이 단 위에서 피를 나누어 마시는 맹세를 하려는 순간 단 아래 있던 조말이 미처 제지할 틈도 없이 제단 위에 뛰어 올라갔다. 그리고는 숨겨갖고 있던 비수를 환공의 옆구리에 들이대며 할양한 수를 반환하라고 협박했다.
 승낙하지 않으면 목숨을 잃을 판이었다. 환공은 할 수 없이 승낙했다. 그러자 조말은 비수를 던져 버리고 단에서 내려와 본디의 자리로 돌아갔다. 그 표정은 평소와 조금도 다름이 없었다. 사마천은 이런 조말을 '자객(刺客)'이라고 정의하고 있다.
 "칼로 협박하다니 무슨 일인가. 협박에 의해 승낙한 일은 무효다."
라고 환공은 노하여 조말과 약속한 일을 취소하려고 했다. 그때 간한 사람이 관중이었다.
 "신의를 제후에게 보이지 않는다면 천하의 도움을 얻지 못합니다. 안 됩니다."
 협박에 의해서였다고는 하나 일단 약속한 일은 어디까지나 지킨다 하는 제의 태도는 제후로부터 높이 평가되고 신뢰되었다. 이것은 바로 "주는 것이 얻는 것임을 안다는 점이 정치의 요체이다." 하는 도가의 입장과 통한다.
 그뒤 노 장공은 궁전을 짓고, 대부인 당씨(黨氏)에게 갔다가 그 맹녀〔孟女 ; 좌전에는 '맹인(孟任)'이라고 함. 맹은 맏이란 뜻〕를 만났다. 그 미색에 반한 장공은 그녀를 부인으로 삼았다. 이윽고 맹녀는 반(斑)을 낳았다. 건장한 젊은이로 성장한 반은 대부 양씨(梁氏)의 딸을 사랑하여 자주 그 집을 드나들었다. 어느 날, 어인(圉人 ; 말 사육을 담당하는 관리)인 낙(犖)이란 자가 양씨의 딸과 울타리를 사이에 두고 희롱하고 있는 것을 보게 된 반은 성이 나서 낙의 볼기를 심하게 때렸다. 장공이 이것을 듣고 말했다.
 "낙은 힘이 장사다. 아예 죽여버려라. 볼기를 때린 정도로 버려두면 안 된다."
 그런데 반이 채 낙을 죽이기 전에 장공은 병석에 누웠다. 장공에겐 세 아우가 있었는데, 경보(慶父), 숙아(叔牙), 계우(季友)라고 했다.
 장공은 또 제의 공녀를 부인으로 맞고 있었는데, 이름은 애강(哀姜)이다. 애강에겐 자식이 없었다. 애강의 제(娣 ; 시집올 때 따라오는 같은 성씨의 여자)로 숙강(叔姜)이 있었는데 그녀가 개(開)를 낳았다. 즉 장공에겐 적자가 없었던 것이다.

맹녀를 총애하는 장공은 반을 후계자로 삼고 싶었다. 병석에 눕자 그는 후사 문제를 숙아와 의논했고, 숙아는 이렇게 말했다.

"부자 상속과 형제 상속이 뒤섞여 있는 게 노의 실정입니다. 다행히 경보가 있으므로 주군께선 아무런 염려도 하실 필요가 없습니다."

장공은 다시 계우를 불러 물었다. 계우가 말했다.

"저는 목숨을 던져서라도 반 공자를 추대하겠습니다."

"그렇지만 숙아는 경보를 세우려고 한다. 어떻게 하면 좋겠는가?"

계우는 장공의 명이라 하여 숙아를 대부인 침무(鍼巫)의 저택에 대기시키고 침계(鍼季 ; 무의 아들)를 시켜 숙아에게 독약을 마시라고 강요토록 했다.

"이것을 마시면 당신의 후사를 세워 조상의 제사를 지내도록 해주겠다. 그러나 마시지 않는다면 당신이 죽고서 후사를 세우지 않겠다."

숙아는 마침내 독약을 마시고 죽었다. 노에선 그 아들을 세워 '숙손씨(叔孫氏)'라 하였다.

이어 장공이 죽었다. 계우는 장공의 명을 받들어 반을 군주로 추대했다. 반은 어버지의 상을 입고서 외가인 당씨집에 머물러 있었다.

한편 전부터 애강과 밀통하고 있었던 경보는 숙강의 아들인 개를 추대하리라 마음먹었다. 이리하여 경보는 어인 낙을 시켜 당씨의 집을 공격케 하여 반을 죽였다. 계우는 진(陳)으로 도망쳤고 개가 군주가 되었는데, 이가 민공(潣公)이다.

경보와 애강은 드러내 놓고 간통을 일삼았다. 그리하여 애강은 경보와 더불어 민공을 죽이고 경보를 주군에 앉히고자 바랐다. 경보는 대부인 복의(卜齮)를 시켜 마침내 민공을 죽였다. 기원전 660년의 일이다.

계우가 이것을 알고 민공의 아우 신(申)과 함께 보복을 결심했고 노의 민중도 이에 호응했으므로 경보는 거(莒)로 달아났다. 계우는 신을 추대했는데, 이가 노 이공(釐公)이다. 이공이 서자 애강은 겁을 먹고 주(邾)로 달아났다. 계우는 뇌물을 갖고 거로 가서 경보를 내놓으라고 요구했다. 그리하여 경보는 돌아와서 살해되었다. 그러나 경보의 가계는 끊지 않고 아들을 세워 '맹손씨(孟孫氏)'라 하였다. 또 계우의 자손은 '계손씨(季孫氏)'가 되었다. 맹손씨, 숙손씨, 계손씨를 노의 '삼환씨(三桓氏)'라고 한다. 이 삼환씨가 이때부터 노나라의 국정을 번갈아가며 장악하게 된다.

9

혜자(惠子)가 장자에게 물었다.
"사람에겐 본디 정(情)이 없는가?"
장자가 대답했다.
"그렇소."
혜자가 거듭 물었다.
"사람으로서 정이 없다면 무엇으로서 이를 사람이라고 말하겠는가?"
장자가 대답했다.
"도는 이것에 모습을 주고 하늘은 이것에 형체를 주니 어찌 이를 사람이라고 아니할 수 있겠는가?"
혜자가 말했다.
"이미 이를 사람이라 한 이상 어찌 정이 없을 수 있는가?"
장자가 대답했다.
"자네가 말하는 정은 내가 일컫는 바의 정이 아니오. 내가 사람에게 정이 없다고 하는 것은 사람의 좋고 나쁨의 정으로써, 안으로는 그 몸을 상하게 하지 않고 늘 자연에 맡기고 삶을 보태려 하지 않음을 말하오."

혜자가 물었다.

"삶에 보탬이 없다면 무엇으로써 그 몸을 보전할 수 있겠는가?"

장자가 대답했다.

"도가 이것에 모습을 주고 하늘이 이것에 형체를 주었으니 좋고 나쁨의 감정으로 안으로 그 몸을 상하게 하지 않을 뿐이오. 지금 당신은 마음을 밖으로 향하게 하여 당신의 정신을 고단케 하고, 나무에 기대어 읊고 오동나무 책상에 기대어 명상하고 있소. 하늘이 당신의 형체를 골라 만들어 주었는데 당신은 멋도 모르고 견백(堅白)으로써 지껄이고 있소."

원문 惠子가 謂莊子하여 曰 人故無情乎아 莊子는 曰 然하다 惠子가 曰 人而無情이면 何以謂之人이리오 莊子가 曰 道與之貌하고 天與之形하니 惡得不謂之人이리오 惠子가 曰 旣謂之人에 惡得無情이리오 莊子가 曰 是非吾所謂情也라 吾所謂無情者는 言人之不以好惡內傷其身하고 常因自然而不益生也라 惠子가 曰 不益生이 何以有其身이리오 莊子는 曰 道與之貌하고 天與之形이니 無以好惡內傷其身이라 今子外乎子之神하고 勞乎子之精하고 倚樹而吟하고 據槁梧而瞑이라 天選子之形이어니와 子以堅白鳴하노라

주 **혜자**(惠子) 혜시(惠施). '소요유편' 제9장 참조. **도여지모**(道與之貌) 모(貌)는 모습, 모양. **호오**(好惡) 좋고 나쁨. 좋아하는 것과 싫어하는 것. **상인자연이불익생야**(常因自然而不益生也) '자연(自然)'이란 단어가 중국의 문헌 중 여기서 최초로 보인다. '본디 그대로'의 뜻. 익(益)은 보태다, 덧붙이다의 뜻인데 '불익생(不益生)'이란 인위적인 온갖 양생법을 쓰지 않는 것. 동시에 명성 따위를 얻어 인생을 풍족하게 하려는 노력 등을 가리킴. **노호자지정**(勞乎子之精) 노(勞)는 고단케 하다. 정(精)은 정신. **의수이음**(倚樹而吟) 의(倚)는 기대다, 의지하다. 음(吟)은 읊다. **거고오이명**(據槁梧而瞑) 거(據)는 기대다, 의지하다. 고오(槁梧)는 오동나무로 만든 책상, 또는 팔걸이. 명(瞑)은 명상. **견백명**(堅白鳴) 견백(堅白)은 궤변학자인 공손용(公孫

龍)의 '견백동이론(堅白同異論)'을 말하는데, 이것은 궤변이다. '제물론편' 제14장 참조. 명(鳴)은 지저귀다, 지껄이다.

해설 이상 이 편에선 불구자가 많이 등장하고 있지만, 도가의 사상을 잘 나타내고 있다. 이런 노장의 사상은 후세의 문학에도 영향을 주었다. 예를 들어 당(唐)나라 때의 사람 유종원(柳宗元)의 《종수곽탁타전(種樹郭橐駝傳)》이 그것이다.

　나무장수인 곽서방은 곱사등이로 탁타(낙타)를 닮아 곽탁타라는 별명으로 불리고 있었다. 이 사내는 식목의 명인으로 그가 심은 나무는 절대로 말라죽지 않을 뿐 아니라 무성하고 열매를 빨리 맺었다. 이 때문에 장안(長安)의 귀인들은 다투어가며 이를 맞으려 했고 굉장한 인기가 있었다. 그래서 하루는 유종원이 그를 불러 식목의 비결을 물었더니 곽탁타는 이렇게 대답했다.

　"저는 별로 비결 같은 것이 없습니다. 다만 수목의 자연스런 천성(天性)을 좇고 있을 뿐이지요. 나무라는 것은 뿌리가 퍼지고 흙이 골고루 닿고 고토(古土)가 떨어지지 않으며 충분히 다져지는 것을 요구하는 거지요. 이만큼의 조건을 갖추어 준 다음에는 두 번 다시 움직이든가 걱정하든가 뒤돌아보든가 해서는 안 됩니다. 심을 때에는 자식을 키우는 심정으로 대합니다만 심은 뒤에는 기아(棄兒)로 하는 심정이 중요합니다. 그러면 나무의 천성을 충분히 발휘할 수 있게 됩니다. 그러므로 나는 나무의 성장을 방해하지 않을 뿐 별로 나무의 성장을 촉진하는 셈도 아닙니다.

　그런데 세상 사람의 나무심기를 보게 되면, 최초의 나무심기가 나쁜 일도 있습니다만 너무나도 나무에 대해 마음을 쓰고 지나치게 사랑해줍니다. 아침 저녁 할것없이 나무의 상태를 보고 쓰다듬어 주거나, 심한 경우에는 나무껍질을 손톱으로 까보든가 나무뿌리를 흔들어 흙의 밀착(密着)을 시험해 보든가 합니다. 이래가지고는 나무가 견딜 재간이 없지요. 나무를 사랑한다 하고서 오히려 큰 괴로움을 주고 있는 것이지요."

　이 이야기를 들은 유종원은 몹시 감탄하고,

"나는 나무 키우는 방법을 묻고서 사람 키우는 법을 배웠다."
하며 몹시 기뻐했다.

장자의 만물제동의 입장에서 보면, 상식의 세계에 넘치고 있는 온갖 상대 차별의 상(相)은 모두 부정되고 소실된다. 모든 것이 하나이고 모든 것이 똑같다.

그러나 모든 상대 차별 중에서 가장 근본적인 것, 유와 무의 대립에 대해선 생각할 점이 있다. 즉 여기서의 무는 유에 대립하는 상대적 무가 아니라 유도 포용하는 절대적 무이고 무한을 의미하는 것이다.

무한이란 문자 그대로 한정이 없는 것이다. 따라서 그것은 유와 무의 구별 없이 모두 포용하는 셈이다. 만물에 차별을 두지 않는 만물제동의 입장이란 바로 이 '무한' 속에 몸을 두는 것을 말한다.

이렇듯 무한은 무가 아니다. 왜냐하면 그것은 무한의 유를 그 안에 포용하기 때문이다. 그러나 또한 무한은 유도 아니다. 왜냐하면 유는 항상 유한인 데 비해 무한은 그 반대이기 때문이다. 무한은 유무의 대립을 초월한 차원에 있는 것이고 유무의 양자를 싸안는 것이다. 이와 같은 무한의 성격을 장자는 거울로 비유하여 설명하고 있다.

"무한인 것과 완전히 일체가 되고 형체 없는 세계에서 소요하라. 하늘로부터 주어진 것을 그대로 받아들이고 그것 이상의 것을 얻으려고 하지 말라. 오로지 허심(虛心)이 되도록 힘쓰라.

최고인 인간의 마음 활동은 마치 거울과 같다. 가는 자는 가는 대로 내맡기고 오는 자는 오는 대로 내맡긴다. 상대의 형체에 응하여 모습을 비치지만, 그것을 붙잡으려고 하지 않기에 만물에 대응하면서 그 몸을 상하는 일이 없는 것이다."

아무튼 거울면은 무색투명으로, 그 의미로선 허이고 무이다. 이렇듯 스스로 허무인 까닭에 만물의 모습을 비칠 수가 있는 것이다. 만일 이것이 사진의 필름처럼 유라면 한 가지 물체의 모습을 깃들이게 할 수는 있지만 그 대신 다른 물체는 배제하는 것이 된다.
 이렇듯 무한은 거울면처럼 무색투명이고 허무처럼 보인다. 그러나 그 허무는 온갖 것을 맞아들이는 공간이다. 모든 자를 거부하는 일이 없다. 하나 또 그것은 한 가지 물체에 집착하는 일이 없다. 가는 자는 쫓지 않는 것이다. 그 점만으로 보면 무한은 냉담하고 비정(非情)하기도 하다. 그러나 이 냉담과 비정함이야말로 만물을 포용하기 위한 불가결의 조건인 것이다. 장자는 곧잘 허무염담(虛無恬淡)하라고 했지만 그것은 비정의 권유인 것처럼 보이면서 사실은 무한자가 되라는 권유인 것이다.
 그런데 이와 같은 무한자가 되고 모든 것을 무차별로 받아들이는 만물제동의 경지에 도달한다는 것은 자못 현실에서 동떨어진 것이고 꿈과 같은 것에 지나지 않는 것처럼 보인다.
 그러나 과연 그러한 것일까? 어떤 일정의 조건만 갖춘다면 그것에 가까운 체험을 갖는 일은 반드시 불가능하지만은 않는 게 아닐까?
 우주선에 탄 우주비행사는 파랗게 반짝이는 작은 지구를 보고서 갖가지 감상을 말했다. 이것이 만일 동양이었다면 어떠한 감회를 표시했을까? 장자 시대에는 물론 우주선이 없었지만 그 대신 그는 대붕이라는 거대한 새를 구만리 상공에 날게 하였다. 그 눈으로 본 지상의 모습은 어떤 것이었을까?
 "지상엔 아지랭이가 피어오르고 티끌이 일고 온갖 생물이 숨쉬고 있건만 하늘은 파랑 일색으로 보일 뿐이다.
 저 푸릇푸릇한 색깔은 하늘 그 자체인 본디의 색깔인 것일까, 아니면 멀고 끝없는 것이기 때문에 저처럼 보이는 것일까. 아마도 후자이리라. 그렇다면 저 대붕이 하계(下界)를 굽어보았을 경우에도 역시 파랑 일색으로 보이고 있으리라."
 무한한 높이에 이른 대붕의 눈으로 보면 지상의 인간들의 기쁨이나 슬픔, 혹은 전쟁과 평화라고 하는 것조차 모두 그 대립의 의미를 잃고 파랑 일색으로 칠해지고 만다. 바로 만물제동의 경지가 거기 있다.

하지만 이와 같은 특별한 조건 아래서가 아니더라도 일상생활 속에서 이것과 가까운 경험을 갖는 일이 있다. 예를 들어 옛날에는 서로 미워하던 사이라도 오랜 시간을 지나고서 보면 그 미움이 그리움으로 바뀌는 일이 있다. 그때 인간은 만물제동의 세계를 비록 순간일지라도 엿보는 것이 아닐까. 하물며 무한의 공간과 무한의 시간 속에 몸을 둘 수가 있다면 만물제동의 절대무차별의 경지가 실현되리라.

대종사(大宗師)

1

하늘이 하는 바를 알고 사람이 하는 바를 아는 자는 지극한 경지에 이르는 것이다. 하늘이 하는 바를 아는 자는 하늘과 더불어 살고, 사람이 하는 바를 아는 자는 그 지식의 아는 바로써 그 지식의 모르는 바를 키운다. 그 천수를 마치고 중도에 요절하지 않는 자는 그 지식이 뛰어났기 때문이다.

그러나 여기엔 결함이 있다. 무릇 지식은 그 의거하는 바가 있어야 타당해지는데 그 의거하는 바는 확정되어 있지 않다. 그런데 내가 어찌 하늘이 사람과 다르고 사람이 하늘과 다름을 알리오. 그러므로 진인이 있은 후에야 참된 지가 있는 것이다.

원문 知天之所爲는 知人之所爲者로 至矣니라 知天之所爲者는 天而生也요 知人之所爲者는 以其知之所知로 以養其知之所不知라 終其天年하고 而不中道夭者는 是知之盛也이니라 雖然이나 有患이라 夫知有所待而後當하나 其所待者는 特未定也이니라 庸詎知吾所謂天之非人乎요 所謂人之非天乎아 且有眞人而後有眞知이니라

㈜ **지**(至) 최고의 경지. **이양기지지소부지**(以養其知之所不知) 인간의 마음의 활동, 즉 지식은 의식되지 않는 무수한 자연의 활동에 의해 그 바탕이 이루어져 있음. 가령 많은 무의식적인 내장의 활동이 없다면, 마음의 활동도 있을 수 없으리라. 우리들은 인지(人知)의 만능을 믿는 나머지 그것을 지탱하는 자연의 활동을 해치는 일이 있어선 안 된다. **성야**(盛也) 왕성, 뛰어남. **유환**(有患) 환(患)은 고민, 결함, 근심. **대이후당**(待而後當) 대(待)는 어떤 타당성에 의거하다. 당

(當)은 타당하다.   **특미정야**(特未定也)   특(特)은 다만, 홀로의 뜻. 다만 정해지지 않았다. 바꾸어 말하면 늘 변한다.

[해설] 편명 '대종사(大宗師)'는 크게 존숭해야 할 스승이라는 뜻인데, 즉 도를 말한다. 도의 내용은 자연이고 운명이다. 이 편은 장자의 '운명수순'의 사상을 가장 잘 나타내고 '제물론편'과 더불어 〈내편〉의 쌍벽을 이루는 것이다.

《노자》 제73장에 유명한 말이 있다.

"하늘의 그물은 그 그물코가 엉성하지만 무엇 하나 빠져나가게 하지 않는다(天網灰灰 疏而不失)."

천망회회. 본디의 뜻은 '자연의 법칙은 만물에 관철되어 있다'는 것이지만, 보통 선(善)은 일어나고 악(惡)은 반드시 망한다는 뜻으로 쓰인다. 죄를 짓게 되면 하늘의 그물코가 엉성하고 커도 하나도 빠져나가지 못한다는 것이다.

천도, 즉 자연의 섭리는 어떠한 것과도 다투지 않고서도 승리를 거두고, 불러보지 않더라도 바른 응답을 하고, 초대하지 않아도 자연히 찾아오고, 침묵 속에 면밀한 계획을 세운다. 하늘의 섭리인 그물은 천지사방 널리 쳐져 있고 그물코는 크기만 하여 쉽게 빠져나갈 수 있을 것 같지만, 실은 한 마리의 고기도 놓치지 않는 것이다.

장자의 선배인 노자에겐 신의 신앙이란 것이 없다. 천(하늘)은 옛날엔 인격신이었지만 노자 시대의 지식인은 이미 인격신의 신앙을 잃고 있었다. 공자의 경우조차 하늘은 이미 그 인격성을 잃고 있어 천도니 천리니 하고 부르는 데나 어울리는 로고스적 존재로서 포착되고 있었다. 전국시대의 제자백가 중 묵자를 제외하고는 모두 무신론의 바탕에 서 있었다고 해도 좋으리라. 노자도 그 예외는 아니었다.

그러나 전능의 신을 갖지 않는 대신 천도, 즉 자연의 섭리에 대한 크나큰 신뢰가 있었다. 그것은 신뢰라 하기보다 오히려 믿음에 가까운 것이었다. 인위라는 인간의 작은 도모(피히는 것)를 버린 곳에 나타나는 자연의 활동은 절대적이고 만능의 것이라고 믿어지고 있었다. 오히려 인간이 의식적인 노력을 하는 인위야말로 이 자연의 묘용(妙用) 발동을 방해하는 것이다. 인위를 버린 순간 자연은 그 위대한 기능을 발휘하기 시작하는 것이다.

노자는 '무위로서 이루어지지 않는 게 없다'고 자주 말한다. 무위이면서 만능의 활동을 한다는 것이다. 그 경우 무위의 주체는 인간이므로, 하지 않는 게 없는 만능의 활동을 하는 것은 자연의 힘이다. 이와 같은 자연의 만능인 활동에 의해 지켜지고 있는 만큼 무위무책이면서 아무런 불안도 없는 것이 된다.

자연 섭리에의 신뢰, 이것이 노자뿐 아니라 온갖 도가 사상의 근본에 있는 것이고 그 전제조건인 것이다.

2

어떤 사람을 진인이라고 하느냐. 옛날의 진인은 상대방이 약하다고 업신여기지 않았고, 힘이 있다고 하여 뽐내지 않았고, 애써 유능한 사람을 찾으려 하지도 않았다. 그와 같은 자는 잘못되어도 뉘우치지 않고 잘되어도 자득에 만족해하지 않는다. 그와 같은 자는 높이 올라가도 두려워하지 않고, 물에 들어가도 젖지 않고, 불에 들어가도 타지 않는다. 이는 앎이 능히 도에 이르렀기 때문이다.

옛날의 진인은 잠을 자도 꿈을 꾸지 않고 깨어서도 근심이 없었다. 먹는데 단 것을 찾지 않고 숨결은 깊고 깊었다. 진인은 발뒤꿈치로 숨을 쉬고 뭇사람은 목구멍으로 숨을 쉬는데, 외물에 굴복하는 자는 그 목소리가 막히는 것 같고, 욕심이 많은 자는 천기가 얕은 것이다.

[원문] 何謂眞人인가 古之眞人은 不逆寡하고 不雄成하며 不謨士라 若然者는 過而弗悔하고 當而不自得也이니라 若然者는 登高不慄하고 入水

不濡하고 入火不熱이라 是知之能登假於道也若此하니라 古之眞人은 其寢不夢하고 其覺無憂하며 其食不甘하고 其息深深이라 眞人之息以 踵하고 衆人之息以喉하니 屈服者는 其嗌言若哇요 其耆欲深者는 其天 機淺이라

㊜ **불역과**(不逆寡) 힘이 약한 자를 업신여기거나 학대하지 않음. **불 웅성**(不雄成) 웅(雄)은 자랑하다. 힘이 있다고 하여 뽐내지 않음. **불모사**(不謩士) 모(謩)는 모(謀)와 통하고 사(士)는 사(事)와 통함. 애써 유능한 사람을 찾으려 꾀하지 않음. **과이불회**(過而弗悔) 과 (過)는 과실, 허물. 불(弗)은 불(不)과 통하고 회(悔)는 뉘우치다. **당이부자득야**(當而不自得也) 당(當)은 닥치다로 앞구의 과(過)와 대비하여 '잘되다'의 뜻. 자득(自得)은 마음속에 구하던 것을 얻어 만족하는 것. **불유**(不濡) 유(濡)는 젖다. **등격**(登假) 격(假)은 이르다(至也). 최고의 경지까지 오르다. **식이종**(息以踵) 종(踵)은 발뒤꿈치. **식이후**(息以喉) 후(喉)는 목구멍. **익언약회**(嗌言若哇) 익(嗌)은 목구멍. 회(哇)는 막히다. 즉 목구멍 소리가 막히는 것만 같다. **기욕**(耆欲) 좋아함인데, 욕망을 가리킴. **천기천**(天機淺) 천기 (天機)는 자연의 기능. 이 경우는 심신의 기능을 가리킴. 천(淺)은 얕다.

㊟ 진(晉)에선 무공이 죽고 그 아들 궤제(詭諸)가 섰는데, 이가 헌공(獻公)이다. 헌공 5년, 여융(驪戎)을 토벌하고 여희(驪姬)와 그 동생을 얻어 둘 다 총애했다.

헌공 12년, 여희가 해제(奚齊)를 낳았다. 헌공에겐 이미 세 아들이 있었다. 태자인 신생과, 중이(重耳), 이오(夷吾)이다. 헌공은 여희를 총애한 나머지 장차 태자를 폐하려고 했다.

"곡옥은 우리 선조의 종묘가 있는 중요한 땅이다. 포(蒲)는 진 (秦)과의 국경에 이웃하고, 굴(屈)은 적(狄)과의 국경과 가깝다. 이런 요지에 내 아들들을 배치하지 않는다면 걱정이 된다."

헌공은 이렇게 말하고는 태자 신생을 곡옥에 보냈고, 중이는 포, 이오는 굴에 보냈다. 그리고 헌공은 여희와 해제와 함께 도읍인 강(絳)에 거주하고 있었다.

신생의 어머니는 제 환공의 딸로 제강(齊姜)이었다. 제강은 일찍 죽었고 그 아래 동생이 진 목공(秦穆公)의 부인이었다. 중이의 어머니는 적의 호씨(狐氏)의 딸이었고, 이오의 어머니는 중이 어머니의 동생이었다. 헌공에겐 모두 여덟 아들이 있었으나 이 셋이 특히 현명했다.

헌공 18년, 그때까지 1군이었던 것을 2군으로 증강했다. 병력은 각각 1만 2천 5백으로, 헌공 자신이 상군(上軍)의 장을, 신생은 하군(下軍)의 장을 맡아 곽(霍)과 위(魏)의 두 나라를 공격하여 멸망시켰다.

이때 사위(士蔿)가 태자 신생에게 말했다.

"태자는 군위에 오를 수가 없습니다. 이미 선조의 종묘가 있는 곡옥을 분봉(分封)하고 경의 지위인 하군의 장이 되셨으니 녹위(祿位)가 정점에 오른 것입니다. 그러니 어찌 진국의 군주가 될 수 있겠습니까! 그런데 잘 서면 군주가 되고 서지 않으면 죄인이 된다는 말이 있습니다. 태자는 망명하시는 게 최상의 길입니다."

그러나 태자는 이 말을 좇지 않았다.

헌공 17년, 태자 신생에게 동산(東山)를 치라고 명했다. 대부 이극(里克)이 헌공을 간했다.

"태자는 총사(冢祀 ; 종묘의 제사)와 사직의 자성(粢盛 ; 신에게 바치는 곡물)을 받들며 아침 저녁으로 군주의 음식물을 점검하는 소임을 맡고 있습니다. 그러므로 총자(冢子)라고도 합니다. 군주가 출정하면 뒤에 남아 나라를 지키고, 태자를 대리하여 나라를 지키는 자가 있다면 태자는 군주를 따라 출정합니다. 군주를 따라 출정할 경우에는 무군(撫軍)이라 하여 군주를 도와 장병을 따뜻하게 감싸주고, 뒤에 남아 나라를 지킬 경우에는 감국(監國)이라 하여 군주 부재중의 나라를 감독하는 법이지요. 이것이 옛날부터의 제도입니다. 군을 이끌고 출정하는 자는 군사(軍事)에 관한 모든 작전을 책임을 갖고서 독단전행(獨斷專行)합니다. 군대에 호령하는 것은 군주와 정경(正卿)이 의논해서 하는 것이지 태자의 임무는 아닙니다. 태자가 군을 이끌 경우 군사에 관해 일일이 군주의 명을 받고 있다면 장군으로서의 위엄이 없습니다. 그렇다고 군주의 명을 무시하고 독단전행하면 효도에 어긋납니다. 그러므로 군주의 적자에게는 군을 거느리게 해서는 안 되는 것이지요."
헌공은 말했다.
"과인에겐 자식이 많다. 아직 누구를 태자로 세울지 알 수 없다."
이극은 물러나와 태자를 만났다. 태자가 물었다.
"나는 태자에서 폐하게 될까?"
"태자는 오로지 힘써 노력하십시오. 주군께선 당신을 하군의 장에 임명하셨습니다. 그 직무를 잘 완수할 수 있을지 그것만을 걱정하십시오. 어찌 폐하는 일 따위가 있을 수 있겠습니까. 당신은 불효가 되는 것만을 두려워하십시오. 스스로를 수양하고 남을 원망하지 않는다면 난을 면할 수가 있겠지요."
이리하여 태자는 군을 이끌고 동산을 쳤다.

3

옛날의 진인은 삶을 기뻐할 줄 모르고 죽음을 미워할 줄 몰랐다. 태어남을 기뻐하지도 않고 죽음의 세계로 들어감도 꺼리지 않았다. 유연히 가고 유연히 올 뿐이다. 삶이 시작하는 바를 잊지 않고 그 끝나는 바를 구하지도 않는다. 삶을 받으면 기뻐하고 죽으면 이를 돌려준다. 이를 일러 '마음으로 도를 버리지 않고, 인위로 하늘을 돕지 않음'이라고 하며, 이런 사람을 일러 진인이라 한다.
그와 같은 자는 그 마음은 모든 것을 잊고 그 모습은 고요하고, 그 이마는 널찍하다. 그 마음의 기운이 서늘하기가 가을을 닮았고 따뜻하기가 봄을 닮았다. 기뻐하고 성내는 것이 사철을 통해 사물과 조화되어 그 끝간 데를 알지 못한다.

[원문] 古之眞人은 不知說生하고 不知惡死하며 其出不訢하고 其入不距라 翛然而往하고 翛然而來而已矣니라 不忘其所始하고 不求其所終이라 受而喜之하고 忘而復之라 是之謂不以心捐道하고 不以人助天이라 하니 是之謂眞人이니라 若然者는 其心忘하고 其容寂하고 其顙頯하고 凄然 似秋요 煖然似春이라 喜怒通四時로 與物有宜하고 而莫知其極이라

[주] **기출불흔**(其出不訢) 흔(訢)은 기뻐하는 것. **불거**(不距) 거(距)는 거역. **유연**(翛然) 무심하니 자연을 따르는 것. **불망기소시 불구기 소종**(不忘其所始 不求其所終) 생(生)은 생이 없는 상태에서 시작되고 다시 생이 없는 상태로 돌아감. 생의 고향인 죽음을 싫어하는 것도 아니지만, 그렇다고 죽음의 세계를 오직 사모하는 것도 아니다. 생사를 하나로 본다는 만물제동의 입장이 설명된 것임. **망이복지**(忘而復之) 복(復)은 돌아가다(返也). **연도**(捐道) 도를 버리다. **불이인조천**(不以人助天) 오로지 자연이 활동하는 대로 맡기고 그 활동을 인위로 촉진하려 하지 않음. **기심망**(其心忘) 원문의 지(志)를 선영(宣穎)의 설을 좇아 망(忘)으로 고침. **기용적**(其容寂) 용(容)은 모습. 적(寂)은 정적. **상규**(顙頯) 상(顙)은 이마, 규(頯)는 광대뼈, 여기선 규를 '넓다'로 새김. **처연**(凄然) 서늘한 것. **난연**(煖然) 따뜻한 것. **통사시**(通四時) 통(通)은 형통하다, 통하다의 뜻이 있는데, '변천'을 뜻함. **여물유의**(與物有宜) 의(宜)는 유순하다인데 유의(有宜)를 조화로 봄. **기극**(其極) 극(極)은 무한한 것.

[해설] 진 헌공이 어느 날 여희에게 말했다.
"나는 태자를 폐하고 해제로 바꿀까 한다."
여희는 울면서 말했다.
"태자가 이윽고 즉위한다는 것은 제후가 모두 알고 있습니다. 또한 태자는 병의 장으로서 훈공도 있어 백성들이 따르고 있습니다. 신분이 천한 저와 같은 것을 총애해 주신다고 하여 적자를 폐하고 서자를 세우시다니, 어떻게 그럴 수가 있겠습니까. 주군께서 꼭 그렇게 하시겠다면 저는 자살할 것입니다."
여희는 표면으로는 태자를 거짓 칭찬하고 뒤로는 사람을 시켜 태자를 중상하며, 자기 아들 해제를 세우기를 바라고 있었다. 어

느 날, 여희는 태자에게 말했다.
 "주군께서 당신의 어머님 제강을 꿈에서 보셨습니다. 당신은 급히 곡옥에 있는 제강의 사당에 제사지내고 그 제물인 술과 고기를 아버님께 바치도록 하세요."
 그래서 신생은 어머니의 제사를 지내고 그 술과 고기를 헌공에게 바쳤다. 때마침 헌공은 사냥을 나가고 없어 그 음식을 궁중에 보관했다. 여희는 사람을 시켜 그 술과 고기에 독약을 넣었다. 헌공이 사냥에서 돌아왔고, 재인(宰人 ; 음식물 담당관)이 태자로부터의 주육을 올렸다. 헌공이 먹으려 하자 여희가 옆에서 말했다.
 "태자의 주육은 먼 곳에서 보내진 것입니다. 확인하시는 게 좋겠습니다."
 헌공은 고개를 끄덕이고 먼저 술을 땅에 쏟았다. 땅은 독으로 거품이 생기고 돋아올랐다. 고기를 개에게 던졌더니 그것을 먹은 개는 바로 죽었다. 이번에는 내시를 불러 시식케 했는데 그도 역시 죽었다. 여희는 울면서 말했다.
 "태자는 너무도 잔인한 분입니다. 그 아버님조차 시해하여 자기가 즉위하려 하고 있습니다. 하물며 남에게는 어떠한 짓을 할지 모릅니다. 주군께선 이제 노령이십니다. 이윽고 돌아가실 분입니다. 주군이 돌아가시면 당연히 태자가 즉위할 수 있을 텐데, 그것을 기다리지 못하고 주군을 시해하고자 바라고 있는 것입니다. 태자가 이와 같은 짓을 하는 것은 저와 해제가 주군의 총애를 받고 있기 때문입니다. 아무쪼록 부탁이오니 저희들 모자가 난을 피하여 타국으로 갈 것을 허락해 주세요……."
 태자는 이것을 알자 곡옥으로 달아났다. 헌공은 노하여 태자의 스승인 두원관(杜原款)을 주살했다. 어떤 사람이 태자에게 말했다.
 "그 독약을 넣은 것은 여희입니다. 태자는 왜 사태를 명백히 하시지 않습니까?"
 "아버님은 이미 노령이시다. 여희의 시중이 없다면 편히 주무실 수가 없고 식사도 맛있게 드실 수가 없다. 지금 사태를 밝힌다면, 아버님은 여희에게 성을 내시리라. 그러면 그뒤 아버님은 무엇을 낙으로 여생을 보낼 수 있겠는가? 그러니까 변명하지 않은 것이다."

또 어떤 사람이 태자에게 말했다.

"타국으로 달아나십시오."

"이 악명을 뒤집어쓰고서 나라를 떠난들 누가 나를 허용해 줄 것인가. 나는 자살하는 것 외에 방법이 없다."

태자 신생은 마침내 자결했다. 기원전 655년의 일이었다.

4

그러므로 성인이 무력을 사용하여 한 나라를 멸한다 해도, 그 나라의 백성들의 신망을 잃지 않는다. 혜택을 만대에까지 펼쳐도 백성을 특별히 사랑하지는 않는다. 따라서 만물에 통달하고자 하는 사람은 성인이 아니며, 의식적으로 사람과 친하려는 사람은 인자(仁者)가 아니며, 천시(天時 ; 때에 따라 변하는 자연의 현상)에 따르는 사람은 현자(賢者)가 아니며, 이해(利害)를 구별하는 사람은 군자(君子)가 아니며, 명예를 얻고자 자신의 몸을 망치는 사람은 사(士)가 아니다.

몸을 망치며 진실을 얻지 못한 사람은 다른 사람들을 부리지 못한다. 호불해, 무광, 백이, 숙제, 기자, 서여, 기타, 신도적과 같은 사람들은 남의 일의 도구가 되고 남의 즐거움에 이용되어 자신의 즐거움을 누리지 못한 사람들이다.

[원문] 故로 聖人之用兵也로 亡國而不失人心이요 利澤施於萬世도 不爲愛人이라 故로 樂通物이면 非聖人也요 有親은 非仁也요 天時는 非賢也요 利害不通은 非君子也요 行名失己는 非士也요 亡身不眞은 非役人也니라 若狐不偕 務光 伯夷 叔齊 箕子 胥餘 紀他 申徒狄은 是役人之役이요 適人之適으로 而不自適其適者也이니라

㈜ **이택시어만세**(利澤施於萬世) 이택(利澤)은 혜택, 은애. 시(施)는 베풀다. **고요통물** (故樂通物) 요(樂)는 하고자 함(欲也). **비역인야**(非役人也) 역(役)은 부리다. **호불해**(狐不偕) 요임금이 황제의 자리를 물려주려 하자 이를 부끄러워하여 강물에 몸을 던졌다는 은자. **무광**(務光) 은나라 탕왕이 왕위를 물려주려 하자 이를 부끄러워하여 노수(廬水)에 몸을 던짐. **백이·숙제**(伯夷叔齊) 은나라 말기의 사람. 은나라 주왕을 치려는 주의 무왕을 간했으나 받아들이지 않자 수양산에 들어가 굶어죽음. **기자**(箕子) 은나라 왕족. 주왕의 무도함을 간하다가 받아들여지지 않자 미친 척하고서 죽음을 면함. **서여**(胥餘) 기자의 이름이라는 설이 있고 혹은 '소요유편' 등에 나오는 접여(接輿)를 가리킨다고도 함. **기타**(紀他) 무광과 동시대의 은자로서 무광이 탕왕으로부터 양위될 뻔했다는 이야기를 듣자 그것이 자기 몸에도 돌아올 것을 겁내어 투신 자살을 함. **신도적**(申徒狄) '도척편(盜跖篇)'에 그 임금을 간했으나 듣지 않자 돌을 지고 강물에 몸을 던졌다고 함.

〔해설〕 태자 신생이 자결하자 어떤 사람이 여희에게 말했다.
"중이와 이오는 당신이 태자를 참언하여 죽게 한 것을 원망하고 있습니다."
여희는 두려워하여 이들마저 참언했다.
"태자 신생이 제물인 주육에 독약을 넣은 것은 두 공자도 알고 있었습니다."
이것을 알자 중이는 포로 도망쳤고, 이오는 굴로 도망쳤다. 진헌공은,
"중이와 이오는 인사도 않고 돌아갔다. 역시 태자와 한패였구나."
라고 성내며 군대를 보내어 포를 치게 했다. 중이는 다시 도망쳐 외가쪽인 적으로 달아났다. 헌공은 굴도 공격케 했으나 사수되어 함락시킬 수가 없었다.
이해 헌공은 다시 길[道]을 우(虞)에게 빌어 괵(虢)을 쳤다. 우의 대부 궁지기(宮之奇)가 군주에게 간했다.
"진에게 길을 빌려주면 안 됩니다. 괵을 친다면 반드시 우를

멸망시키려 할 것입니다."

"진은 우리 우와는 동성(同姓)의 나라다. 설마 우리를 치겠는가."

"우와 진이 동성이라 해서 결코 안심하지는 못합니다. 우와 괵의 관계는 입술과 이의 관계입니다. 입술이 없어지면 이가 시리게 됩니다(脣亡齒寒)."

우후는 듣지 않고 진군에 길을 빌려주었다. 궁지기는 일족을 데리고 우를 떠났다.

그해 겨울, 진은 괵을 멸망시켰고 돌아오는 길에 우마저 멸망시켜 우의 군주 및 대부이던 정백(井伯)과 백리해(百里奚)를 포로로 잡았다. 후에 헌공의 공녀가 진 목공(秦穆公)에게 출가할 때 이 두 대부를 딸려 보냈다.

헌공은 다시 대부 가화(賈華) 등을 보내어 굴을 공격했고, 이오는 성을 지켜내지 못하여 양(梁)으로 달아났다. 헌공은 다시 중이가 망명하고 있는 적을 공격했다. 이때 여희의 동생이 도자(悼子)를 낳았다.

기원전 651년, 진 헌공은 제 환공이 소집한 규구(葵丘)에 갔다가 병이 나서 돌아와 병석에 누웠다. 헌공은 병세가 위중해지자 대부 순식(荀息)을 불러 말했다.

"나는 해제를 후사로 삼을까 하는데 해제는 아직 어려 여러 대부들이 진심으로 심복하지 않는다. 반란이 일어날까 걱정이다. 경은 해제를 끝내 옹립할 수 있겠는가?"

"염려하실 것 없습니다."

"염려없겠다는 표적을 보일 수 있겠는가?"

"주군께서 돌아가시고 나중에 또 살아나시더라도 저는 부탁받은 후사를 끝까지 지켜 스스로 부끄러워하는 일이 없을 것입니다. 그것이 표적입니다."

그래서 헌공은 해제를 순식에게 부탁했다. 헌공이 죽자 이극(里克), 비정(邳鄭)이 중이를 추대하고자 반란을 일으켰다. 이극 등은 순식에게 물었다.

"세 공자의 무리가 봉기하고 진국(秦國)과 이 나라 백성들이 원조하고 있소. 당신은 어떻게 하려오?"
"나는 선군의 말씀을 어길 수 없소."
이극은 마침내 해제를 죽였다. 아직 헌공의 장례식이 치러지지도 않은 상태였다. 순식은 순사하려 했지만 어떤 사람이 말했다.
"해제의 동생 도자를 추대하고 그 후견인이 되십시오. 그러면 약속을 지키는 것이 아닙니까."
순식은 도자를 세우고 헌공을 장사지냈다. 이극이 또 도자를 조정에서 죽였다. 순식은 이때 도자를 위해 순사했다.
《시경》에 이런 내용이 있다.

흰 구슬이 이지러졌다면 아직도 갈고 닦는 길이 남았네.
말이 이지러지면 고칠 길이 없네.

순식은 헌공과의 약속을 지키는 것을 가장 중히 여겼는데, 그 전에 왜 헌공의 잘못을 간하지 않았던가. 이것이 결국 그 자신을 망치는 원인이 되고 말았다는 뜻이다.
이극은 중이를 적에서 맞아 군주로 추대하려 했지만, 중이는 사양하며 말했다.
"나는 아버지의 명을 어기고 망명했소. 그래서 아버지가 죽어도 사람의 자식으로서의 예를 갖추고 장례에도 참석하지 못했소. 그런 내가 어찌 귀국할 수 있겠는가. 부디 다른 공자를 세우도록 하시오."
이극은 다시 이오를 맞아 군주로 추대했다. 이가 진 혜공(惠公)이다.

5

옛날의 진인은 그 모습이 지극히 높아도 절대로 무너지는 일이 없고, 어딘가 모자라는 듯하면서도 덧붙일 것이 없고, 유연하여 고고한 듯하면서도 완고하지 않고, 그 마음이 청허하고 크건만 화려하지 않다. 자못 즐거운 듯이 세속에 좇고 있는 듯해도 실은 부득이한 자연의 기세에 재촉되고 있을 뿐이다. 때로는 풍부한 표정의 움직임을 나타내는 일도 있지만 실은 언제나 자기 마음속의 덕을 즐기며 거기에 정지(靜止)되어 있는 것이다. 또 세상 사람처럼 마음 아파하는 듯이 보일 때도 있지만 그 마음은 높이 세속을 초월하여 있고 속된 일에 구속받지 않는다. 또 완고하여 침묵을 지키는 것을 즐기는 듯이 보이지만 실은 무심한 채 말을 잊고 있는 것이다.

진인은 형벌을 자기의 몸처럼 생각하고 예의를 날개처럼 여기며, 지식은 시대의 흐름을 따르는 것으로, 덕은 자연의 섭리를 따르는 것으로 안다. 형벌을 자기 몸처럼 생각하기 때문에 남을 죽임에 있어 관용을 베풀 수 있고, 예의를 날개처럼 여기기 때문에 자유로이 세속적인 규범에서 벗어날 수 있다. 지식이 시대의 흐름에 따른다는 것은 필연적인 움직임에 순응한다는 것이고, 덕이 자연의 섭리를 따른다 함은 발 있는 자와 더불어 언덕에 이른다는 것이다. 그런데도 세상 사람들은 진인이 참으로 힘써 행하는 것이라고 생각한다. 그러므로 이것을 좋아하는 것도 하나이고 좋아하지 않는 것도 하나이다. 그 하나인 것도 하나의 입장이지만, 그 하나가 아닌 것도 또한 하나의 입장이다. 그 하나인 것은 하늘의 무리가 되고, 그 하나가 아닌 것은 사람의 무리가 된다. 하늘과 사람이 불상승하는 것, 이를 일러 진인이라 한다.

[원문] 古之眞人은 其狀義而不朋하고 若不足而不承이고 與乎其觚而不堅也하고 張乎其虛而不華也이니라 邴邴乎其似喜乎나 崔乎其不得已乎며 滀乎進我色也나 與乎止我德也이니라 厲乎其似世乎나 警乎其未可制也이니라 連乎其似好閉也나 悗乎忘其言也이니라 以刑爲體하고 以禮爲翼하고 以知爲時하고 以德爲循이라 以刑爲體者는 綽乎其殺也요 以禮爲翼者는 所以行於世也요 以知爲時者는 不得已於事也요 以

德爲循者는 言其與有足者至於丘也이니라 而人眞以爲勤行者也이니라 故로 其好之也一이고 其弗好之也一이며 其一也一이고 其不一也一이라 其一與天爲徒요 其不一與人爲徒라 天與人不相勝也로 是之謂眞人이니라

㈜ **기상의이불붕**(其狀義而不朋) 상(狀)은 모습. 의(義)는 의(宜)와 통하는데 '좋다'의 뜻. 사람과 조화하는 것. 붕(朋)은 붕당(朋黨)으로서 도당(徒黨)을 이루는 것. **불승**(不承) 승(承)은 받다. 여기선 빌다. **기고이불견야**(其觚而不堅也) 고(觚)는 모난 술잔. 전의되어 모가 있어 남과의 사귐이 서투른 것. 견(堅)은 굳다[固也], 고집. 그 고독을 고집하지 않는다. **장호**(張乎) 큰 모양. **병병호**(邴邴乎) 기뻐하는 모양. **최호**(崔乎) 최(崔)는 최(催)와 통하고 재촉하는 모양. **축호진아색야**(滀乎進我色也) 축호(滀乎)는 물이 괸다. 풍족한 것. 진(進)은 더하다. **여호**(與乎) 느긋하다. **여호**(厲乎) 앓다. 마음 아파하다. **오호기미가제야**(警乎其未可制也) 초월하는 것. 즉 초월한 것이라, 세상일에 얽매이지 않음. **연호**(連乎) 길게 계속됨. **호폐**(好閉) 폐(閉)는 입을 다무는 것. 침묵을 지키는 걸 좋아함. **문호**(悗乎) 잊는다. 무심한 모양. **이덕위순**(以德爲循) 순(循)은 순(順)과 통하며 좇다. 도덕을 자연에 좇는 것이라고 생각했음. **작호기살야**(綽乎其殺也) 작호(綽乎)는 너그러운 모양, 여유있는 것.

[해설] 진 혜공이 된 이오는 대부 이극이 국외에 있는 중이와 연락하여 난을 일으킬까 겁내어, 그에게 죽음을 명하며 말했다.
"당신이 없었다면 과인은 즉위할 수가 없었을 것이오. 그러나 당신은 또 두 군주(해제와 도자)와 한 대부(순식)를 죽였소. 당신의 군주로 있기가 심히 거북하오."
"말씀대로 저는 두 군주와 한 대부를 죽였습니다. 그러나 그것은 주군을 세우기 위해서였습니다. 만일 제가 그 사람을 물리치지 않았다면 주군께서 어찌 일어나실 수 있었겠습니까? 이미 즉위하신 지금 저에게 주벌을 가하시려 한다면, 구실은 무엇이든 붙일 수가 있겠지요. 지금 저에게 이러쿵저러쿵 말씀하시는 것은 그 때문이겠지요. 명령은 분명히 알았습니다."

말을 마친 이극은 칼을 물고서 엎드려 자결했다.

진 혜공은 즉위할 때 진(秦)의 원조를 받는 조건으로 하서(河西)의 땅을 할양한다고 했으나 그 약속을 지키지 않았다. 또 대부를 죽였으므로 백성들의 신망을 잃고 있었다.

기원전 647년, 진(晉)나라에 큰 흉년이 들어 많은 백성들이 굶어 죽었다. 혜공이 진(秦)에 사자를 보내어 곡물을 팔라고 교섭했다. 진 목공은 그 대책을 백리해에게 물었다. 백리해는 대답했다.

"천재(天災)는 여러 나라에서 번갈아 생깁니다. 재난을 구하고 이웃 나라를 구함은 국가로서의 길입니다. 곡물은 주어야 합니다."

그러나 이극과 함께 주살된 비정의 아들 표(豹)가 반대했다.

"기근을 틈타 공격해야 합니다."

목공은 말했다.

"군주는 확실히 나쁘지만 백성에게 무슨 죄가 있겠는가."

그리하여 목공은 진(晉)에게 곡식을 주기로 했다. 곡물을 실은 배가 진(秦)의 도읍 옹(雍 : 섬서성)에서 진(晉)의 도읍 강(絳 : 산서성)까지 이어졌다.

그런데 이듬해, 이번엔 진(秦)에 기근이 발생했으므로 곡물의 구입을 진(晉)에 청했다. 진 혜공은 그 대책을 신하에게 물었다. 대부 경정(慶鄭)이 말했다.

"주군께선 진의 힘으로 고국에 귀환하시고 즉위하실 수가 있었던 것입니다. 그뒤 하서의 땅을 할양한다는 서약을 어기셨건만, 우리 나라가 기근일 때 진은 곡물을 대여해 주었습니다. 지금 진이 기근이 들어 곡물의 구매를 청해오고 있습니다. 당연히 주셔야 할 일로서 의논하실 것도 아닙니다."

혜공의 장인 괵석(虢射)이 말했다.

"지난해 하늘은 우리 나라를 진에 주었습니다. 진은 뺏을 줄을 모르고 오히려 우리 나라에 곡물을 대여했습니다. 지금 하늘은 진을 우리에게 주신 것입니다. 우리 진은 하늘의 뜻을 거역해선 안 됩니다. 당연히 진을 쳐야 합니다."
　혜공은 괵석의 계책을 쓰고 곡물을 주기는커녕 병을 일으켜 진을 쳤다. 전쟁의 결과는 진(晉)의 패배로, 혜공은 포로로 잡혔다. 진 목공은 이를 죽여 하늘에의 제물로 바치려고 했다. 그런데 목공의 부인은 바로 혜공의 누이였다. 부인이 상복을 입고 애원하자 목공도 할 수 없이 혜공을 돌려 보내고 그 태자 어(圉)를 볼모로 삼았다.

6

　죽음과 삶은 피할 수 없는 운명에 의해 정해진 것이다. 저 밤과 아침의 규칙적인 교대가 이루어짐은 자연이다. 인간의 힘으로는 어쩔 수도 없는 바가 있는 것이 존재하는 것 모두의 진상(眞相)이다.
　모든 인간은 형체있는 하늘조차 자기를 낳아준 아버지로서 경애(敬愛)하고 있다. 하물며 그보다 훌륭한 것을 어찌 사랑하지 않을 수 있겠는가. 또 인간은 군주를 자기보다 뛰어난 존재로서 공경하고 몸을 바쳐 죽는 것을 사양하지 않는데, 하물며 군주보다 훨씬 뛰어난 진실한 것을 위해 어찌 그 몸을 바치지 않을 수 있겠는가.

[원문] 死生은 命也이니라 其有夜旦之常은 天也이니라 人之有所不得與는 皆物之情也이니라 彼特以天爲父하여 而身猶愛之이거늘 而況其卓乎아 人特以有君爲愈乎己하여 而身猶死之이거늘 而況其眞乎아

　㈜ **사생명야**(死生命也) 명(命)은 천명. **야단지상**(夜旦之常) 단(旦)은 아침. 상(常)은 상도(常道). **부득여**(不得與) 여(與)는 관계하다, 관여하다. **피특이천위부**(彼特以天爲父) 특(特)은 홀로〔獨也〕. **군위유호기**(君爲愈乎己) 유(愈)는 낫다. 호(乎)는 어(於).

[해설] 장자의 운명수순의 사상이 설명되고 있다. 생사를 똑같다고 보는 만물제동의 입장인 것이다.

운명으로서의 천명사상은 유가나 도가라는 학파의 대립을 초월하여 중국 민족의 인생관이 되어 있다.

즉 중국인은 자기로선 깨닫고 있지 않지만 숙명론자이다. 그들이 곧잘 입에 올리는 천명은, 실질적으로는 운명과 같은 것이다. 그들은 하늘을 원망하지 않고 운명을 저주하지 않는다. 그들은 빈부(貧富)에 처신하는 도를 알고 있어, 부유한 자는 이를 즐기고 가난한 자도 또한 즐긴다 하는 족(足)함을 알고 있는 것이다. 의식마저 넉넉하지 못한 서민조차도 외국인이 보면 경이롭다 할 만큼 태연하다. 중국인의 참을성은 외국인에게 특히 깊은 감명을 주지만, 극히 심한 천재가 발생했을 때 곳곳에서 그 광경을 볼 수가 있는 것이다.

중국인의 태어나면서부터의 낙천적인 자성(資性)이 가장 잘 나타나는 것은 병들었을 때라고 하겠다. 그들의 낙천성은 병으로 신음하며 괴로워할 때에도 상실되지 않는다. 즉 중국인은 병이 났으나 매우 가난하여 충분한 영양을 섭취할 수 없고, 멀리 집을 떠나 때로는 친척 지인으로부터도 버림을 받고 장래에 아무런 광명도 없을 때라도 유유하게 평정(平靜)을 유지하고 있는 것이다.

이것은 중국인과 직접 생활해 본 외국인이라면 누구나 느낄 수 있는 오히려 평범한 일의 하나이다.

보통 동양적인 체념주의는 소극적인 것으로 현상유지에 이어지는 것이라, 이것을 극복하는 일이 근대화의 조건으로 생각되었다. 그러나 이것은 방패의 반쪽만 보고 다른 반쪽은 보지 않는 것이다. 어떠한 역경에도 굴하지 않고 언제나 잡초와 같은 끈질김으로 일어나는 중국 민족이 갖는 비밀은, 이와 같은 운명수순의 인생관에 있다 하여도 좋다. 그것은 노자의 '유(柔)는 강(剛)에 이긴다' 하는 사상과 통하는 것이고 부드러움이 딱딱함보다 뛰어남을 나타내는 것이리라.

장자의 운명 긍정 사상은 앞으로도 곳곳에서 주장되겠지만, 결론을 먼저 말한다면 이와 같은 중국 민족의 운명수순 사상을 바탕삼아 이것을 이론화하고 철학적으로 구축한 것이다.

7

샘이 말라붙어 고기들이 진흙 위에 있게 되면 서로의 입김을 불어주고 거품으로 적셔준다. 그러나 이렇듯 서로 돕고 사는 것보다 넓은 강이나 호수를 헤엄쳐 다니며 서로를 잊는 게 훨씬 자유로운 것이다. 요(堯)를 선인이라 칭찬하고 걸(桀)을 악인이라고 비난하는데, 즉 질서의 테두리 속에서 착한 것을 칭찬하고 악한 것을 비난하며 사는 것보다 선악을 초월하여 도를 따라 사는 편이 훨씬 자유롭다.

대지인 자연은 나를 실어주기 위해 그 몸을 주고, 나를 일 시키기 위해 삶을 주고, 자연을 즐기도록 늙음을 주고, 나를 휴식시키기 위해 죽음을 주고 있다. 그러므로 만일 힘써 일하는 내 삶을 좋다고 한다면, 당연히 휴식인 죽음도 좋다고 하게 되리라.

[원문] 泉涸에 魚相與處於陸하면 相呴以濕하며 相濡以沫이나 不如相忘於江湖라 與其譽堯而非桀也이나 不如兩忘而化其道라 夫大塊載我以形하고 勞我以生하고 佚我以老하고 息我以死라 故로 善吾生者는 乃所以善吾死也이니라

㈜ **천후**(泉涸) 후(涸)는 마르다. 샘이 마르다. **상구이습**(相呴以濕) 구(呴)는 숨을 내쉬다. **상유이말**(相濡以沫) 말(沫)은 거품. **망어강호**(忘於江湖) 마른 샘에 있게 된 물고기가 서로 거품으로 몸을 적시는 것은, 이른바 인이다. 그러나 인은 부자연인 사회에서만 나타나는 도덕에 지나지 않는다. 넘실넘실 물이 출렁이는 큰 강이나 호수 같은 자연의 사회에서는 일체의 도덕이 불필요하고 상대의 존재를 의식하는 일이 없다. **대괴**(大塊) 대지, 자연. **일아이노**(佚我以老) 일(佚)은 편하다. 전의하여 낙(樂).

[해설] 인간의 삶은 노역(勞役)이고 죽음은 휴식이라는 뜻이다. 죽음은 누구나 피할 수가 없다. 그러나 그것을 휴식이라고 생각할 때 어떤 두려움이나 고통도 없을 것이다.

기원전 645년, 관중이 죽었다. 중국 최초의 대정치가이자 명재상이라면 누구라도 관중의 이름을 듣게 된다. 주공, 태공 망 등은 아득한 고대의 인물로 그 사적도 구체적으로 더듬기가 곤란하다. 그러나 관중의 사적은 뚜렷하다.

공자는 《논어》에서 "관중의 그릇은 작구나."라고 했다. 그리하여 그가 검약자도 아니고 예도 모른다고 비난했다. 검약자가 아닌 증거로 삼귀(三歸 : 세 채의 저택)를 가졌다고 하였다. 삼귀를 세 아내로 보는 해석도 있다. 또 '관의 일을 섭(攝)하지 않았다'고 비난했다. 즉 제후의 가신은 관의 일을 하는 데 있어 한 사람이 여러 가지 일을 하였다. 그런데 관중은 저마다의 부문에 전임의 사무관을 두었고 이것이 사치였다고 비난하고 있는 것이다.

하지만 공자는 다른 곳에서 관중을 격찬했다(桓公九合諸侯 不以兵車 管仲之力也 如其仁 如其仁). 제 환공이 아홉 번 회맹하여 제후와 평화조약을 맺었지만 전쟁의 힘을 빌었던 것은 아니다. 평화롭게 대화로써 서약케 했는데, 그것은 관중의 힘이었다. 누가 그 인을 따르겠느냐고 두 번이나 거듭하여 칭찬했던 것이다(管仲相桓公 霸諸侯 一匡天下 民到于今受其賜 微管仲 吾其被髮左衽矣). 관중이 환공을 도와 제후의 패자를 만들었고, 그리하여 천하는 하나가 되어 당시 심했던 초(楚)나 그밖의 이민족의 침공을 막을 수가 있었다는 말이다. 2백 년 뒤의 공자 시대 사람들마저 관중의 혜택을 받고 있다. 만일 관중이 없었다면 나(공자)는 지금쯤 관을 쓰지 않고 머리를 풀어헤치고서 왼쪽이 위로 가는 옷깃을 하고 있을 거라고 말했던 것이다. '피발좌임(被髮左衽)'은 이른바 오랑캐의 풍속이다. 관중이 없었다면 중원은 오랑캐에 점령되고 주민의 풍속도 오랑캐를 따르게 되었을 거라고 했으니 최대의 찬사였다.

8

 이것은 배를 깊은 골짜기에 감추고, 산을 못 속에 숨겨두면 안전하다고 할 수 있다. 그러나 더 큰 힘을 가진 자가 어둠을 타고서 훔쳐가도 어리석은 자는 모르는 일이다. 작은 것을 큰 것 속에 감추었다고 해도 가지고 달아날 데는 있다. 그러나 천하를 천하 속에 감추어 둔다면 가지고 달아날 데가 없으니, 이것이 만물의 큰 진리이다.

 무한의 자연 속에서 단 하나인 인간의 모습으로 태어났다는 것만으로 기쁨을 느끼는 법이다. 그 인간의 모습이라는 것은 태어났을 적부터 죽음에 이르기까지 천변만화하여 끝이 없는 것이다. 그 즐거움을 어찌 다 헤아릴 수 있겠는가. 그러므로 성인은 아무 것도 잃을 염려가 없는 경지, 일체를 그대로 받아들이는 경지에서 노닐고 모든 것을 그대로 긍정하려고 한다. 일찍 죽는 것을 좋다 하고 장수를 좋다 하고 인생의 시작을 좋다 하고 인생의 끝남을 좋다고 한다. 사람들은 성인에게서 배우고 또 본받으려 한다. 하물며 만물에 매이고 무한한 변화가 의지하는 바의 것을 어찌 본받지 않겠는가.

원문 夫藏舟於壑하고 藏山於澤하여 謂之固矣니라 然而나 夜半有力者負之而走하니 昧者不知也이니라 藏小大有宜나 猶有所遯이라 若夫藏天下於天下면 而不得所遯이니 是恒物之大情也이니라 特犯人之形하되 而猶喜之하나니 若人之形者는 萬化而未始有極也라 其爲樂可勝計邪잇고 故로 聖人將遊於物之所不得遯而皆存이라 善夭善老요 善始善終이니 人猶效之라 又況萬物之所係이니 而一化之所待乎아

장주어학(藏舟於壑) 장(藏)은 숨기다. 학(壑)은 골짜기. **장산어택**(藏山於澤) 산을 도둑맞지 않으려고 못 속에 숨긴다. 중국 신화나 전설에 이런 이야기가 있었던 듯하다. **고의**(固矣) 고(固)는 견고하다

는 것. **매자**(昧者) 매(昧)는 어둡다. 어리석은 자. **둔**(遯) 도망하다. **항물지대정**(恒物之大情) 항물(恒物)은 늘 있는 사물, 통상 보통의 존재. 정(情)은 실정으로서 사물의 진상. **약인지형자 만화이미시유극야**(若人之形者 萬化而未始有極也) 인간의 형체는 노유생사(老幼生死)가 있어 세월과 더불어 무수한 변화를 하는 것임. **선요선로**(善夭善老) 요(夭)는 일찍 죽는 것. **효지**(效之) 효(效)는 본받다. **소계**(所係) 계(係)는 매이다, 속박되다인데 여기서는 '귀속'을 뜻함.

[해설] 관중이 죽고서 2년 후인 기원전 643년 제 환공이 죽었다. 환공에겐 부인이 셋 있었고, 각각 왕희(王姬)·서희(徐姬)·채희(蔡姬)라고 불렸지만 모두 소생이 없었다. 환공은 여자를 좋아했는데 부인처럼 대하고 있던 여인이 6명이 있었다.

장위희(長衛姬)는 무궤(無詭)를, 소위희(小衛姬)는 혜공 원(惠公元)을, 정희(鄭姬)가 효공 소(孝公昭)를 낳았다. 또 갈영(葛嬴)이 소공 반(昭公潘)을, 밀희(密姬)가 의공 상인(懿公商人)을, 송화자(宋華子)가 공자 옹(雍)을 낳았다. 환공은 생존중에 관중과 의논하여 효공 소의 후견을 송 양공(襄公)에게 부탁한 다음 태자로 세웠다.

환공이 가까이 하던 신하 중에는 역아(易牙)와 수조(竪刁)라는 자가 있었다. 역아는 주방을 관장하는 관리로, 자기 아들을 죽여 탕을 끓이고 그것을 환공과 장위희에게 바쳐 신임을 얻은 자였다. 또 수조는 출세를 위해 스스로 거세를 하고 환관(宦官)이 된 인물이었다. 환공은 역아에게 태자를 바꾸고 무궤를 세우도록 허락했다.

환공이 죽자 역아는 궁중에 들어가 수조의 협력을 얻어 여러 대부를 죽이고서 공자 무궤를 추대했다.

그러나 다른 공자들이 이것을 인정하지 않고 서로 당을 만들어 다투었기 때문에 환공의 시신을 납관하는 자조차 없었다. 그대로 67일이나 방치되어 구더기가 발생하고 문 밖으로 기어나왔다. 패자의 최후로서 너무도 비참한 일이 아닐 수 없었다.

일찍이 송에 장공이 있고, 장공이 죽자 그 아들 민공 첩(湣公

捷)이 뒤를 이었다. 민공 7년, 제 환공이 즉위했고 그 9년에 송나라에 큰 수해가 있었다. 이미 노에선 장문중(臧文仲)을 사자로 보내어 수해를 위문했다. 민공은 자어(子魚)라는 현인의 말을 좇아, 이때 스스로 책하며 대답했던 것이다.

"과인이 부덕하여 귀신을 잘 섬기지를 못하고 정치를 잘하지 못하여 이와 같은 수해를 만났지요."

이윽고 송이 노를 공격하여 싸웠는데 노군이 송의 남궁만(南宮萬)을 생포했다. 남궁만은 그뒤 석방되어 송에 돌아왔다. 하루는 민공이 남궁만과 사냥을 나갔다가 쌍륙(雙六)의 승부를 다투었다. 이때 민공이 남궁만을 모욕했다.

"처음에 나는 너를 존경했었다. 그런데 지금의 너는 기껏 노나라의 포로였던 자에 지나지 않는다."

천하장사였던 남궁만은 이 말을 듣자 쌍륙반을 들어 민공을 때려죽였다. 대부인 구목(仇牧)이 이 급한 소식을 듣고 달려왔는데 남궁만이 주먹으로 구목의 볼을 때렸다. 그 힘이 어찌나 강했던지 구목은 문짝에 이가 박혀 죽고 말았다. 남궁만은 이 기회를 이용하여 태재이던 화독을 죽이고 공자 유(游)를 군주로 추대했다. 이윽고 나라 사람들이 들고 있어나 남궁만의 아우 남궁우(南宮牛)를 죽였고 새 군주 유마저 죽였으며 민공의 아우 어설(禦說)을 세웠다. 이가 송 환공이다. 남궁만은 진(陳)으로 달아났다. 송에선 뇌물을 보내어 남궁만의 체포를 의뢰했다.

진에선 수십 명의 미녀를 동원하여 남궁만을 정신없이 취하게 만들고는 결박하여 가죽에 싸서 송에 보냈다. 송나라 사람들은 남궁만을 죽여 그 살점을 저며 젓갈을 담았다. 이 환공의 태자 자보(玆甫)가 송 양공이다.

9

무릇 도는 의심할 수 없는 실재이며 행동도 없고 형체도 없다.

따라서 도란 전할 수는 있어도 물건처럼 받을 수는 없고, 터득할 수는 있어도 볼 수는 없다. 스스로 만물의 근본이 되고 스스로 만물의 뿌리가 되며, 천지가 창조되기 이전부터 있었다. 귀신을 신령하게 하고 상제를 신령하게 했으며, 하늘을 낳고 땅을 낳았다. 태극의 위에 있으면서 높다 하지 않고 육극의 아래 있으면서 깊다 하지 않았다. 천지보다 앞서 생겨났으면서도 오래다 하지 않고, 옛날부터 성장했으면서도 늙었다 하지 않는다.

시위씨(狶韋氏)는 도를 얻어 천지를 들고 다녔고, 복희(伏戲)는 도를 얻어 천지를 구성하는 기(氣)의 근원에 귀입했다. 북두칠성은 도를 얻어 영원히 변함이 없었고, 해와 달은 도를 얻어 영원히 그 운행을 쉬지 않았다. 감배(堪坏)는 도를 얻어 곤륜산에 들어가 신이 되었고, 풍이(馮夷)는 도를 얻어 황하의 신이 되었으며, 견오(肩吾)는 도를 얻어 태산의 신이 되었다. 황제(黃帝)는 도를 얻어 저 하늘 구름 위에 오르고, 전욱(顓頊)은 도를 얻어 현궁(玄宮)에 있고, 우강(禺強)은 도를 얻어 북극에 서고, 서왕모(西王母)는 도를 얻어 소광(少廣)에 앉았는데, 그 시작을 알지 못하며 그 끝남을 알지 못한다. 팽조(膨祖)는 도를 얻어 위로는 순임금으로부터 아래로는 오패에 이르는 장수를 얻었다. 부열(傅說)은 도를 얻어 이로써 무정(武丁)을 도와 천하를 엄유했으며, 죽은 뒤에는 동유(東維)에 오르고 기미(箕尾)를 타고서 별이 되었다.

원문 夫道는 有情有信에 無爲無形이라 可傳而不可受이고 可得而不可見이라 自本自根이요 未有天地에 自古以固存이라 神鬼神帝요 生天生地라 在太極之先에 而不爲高요 在六極之下에 而不爲深이라 先天地生에 而不爲久요 長於上古에 而不爲老라 狶韋氏得之에 以挈天地하고 伏戲得之에 以襲氣母하고 維斗得之에 終古不忒하고 日月得之에 終古不息이라 堪坏得之에 以襲崑崙하고 馮夷得之에 以遊大川하고 肩吾得之에 以處大山하고 黃帝得之에 以登雲天하고 顓頊得之에 以處玄宮하고 禺強得之로 立乎北極하고 西王母得之에 坐乎少廣하고 莫知其始요 莫

知其終이라 彭祖得之에 上及有虞하여 下及五伯하고 傳說得之에 以相武丁하고 奄有天下하니 乘東維에 騎箕尾하고 而比於列星이라

㈜ **유정유신**(有情有信) 정(情)과 신(信)은 참된 것. 의심할 수 없는 실제성을 갖는 것임. **무위무형**(無爲無形) 행동도 없고 형체도 없는 것. **자본자근**(自本自根) 스스로 본원(本源)이 되고 스스로 근거(根據)가 되는 것. **태극**(太極) 천지 만물의 근원. **육극**(六極) 육합(六合)과 같다. 천지 사방을 말함. **시위씨**(豨韋氏) 전설상의 제왕. 《좌전》에 나오는 시위씨(豕韋氏)를 가리킨다고도 함. **이설천지**(以挈天地) 설(挈)은 달아올리다, 들다. 계(繫)로 보고 '연결되다'로 보는 설도 있음. **복희**(伏戲) 상고의 제왕. 복희(伏羲)라고도 함. '인간세편'에 나왔음. **이습기모**(以襲氣母) 천지를 구성하는 기(氣)의 근원에 귀입(歸入)한다. 습(襲)은 '들어간다'는 뜻 외에 '자기 것으로 만든다', '합친다'의 뜻으로 해석. **유두득지**(維斗得之) 유두(維斗)는 북두칠성을 말하는데 하늘 회전의 중심이라 믿었음. **감배**(堪坏)·**풍이**(馮夷)·**견오**(肩吾) 모두 신의 이름. 감배는 사람의 형상에 몸은 짐승으로 득도하여 곤륜산에 들어가 신이 되었다고 함. 풍이는 황하의 신. 견오는 '소요유편', '응제왕편' 참조. **황제**(黃帝)·**전욱**(顓頊) 고대 중국의 전설적인 제왕. **우강**(禺强) 《산해경(山海經)》을 보면, 우강은 북쪽 바다 기슭에 있는 산으로 얼굴은 사람이고 몸은 새인데 두 마리의 푸른 뱀을 귀에 달고 두 마리의 붉은 뱀을 발로 밟고 있다고 함. **서왕모**(西王母) 소광산(少廣山) 또는 곤륜산에 사는 여신. 한나라에 내려와선 신선도의 신으로서 존숭되었음. **팽조**(膨祖)·**유우**(有虞)·**오패**(五伯) 팽조는 전설상의 장수자. 유우는 순(舜)임금을 가리킴. 오패의 패(伯)는 '백'으로 잘못 발음되기 쉬운데 여기선 '우두머리'라는 뜻의 '패(覇)'로 봄. 오패는 춘추시대에 나타난 다섯 명의 패자. **부열**(傳說)·**무정**(武丁) 부열은 무정, 즉 은나라 고종을 도와 천하를 다스렸다는 현인. **승동유기기미**(乘東維騎箕尾) 동유(東維)는 별자리의 이름. 기(箕)와 미(尾)는 별의 이름.

해설 춘추 '오패'라 하여 다섯 명의 패자가 출현한 것으로 되어 있는데, 문헌에 따라 선정이 다르다.
 이것은 선자의 주관에 따른 것이지만 누가 골라도 제 환공과 진 문공(晉文公)은 꼭 들어간다.

그 다음으로 초 장왕(楚莊王)이 유력하다. 대부분의 문헌이 장왕을 오패로 꼽고 있는데, 다만 《한서》의 '제후왕표서주(諸侯王表序注)'에서만 장왕을 제외하고 있다. 그러나 장왕은 무조건 패자라고 부르기에 알맞은 사람이었다.

나머지 두 사람에 대해선 문헌마다 다르다. 즉 진 목공, 송 양공, 월왕 구천, 오왕 합려, 오왕 부차 등이다. 이들은 패자라고 하기보다 패자가 되려고 목표했지만 패업을 이루지 못한 '준패자'라고 보는 것이 타당하다.

송 양공은 태자일 때 그 지위를 서형인 목이[目夷; 자는 자어(子魚)]에 양보하려 했으나 아버지가 허락하지 않았으므로 양공은 즉위하자 이 목이를 재상에 임명하고 국정 일체를 맡겼다.

제나라에서 환공이 죽고 공자들간에 싸움이 일어나자 송 양공은 제후의 병을 거느리고 공자 소를 보내준다는 구실로 제를 쳤다. 제나라에선 우여곡절이 있긴 했지만 무제를 죽이고 소를 맞아 군주로 추대했다. 이가 제 효공이다.

양공은 제의 후사 문제에 개입하여 성공하자 이번에는 자기가 패자로 군림하려 했다. 목이는 이런 양공을 간했다.

"소국이 맹주를 다툼은 화가 됩니다."

제는 대국이었지만 송은 소국인 것이다. 그런 소국이 실력의 뒷받침도 없이 분수에 넘친 야망을 갖는다면 그 결과가 어떨 것인가.

10

남백자규(南伯子葵)가 여우(女偊)에게 물었다.

"당신의 나이는 꽤 많습니다. 그런데 얼굴빛이 어린아이와 같으니 어찌된 일입니까?"

여우가 대답했다.

"나는 도를 들었기 때문일세."

남백자규가 물었다.

"도는 배울 수 있는 것입니까?"

"아아, 어찌 가능하겠소. 그대는 그럴 사람이 못 된다. 저 복량의(卜梁倚)는 성인의 재주는 있으나 성인의 도가 없고 나에게는 성인의 도는 있지만 성인의 재주는 없다. 내 이로써 그를 가르치고자 하지만, 그가 과연 성인이 될 수 있을는지 의문이다. 그렇지 못하다 해도 성인의 도로써 성인의 재주를 가진 자를 가르치기란 그래도 쉬운 일이다.

나는 신중하게 지켜보면서 이를 가르치길 3일로써 능히 천하를 잊게 하였다. 이미 천하를 잊게 하였으나 나는 또 이를 지켜보았는데, 7일로써 능히 사물을 잊게 하였다. 이미 사물을 잊게 하였으나 내 또 이것을 지켜보았는데, 9일로써 능히 삶을 잊게 하였다. 이미 삶을 잊게 한 뒤 모든 것을 아침 햇살처럼 비추는 경지에 들어가게 하였다. 그리하여 그는 일체의 대립을 초월한 홀로의 경지를 보게 되었다. 다만 홀로의 경지를 보게 된 뒤에 능히 고금(古今)의 시간적 차별을 초월하게 되었다. 고금의 차별이 없게 되자 능히 불사 불생의 경지에 들어갔다. 무릇 사물의 사멸을 관장하는 것은 죽는 것이 될 수 없고, 생성을 관장하는 것은 태어나는 것이 될 수 없다. 그 도가 이루어지면 보내지 않음이 없고, 맞아들이지 않음이 없고, 파괴되지 않음이 없고, 이루어지지 않음이 없다. 그런데 그 이름을 영녕(攖寧)이라 한다. 영녕이란 평안함이 있은 후에 이루어지는 것이다."

남백자규가 물었다.

"당신은 대체 어디에서 도에 대해서 들었습니까?"

"나는 이를 부묵의 아들에게서 들었노라. 부묵의 아들은 이를 낙송의 손자에게서 들었고, 낙송의 손자는 이를 첨명에게서 들었고, 첨명은 이를 섭허에게서 들었고, 섭허는 이를 수역에게서 들었고, 수역은 이를 어구에게서 들었고, 어구는 이를 현명에게서 들었고, 현명은 이를 참료에게서 들었고, 참료는 이를 의시에게서 들었다."

[원문] 南伯子葵가 問乎女偊하여 曰 子之年長矣로 而色若孺子이니 何也요 曰 吾聞道矣니라 南伯子葵가 曰 道可得學邪잇고 曰 惡 惡可라 子非其人也라 夫卜梁倚는 有聖人之才나 而無聖人之道요 我有聖人之道나 而無聖人之才라 吾欲以敎之로 庶幾其果爲聖人乎아 不然이나 以聖人之道로 告聖人之才는 亦易矣니라 吾猶守而告之하니 參日而後能外天下로 已外天下矣니라 吾又守之하니 七日而後能外物로 已外物矣니라 吾又守之하니 九日而後能外生으로 已外生矣니라 而後能朝徹이요 朝徹而後能見獨이라 見獨而後能無古今이라 無古今而後能入於不死不生이라 殺生者不死이고 生生者不生이라 其爲物은 無不將也이고 無不迎也이고 無不毀也이고 無不成也이니라 其名爲攖寧이라 攖寧也者는 攖而後成者也니라 南伯子葵가 曰 子獨惡乎聞之오 曰 聞諸副墨之子라 副墨之子聞諸洛誦之孫이요 洛誦之孫聞之瞻明이요 瞻明聞之聶許요 聶許聞之需役이요 需役聞之於謳요 於謳聞之玄冥이요 玄冥聞之參寥요 參寥聞之疑始라

㈜ **남백자규**(南伯子葵) '제물론편'에 나오는 남곽자기(南郭子綦)와 동일 인물이라 생각됨. **여우**(女偊) 가공 인물로서, 여자라고 보는 설이 있다. **색약유자**(色若孺子) 유자(孺子)는 어린아이. 아직 관례를 올리지 않은 사람. **복량의**(卜梁倚) 역시 가공의 인물. **서기기과위성인호**(庶幾其果爲聖人乎) 서기(庶幾)는 바라건대, 원컨대의 뜻. 희망하는 의미가 있음.《맹자》에 왕서기개지(王庶幾改之)란 말이 나옴. 직역하면 '바라건대 그가 과연 성인이 될 수 있을까'이다. **오유수이고지**(吾猶守而告之) 수(守)는 지켜보다. **능외천하**(能外天下) 외(外)는 잊는다. **조철**(朝徹) 아침 햇빛이 환히 비치듯이 깨달음의 경지에 이르는 것. **기명위영녕**(其名爲攖寧) 영(攖)은 마서륜(馬叙倫)의 설을 좇아 머무르다. 녕(寧)은 편안함. 즉 편안한 경지에 머무르다. **문제부묵지자**(聞諸副墨之子)……**문지의시**(聞之疑始) 이 일절은 도를 알기 위한 수단을 설명한 것인데, 모두 이것을 의인화(擬人化)하고 있다. **부묵지자**(副墨之子) 먹에 곁들인 것, 즉 책. **낙송**(洛誦) 낙(洛)은 낙(絡)과 통하며 '잇는다'는 뜻. 송(誦)은 책을 읽는 것. 여기선 숙독(熟讀)이라고 풀이함. **첨명**(瞻明) 눈으로 보고서 이해하는 것. **섭허**(聶許) 귀로 들어 이해함. **수역**(需役) 실천을 말함. 어

구(於謳) 찬양하며 노래함. **현명**(玄冥) 깊고 고요한 경지. **참료**(參寥) 허무. 일설에는 요(寥)를 절(絶)로 보고 '세 가지 것이 없어진 경지'를 말한다고 함. 즉 첫째 유(有)가 없어지고, 둘째 무(無)가 없어지고, 셋째 유도 아니고 무도 아닌 것이 없어진 상태를 가리킨다고 함. **의시**(疑始) 도의 근원을 비유한 것. 장자의 이른바 만물제동의 경지.

[해설] 송 양공은 기원전 639년, 제와 초의 대표를 초대하여 녹상(鹿上 : 산동성)에서 회맹하고 송이 제후의 패자가 되는 양해를 얻었다. 그리하여 가을, 우(盂)에서 정식으로 회맹하여 패자가 되기로 하였다. 목이가 말했다.

"화가 이제부터 일어나리라. 우리 주군의 욕망은 너무나도 크기 때문에 제후가 견딜 수 없게 되어 내던지게 되리라."

초왕은 이때 '우리 나라를 감히 부르다니! 좋다, 우의를 구실로 참석하여 습격하고 욕을 보이자' 하며 출석했다. 그리하여 송 양공을 사로잡아 자기 나라로 끌고 갔던 것이다.

초는 본디 장강과 한수 사이에 위치하고 있는 대국이었다. 주왕실이 쇠미하자 초의 웅거(熊渠)는 말했다.

"우리 초는 오랑캐이다. 중국의 작위나 시호와는 아무런 관계가 없다. 왕을 칭해도 상관없다."

그래서 장자 강(康)을 구단왕(句亶王), 중자인 홍(紅)을 악왕(鄂王), 소자인 집자(執疵)를 월장왕(越章王)으로 삼았다. 그런데 주 여왕(厲王)시대, 여왕이 포학했으므로 이를 두려워하여 왕의 호칭을 스스로 그만 두었다.

그뒤 세월이 흐르고 기원전 741년, 웅통(熊涌)이 크게 일어나 무왕이라고 일컬었다.

초 무왕 35년(B.C. 706), 초가 수(隨)를 쳤다. 수후가 말했다.

"우리 나라에 잘못은 없다."

그러자 무왕은 말했다.

"우린 오랑캐의 나라다. 지금 제후는 모두 반란을 일으키고 서로 침공하며 서로 죽이고 있다. 우리에겐 엉성하긴 하지만 군대가 있으니 중국의 정치에 참가하고 싶다. 주 왕실에 우리 초의 작위를 내리도록 주선해라."

이 때문에 수후는 주 왕실에 주선했지만 주에선 허락하지 않았다. 웅통은 화가 나서 말했다.

"우리 조상인 육웅(鬻熊)은 문왕의 스승이었지만 일찍 죽었다. 성왕은 우리 선군을 등용하여 자작·남작에 해당되는 영지로써 초에 봉했다. 오랑캐는 모두 우리 초를 따라 복종했다. 그런데도 주 왕실은 우리 초에게 작위를 내려주지 않는다. 우리 초는 스스로 높일 뿐이다."

그래서 스스로 왕이라 하고 수와 맹약하고는 가버렸다. 이리하여 처음으로 복(濮) 땅을 개척하여 영유했다. 주 왕실에선 수후를 소환해 초에게 왕호를 일컫게 하였다 하면서 책망했다. 초는 성내고 수가 배반하였다 하여 이를 쳤는데, 무왕이 그 군중에서 죽자 토벌을 중지했다. 이어 아들인 문왕 웅자(熊資)가 뒤를 이었고, 비로소 영(郢)에 도읍했다. 이때부터 초는 대국이 되었고, 다시 2대를 내려와 성왕 운(成王惲) 치세 때 주 왕실에 공물을 바쳤다. 천자는 제육(祭肉)을 내리며 말했다.

"그대의 남쪽을 평정하라. 중원을 침범하지 말라."

그뒤 제 환공이 제후의 군을 이끌고 초를 쳐 형산(陘山)에 이르렀다. 기원전 656년의 일이다. 초의 성왕은 환공과 맹약했고 주 왕실에 충성할 것을 맹세했다. 송 양공을 납치한 것은 바로 이 성왕이었던 것이다.

11

자사(子祀), 자여(子輿), 자려(子犂), 자래(子來)의 네 사람이 서로 이야기를 나누었다.

"누가 능히 무로써 머리를 삼고, 삶으로써 척추를 삼고, 죽음으로써 엉덩이를 삼겠는가. 누가 사생존망이 일체임을 알겠는가. 내 이런 사람과 벗이 되리라."
 네 사람이 서로 보며 웃고 마음에 거슬리는 게 없어 마침내 서로 벗이 되었다.
 그런데 갑자기 자여에게 병이 있어 자사가 찾아가 문병했다. 자여가 말했다.
 "위대하구나, 저 조물자는. 나를 이렇게 꾸부러진 몸뚱이를 만들고자 하는구나."
 과연 그는 심한 곱사등이가 되어 등이 굽었고 오장은 위쪽에 올라와 있었다. 턱은 배꼽을 가리고 어깨는 머리보다 높고 상투는 하늘을 가리켰다. 이렇듯 신체 속의 음양의 기가 어지러워졌으나 그 마음은 고요하여 태평했다.
 자여는 비틀거리며 우물가에 가서 자신의 모습을 물에 비추어 보고 말했다.
 "아아, 저 조물자는 용케도 이렇듯 내 몸을 곱사등이로 만들어 놓았구나."
 이것을 보고 자사가 물었다.
 "그대는 이런 자네의 모습을 싫어하는가?"
 "아니다, 내 어찌 싫어하겠는가. 내 왼팔이 차츰 변하여 닭이 된다면 난 새벽을 알리기를 바라겠네. 내 오른팔이 차츰 변하여 활이 된다면 난 그것으로 올빼미를 쏘아 올빼미구이를 만들겠네. 또 내 엉덩이를 변하게 하여 수레바퀴를 만들고 내 마음을 말〔馬〕로 만들면 난 그것에 타겠네. 어찌 다른 수레가 필요하겠는가. 무릇 생(生)을 얻음은 시(時)이고 잃음은 순(順)이다. 시에 안주하고 순에 따르면 애락(哀樂)도 끼여들지 못한다네. 이것이 이른바 옛사람이 말한 '현해(縣解)'이다. 그런데 스스로 풀지 못하는 것은 외물(外物)이 이를 묶기 때문이다. 또한 외물이 하늘의 도리를 이기지 못함이 오래인데 내 어찌 이렇게 된 것을 싫어하겠는가."

 원문 子祀 子輿 子犁 子來의 四人이 相與語하여 曰 孰能以無爲首하고

以生爲脊하고 以死爲尻하리오 孰知死生存亡之一體者리오 吾與之友矣
리라 四人이 相視而笑하고 莫逆於心에 遂相與爲友라 俄而子輿有病
이라 子祀가 往問之하니 曰 偉哉라 夫造物者여 將以予爲此拘拘也이니라
曲僂發背하고 上有五管하고 頤隱於齊하고 肩高於頂하고 句贅指天이라
陰陽之氣有沴이나 其心閑而無事이고 跰𨇤而鑑於井하여 曰 嗟乎라 夫
造物者는 又將以予爲此拘拘也이니라 子祀曰 女惡之乎아 曰 亡이라
予何惡이리오 浸假而化予之左臂以爲鷄하면 予因以求時夜하리라 浸假
而化予之右臂以爲彈이면 予因以求鴞炙하리라 浸假而化予之尻以爲輪
하고 以神爲馬하면 予因而乘之하리라 豈更駕哉오 且夫得者時也요 失
者順也니 安時而處順이면 哀樂不能入也이니라 此는 古之所謂縣解也
이니라 而不能自解者는 物有結之라 且夫物不勝天久矣니 吾又何惡
焉이리오

㊟ 자사·자여·자려·자래(子祀子輿子犂子來) 모두가 가공의 인물. 이
생위척(以生爲脊) 척(脊)은 척추. 이사위고(以死爲尻) 고(尻)는 똥
구멍, 엉덩이. 막역어심 수상여위우(莫逆於心 遂相與爲友) 친구를
'막역(莫逆)한 사이'라고 함은 여기서 비롯되었음. 막역어심은 마음으
로 상대방을 거역하지 않는다는 뜻으로 서로 뜻이 통함을 가리킴.
아이자여유병(俄而子輿有病) 아(俄)는 갑자기. 조물자(造物者) 다
음에서 나오는 조화자(造化者)와 더불어《장자》에서 나온 말임. 다만
장자는 인격을 갖는 주재자를 인정치 않으므로 이 말도 하늘·자연·
운명과 같은 뜻이라고 보아도 좋다. 차구구야(此拘拘也) 구구(拘拘)
는 '펴지지 않는 것'을 형용한 말. 구는 '굽는다'는 뜻이 있음. 곡루
발배(曲僂發背) 곡루(曲僂)는 곱사등이. 발(發)은 드러나다로 발배는
등이 불끈 드러남. 이은어제(頤隱於齊) 제(齊)는 제(臍)와 같고, 배
꼽. 구췌지천(句贅指天) 구(句)는 굽다(曲也). 췌(贅)는 혹을 뜻하
는데, 일설에는 구췌를 목덜미의 '등골뼈'로 해석하는 이도 있음. 여
기서는 상투로 해석함. 음양지기유려(陰陽之氣有沴) 려(沴)는 '요기
(妖氣)를 뜻하는데, 여기선 어지러움, 혼란을 의미. 즉 음양의 기가
정상이 아니란 뜻임. 변선이감어정(跰𨇤而鑑於井) 변선(跰𨇤)은 걷
기 어려운 모양, 비틀거리는 모양. 침격이화여지좌비이위계(浸假而化
予之左臂以爲鷄) 침(浸)은 차츰. 즉 전진적이라는 것. 격(假)은 이르
다(至也). '자연스레 변화됨을 나타낸다'라고 풀이하는 설도 있음. 여

인이구시야(予因以求時夜) 인(因)은 '말미암아(由也)'로서 위계(爲鷄)의 결과를 말함. **현해**(縣解) '양생주편' 제4장 참조.

[해설] 자사가 '당신도 이런 곱사등이가 되는 것은 싫을 테지?'라고 물었을 때의 자여의 대답은 중요하다. 다시 한 번 풀이하겠다.

"아닐세, 나는 싫다고 생각하지 않네. 만일 조화의 활동이 점점 퍼져 나의 왼팔을 닭으로 변화시킨다면, 나는 한번 닭이 되어 시간을 알리겠네. 또 내 오른팔을 활로 변화시킨다면, 한번 올빼미를 잡아 그 구이를 먹어보겠네. 만일 나의 엉덩이를 수레바퀴로 변화시키고 나의 마음을 말로 변화시킨다면 한번 그것을 타보겠네. 마차의 신세를 지지 않아도 되니 좋겠지. 게다가 인간이 이 세상에 생명을 얻는다 하는 것은 태어나야 할 때를 만났을 뿐의 일이고, 그 생명을 잃고 죽어갈 때는 죽어야 할 운명을 좇을 뿐의 일일세. 돌고 돌아 찾아왔을 때를 그대로 편안히 받아들여 거스르지 않고 주어진 운명으로서 좇고 있으면 애락의 정이 끼여들 여지가 없지. 이와 같은 경지를 옛날 사람은 현해, 즉 거꾸로 매달려 있는 듯한 생사의 속박으로부터의 해방이라고 불렀던 것일세. 이 속박으로부터의 해방이 얻어지지 않는 것은 바깥의 사물에 얽매어 있기 때문이지. 그러나 사물이 천명을 이길 수는 없는 것이고, 이윽고 사라지는 것은 옛날부터의 정한 이치일세. 그 속박은 이윽고 풀리는 것이므로, 나는 운명을 원망든가 하지 않는다네."

장자의 사상이 여기까지 이르는 데에는 필연적으로 노자의 인생철학이 있었다. 노자는 유약(柔弱)이라는 것을 강조했고 그 본보기를 갓난아이한테서 찾았다.

"자연의 기를 유지하여 유약해지기를 갓난아이와 같이 할 수 있을까(專氣致柔 能嬰兒乎)."(《노자》제10장)

"사람들은 즐거운 듯이 웃어 마치 성대한 잔치라도 베풀고 있는 것 같고, 혹은 봄도 무르익은 누대에 올라 흥겨워하고 있는 것 같기도 하다. 그러나 나 혼자는 호젓하니 움직이는 낌새도 보이지 않고, 아직 웃음을 모르는 갓난아이와 같다(衆人熙熙 如享太牢 如春登臺 我獨泊兮其未兆 如嬰兒之未孩)."(제20장)

"남성의 강함을 가지고 있으면서도 여성의 유함을 지키면 이윽고 천하의 물을 모으는 계곡이 될 수가 있으리라. 천하의 물이 모이는 계곡이 되면 불변의 덕이 몸에서 떠나지 않게 되고 갓난아이로 돌아갈 수가 있으리라(知其雄 守其雌 爲天下谿 爲天下谿 常德不離 復歸於嬰兒)."(제28장)

유화, 유약의 덕은 또한 여성의 것이다. 노자의 인생철학은 여성 원리에 바탕을 두고 있다고 하여도 좋다. 강강(剛强)을 원리로 하는 남성이 유약을 원리로 하는 여성에 이기고 우월하다고 생각하는 것은 세상의 상식이다. 그러나 노자는 거꾸로 '약(弱)은 강(强)에 이기고, 유(柔)는 강(剛)에 이긴다'고 주장한다. 왜냐하면 강강은 끊임없는 긴장이라는 부자연에 의해 지탱되고 있으므로 쉽게 무너지고 쉽게 좌절되기 때문이다. 이것과 반대로 여성의 유약은 조용함이라는 화려한 상태와 결부되고, 그런만큼 영속성이 있다.

"대국은 강물이 아래쪽에 위치하는 것이고, 모든 게 그곳에 흘러와 모이는 장소이다. 여자는 그 조용함으로써 남자에 이기고 그 조용함으로써 아래에 위치한다. 무릇 크나큰 것은 아래에 위치해야만 하는 것이다."(제61장)

"유(柔)를 지키는 일이야말로 강(强)인 것이다."(제52장)

"인간이 태어났을 때의 상태는 유약이지만 죽으면 견강(堅强)의 상태가 된다. 온갖 초목이 싹틀 때에는 부드럽지만, 말라죽었을 때에는 굳어진다. 그리고 보면 견강은 죽음의 속성이고 부드러움은 생명의 속성이다. 그러므로 병(兵)이 강하면 이길 수가 없고 나무는 강하면 부러진다. 강대한 것은 하위에 떨어지고 유약한 것이야말로 우위에 서는 것이다."(제76장)

그러나 여성은 유약이라는 생활의 원리가 있을 뿐 아니라 '어머니'가 됨으로써 만물의 근원인 '도'와 똑같은 것으로 여겨진다. 그야말로 형이상학 세계의 여왕 위치에 놓여지는 것이다.

"이름없고 형체없는 것은 천지의 시작이고, 이름있고 형체있는 것은 만물의 어머니다."(제1장)
"천하엔 시작이 있고 이것을 천하의 어머니라고 부른다. 이 어머니를 체득한 뒤에 그 자식인 만물을 알고, 그 자식을 안 뒤 다시 어머니로 돌아와 이것을 소중히 지키도록 하면 일생 그 몸을 편안히 할 수가 있으리라."(제52장)
"나는 세상 사람과 달리 어머니의 젖가슴으로 키워지는 것을 소중히 하며 구하는 자이다."(제20장)
"나라의 근본을 소중히 유지하면 그 나라를 장구(長久)하게 보존할 수 있으리라."(제59장)
이상 노자의 사상은 굳이 부연할 것도 없이 장자 사상의 원형임을 알 수 있을 것이다. 장자의 운명수순 사상은 여기서 나타나 있지 않지만, 적어도 그 출발점을 이상의 노자 철학에서 엿볼 수 있으리라.

12

그런데 이번에는 갑자기 자래가 병이 들어 헐떡거리며 금방 죽을 것 같았다. 자래의 처자들은 그를 둘러싸고 울었다. 자려가 문병하러 갔다가 그것을 보고 말했다.
"쉬, 저리들 물러나시오! 죽어가는 자를 놀라게 하지 마시오."
그리고 문에 기대어 말했다.
"조화는 위대하구나. 장차 또 그대를 어디로 데리고 가서 무엇으로 만들려고 하는 걸까. 그대를 쥐의 간으로 만들려는가, 아니면 그대를 벌레의 팔뚝으로 만들려는가."
자래가 대답했다.
"부모가 자식에게 동서남북 어디든지 가라고 명하면 오직 이를 따를 뿐이네. 음양이 사람에게 따르게 함은 부모가 자식에게 따르게 함 이상이라네. 음양이 나를 죽음으로 이끄는데 내가 듣지 않는다면 나는 곧 고집불통일세. 음양에게 무슨 죄가 있겠는가. 무릇 자연은 나를 싣는 데 모양으로써 하고, 나를 수고케 하는 데 삶으로써 하고, 나를 편케 하는 데 늙음으로써 하고, 나를 쉬게 하는 데 죽음으로써 하지. 그러므로 내 삶을 좋다고 하는 것은 곧 내 죽음을 좋다고 하는 것이 되네. 지금 대장장이가 금을 녹여 다른 것으로 만들려고 하는데 금이 날뛰며 '내 또한 반드시 막야(鏌鋣)와 같은 명검이 되리라'고 한다면 대장장이는 반드시 이를 불길한 금이라고 생각할 것이네. 지금 내가 사람의 모양을 하고서 태어났는데 '사람으로, 사람으로 살겠다'라고 한다면 저 조화자는 반드시 이를 불길한 인간이라 생각할 것이네. 지금 천지로써 용광로라 하고 조화로써 대장장이라고 하자. 그러면 어떻게 되어도 좋지 않은가. 조용히 잠들고 편안히 깨어날 뿐일세."

원문 俄而子來가 有病에 喘喘然將死라 其妻子는 環而泣之라 子犂가 往問之하고 日 叱 避하라 無怛化하라 倚其戶與之語하여 日 偉哉라 造化여 又將奚以汝爲하여 將奚以汝適하리오 以汝爲鼠肝乎아 以汝爲蟲臂乎아 子來가 日 父母於子에 東西南北하니 唯命之從이라 陰陽於人은 不翅於父母니 彼近吾死니 而我不聽이면 我則悍矣니라 彼何罪焉이리오 夫大塊載我以形하고 勞我以生하고 佚我以老하고 息我以死이라 故로 善吾生者는 乃所以善吾死也이니라 今大冶鑄金에 金踊躍하여 日 我且必爲鏌鋣하면 大冶는 必以爲不祥之金하리라 今一犯人之形하여 而日人耳人耳하면 夫造化者는 必以爲不祥之人하리라 今一以天地爲大鑪하고 以造化爲大冶하면 惡乎往而不可哉이리라 成然寐하고 蘧然覺하리라

㈜ 천천연장사(喘喘然將死) 천(喘)은 헐떡이다, 숨차다. 천천연(喘喘然)은 숨차고 헐떡이는 모양을 형용한 말. **환이읍지**(環而泣之) 환(環)은 둘레를 돈다는 의미. 빙 둘러앉아서 울다. **질**(叱) 의성어로 꾸짖는 소리. 쉿! **무달화**(無怛化) 달(怛)은 놀라는 것. 화(化)는 이 경우 죽음을 가리킴. **불시어부모**(不翅於父母) 시(翅)는 '……일 뿐'.

불시(不翅)는 ……할 뿐이 아니다. **아즉한의**(我則悍矣) 한(悍)은 고집이 세다. **대야주금**(大冶鑄金) 야(冶)는 대장장이. 대야(大冶)는 훌륭한 대장장이. 금(金)은 구리로서, 쇠가 발견된 뒤 구리는 양금(良金), 쇠는 악금(惡金)이라고 함. **용약**(踊躍) 용(踊)은 춤을 뜻하는데, 용약이라 하여 뛰어오름을 가리킴. **막야**(鏌鋣) 간장(干將)과 더불어 고대의 대표적인 영검의 이름. 오왕(吾王) 합려(闔閭)가 만들게 했다고 전해짐. **불상지금**(不祥之金) 상(祥)은 길한 것, 좋은 것을 의미함. 따라서 불상(不祥)은 불길과 같음. **로**(鑪) 대장간에서 쇠를 녹이기 위해서 불을 지펴놓는 화로. **성연매 거연각**(成然寐 蘧然覺) 이이(李頤)의 설에 의하면 성연(成然)은 현해의 경지, 삶과 죽음의 경지에서 해방된 평안한 상태라고 함. 거연(蘧然)은 섬뜩하며 놀라다. 매(寐)는 잠인데, 죽음을 뜻함.

[해설] 여자의 원리를 천지의 근원에 두는 노자 사상은, 그 근본적 성격에 있어 경작하는 농민의 색채를 강하게 띤 것이었다. 농경민족은 오곡의 풍요한 수확을 여성의 생식력과 결부하는 경향이 강하고, 여성을 신으로 여기는 일이 많다. 이것은 사막이나 초원의 유목민족 신이 남성이고 아버지로 여기는 일이 많은 것과는 대조적이다.

다음의 일절은 바로 여성의 생식력 그 자체의 숭배를 말한다고 하여도 좋으리라.

"곡신(谷神)은 죽지 않는다. 이것을 현빈(玄牝)이라 한다. 현빈의 문(門), 이를 천지의 근(根)이라 한다. 면면히 존재하는 것 같고 이것을 사용하더라도 다하지 않는다."(제6장)

계곡에 사는 신은 불사의 생명력을 갖는다. 이 신을 오묘하고도 신비한 암컷——여성이라 부른다. 이 여성의 음문(陰門)이야말로 천지만물의 근원이라고 불리는 것이다. 그곳으로부터 흘러나오는 생명의 물흐름은 끝없이 이어지는 것처럼 보이고, 아무리 이것을 긷고 사용해도 그 힘을 잃는 일이 없다.

이 노자의 발상의 바탕이 된 것은 아마도 농민의 생식기 숭배였으리라. 유가가 지배자의 남성 원리를 바탕으로 했다 하면 이것은 토속적인 여성 신앙의 냄새를 풍기고 있다.
　여성과 함께 노자의 인생철학을 뒷받침하는 것은 물[水]이다. 물은 방원(方圓)의 그릇 모습을 좇는다 했듯이 상대에 따라 그 모습을 바꾸고, 이만큼 유연하고 고분고분한 것은 없다. 더구나 시간을 준다면 바위라도 뚫는다. 특히 농경민족에게 있어서는 생명 그 자체였다고 할 수 있을 것이다. 이와 같은 물의 성질은 온갖 점에서 노자가 즐겨 쓰는 것이다.
　"천하에 물보다 유약한 것은 없다. 더욱이 견강(堅强)한 자를 공격하는 데 이보다 앞서는 것은 없다. 그것은 물이 약함에 있어 철저하기 때문이다. 약(弱)은 강(强)에 이기고 유(柔)는 강(剛)을 제압한다. 이 도리는 누구나 알고 있다. 그러나 실행하지 못하고 있다."(제78장)
　"최고의 선(善)은 물과 같은 것을 말한다. 물은 만물을 돕고 키워가면서도 자기를 주장하지 않고 누구나 싫어하는 낮게, 낮게 내려간다. 그러므로 도에 가깝다 할 수 있다."(제8장)
　'물은 방원의 그릇을 좇는다(上善若水)'라 하고 '행운유수(行雲流水)'라고 한다. 어느 것이나 물이 끊임없이 유동(流動)하는 것을 인용한 비유이지만, 노자는 물에 활동적인 '부쟁(不爭)의 덕'을 상징시켰다. 유동하므로 힘이 있는 것이다.

13

　자상호(子桑戶), 맹자반(孟子反), 자금장(子琴張) 세 사람이 서로 더불어 말했다.
　"능히 서로 사귀는 게 아니면서도 서로 사귀고, 서로 돕는 것이 아니면서도 도울 수 있는 사람은 누구일까? 능히 하늘에 올라 안개 속에서 놀고 무극에서 자유로이 다니고 서로 삶도 잊은 채 다함이 없을 수 있는 사람은 누구일까?"
　세 사람이 서로 마주보며 웃고 마음에 거슬리는 데가 없어 마침내 서로가 벗이 되었다.
 아무런 일이 없이 얼마 동안 있다가 갑자기 자상호가 죽었다. 아직 장례를 지내기 전에 공자가 이를 듣고 자공을 보내어 일을 돕게 하였다. 그런데 자공이 가보니, 한쪽에선 누에를 치는 대나무 발을 엮고 다른 쪽에선 금(琴)을 타면서 서로 목소리를 맞추어 노래하고 있었다.
 "아아 상호야, 아아 상호야, 그대는 이미 참된 모습으로 돌아갔는데 우리는 아직도 사람이로구나."
 자공이 뛰어들어 물었다.
 "감히 묻겠는데, 주검 앞에서 노래를 부름이 예입니까?"
 두 사람이 서로 마주보며 웃고서 말했다.
 "자네가 예의 뜻을 어찌 알겠는가?"
 자공이 돌아와 공자에게 고하고 물었다.
 "그들은 어떠한 사람들입니까? 행실을 닦는 일도 없고, 그 형체를 잊은 채 주검 앞에서 노래하되 안색이 달라지지 않았습니다. 저는 이들을 뭐라 이름지을 수 없습니다. 도대체 그들은 어떤 사람들입니까?"
 공자가 대답했다.
 "저 사람들은 세속 밖에서 노니는 자이다. 그리고 나는 세속에서 노니는 자이다. 바깥과 안은 서로 거리가 멀어 미치지 못한다. 그런데 내가 너로 하여금 가서 이를 조문케 하였다. 이는 나의 불찰이다. 저 사람들은 바야흐로 조물자와 벗이 되어 천지의 일기(一氣)에서 노니고자 한다. 그저 사람들은 삶을 군살이 붙거나 혹이 매달린 정도로 생각하고, 죽음을 혹을 떼고 종기를 터뜨리는 정도로 생각한다. 무릇 그런 자들이 어찌 삶의 앞뒤를 알겠느냐? 사람의 몸을 이물(異物)을 빌어 동체(同體)에 위탁한 것으로 생각하므로 간·쓸개와 같은 자신의 일도 잊고 그 이목을 잊는다. 반복되는 시작과 끝을 알려 하는 일 없이 멍하니 세속의 밖에서 방황하고 무위의 일에 소요한다. 그런 그들이 어찌 수다스런 세속의 예를 꾸미고 뭇사람의 이목을 끌고자 하겠느냐?"

원문 子桑戶와 孟子反과 子琴張 三人이 相與語하여 曰 孰能相與於無相與하고 相爲於無相爲하리오 孰能登天遊霧하고 撓挑無極하고 相忘以生하여 無所終窮하리오 三人은 相視而笑하고 莫逆於心하여 遂相與爲友라 莫然有間에 而子桑戶死거늘 未葬에 孔子聞之하고 使子貢往待事焉이라 或編曲하고 或鼓琴하며 相和而歌하여 曰 嗟來桑戶乎아 嗟來桑戶乎아 而已反其眞이어니 而我猶爲人猗아 子貢이 趨而進하여 曰 敢問臨尸而歌禮乎아 二人相視而笑하여 曰 是惡知禮意리오 子貢이 反以告孔子하여 曰 彼何人者邪잇고 修行無有하고 而外其形骸하여 臨尸而歌하되 顔色不變이라 無以命之하니 彼何人者邪잇고 孔子가 曰 彼遊方之外者也요 而丘遊方之內者也이니라 外內不相及인데 而丘使女往弔之하니 丘則陋矣니라 彼方且與造物者爲人하고 而遊乎天地之一氣라 彼以生爲附贅縣疣하고 以死爲決疯潰癰이라 夫若然者로 又惡知死生先後之所在이리오 假於異物로 託於同體하고 忘其肝膽하고 遺其耳目이라 反覆終始하고 不知端倪하고 芒然彷徨乎塵垢之外하고 逍遙乎無爲之業이라 彼又惡能憒憒然인데 爲世俗之禮로 以觀衆人之耳目哉리오

㈜ **상여어무상여 상위어무상위**(相與於無相與 相爲於無相爲) 가령 신체의 기관은 저마다의 기능을 독립적으로 수행하고 있을 뿐으로서 다른 기관에 대해선 돌아보지 않지만, 그러나 무의식중에 상호 협조를 하고 있다. 무의식적이고 자연스런 영위에서만 참된 의미로서의 상호 부조의 관계가 성립된다는 의미다. **요조무극**(撓挑無極) 요조(撓挑)는 자유로이 다닌다는 뜻. 즉 방황. **혹편곡 혹고금**(或編曲 或鼓琴) 곡(曲)은 잠박(蠶箔), 즉 누에를 치는 대나무 발. 고(鼓)는 '북'이 아니고 치다, 뜯다. **차래상호호**(嗟來桑戶乎) 차(嗟)는 감탄사, '아아!'이고, 내(來)는 별뜻이 없이 발음상 붙인 것. **반기진**(反其眞) 진(眞)은 진리, 도. **아유위인의**(我猶爲人猗) 의(猗)는 감탄사. **추이진**(趨而進) 추(趨)는 종종걸음으로 걷는 것. **외기형해**(外其形骸) 이 경우 외(外)는 잊는다. 즉 체면 같은 따위는 차리지 않는다. **방지외 방지내**(方之外 方之內) 방외(方外), 방내(方內)라고도 함. 방은 구역, 한정된 범위. 세속의 도덕 습관이 지배하는 세계를 말함. 그러므로 '방외'란 세속의 도덕 습관에 속박되지 않는 것.《한서(漢書)》에 보면 오랑캐의 땅을 방외라고 쓴 예가 있으나 후세에 와서는 주로 승려를

'방외의 사'라고 불렀다. **부췌현우**(附贅縣疣) 달라붙은 군살이나 늘어진 혹. **결환궤옹**(決疣潰癰) 환(疣)과 옹(癰)은 모두 종기의 이름. 이 종기가 터지거나 문드러졌다는 뜻으로, 죽음을 상징하는 말. **단예**(端倪) 처음과 끝. **궤궤연**(憒憒然) '호들갑스럽게', '과장되게'라는 형용사.

[해설] 장자를 풀이하면서 《노자》를 빈번히 인용하는 것은, 그렇게 함으로써 접근이 쉽기 때문이다.

유약의 덕──어린아이로 돌아가라. 그리하여 유는 강을 이긴다. 그 구체적인 예로서 '물의 철학'까지 이르렀다. 또 물의 철학 상징이 '부쟁'이었다.

"큰 강이나 큰 바다가 곧잘 무수한 골짜기 물의 왕자(王者)가 될 수 있음은 그것이 가장 하위에 있기 때문이다. 그러므로 백천(百川)의 왕이 될 수 있는 것이다. 인간도 마찬가지로 백성 위에 서려고 하는 자는 겸허한 말로 자기를 낮출 필요가 있고, 백성의 선두에 서려고 하는 자는 몸을 뒤에 두지 않으면 안 된다. 그러므로 이와 같은 성인이 백성의 상위에 있어도 백성은 그것을 무거운 짐으로는 느끼지 않으며, 백성의 선두에 서 있어도 백성은 이것을 못마땅하게 생각하지 않는다. 따라서 천하의 백성은 이와 같은 성인을 받드는 것을 즐거워하고 싫어하는 일이 없다. 다툼의 마음을 갖지 않는 인간이기에 천하의 누구도 그와 다투는 일이 없는 것이다."(제66장)

이미 말했지만 여성이나 물의 유약이 하위에 위치한다는 특성은 또한 남과 다투지 않는다는 '부쟁의 덕'과 결부되는 것이다.

"뛰어난 사(士)는 무(武)의 마음을 갖지 않는다. 뛰어난 병사는 노심(怒心)을 발하지 않는다. 적을 잘 이기는 자는 함부로 적을 상대하지 않는다. 사람을 잘 부리는 자는 상대의 아래로 나간다. 이것을 부쟁의 덕이라 하고 타인의 힘을 내것으로서 이용하는 도라 하며 하늘인 지고(至高)와 일치되는 것이라 한다."(제68장)

"성인은 스스로의 덕을 밖으로 내보이는 일이 없다. 그러기에 그 존재가 세상에 돋보인다. 스스로를 옳다고 하는 일이 없다. 그러기에 그 옳음이 세상에 돋보인다. 스스로를 뽐내는 일이 없다. 그러기에 성공을 거둘 수가 있다. 스스로의 공을 자랑하는 일이 없다. 그러기에 그 공적을 오래 유지할 수 있다. 이렇듯 남과 다투는 일이 없기에 천하의 사람도 이와 다툴 수가 없는 것이다. 옛말에도 '이지러져 있으므로 온전할 수가 있다'고 하는데, 바로 그대로이다. 이것이야말로 하늘로부터 받은 생명을 다하고 돌려주는 도이다."(제22장)

부쟁이라는 것은 당연한 결과로서 전쟁의 부정에 결부된다. 전쟁을 죄악으로 간주하여 부정하는 경향은 전국시대의 제자백가에 공통적으로 볼 수 있는 것이지만, 노자의 경우는 그것이 철학적 배경을 갖고서 나타난다.

14

자공이 물었다.
"그렇다면 선생님께서는 어느 쪽에 의지하십니까?"
"나는 하늘로부터 형벌을 받고 있지만 그대와 이를 함께 가고자 한다."
자공이 물었다.
"그 방법을 가르쳐 주십시오."
공자가 대답했다.
"물고기는 물에 이르고 사람은 도에 이른다. 물에 이르기 위해서는 연못을 파 양생하고, 도에 이르기 위해서는 안달하지 않고 정해진 대로 살면 생이 안정된다. 그러므로 물고기는 강호에서 서로를 잊고 사람은 도술(道術)에서 서로를 잊는다고 한다."
자공이 물었다.
"기인이란 어떠한 사람인지 가르쳐 주십시오."
"기인이란 사람과는 다르고 하늘과 같은 자이다. 그러므로 하늘의 소인은 사람의 군자이고 하늘의 군자는 사람의 소인이다."

[원문] 子貢이 曰 然則夫子는 何方之依이오이까 曰 丘는 天之戮民也요 雖然이나 吾與汝共之하리라 子貢이 曰 敢問其方하오리다 孔子는 曰 魚相造乎水하고 人相造乎道라 相造乎水者는 穿池而養給이요 相造乎道者는 無事而生定이라 故로 曰 魚相忘乎江湖하고 人相忘乎道術이라 하느니라 子貢이 曰 敢問畸人하오리다 曰 畸人者는 畸於人而侔於天이라 故로 曰 天之小人은 人之君子요 天之君子는 人之小人也이니라

㈜ **천지육민**(天之戮民) 육(戮)은 형벌. 즉 하늘로부터 형벌을 받고 있는 죄인이란 의미. **어상조호**(魚相造乎) 조(造)는 이르다(至也). **기인**(畸人) 기인(奇人). **모어천**(侔於天) 모(侔)는 같다, 비슷하다.

[해설] 난세에 태어난 노자나 장자에게 있어 천수를 다한다는 것은 관심사가 아닐 수 없었다. 유약이나 부쟁도 어떤 의미에선 보신술(保身術)로서 도움이 되는 것이었지만, 그것은 개인의 처세술에 그치지 않고 천하 국가의 정치에 그대로 적용되는 것이었다. 하기야 순수한 개인적 처세법 또는 보신술로 여겨지는 것도 더러 발견된다.
"천지는 영원하다. 왜 영원한가? 그것은 다름이 아니다. 천지는 살고자 힘쓰지 않기 때문이다. 성인도 이것과 마찬가지다. 남에게 앞서려 하지 않기 때문에 오히려 남의 앞에 서게 된다. 내 몸을 잊고 있기 때문에 오히려 내 몸을 온전케 한다. 자기를 망각하기에 자기를 확립할 수 있는 것이다(天地長久 天地所以能長且久者 以其不自生 故能長生 是以聖人後其身而身先 外其身而身存 非以其無私邪 故能成其私)."(제7장)
여기서 무사(無私)는 무위(無爲)와 통한다. 사사로운 뜻을 버리고 자기를 부정함으로써 자연의 활동과 일체화되기 때문이다. 노자는 또 '족함을 안다'는 욕망론에서 '차는 것은 피한다'는 처세법을 주장했다.
"이 도를 체득한 자는 완전히 되고자 원하지 않고서 완전해진다(保此道者 不欲盈)."(제15장)

"지속적으로 이를 채우려 하면 이를 그만두는 것만 못하다. 갈아서 이를 날카롭게 하면 오래 보전하지 못한다. 재화를 쌓아두면 반드시 이를 지키지 못한다. 부귀하여 교만하면 재앙을 부르는 원인이 된다. 성공하면 몸을 물러나는 것이 하늘의 도이다." (제9장)

또한 노자는 살아가는 것을 귀중하게 여기고 장수를 바람직하게 보았다. 생존이라는 것이 인간에게 있어 본질적인 것인 이상, 이것은 당연한 일이었으리라. 그러자면 생명의 자연에 어긋나는 욕망을 떠날 필요가 있다.

"명성과 내 몸 중 어느 쪽이 보다 절실한 것일까. 내 몸과 재화(財貨) 중 어느 쪽이 가치있는 것일까. 내것으로 하는 것과 잃는 것 중 어느 쪽이 괴로움을 가져다 줄까. 그러므로 너무나도 명성이나 재화를 사랑하는 일은 오히려 큰 손실에 결부되고, 너무나도 많이 모으는 일은 오히려 그것을 잃는 결과를 초래한다. 족함을 알면 세상의 치욕으로부터 모면되고, 머무를 줄 알면 위험에 빠지는 일도 없다. 이것에 의해 영원할 수가 있는 것이다."(제44장)

재화에 대한 욕망은 물론, 명성이나 명예에 대한 욕망까지 강력히 부정하는 일은 유가와 날카롭게 대립하는 태도이다. 유가도 현세적인 욕망을 적극적으로 긍정하는 일은 없지만, 특히 명예욕에 관해서만은 예외적으로 이것을 높이 평가한다. 《논어》에도 "군자는 세상을 마치고서 이름이 일컬어지지 않음을 미워한다(君子疾沒世而名不稱焉)."라고 했듯이 이름은 반드시 열매를 동반한다는 전제 아래 덕있는 자는 반드시 세상의 명성을 얻는다는 신앙이 있었다. 따라서 명성을 올리고 사후에까지 이름을 남긴다고 하는 일은 유가의 사람들로서 비원(悲願)이라 할 수 있는 것이었다. 이 때문에 유교를 가리켜 '명교(名敎)'라고 부르는 습관이 생겼을 정도이다. 노자는 정면에서 유교의 이런 명교적인 입장을 부정했다.

오늘날 노자나 장자를 비롯하여 도가의 사람들 전기는 불명인 것이 많고 개중에는 그 실재조차 의문시되는 까닭은, 그들이 '무명(無名)'을 신조로 삼고 있었던 결과이기도 하리라.

15

안회가 중니에게 물었다.
"맹손재(孟孫才)는 그의 어머니가 죽었을 때 곡을 하면서도 눈물이 없었고, 마음속으로 슬퍼하지도 않았고, 상중에도 슬퍼하지 않았습니다. 이 세 가지가 없건만 상(喪)을 잘함으로써 노(魯)나라에 소문이 났습니다. 본디 그 열매가 없는데도 그 이름이 드러난 자 있습니까? 저는 도무지 알 수가 없습니다."
중니가 대답했다.
"무릇 맹손씨(孟孫氏)는 그 할 바를 다했다. 예를 아는 자보다도 훌륭했다. 세상 사람들은 다만 이것을 간소하게 하려 해도 할 수가 없는데 그는 이미 간소하게 해버렸다. 맹손씨는 인간이 사는 까닭을 모르고, 죽는 까닭을 모른다. 앞을 좇는 걸 모르고 뒤를 좇을 줄도 모른다. 조화를 좇아 만물이 되고 이로써 앞으로 닥쳐올 그 알려지지 않은 변화를 기다릴 뿐이다. 또 이미 변화한 것이 변화하기 전의 것을 어찌 알고, 아직 변화하지 않은 것이 변화한 뒤의 것을 어찌 알겠는가. 너와 나만이 아직도 변화의 도를 깨닫지 못하고 꿈에서 깨어나지 못하는 것이 아닐까.
또 그는, 형체의 변화에 놀라는 일이 있더라도 정신은 손상하지 않으며 정신의 임시 거처는 있어도 참다운 죽음은 없다는 것을 안다. 맹손씨는 홀로 도를 깨닫고 있다.
남이 곡을 하면 그도 또한 곡을 했는데, 이는 저절로 그렇게 된 것이다. 또 서로 현실적인 자기를 자기라고 하지만 자기가 말하는 바의 이 자기라는 것이 과연 자기인지 아닌지를 어찌 알겠는가. 또 너는 꿈에 새가 되어 하늘에 날아오르기도 하고 꿈에 물고기가 되어 연못의 깊은 바닥까지 헤엄치기도 한다. 따라서 지금 말하고 있는 너도 깨어 있는 너인지 꿈꾸고 있는 너인지를 어찌 알겠느냐? 마땅함을 가리는 것이 웃는 것만 못하고 웃는 것이 가만히 있는 것만 못하다. 가만히 있는 것에 편히 맡긴 채 변화에 순종하면 곧 고요한 천일(天一)에 들어갈 수 있는 것이다."

[원문] 顔回가 問仲尼하여 曰 孟孫才는 其母死에 哭泣無涕하고 中心不慼하고 居喪不哀이오이다 無是三者로 以善喪蓋魯國인데 固有無其實而得其名者乎아 回는 壹怪之이오이다 仲尼가 曰 夫孟孫氏盡之矣요 進於知矣니라 唯簡之而不得이나 夫已有所簡矣니라 孟孫氏不知所以生하고 不知所以死라 不知就先하고 不知就後라 若化爲物은 以待其所不知之化已乎라 且方將化惡知不化哉요 方將不化惡知已化哉이리오 吾特與汝로 其夢未始覺者邪이니라 且彼有駭形이나 而無損心이라 有旦宅이나 而無情死라 孟孫氏特覺이라 人哭亦哭은 是自其所以乃이라 且也相與吾之耳矣니라 庸詎知吾所謂吾之乎아 且汝夢爲鳥而厲乎天이고 夢爲魚而沒於淵인데 不識今之言者로 其覺者乎아 其夢者乎아 造適不及笑요 獻笑不及排라 安排而去化로 乃入於寥天一이니라

㈜ **맹손재**(孟孫才) 노(魯)나라 공족(公族). **곡읍무체**(哭泣無涕) 체(涕)는 울다. 또는 눈물. 곡하면서 울되 눈물을 흘리지 않음. **중심불척**(中心不慼) 척(慼)은 조심하다. 슬퍼하다. **개노국**(蓋魯國) 개(蓋)는 덮는다. 노나라를 덮는다는 것은 그만큼 소문이 온 나라를 뒤덮었다는 뜻임. **회일괴지**(回壹怪之) 회(回)는 여기서 질문자인 안회. 일(壹)은 한결같다(事也). 괴(怪)는 괴이하다. **맹손씨**(孟孫氏) 이름을 부르지 않고 성을 말한 것은 경의를 나타낸 것임. **부지취선 부지취후**(不知就先 不知就後) 취(就)는 '죽다'로 해석하는 설도 있지만, 여기선 '이룬다'로 해석함. 즉 어느 것이 앞이 될지 뒤가 될지 모른다. **약화위물**(若化爲物) 자연의 변화를 좇아 어떤 것이라도 되다. 이 경우 약(若)은 순(順)인데, 좇는다, 따른다의 뜻. **피유해형**(彼有駭形) 해(駭)는 놀라다. **유단택**(有旦宅) 단택(旦宅)은 잠시의 거처로 여기서는 신체를 가리킴. **이무정사**(而無情死) 정(情)은 마음속에서 우러나는 것으로 '참된 것'. 전의하여 '절대적인 죽음으로 보지 않는다'로 풀이함. **조이여호천**(鳥而厲乎天) 여(厲)를 지(至)로 봄. 조

적불급소 헌소불급배(造適不及笑 獻笑不及排) 이 구는 어려운 구절로 이설이 많다. 조(造)를 지(至)로 보고 적(適)을 적(謫)으로 보아 '조적불급소'를 '남에게 꾸지람받을 짓을 해도 웃지 않는다'라고 풀이하는 설이 있다. 그러나 여기서는 적(適)을 '편안하다'로 보고 '편안한 경지에 이른 자는 웃을 틈도 없다'로 해석함. 또 배(排)는 사물의 추이(推移), 변화를 뜻함. 그리고 헌(獻) 역시 '기쁨'으로 해석하고 '웃음을 즐김은 사물의 추이에 맡김만 못하다'이다. **요천일**(寥天一) 요(寥)는 조용한 것. 천일(天一)은 차별이라는 인위를 가하지 않은 자연 그대로인 무차별의 경지. 생전의 세계와 사후의 세계를 가리킴.

[해설] 초에 납치되었던 송 양공은, 오히려 굴욕감에 치를 떨고 오로지 설욕할 기회만 엿보았다. 목이는 걱정이 되어 탄식했다.
"화는 아직도 남았구나. 우리 주군께선 여전히 정신을 못 차리고 계시니."
기원전 638년, 송 양공은 정나라에 출병했다. 송을 따르던 정국이 어느 틈엔가 초에 항복하고 있었기 때문이다. 목이는 이때도 한탄했다.
"마침내 화가 닥쳤다!"
송이 정을 공격하자 초는 원병을 보냈다. 양공은 그 초군과도 싸우려고 했다. 목이는 필사적으로 간했다.
"하늘이 은을 저버린 지 이미 오래되었습니다. 우리 송은 그 저버림을 받은 은의 후예이므로 싸우더라도 이길 도리가 없습니다. 부질없이 전쟁을 해서는 안 됩니다."
그러나 양공은 목이의 말을 무시하고 초 성왕과 홍수(泓水)에서 싸우게 되었다. 양군은 홍수를 사이에 두고 대치했는데, 이윽고 초군이 강을 건너기 시작했다. 목이가 말했다.
"적은 저렇듯 대군이지만 아군은 극히 소수입니다. 지금이라면 적의 허점을 찌를 수 있지요. 다 건너오기 전에 공격해야 합니다."
그러나 양공은 듣지 않았다.
이제 초군은 강을 건넜지만 아직 진형이 갖추어지지 않고 있었다. 목이가 또 말했다.
"지금이야말로 공격의 시기입니다."
그러나 양공은 말했다.
"적의 진형이 갖추어지기까지 기다리자."
마침내 초군의 진형이 갖추어졌다. 송군은 그제서야 이를 공격했지만 결과는 대패했다. 양공 자신도 넓적다리에 부상을 입을 정도의 패전으로, 송나라 사람은 모두 양공을 원망했다. 양공은 말했다.
"군자는 남이 곤경에 빠졌을 때 괴롭히지 않는 법이다. 그러므로 초군이 진형을 갖추기 전에 공격의 북을 울리지 않았던 것이다."
목이는 기가 차다는 듯이 말했다.
"전쟁을 시작했다면 이기는 일이 공적의 전부입니다. 평상시의 예를 주장하셔도 아무 소용이 없습니다. 주군의 말씀대로 한다면 노예로서 적을 섬기게 될 뿐이지요. 전쟁 따위는 할 필요도 없습니다."
이상은 《사기》의 기록이지만, 《춘추좌전》은 좀더 구체적이다. 양공이 이렇게 말했다는 것이다.
"군사는 상(傷)을 겹치지 않고 이모(二毛)를 사로잡지 않는다. 옛날의 전쟁은 조애(阻隘)로써 하지 않았다. 과인은 망국의 후예라 할지라도 열을 짓지 않으면 북을 울리지 않는다."
'상을 겹치지 않는다'는 것은 부상자를 더욱 다치지 않게 하겠다는 것이다. '이모'는 흰 머리와 검은 머리가 뒤섞인 사람, 즉 초로(初老)의 사람이다. 이런 노병은 포로로 하지 않고 달아나게 한다는 것이다. 또 '조애'는 좁은 골짜기가 병목처럼 된 곳, 하천의 중간 등에선 싸우지 않는 게 군자의 도라고 했던 것이다.
송 양공의 이런 어리석은 이상주의를 '송양지인'이라고 한다. 양공은 이듬해 홍수 전투의 상처가 원인이 되어 세상을 떠났고 그 아들인 왕신(王臣)이 뒤를 이어 성공(成公)이 되었다.

16

의이자(意而子)가 허유(許由)를 만났다. 허유가 물었다.
"요임금은 무엇으로써 너에게 가르치셨는가?"
의이자가 대답했다.
"요임금께서는 말씀하시길, 너는 반드시 인의를 따르고, 옳고 그름을 분명하게 하라고 하셨습니다."
허유가 물었다.
"그렇다면 뭣하러 새삼 나를 찾아왔느냐? 요임금이 이미 인의로써 너에게 경형(黥刑)을 내렸고 시비로써 너를 의형(劓刑)을 내렸다. 그러하거늘 너는 장차 자유분방하고 변화 많은 도에서 어찌 놀 수 있겠는가?"
의이자가 대답했다.
"그러하다 할지라도 저는 원컨대 그 경지에서라도 놀고자 합니다."
"안 될 말이다. 저 장님은 얼굴이 아름다운 것에 인연이 없고 또한 색깔도, 아리따운 무늬도 보지 못한다."
의이자가 말했다.
"저 무장(無莊)이 그 아름다움을 잃고 거량(據梁)이 그 힘을 잃고 황제(黃帝)가 그 지혜를 잃음은 모두 노추(鑪捶)의 사이에 있었기 때문입니다. 어찌 저 조물자가 내 문신을 지워주고 내 코를 원상태대로 고치고 내 몸을 완전한 모습으로 되돌려, 선생님의 가르침을 듣지 않는다고 할 수 있겠습니까?"
허유가 대답했다.
"아아, 그랬을지도 모르겠구나. 내 너를 위해 그 대략을 알려주겠다. 내 스승이여, 내 스승이여! 내 스승은 만물을 이루어 놓으면서도 스스로 의롭다 하지 않고, 혜택이 만세에 미치면서도 자신이 어질다 하지 않는다. 옛날부터 있으면서도 늙었다 하지 않고, 천지를 덮고 싣게 하여 여러 모양을 깎고 만들었으면서도 스스로를 훌륭하다 여기지 않는다. 도(道)로서는 이것이 바로 자유롭게 노니는 것이다."

[원문] 意而子가 見許由하다 許由가 曰 堯는 何以資汝인가 意而子가 曰 堯謂我하여 汝必躬服仁義하고 而明言是非하라 許由가 曰 而奚來爲軹아 夫堯旣已黥汝以仁義하고 而劓汝以是非矣니라 汝將何以遊夫遙蕩恣睢轉徙之塗乎아 意而子가 曰 雖然이나 吾願遊於其藩하리다 許由가 曰 不然이라 夫盲者無以與乎眉目顏色之好요 瞽者無以與乎靑黃黼黻之觀이라 意而子가 曰 夫無莊之失其美하고 據梁之失其力하고 黃帝之亡其知는 皆在鑪捶之間耳라 庸詎知夫造物者之不息我黥하고 而補我劓하고 使我乘成하여 以隨先生邪잇고 許由가 曰 噫 未可知也라 我爲汝言其大略하리라 吾師乎 吾師乎 韲萬物而不爲義하고 澤及萬世而不爲仁이라 長於上古而不爲老하고 覆載天地하고 刻彫衆形而不爲巧니 此所遊已라

㈜ 의이자현허유(意而子見許由) 의이자(意而子)는 가공의 인물. 허유(許由)는 '소유유편' 제7장 참조. **하이자여**(何以資汝) 자(資)는 돕다, 주다인데, 여기선 '가르친다'로 해석함. **여필궁복인의**(汝必躬服仁義) 궁(躬)은 스스로 하다. 복(服)은 행하다. 너는 반드시 인의를 행해야 한다. **해래위지**(奚來爲軹) 지(軹)는 어조사. 어째서 왔느냐. **경**(黥) 5형(五刑)의 하나로 이마에 문신을 하는 것. **의**(劓) 코를 베는 형벌. 5형의 하나. **부요탕자휴전사지도호**(夫遙蕩恣睢轉徙之塗乎) 요탕(遙蕩)은 방탕. 속박이 없는 자유. 자휴(恣睢)는 멋대로 거동하는 것. 즉 자재(自在)와 같다. 전사(轉徙)는 변화. 도(塗)는 도(道)를 발음상 쓴 글자. **유어기번**(遊於其藩) 번(藩)은 울타리, 지역의 뜻인데 경지로 풀이함. **보불**(黼黻) 임금이 예복으로 입는 치마에 놓은 도끼와 '아(亞)'자 모양의 수. **무장·거량**(無莊·據梁) 둘 다 인물 이름인데 자세한 것은 알 수 없다. 일설로 무장(無莊)은 모장(毛嬙)의 음전(音轉)으로 미인을 대표하는 인물로, 거량(據梁)은 기량(杞梁)의 음전으로 제(齊)나라의 용사로 보기도 함. **황제지망기지**(皇帝之亡其知) 망(亡)도 실(失)과 통하며, '없어지다'의 뜻. **노추**(鑪捶) 추(捶)는 녹인 쇠붙이를 두들겨 벼르는 것. 노(鑪)도 같은 의미. 제12장

참조. **식아경 보아의**(息我鯨 補我劓) 나의 문신을 지워주고 베어진 코를 붙여준다는 말인데, 자기를 속박하고 있는 인의나 시비의 굴레를 벗겨준다는 의미.

해설 진(晉)의 공자 중이(重耳)는 소년 시절부터 훌륭한 사(士)를 사귀었고, 17세 때엔 다섯 명의 현명한 사가 그를 따랐다(사는 선비라고 번역되지만 여기선 고결한 인격자로 재야의 인사를 말함). 그 다섯 명이란 조쇠(趙衰), 호언(狐偃 : 중이의 외숙), 가타(賈佗), 선진(先軫), 위무자(魏武子)였다. 진 헌공이 태자 신생을 죽이고 중이마저 죽이려고 할 때 그는 적(狄)으로 달아났는데, 이때 그의 나이 43세였다. 중이가 적으로 망명할 때 앞서의 다섯 현사와 수십 명의 종자가 따르고 있었다.

적이 구여(咎如 : 부족의 하나)를 치고 그 두 여자를 얻어 언니를 중이에게 주었는데, 그 사이에서 백주·숙류를 낳았다. 동생은 조사에게 출가하여 둔(盾 : 후의 조선자(趙宣子)]을 낳았다. 적으로 온 지 5년이 지나 진 헌공이 죽었고, 이극 등이 해제와 도자를 죽이고 중이를 군주로 추대하려 했지만, 중이는 이를 사양했다. 그리하여 동생 이오가 추대되어 혜공이라 불렸다. 혜공은 중이를 두려워하여 환관인 이제(履鞮)와 장사를 파견하여 중이를 암살하려 했다. 중이는 이것을 듣고서 조쇠와 의논했다.

"처음에 내가 적으로 도망해 온 것은 적을 이용하여 흥하기 위해서가 아니다. 가깝고 교통이 편리하기 때문에 잠깐 발을 쉬고자 생각했기 때문이다. 나는 애당초 대국으로 옮기려 생각하고 있었다. 제 환공은 선을 좋아하고 패왕이 되고자 뜻하여, 제후를 그 산하에 모으고 있다. 듣자하니 관중도 습붕(隰朋)도 죽었다고 한다. 환공도 현명한 보좌역을 원하고 있겠지. 가보자꾸나."

중이는 제로 떠남에 앞서 그 아내에게 말했다.

"25년만 기다려 주오. 그때까지 기다려 돌아오지 않는다면 어딘가 다른 곳으로 개가하시오."

그 아내는 웃으면서 말했다.

"25년이 지난 후에는 제 무덤 위에 심은 잣나무가 크게 자라 있겠지요. 그래도 저는 기다리고 있겠어요."

<h2 style="text-align:center">17</h2>

안회가 공자에게 말했다.
"저에게도 약간의 진보가 있었습니다."
공자가 "그것이 무엇이냐."고 물었더니 안회가 대답했다.
"저는 인의(仁義)를 잊을 수가 있게 되었습니다."
그랬더니 공자가 "나쁘지는 않지만 아직도 멀었다."라고 평하였다.
다른 날, 안회가 또 공자에게 말했다.
"저에게 또 진보가 있었습니다. 예악(禮樂)을 잊을 수가 있게 되었습니다."
그랬더니 공자는 "나쁘지는 않지만, 아직 대단한 것은 아니다."라고 말했다.
그뒤 안회는 또 공자를 만나 말했다.
"저에게 또 진보가 있었습니다. '좌망(坐忘)'을 할 수 있게 되었지요."
이 말을 들은 공자는 깜짝 놀라며, 태도를 바르게 하고 "좌망이란 어떠한 것이냐?"고 물었다.
"자기의 몸뚱이나 팔다리를 잊어버리고 눈이나 귀의 활동을 없애고 형체 있는 육체를 떠나며, 마음의 앎을 버리고서 온갖 차별을 초월한 대도(大道)에 동화하는 일, 이것이 좌망입니다."
이것을 듣고서 공자는 말했다.
"도와 일체가 되면 이미 좋다 싫다 하는 차별의 마음은 없어지고, 변화인 채로 좇는다면 특정의 것만을 추구하는 마음도 없어진다. 너는 역시 현명한 인물이다. 나도 너의 가르침을 청해야만 하겠다."

[원문] 顏回가 曰 回는 益矣라 仲尼는 曰 何謂也오 曰 回는 忘仁義矣오이다 曰 可矣나 猶未也이니라 它日復見하여 曰 回는 益矣오이다 曰 何謂也오 曰 回는 忘禮樂矣오이다 曰 可矣나 猶未也이니라 它日復見하여 曰 回는 益矣오이다 曰 何謂也오 曰 回는 坐忘矣오이다 仲尼는 蹴然하여 曰 何謂坐忘이오 顏回가 曰 墮枝體하고 黜聰明하고 離形去知하고 同於大通하니 此謂坐忘이오이다 仲尼는 曰 同則無好也이면 化則無常也이니라 而果其賢乎아 丘也請從而後也하리라

[주] **하위야**(何謂也) 무슨 뜻이냐? **타일부현왈**(它日復見曰) 타(它)는 타(他)와 같다. **좌망**(坐忘) 앉은 채 일체를 잊다. **축연**(蹴然) 놀라는 모양. **타지체 출총명**(墮枝體 黜聰明) 지(枝)는 지(肢)와 통하며 '팔다리'. 타(墮)는 떨어뜨려 버리는 것. 출(黜)은 내친다, 물리친다. **대통**(大通) 일체의 차별의 영역을 넘어서 통하는 길, 즉 자연을 즉 가리킴.

[해설] 유명한 좌망 문답이다. 이 '좌망'은 선종(禪宗)의 '좌선(座禪)'과 비교되고, 사실 거의 같은 것이라고 볼 수 있다. 백낙천(白樂天)의 《수기안좌시(睡起晏座詩)》에도 "행선과 좌망은 똑같은 곳에 귀일하는 것으로, 길을 달리하는 게 아니다."라고 했다. 장자 시대에는 물론 불교가 들어와 있지 않았다. 하지만 불교와 도교는 뒷날 깊은 관련을 맺고, 도교엔 많은 불교적 요소가 섞이게 되는 것이다.

그러나 좌망이 좌선과 같은 수행법으로서 행해졌던 것 같지는 않다. 왜냐하면 장자에게 있어 수행이나 노력은 부자연한 인위로서 무위는 아니었기 때문이다. 그러나 이 좌망이 더욱 유명해졌던 것은 불교가 들어오고 경전이 번역되면서 그 용어를 노자나 장자에게서 빌어온 게 많았기 때문이다.

중이는 적에서 12년간 머물다가 떠났다. 위나라를 지나게 되었는데 위 문공은 냉대했다. 문공의 궁전을 떠나 오녹(五鹿) 지방을 지나다가 중이는 배가 고파 농군을 찾아가 음식을 청했다.

농부는 흙을 그릇에 담아 권했다. 중이가 성을 내자 조쇠가 말했다.
"흙을 권하는 것은 땅을 차지하라는 뜻입니다. 주군께서는 절을 하고서 받으셔야 합니다."
이윽고 제나라에 도착했다. 제 환공은 후하게 대우하고 제 공녀를 중이의 아내로 주었다. 또 전거(戰車) 20승(乘 : 전거의 단위로, 80마리의 말)을 주었다. 중이가 제나라에 머문 지 2년 후에 환공이 죽고 공자들의 싸움이 일어났다.
그러나 중이는 제의 여자에게 빠져 제를 떠나려고 하지 않았다. 그래서 조쇠와 호언은 이를 걱정하고 제에서 떠날 것을 의논했다.
"우리 주군께선 이곳에 오신 지 5년이 되었는데 떠날 줄 모른다. 무슨 수를 써서라도 떠나야만 한다."
이 일담을 마침 뽕잎을 따던 제 공녀의 종이 엿들었다. 종은 이것을 공녀에게 고했지만, 공녀는 이 비밀이 누설될 것을 겁내어 그 종을 죽이고 중이에게 떠날 것을 권했다. 중이가 대답했다.
"인생의 목적은 안락에 있다. 이미 안락한 이상, 누가 그밖의 것을 바라겠는가. 나는 이 안락을 계속 누리며 이곳에서 죽고 싶다."
제 공녀가 말했다.
"당신은 일국의 공자임에도 불구하고 곤궁한 몸으로 이곳에 왔습니다. 당신의 종자(從者)들은 당신을 생명처럼 받들고 있습니다. 그렇건만 당신은 하루라도 빨리 고국에 돌아가 공로있는 그들에게 보답하려하지 않고 여자의 정애(情愛)에 마음을 빼앗기고 계십니다. 저는 이런 당신을 부끄럽게 여기고 있습니다. 작은 안락에 만족하며 그것 이상을 구하시지 않는다면, 대체 어느 날 성공을 하실 수 있겠습니까?"
이리하여 공녀는 조쇠와 의논하여 중이를 술취하게 하고는 수레에 태워 떠나게 했다. 이미 멀리 가고 나서 중이는 술이 깼다. 중이는 크게 성을 내고 창을 잡고 호언을 찌르려고 하였다. 호언은 말했다.

"저는 죽임을 당하더라도 주군께서 대업을 이룰 수 있다면 만족입니다."

중이는 호언을 죽이는 것을 단념하고 마침내 제를 떠났다.

18

자여(子輿)와 자상(子桑)은 벗이었다. 장마가 열흘이나 계속되던 어느 날이었다.

자여가 말했다.

"자상은 틀림없이 지쳐 누워 있으리라."

그리하여 음식을 싸갖고 가서 이를 먹이려 했다. 자상의 집 문 앞에 이르렀을 때 집 안에서 노래하는 것도 같고 곡을 하는 것도 같은 소리가 들렸다. 자상이 거문고를 타면서 "아버지냐, 어머니냐? 하늘이냐, 사람이냐?" 하고 힘겨운 듯 읊조리고 있었다. 자여가 들어가 물었다.

"그대의 노래가 어째서 이와 같은가?"

"내가 왜 이 극단한 지경에 이르게 되었는지 생각해 보았지만 알 수가 없었네. 어찌 부모가 내 가난을 원하겠는가. 하늘에 사사로운 덮음이 없고 땅에 사사로운 실음이 없는데, 어찌 천지가 나를 가난케 하겠는가. 이 가난을 이루는 자를 찾았지만 알 수가 없네. 그러므로 나를 이 극단한 것에 이르게 한 것은 천명일 테지."

[원문] 子輿는 與子桑과 友로 而霖雨十日이라 子輿가 曰 子桑殆病矣리라 裹飯而往食之하리라 至子桑之門하니 則若歌若哭헌 鼓琴하여 曰 父邪 母邪 天乎人乎아 有不任其聲而趨擧其詩焉이라 子輿가 入曰 子之歌詩가 何故若是오 曰 吾思夫使我至此極者로 而弗得也니라 父母豈欲吾貧哉이리오 天無私覆하고 地無私載이니 天地豈私貧我哉이리오 求其爲之者而不得也라 然而至此極者는 命也夫라

㈜ **임우**(霖雨) 장마. **과반이왕식지**(裹飯而往食之) 과(裹)는 싸다, 포장하다. **불임기성**(不任其聲) 임(任)은 견디다. 즉 불임(不任)은 견디어 내지 못하는 것.

[해설] 중이는 조(曹)나라를 지나게 되었다. 그런데 조 공공(共公)은 중이를 예의로 대우하지 않고 '통뼈'를 보자고 실례된 말을 했다. 중이는 '변협(駢脅)'이라는 소문이 있었던 것이다. 이것은 갈비뼈가 촘촘히 달라붙어 마치 통뼈처럼 보이는 것이었다. 이런 것은 진기한 일이라 공공은 보고 싶다는 것이었으나 중이는 굴욕감을 느꼈다. 이때 조의 대부 이부기(釐負羈)가 말했다.
 "진 공자는 현명한 분입니다. 또 조와 진은 동성(同姓)의 나라입니다. 지금 진 공자는 곤경에 처해 우리 나라에 오신 것이니 예우하셔야 합니다."
 공공이 그 말을 좇지 않자 이부기는 은밀히 중이에게 음식과 그 속에 보옥을 넣어 보냈다. 중이는 그 음식만 받고 보옥은 돌려 보냈다.
 중이는 조를 떠나 송을 지나게 되었다. 이때 송 양공은 저 홍수에서 패하고 부상을 입었을 때이다. 양공은 중이에게 군주와 똑같은 예우를 해주었다. 송의 사마(司馬)인 공손고(公孫固)가 호언에게 말했다.
 "송은 소국이고 게다가 새로이 초나라에 시달리고 있습니다. 진(晉)에 원조를 청했지만 소용이 없었지요."
 중이 일행은 송을 떠나 정나라로 갔다. 정 문공은 중이를 예우하지 않았다. 정의 대부 숙첨(叔瞻)이 문공을 간했다.
 "진의 공자는 현명한 분이고 또한 그 종자는 모두 일국의 재상감입니다. 게다가 정과 진은 동성의 나라로, 정은 주 예왕으로부터 나왔고 진은 주 무왕으로부터 나왔지요."
 "제후의 망명한 공자로 우리 나라를 지나는 자는 많다. 어찌 일일이 예우를 해줄 수 있겠는가."
 "예우하시지 않을 바에는 차라리 죽이십시오. 아니면 장차 화근이 될 것입니다."

 정 문공은 둘다 듣지 않았다. 중이는 정을 떠나 초로 갔다. 초 성왕은 자기와 동등한 제후의 예로써 중이를 대우했다. 성왕이 물었다.

 "당신이 고국에 복귀하게 되면 무엇으로써 과인에게 보답하시려오?"

 "우모(羽毛 : 우는 새 깃털로 비취·공작 따위, 모는 깃대에 다는 쇠꼬리)·치각(齒角 : 치는 상아, 각은 무소뿔)·옥백(玉帛 : 옥은 보옥, 백은 명주) 등은 군주께서 모두 많이 갖고 계십니다. 그러므로 보은의 표시로 무엇을 바쳐야 좋을지 모르겠습니다."

 "그것은 그럴지 모르지만 무언가 보답해 주셔야 하지 않겠소?"

 "만일 부득이 병거(兵車)를 이끌고 평원·광택(廣澤)에서 대왕과 싸울 경우가 있다면, 대왕께 경의를 표하여 삼사(三舍 : 군의 사흘 행군 거리, 즉 90리)를 후퇴하겠습니다."

 이 말을 들은 초의 장군 자옥(子玉)이 분개하여 말했다.

 "주군께선 진 공자를 후하게 대우하고 계십니다. 그런데 주군에 대한 중이의 태도는 불손합니다. 부디 이를 죽일 것을 허락해 주십시오."

 그러나 성왕은 말했다.

 "진 공자는 현명하고 나라 밖에서 곤궁하기가 이미 오래이다. 종자는 모두 일국의 현사(賢士)이다. 이것은 하늘이 존재시키고 있는 것이다. 단연코 죽여선 안 된다. 게다가 중이는 그렇게밖에 말할 도리가 없지 않겠는가."

응제왕(應帝王)

1

설결(齧缺)이 왕예(王倪)에게 물었다. 네 번 물음에 네 번 모두 모른다고 대답했다. 그러자 설결은 왕예도 모르는 것을 자신은 알고 있다고 생각하여 뛸 듯이 기뻐하고, 포의자(蒲衣子)에게 가서 말했다.
포의자가 말했다.
"너는 이제야 그것을 알았느냐? 유우씨(有虞氏)는 태씨(泰氏)에 미치지 못했다. 유우씨는 비록 인을 지니고서 사람들에게 전하여 얻게 되었지만, 아직껏 남을 헐뜯는 데서는 벗어나지 못했다. 태씨는 누워 잠을 잘 때 느긋했을 뿐 아니라 깨어나서도 서두르지 않았고, 혹은 자기를 말(馬)로 여기고 혹은 소로 여겼다. 그 지혜는 참으로 믿을 수 있는 것이었고, 그 덕은 매우 참된 것이었다. 그리하여 아직 조금도 남을 그르다고 하지 않는다."

[원문] 齧缺이 問於王倪하니 四問而四不知라 齧缺은 因躍而大喜하여 行以告蒲衣子하다 蒲衣子가 曰 而乃今知之乎아 有虞氏不及泰氏라 有虞氏其猶藏仁以要人이나 亦得人矣而未始出於非人이라 泰氏其臥徐徐하고 其覺于于하여 一以己爲馬이고 一以己爲牛라 其知情信이요 其德甚眞이니 而未始入於非人이라

[주] 설결 인약이대희(齧缺 因躍而大喜) 설결이 그 말을 듣고 껑충 뛰며 크게 기뻐했다. 포의자(蒲衣子) '천지편'이나 '지북유편(知北遊篇)'에 나오는 피의자(被衣子)'와 같은 사람으로, 왕예의 스승임. 이내금

지지호(而乃今知之乎) 너는 이제야 그것을 알았느냐. 이(而)는 이 경우 '너'. **유우씨**(有虞氏) 순(舜)임금을 가리킴. **태씨**(泰氏) 복희(伏羲)라는 설과 왕예의 씨호(氏號)라는 설이 있으나 확실하지 않음. **미시출어비인**(未始出於非人) 남을 비난하는 데서 전혀 벗어나지 못함. 미시(未始)는 애당초 아님, 전혀 아님의 뜻. **서서**(徐徐) 느긋한 모양. **우우**(于于) 서두르지 않는 모양. **일이기위마 일이기위우**(一以己爲馬 一以己爲牛) 자기를 말이라고도 하고, 자기를 소라고도 한다. 이 경우 일(一)은 '만약'이다.

해설 '응제왕'은 제왕이 되기에 알맞다는 뜻으로, 《노자》는 그 사상이 정치적이라는 데 특징이 있었다. 예를 들어 노자는 '성인(聖人)'이라는 말을 쓰지만 이것은 노자의 이상인 도덕을 갖춘 인물임과 동시에 정치상의 지배자, 즉 군주를 의미하고 있는 경우가 많다(장자도 성인이란 말을 쓰고 있지만 노자와는 다른 의미로서 쓰고 있는 것이다).

그리하여 소국과민(小國寡民) 사상에서도 나타나 있듯이 《노자》에는 '백성에게 무엇무엇을 시킨다' 하는 사역(使役) 형태의 표현이 사용된다. 즉 《노자》는 지배자인 군주의 입장에서 씌어진 글이고, 군주의 정치 요령을 풀이한 글이라는 일면을 갖고 있는 것이다.

그런데 《장자》는 그렇지가 않다. 장자가 이상으로 하는 군주는 일체의 인위를 버리고 자연 그대로 사는 인간이다. 물론 노자가 이상으로 하는 군주도 이것과 닮고는 있지만, 무위의 정치를 한다는 점에선 역시 속계(俗界)의 군주라는 일면을 가지고 있다. 이것에 대해 장자의 군주는 전혀 정치에 무관심한 인간이고 오히려 정신계의 왕자라고 하겠다.

한편, 진(晉)의 혜공이 병석에 누워 있을 때 진(泰)에 볼모로 있던 태자 어(圉)는 생각했다.
'우리 어머니의 친정은 양(梁)인데, 진이 그 양을 멸망시켰다. 나는 여기선 볼모로 경멸되고 고국에선 아무도 원조해 주는 자가

없다. 아버님이 병환으로 재기불능이 된다면, 태자인 내가 있더라도 대부들은 다른 공자를 추대할 것이다.'

이렇게 생각한 어는 진(秦)을 탈출하여 진(晉)으로 돌아왔다. 이윽고 혜공이 죽고 어가 그뒤를 이었다. 이가 진 회공(懷公)이다.

진(秦)에선 격노하고 보복을 꾀했다. 초 성왕은 중이가 초에 머물러 있음을 알고 불러들여 말했다.

"초는 중원에서 멀리 떨어져 있어 몇 나라를 지나지 않고선 진(晉)에 가지 못하오. 진(晉)과 진(秦)은 국경을 이웃하고 있으며, 진군(秦君)은 현명한 군주요, 당신은 꼭 진(秦)으로 가시오."

진 목공은 공실의 공녀 다섯 명을 중이의 아내로 주며 환심을 샀다. 어의 아내였던 여자도 그 다섯 명에 포함되어 있었다. 중이는 그녀를 맞는 것을 원하지 않았다. 그러자 계자(季子)가 말했다.

"주군은 어를 적으로 하여 그 나라를 치려 하고 있습니다. 그러니 그 전처를 꺼려할 것은 없습니다. 잠깐 이를 받아 진(秦)과의 친교를 맺고 입국의 원조를 받도록 하십시오. 작은 예의에 얽매어 진(晉)의 큰 치욕을 잊어선 안 됩니다."

중이는 이 말을 좇았다.

2

견오(肩吾)가 기인(奇人) 접여(接輿)를 만났다. 접여가 견오에게 물었다.

"일중시(日中始)가 너에게 무엇을 가르치더냐?"

견오가 대답했다.

"임금 된 자가 스스로 법이나 제도를 만들어 의로써 사람을 지도한다면 어느 누가 따르지 않겠느냐고 말씀하셨습니다."

접여가 말했다.

"그것은 거짓이다. 그러한 것으로 천하를 다스리려는 것은, 바다를 도보로 건너고 강을 손으로 파며 모기에게 산을 짊어지게 하려는 것과 같다. 성인이 밖을 다스리려는 따위의 일을 하겠느냐. 스스로를 올바르게 한 뒤에라야 비로소 잘 다스려지는 것이니, 다만 확고하게 자기 일을 해낼 뿐이다. 저 새를 보라. 하늘 높이 날아올라 화살 맞는 위험을 피하고 새앙쥐는 신단 구석 깊숙이 집을 지어 연기에 그슬리거나 파헤쳐지는 화를 피하고 있다. 새나 쥐들마저 누가 가르쳐 주지 않아도 제 살길을 다 알고 있거늘 하물며 사람은 말해 무엇하겠는가. 너는 저 두 벌레만큼도 지식이 없는 것이냐."

[원문] 肩吾가 見狂接輿라 狂接輿가 曰 日中始는 何以語女이오 肩吾가 曰 告我君人者는 以己出經式義度하면 人孰敢不聽而化諸이리요 하더라 接輿가 曰 是欺德也이니라 其於治天下也는 猶涉海鑿河하고 而使蚉負山也라 夫聖人之治也는 治外乎아 正而後行하고 確乎能其事者而已矣니라 且鳥高飛하여 以避矰弋之害하고 鼷鼠深穴乎神丘之下하여 以避熏鑿之患이라 而曾二蟲之無知인저

[주] **일중시**(日中始) 가공의 인물. **이기출경식의도**(以己出經式義度) 출(出)은 낳다[生也], 즉 만든다. 경식(經式)과 의도(義度)는 법 또는 제도라는 의미. **섭해착하**(涉海鑿河) 섭(涉)은 건너다. 착(鑿)은 파다. '바다를 건너고 강을 파다'로 둘 다 불가능한 일을 말함. **문부산야**(蚉負山也) 문(蚉)은 문(蚊)과 같다. 모기. **증익지해**(矰弋之害) 증익(矰弋)은 주살을 쏘는 활. **혜서심혈호신구지하**(鼷鼠深穴乎神丘之下) 혜서(鼷鼠)는 새앙쥐. 보통의 곳에 구멍을 팠다가는 인간이 파헤치든가 연기를 불어넣어 몰아낼 염려가 있으므로, 인간이 공경하는 사당이 있는 흙단 아래 구멍을 파고서 산다는 것에서 유래한 말로, 임금 옆의 간신을 사서(社鼠)라고 함. **훈착지환**(熏鑿之患) 훈(熏)은 연기로 그슬린다는 뜻.

[해설] 진(晉)의 대부 난지(欒枝), 극곡(郤縠) 등이 진(秦)나라에

중이가 있음을 알고 은밀히 중이와 조쇠에게 연락하여 귀국할 것을 권했다. 또 중이에 내응하는 자가 많았으므로 중이는 진(秦)의 병력을 빌어 귀국하여 회공을 죽이고, 군위에 올랐다. 중이는 망명 19년 만에 돌아올 수 있었고, 이가 진 문공이다. 기원전 643년의 일이었다.

이보다 앞서 중이가 진(秦)에서 돌아올 때 황하 기슭에 이르자 호언이 말했다.

"저는 주군을 모시고 천하를 주유했습니다. 그동안 과실이 많았다는 것은 저 자신도 잘 알고 있습니다. 주군께서 보신다면 더욱 심하겠지요. 이 이상 모신다는 것은 뻔뻔스럽다 생각되니 저에게 말미를 주십시오."

중니가 말했다.

"만일 귀국한 뒤 그대를 중용하지 않고 그대와 더불어 일을 꾀하지 않는 일이 있다면, 황하의 신이 나에게 벌을 주리라."

그리하여 복옥을 강물에 던지고 호언과 더불어 서약했다. 이를 본 개자추(介子推)가 비웃었다.

"주군의 운은 하늘이 열어준 것이다. 그런데 호언은 그것을 자기의 공적이라 하며 대가를 요구하고 있다. 참으로 부끄러운 일이다. 이런 인물과 함께 주군을 섬길 수는 없다."

개자추는 스스로 직을 물러나 모습을 감추었다.

중이가 군위에 오르자 일찍이 그를 죽이려 했던 환관 이제(履鞮)가 지난날의 죄를 용서받고자 문공에게 알현을 청했다. 문공은 만나주지 않고 꾸짖도록 했다.

"너는 포성(蒲城)에서 울타리를 넘어 달아나려는 나를 죽이고자 내 소맷부리를 베었다. 내가 적군(狄君)을 따라 사냥을 나갔을 때, 넌 혜공의 명을 받고 와서 나를 죽이라고 요구했었다. 그것도 혜공은 3일 안으로 가라고 했는데, 너는 단 하루 만에 도착했다. 그렇듯 빨리 도착한 것은 혜공의 명을 받았다 해서가 아니라 너 자신에게 나를 죽이겠다는 마음이 있었기 때문이리라."

이제가 말했다.

"저는 형벌을 받은 하찮은 인간입니다(환관은 궁형을 받은 자라는 뜻). 감히 두 마음을 갖고 임금을 배반하려고는 생각지 않습니다. 그러므로 당시는 혜공을 섬기고 있었기 때문에 주군의 책망을 받는 듯한 행동을 취했던 것입니다. 지금 주군은 이미 즉위하셨습니다만, 포나 적에서 그랬던 것처럼 주군을 노리는 자가 과연 없을까요?"

그래서 문공은 이제를 만났다. 이제는 대부인 여성(呂省)·극예(郤芮)의 무리가 반란을 꾸미고 있다고 했다. 문공은 은밀히 왕궁에서 탈출했고, 두 대부가 반란을 일으키자 진군의 도움을 얻어 이를 평정했다.

3

천근(天根)이 은양 땅에서 놀다 요수가까지 이르렀을 때 우연히 무명인(無名人)과 만났다. 천근이 무명인에게 물었다.

"천하를 다스리는 법을 가르쳐 주십시오."

그러자 무명인은 대답했다.

"썩 가거라. 너는 천한 인간이다. 어째서 불쾌한 질문을 하는 것이냐. 나는 이제부터 조물자한테 가서 벗이 되려고 하는 참이다. 그것에도 싫증나면, 이번에는 또 저 끝없는 하늘의 저편을 날고 있는 새 등에 올라타고 우주 밖으로 나가 물질이란 없는 '무하유(無何有)의 곳'에서 노닐고 널찍한 '광랑의 들'에 내릴까 한다. 그런데 너는 무엇인가 자랑할 재주를 갖고 있어 그걸로써 천하를 다스리고자 하며 나의 마음을 흔들어 놓으려고 하느냐."

그러나 천근은 단념하지 않고 또다시 무명인에게 질문을 거듭했다. 무명인은 부득이 대답했다.

"너의 마음을 욕망으로 시달리지 않는 담담한 경지에서 노닐게 하고, 너의 기를 조용하기 이를 데 없는 적막의 세계에 몰입(沒入)시키면 된다. 무릇 만물의 자연을 좇도록 하고 사사로운 뜻이

끼여들지 않도록 하라. 이와 같이 하면 천하는 자연히 다스려지
게 되리라."

[원문] 天根이 遊於殷陽에 至蓼水之上이라 適遭無名人하여 而問焉이라
曰 請問爲天下하노라 無名人이 曰 去하라 汝鄙人也이니 何問之不豫
也리오 予方將與造物者爲人하고 厭則又乘夫莽眇之鳥하여 以出六極
之外하고 而遊無何有之鄕하여 以處壙埌之野하리라 汝又何帠以治天下
로 感予之心爲인저 又復問하니 無名人은 曰 汝遊心於淡하고 合氣於
漠하고 順物自然에 而無容私焉이면 而天下治矣니라

㊂ **천근·무명인**(天根·無名人) 둘 다 가공 인물. **은양**(殷陽) 땅이름.
요수(蓼水) 강이름. **적조무명인**(適遭無名人) 적(適)은 마침. 조
(遭)는 만나다. **하문지불예야**(何問之不豫也) 예(豫)는 기쁘다(悅也).
따라서 불예(不豫)는 불쾌하다. **망묘지조**(莽眇之鳥) 망(莽)은 아득하
니 멀다. 묘(眇)는 높다. 그러므로 '아득하니 높게 나는 새'가 된다.
광랑지야(壙埌之野) 한없이 넓은 들. '소요유편' 제10장의 '광막지야
(廣莫之野)'와 같다. 예(帠) 법, 방법. **유심어담**(遊心於淡) 담(淡)
은 담백한 것. **합기어막**(合氣於漠) 막(漠)은 적막(寂寞)한 것.

[해설] 진 문공이 즉위한 해, 주 왕실에 내분이 일어났다. 양왕(襄
王)은 그 동생인 대(帶)의 난으로 정나라에 망명하고 위급을 진
에 알렸다. 진은 겨우 안정된 상태이고, 병력을 출동시키려 해도
또 내란이 일어날까 두려웠다. 그밖에 여러 가지 일로 망명중의
종자에 대한 행상(行賞)이 아직도 은자인 개자추까지 미치지 못
하고 있었다. 개자추가 말했다.
"헌공의 공자는 아홉 명이었으나 다만 우리 주군만이 건재하십
니다. 혜공·회공으로선 심복하는 자도 없고 나라의 안팎이 모두
저버렸지요. 하늘이 아직 진을 전멸시키려 하지 않는다면, 반드시
진의 군주가 존재할 것입니다. 이제부터 진의 종묘 제사를 주재
할 분은 우리 주군을 제외하고서 누가 있겠습니까. 우리 주군이
진군(晉君)이 되실 운세는 참으로 하늘이 연 것입니다. 그런데

주군을 따르고 있는 몇몇은 자기들의 힘으로 그렇게 된 것이라 생각하고 있습니다. 참으로 간사하기도 합니다. 남의 재물을 훔쳐도 도적이라 하거늘 하물며 하늘의 공적을 탐하여 자기의 공적으로 삼는 자에게 죄가 없을 리가 있겠습니까. 아래로는 그와 같은 죄과(罪過)를 범하고 위로는 그 죄과에 대해 행상하고 있습니다. 즉 상하가 서로 기만하고 있는 것으로서, 저는 그와 같은 사람들과 함께 진(晉)에 있을 수가 없습니다."

개자추의 어머니가 말했다.

"어째서 봉록(俸祿)을 구하지 않느냐? 봉록을 받지 않고 죽는다면 누구도 원망할 수가 없고, 자기를 원망할 수밖에 없지 않겠니?"

"행상된 자들을 이러저러하다 비난하고서, 그자들을 본떠 행동한다면 한결 죄가 깊습니다. 뿐만 아니라 저는 서로 기만하는 자들과는 함께 있고 싶지 않다고 욕을 했습니다. 봉록을 받을 생각은 없습니다."

"그렇다면 군주에게 실정을 말씀드리면 어떻겠니?"

"말이라는 것은 일신(一身)의 장식품입니다. 지금 저는 일신을 숨기고자 바라고 있는 것입니다. 어째서 장식할 필요가 있겠습니까? 장식하는 것은 세상에 나타내고 싶다고 생각하기 때문입니다."

"그러느냐. 그렇다면 나와 함께 세상을 숨어 살자꾸나."

이리하여 모자가 죽을 때까지 세상에 나타나지 않았다. 개자추의 종자가 이를 애석하게 여기고 글을 궁문에 걸었다.

"용(문공을 비유한 것)이 하늘에 오르고자 바라고 다섯 뱀(다섯 현사)이 이를 도왔다. 용은 이미 구름에 오르고 네 뱀은 각각 살 곳을 얻었다. 다만 한 뱀만이 원망하고 어디로 갔는지 거처를 모른다."

문공이 그 글을 보았다.

"이것은 개자추의 일이구나. 나는 주 왕실의 안위만 걱정하고 아직도 개자추의 공로에 보답하지 못했다."

그래서 사람을 보내어 불렀지만 이미 숨은 뒤였다. 이상은 《사기》의 기록이지만 《장자》의 진인들과 대조하면 흥미롭다. 유가에서도 영리를 버리는 은자 사상이 하나의 이상으로서 제시되고 있는 것이다.

4

양자거(陽子居)가 노담을 만나 말했다.
"여기 한 사람이 있는데 그 사람은 민첩하고 과감한 행동력과 투철한 통찰력을 겸비하고서 도를 배우기를 잠시도 게을리하지 않는다면 옛 성왕과 비교할 수 있지 않을까요?"
노담이 대답했다.
"그러한 자는 성인의 입장에서 보면 하급관리가 자기의 임무를 수행하고 있는 데 불과하며 하찮은 재주에 사로잡혀 몸과 마음을 괴롭히고 있는 가련한 자일 뿐이다. 범과 표범은 아름다운 모피 때문에 사냥꾼에게 죽게 되고, 날쌘 원숭이나 너구리를 잡는 사냥개는 그 자신의 재주 때문에 쇠사슬에 매이게 되네. 그런 자를 어찌 성왕에 비할 수 있겠는가."
양자거가 놀라며 물었다.
"그렇다면 성왕의 다스림은 어떤 것입니까?"
노담이 대답했다.
"성왕의 공덕은 천하를 온통 뒤덮고 있지만 사람들의 눈에는 그와 천하와는 아무 관계도 없는 듯이 보이며, 그 교화가 만물에 미치고 있지만 백성들은 그것을 느끼지 못하네. 베풀어지고 있으나 무어라 이름지을 수 없고, 만물로 하여금 저마다 만족하게 하며, 자신은 인간의 지혜로는 짐작조차 할 수 없는 허무의 세계에서 노닌다네."

[원문] 陽子居가 見老聃하여 曰 有人於此로 嚮疾彊梁하고 物徹疏明하고

學道不勌이면 如是者可比明王乎아 老聃이 曰 是於聖人也에 胥易技係로 勞形怵心者也니라 且也로 虎豹之文來田하고 猨狙之便하여 執斄之狗來藉인데 如是者可比明王乎아 陽子居가 蹵然曰 敢問明王之治하리다 老聃이 曰 明王之治는 功蓋天下이나 而似不自己하며 化貸萬物이나 而民弗恃하며 有莫擧名하며 使物自喜하며 立乎不測하며 而遊於無有者也니라

㈜ **양자거**(陽子居) 전국시대의 양주(陽朱)를 가리킨다는 설이 있으나 확실하지 않음. **향질강량**(嚮疾彊梁) 향질(嚮疾)은 울림이 소리에 응하듯 재빠른 것. 강(彊)은 강(强)과 통함. 강량은 힘이 센 것. 《노자》 제42장에 '강량인 자는 그 죽음을 얻지 않음'이라 했음. **물철소명**(物徹疏明) 철(徹)과 소(疏)는 통하다. 모든 사물에 통하고 명백한 것. **불권**(不勌) 게을리하지 않다. 권(勌)은 권(倦)과 통하며, 싫증을 내지 않는 것. **서역기계**(胥易技係) 난해한 구로서 여러 가지 설이 있음. 서(胥)는 잡된 일을 하는 말단 관리. 역(易)은 다스린다는 뜻으로서, 일을 하는 것. 기계(技係)는 일정한 기술에 얽매여 있는 자. 이상은 곽경번(郭慶藩)의 설을 따랐다. **호표지문내전**(虎豹之文來田) 문(文)은 무늬, 아름다운 무늬. 전(田)은 사냥을 뜻하고, 내전(來田)은 사냥을 오게 한다는 뜻. **원저지편**(猨狙之便) 원저(猨狙)는 원숭이. 편(便)은 날쌔다. **집태지구래적**(執斄之狗來藉) 태(斄)는 이(狸)와 통하며 너구리. 집태(執斄)란 너구리를 잡는 것. 적(藉)은 매이다. **화대만물**(化貸萬物) 대(貸)는 베풀다, 미치다로 새김. **민불시**(民弗恃) 시(恃)는 믿다, 의지하다. 백성이 의지하지 않는다. **불측**(不測) 측량할 수 없다, 헤아릴 수 없다. **유어무유자**(遊於無有者) 유(有)는 한정이 있는 존재. 한정이란 인위에 의해 생기는 것이므로 유의 세계는 자연이 아니다.

[해설] 진 문공은 개자추의 일이 있어 공표했다.
"내 허물을 명기(銘記)하고 선인을 표창하리라."
그러자 망명을 따랐던 하인 호숙(壺叔)이 말했다.
"주군께선 세 번 행상하셨습니다. 저는 아직 상을 받지 못했습니다. 그러고 보면 아무런 공적도 없었던 것이므로 부디 벌을 내

려주십시오."

문공이 대답했다.

"인의로써 나를 이끌어 주고 덕혜(德惠)로써 나를 지켜준 자는 상상(上賞)을 받는다. 행동하여 나를 돕고 게다가 마침내 성공한 자는 제2의 상을 받으며, 시석(矢石)의 난, 한마(汗馬)의 노고 (전진의 공적)가 있었던 자는 이것과 동등하다. 온 힘을 다하여 나를 섬겨주었지만 나의 결점을 보충하는 일이 없었던 자는 제3의 상을 받는다. 이상의 세 상을 끝낸 뒤에 너를 당연히 행상하려 했다."

사람들은 이것을 듣고 모두 기뻐했다. 이후 진 문공은 주 왕실의 내분을 수습하고 양왕을 복위시켰다.

기원전 632년, 초 성왕이 송을 포위했다. 송의 공손고가 진에 와서 위급을 알렸다.

선진(先軫)이 말했다.

"송 양공의 은혜를 보답하고 패업을 이룰 때가 바로 지금입니다."

호언이 말했다.

"초는 새로이 조(曹)를 병합하고, 처음으로 위(衛)와 혼인 관계를 맺었습니다. 우리 진이 조·위를 치면 초는 반드시 이들을 구원하겠지요. 그러면 송은 초의 난을 모면할 수 있습니다."

그리하여 진은 삼군(三軍 : 대국으로서 군사편제)을 만들었다. 조쇠가 극곡을 중군의 장군으로 추천하고 극진(郤臻)이 부장이 되었다. 난지가 하군의 장군이 되고 선진이 그 부장이 되었으며, 순임보(荀林父)가 문공의 병거 어자가 되고, 위주(魏犨)가 사수가 되었다.

5

정(鄭)나라에 신통한 무당이 있었는데 계함(季咸)이라 했다.

사람의 사생존망(死生存亡)과 화복수요(禍福壽夭)를 알고, 기약하기를 연월일까지 맞춰 귀신과 같았다. 정나라 사람들은 그를 보면 불길한 예언을 들을까 봐 모두 피해 달아났다. 그런데 열자(列子)가 그를 보고 심취하여 돌아와 호자(壺子)에게 말했다.

"전 처음에 선생님의 도가 지상의 것이라고 생각했습니다. 그런데 이 이상의 지상인 도가 있음을 알았습니다."

호자가 말했다.

"내 너를 위해 이미 글을 가르쳤지만 그 알맹이는 아직 가르치지 않았다. 그런데 네가 어찌 도를 얻었다고 하겠느냐. 암컷이 많아도 수컷이 없다면 어찌 또 알이 있겠느냐. 너는 도로써 세상과 맞서 그들의 신용을 얻으려 하니까, 무당이 너의 관상을 보고서 쉽사리 알아맞히는 것이다. 어디 시험삼아 그를 데려와 나의 운수를 점치도록 해보자."

[원문] 鄭에 有神巫하니 日 季咸이라 知人之死生存亡禍福壽夭하고 期以歲月旬日若神이라 鄭人見之하여 皆棄而走하니라 列子가 見之而心醉하고 歸以告壺子하여 日 始吾以夫子之道爲至矣이어늘 則又有至焉者矣라 壺子가 日 吾與汝旣其文하되 未旣其實이거늘 而固得道與인저 衆雌而無雄이면 而又奚卵焉이리오 而以道與世亢하여 必信夫하니 故使人得而相汝이리라 嘗試與來하여 以予示之하라

㊟ **신무**(神巫) 귀신같이 알아맞힌다고 소문난 무당. **계함**(季咸) 여러 고서들에 보이는 무함(巫咸)을 가리키는 듯함. **기이세월순일**(期以歲月旬日) 기(期)는 기약하다. 미리 알려주는 것. 예언한다. 세(歲)는 년(年). **호자**(壺子) 호구자림(壺丘子林)이라고도 하며《열자》에 자주 등장함.《열자》'황제편(黃帝篇)'에 이 우화가 실려 있음. **기기문**(旣其文) 문(文)은 실제에 대한 형식, 겉모양이란 뜻. **도여세항**(道與世亢) 항(亢)은 항(抗)과 같다. 맞서다, 대항하다. 도로써 세상과 맞선다. **상시**(嘗試) 시험삼아.

[해설] 여기서《열자》에 대해 알아둘 필요가 있다. 한마디로《열

자》는 중국의 고대 우화를 모은 것이다. 즉 고대 중국인의 생활·꿈·사상, 그리고 문학까지 엿볼 수가 있다.

열자가 실재의 인물인지는 불분명하다. 여기에 대해서는 예로부터 많은 논의가 있었지만 여기선 실재의 인물로 해두자. 열자의 이름은 어구(禦寇, 圄寇, 圉寇)라고 표기법도 여러 가지지만 발음은 같다. 정나라에서 출생했고 시대적으로는 노자와 장자의 중간이라고 한다. 《사기》에는 열자에 대한 기록이 없지만, 《한서(漢書)》에는 열자가 장자보다 앞선 도가로 소개되고 있다.

《열자》전 8편은 그 전부를 열자, 또는 그 저자가 썼다고는 아무도 믿지 않는다. 그러므로 《열자》는 제가(諸家)의 말을 모으고 적당히 앞뒤를 맞추었다는 설이 있다.

우선 《장자》와 똑같은 이야기가 20종 가까이나 있다. 그밖에 양주(楊朱)의 말이 큰 비중을 차지하고 있다. 또 《논어》의 말도 있고 《맹자》에 맞추어 씌어진 듯한 이야기도 있다. 《노자》는 물론이고 《회남자》《산해경》《한비자》《여씨춘추》와도 중복되는 이야기가 보인다.

그러므로 《열자》는 어떤 일정한 사상을 전한 것이 아니고 갖가지 사상이 뒤섞인 것이다. 그러나 그 기조적인 사상은 역시 '도가사상'이다. 그 도가 가운데 가장 가까운 것이 《장자》라고 하겠다.

《열자》는 먼저 인간사회에서의 온갖 대립을 부정한다. 노예가 낮에는 중노동으로 괴롭지만 밤에는 꿈속에서 왕이 된다. 왕은 낮에는 온갖 호사스런 생활을 맛보지만 밤에는 노예가 되어 가위에 눌린 것처럼 신음한다. 그러므로 왕도 노예도 같은 정도로 행복하고 같은 정도로 불행하다. 더욱이 현실도 꿈이고 꿈도 현실이라면서 양자간에 이질성(異質性)을 인정하지 않는다.

《열자》에선 또 삶과 죽음에 대해서도 본질적인 차이를 인정하지 않는다. 오히려 세상 사람이 싫어하는 죽음도 휴식이자 즐거움이며, 세상에서 말하는 재앙은 행운이다. 즉 생사·선악·행불행·현실 비현실의 차별은 전혀 무의미하다고 생각한다. 인간보다 한 단계 높은 존재로부터 본다면 차별을 두는 일 자체가 우스꽝

스럽다는 것이다.

'조삼모사'는 《장자》에서도 나오지만 《열자》에도 나온다. 저공이 많은 원숭이를 사육하고 있었다. 그러나 생활이 쪼들리자 원숭이의 먹이인 도토리를 제한하려고 했다. '아침에 세 개, 저녁에 네 개로 하겠다'고 했더니 원숭이들이 성을 냈다. 그래서 '아침에 넷, 저녁에 셋이면 어떠냐'고 했더니 원숭이들이 모두 만족했다는 이야기이다. 인간도 인간보다 한 단계 높은 존재로부터 보면 '조삼모사냐, 조사모삼이냐'로 화를 내든가 함박웃음을 짓는 어리석은 존재이다.

이런 어리석음에서 탈출하자면, 시비(是非)의 마음을 초월하고 자기를 둘러싼 외물(外物)에 얽매이지 말아야 한다. 외물에 얽매이면 눈이 멀어 이해손득(利害損得)의 노예가 되고, 명성이나 재화나 출세욕에 지배되기 때문에 마음이 편할 겨를도 없이 일생을 마치게 된다. 그와 같은 무의미한 외물을 잊는다면 인간은 자유로워진다.

자기를 외물에 적합시키고 외물에 대한 저항감을 갖지 않는다면, 자기의 밖에 사물이 있다는 감각을 잃고 외물의 존재조차 잊는다. 외물에 얽매이지 않는 인간은 고기나 거북조차도 헤엄치지 못하는 급류를 콧노래를 불러가며 쉽게 헤엄칠 수 있다.

《열자》에도 '무위'가 나온다. 남을 위해 견마의 충성을 다하는 것도 잘못이고 자기의 향락만을 추구하는 것도 잘못이라고 주장한다. 그러나 《노자》처럼 '무위로써 절로 변화된다'고 하듯이 정치와 관련시켜, 혹은 정치 지배의 방법과 관련시켜 무위를 말하고 있지는 않다. 또 《장자》에서 나타나는 개탄이나 비판 정신도 《열자》에는 없다.

《열자》의 또 하나의 특징은 '양주편(楊朱篇)'이다. '양주편'에 나오는 이야기는 어느 것이나 '양주왈(楊朱曰)'로 시작된다.

양주는 묵자와 같은 시대에 살았으며, 노자의 제자였다고 한다. 이 양주에겐 저서가 없는데, 남을 위해선 머리칼 하나 뽑지 않았다는 양주이니만큼 남을 위해 책 따위를 남겼을 리가 없다.

양주 사상의 요점은 '자기를 귀하게 여긴다', '사물을 경시하고 생명을 중시한다'이다. 요컨대 인간이 추구하는 것은 개인적 이익에 불과하다고 주장한다. 이것을 좀더 구체적으로 말하면 감각적 욕망을 긍정하고 인생의 의의는 그 욕망을 만족시키는 데 있다고 하는 것이다. 눈이 아름다움을 보지 않고 귀가 즐거운 음악을 듣지 않고 입이 맛있는 것을 먹지 않는다면 죽음이나 다름없다고 말한다.

양주는 극단적인 이기주의자로 유명하다. 《묵자》의 겸애(兼愛)와는 정반대이다. 그러나 이 두 사람은 당시의 대표적 유가인 맹자로부터 비난받았다. "양주와 묵적의 언론이 천하를 풍미하고, 언론이라 하면 양주의 일파거나 묵적의 흐름을 좇는다(등문공편).", "양주는 이기주의자다. 한 가닥의 머리칼을 뽑으면 천하의 이익이 될 경우라도 결코 뽑으려 하지 않는다(진심편)."

맹자가 피해의식에 사로잡힐 만큼 양주의 사상은 당시 상당한 영향력을 갖고 있었다. 하지만 그 학설은 그뒤에 계승도 발전도 되지 않고 활짝 피었다가 그대로 지고 말았다.

《열자》의 '양주편'에는 철저한 이기주의자 양주의 모습은 보이지 않고, 퇴폐 일보 직전의 쾌락주의가 넘치고 있다.

"인생은 짧다. 성인도 범인도 죽으면 모두 백골이다. 그러므로 살아 있는 동안은 하찮은 명예나 지위나 재산에 얽매이지 말고 우리들의 오감(五感)이 원하는 대로 행동하라." 즉 죽은 뒤는 아무래도 좋다는 사상이다.

그런 점에서 양주는 역시 도가의 사람이었다. 애당초 인간을 인의의 굴레에서 해방시키고 본래인 소박한 모습으로 돌리려고 하는 것이 도가의 사상이었다. 현세의 걱정이나 고통을 버리고 마음의 기쁨을 구하는 것은 그 때문이었다. 쾌락이 인생의 목적이고, 쾌락을 가져오는 행위는 선이다. 다만 양주가 노자·장자 등과 다른 점은 관능적인 쾌락을 추구한 점에 있다.

6

 이튿날, 열자는 계함을 데리고 와 호자를 만났다. 계함은 관상을 다 보더니 밖으로 나와 열자에게 말했다.
 "아아, 당신의 스승은 곧 죽을 것이오. 깨어나지 못할 것이오. 그것도 열흘을 넘지 못할 것이오. 나는 이상한 것을 보았으니, 젖은 재를 보았소."
 열자는 들어가 눈물을 흘리고 옷깃을 적시면서 호자에게 알렸다. 호자가 말했다.
 "앞서 나는 그에게 지문(地文)을 보여 주었다. 터질 듯이 움직이지도 않고 그치지도 않는 상이지. 그자는 내 생기가 꽉 닫힌 것을 본 것이다. 시험삼아 또 데려오너라."
 이튿날, 또 계함과 더불어 호자를 만났다. 계함은 나와서 열자에게 말했다.
 "다행이오. 당신의 스승은 나를 만나자 병이 나았소. 완전한 생기가 있었소. 나는 그 꽉 닫혔던 것이 움직이는 것을 보았소."
 열자가 들어가 호자에게 그 말을 전했다. 호자가 말했다.
 "앞서 나는 그에게 천양(天壤)을 보여 주었다. 그것은 이름과 실상이 끼여들지 못하고 생기는 발뒤꿈치에서 발하는 것이다. 그는 아마도 내게서 생성의 기운을 본 것이리라. 시험삼아 또 데려와 보아라."
 이튿날, 또 계함과 더불어 호자를 만났다. 계함은 나와서 열자에게 말했다.
 "당신의 스승은 일정치가 않소. 나는 관상을 볼 수가 없었소. 다시 일정하게 하시오. 그러면 다시 이를 관상하겠소."
 열자가 들어가 그렇게 호자에게 알렸다. 호자가 말했다.
 "앞서 나는 그에게 태충막승(太沖莫勝)을 보여 주었다. 그는 아마 내게서 절대 조화를 본 것이리라. 소용돌이치는 물도 고요한 물도 흐르는 물도 못이라고 한다. 못에는 아홉 가지 종류가 있는데, 이것은 그 세 가지일 뿐이다. 시험삼아 또 데려오너라."

[원문] 明日에 列子는 與之見壺子라 出而謂列子하여 曰 嘻 子之先生死矣라 弗活矣오 不以旬數矣라 吾見怪焉이요 見濕灰焉이라 列子가 入泣涕沾襟하고 以告壺子라 壺子가 曰 鄕吾示之以地文이니 萌乎不震不正이라 是殆見吾杜德機也이리라 嘗又與來하라 明日에 又與之見壺子라 出而謂列子하여 曰 幸矣라 子之先生은 遇我也有瘳矣로 全然有生矣라 吾見其杜權矣라 列子가 入以告壺子라 壺子가 曰 鄕吾示之以天壤이니 名實不入하고 而機發於踵이라 是殆見吾善者機也이리라 嘗又與來하라 明日에 又與之見壺子라 出而謂列子하여 曰 子之先生不齊라 吾無得而相焉이라 試齊하여 且復相之하리라 列子가 入以告壺子라 壺子가 曰 吾鄕示之以太沖莫勝이니 是殆見吾衡氣機也이리라 鯢桓之審爲淵이고 止水之審爲淵이고 流水之審爲淵이라 淵有九名이니 此處三焉이라 嘗又與來하라

㉫ **오견괴언 견습회언**(吾見怪焉 見濕灰焉) 괴(怪)는 괴상한 것. 습회(濕灰)는 축축한 재. 축축한 재는 '식은 재'라는 말처럼 전혀 생기가 없음을 가리킴. **향오시지이지문**(鄕吾示之以地文) 향(鄕)은 향(嚮)과 통함. 앞서, 먼저. 지문(地文)이란 대지의 모양. 대지가 지니고 있는 성격을 가리킴. **맹호부진부정**(萌乎不震不正) 맹호(萌乎)는 부동(不動)을 나타냄. 정(正)을 지(止)라고 쓴 원문도 있고 《열자》의 '황제편'에도 지(止)라고 씌어 있지만, 여기선 정(正)으로 해석함. 꼼짝하지 않고 움직임마저 바로잡지 않는다. **두덕기**(杜德機) 덕을 막는 조짐. 두(杜)는 막다, 막혀 있다. 기(機)는 조짐. **유추의**(有瘳矣) 추(瘳)는 병이 낫다. **두권**(杜權) 권(權)은 기능. **천양**(天壤) 하늘과 땅. **선자기**(善者機) 생기의 조짐. 생기가 차츰 나타나는 경지. **태충막승**(太沖莫勝) 충(沖)은 허(虛). 허심인 채 모든 것을 받아들이고, 이기고 짐과 잘나고 못난 차별을 하지 않는 것. **형기기**(衡氣機) 형(衡)은 평(平)인데, 생기를 고르게 일체를 평등하게 하는 조짐. **예환**(鯢桓) 예(鯢)는 고래. 환(桓)도 큰 물고기의 이름. 일설에는 '빙빙 도는 것'이라 하여 예환을 물이 소용돌이치는 형용이라고도 보았음.

[해설] 진 문공은 먼저 조(曹)를 치고자 길을 위(衛)나라에 빌려고 하였다. 그런데 위가 승낙하지 않아 우회하여 황하를 건너 조를 침공했으며, 다시 위를 쳐서 오녹의 땅을 빼앗았다. 이어 문공은 제의 군주와 염우(斂盂)에서 회맹했는데, 이때부터 진 문공은 패자가 된 셈이다. 위후는 회맹에 참가하려 했지만 허락되지 않았다. 위후는 다시 초나라와 동맹하려 했지만 백성들이 원하지 않고 그 군주를 추방했다. 진 문공은 다시 조를 포위해서 그 도성을 함락시켰다. 문공은 조후가 이부기의 말을 듣지 않고 소인을 등용했음을 꾸짖었다. 또 진군에 명하여 이부기의 채읍(采邑)에는 들어가지 말 것을 엄명해 지난날의 은혜를 갚았다. 이렇게 되자 초 성왕은 송의 포위를 풀고 돌아갔다.

이때 초의 장군 자옥이 말했다.

"대왕께선 일찍이 진후(晉侯)를 후대하셨습니다. 그런데 지금 진은, 우리 초가 조·위와 친교를 맺고 일이 있을 때마다 그들을 돕고 있는 것을 알면서도 조·위를 공격했습니다. 이것은 진후가 대왕을 업신여긴다는 증거입니다."

성왕은 대답했다.

"진후는 망명하여 나라 밖에 있기를 19년, 매우 오랫동안 곤궁을 겪었지만 귀국하여 군위에 오를 수가 있었다. 간난신고(艱難辛苦)를 수없이 맛보아 백성에게 선정을 베풀고 있다. 하늘이 그 운세를 연 것이니 적대할 수가 없다."

자옥이 거듭 말했다.

"저는 감히 스스로 공로가 있다고 하는 게 아닙니다. 다만 저를 헐뜯는 자가 있으므로 일전하여 그 입을 막고 싶습니다."

성왕은 1군을 자옥에게 떼어주었다. 자옥은 대부 완춘(宛春)을 파견하여 문공에게 요구했다.

"위후를 복귀시키고 조백을 전대로 조에 봉하시오. 그러면 우리도 또한 송을 용서하리라."

호언이 말했다.

"자옥은 예의를 모릅니다. 타국의 군주에게 하나(송)를 주고 신하인 자기는 두 개(위·조)를 갖겠다는 것입니다. 허락해선 안 됩니다."

선진이 반대했다.

"사람들을 안정시키는 것을 예라고 합니다. 지금 초의 자옥은 말 한마디로 송·위·조의 3국을 안정시키려 하고, 호언은 말 한 마디로 3국을 멸망시키려 하고 있습니다. 이렇다면 우리 진(晉)에 예가 없는 것이 됩니다."

진 문공은 이리하여 완춘을 위에 감금하는 한편 조와 위의 나라 회복을 허락했으며, 조·위는 초와의 절교를 통고했다. 자옥이 성나서 진군을 공격했다.

7

이튿날, 열자는 또 계함과 함께 호자를 만났다. 그런데 선 채로 앉기도 전에 계함은 망연자실하여 달아났다. 호자가 말했다.

"그를 쫓아라."

열자가 그를 뒤쫓았으나 미치지 못하고 돌아와 호자에게 말했다.

"이미 어디론지 없어져 버렸으므로 찾지 못했습니다."

호자가 말했다.

"아까 나는 그에게 미시출오종(未始出吾宗)을 보여 주었다. 즉 마음을 텅 비우고 현상의 변화에 그대로 따라 분별을 못하도록 바람부는 대로 흔들리고 물결치는 대로 흔들렸기 때문에 도망친 것이다."

그뒤 열자는 "스스로 아직 배우지 못함이다." 하고서 돌아가 3년 동안 한 발짝도 밖에 나오지 않았다. 그 처를 위해 밥을 짓고 돼지 기르기를 사람 먹이듯이 하였고, 일에 있어 한쪽에 치우치는 일이 없었다. 새기고 다듬은 것에서 소박함으로 돌아가 괴연(塊然)하니 홀로 그 형체만 서 있었고, 일체를 혼란한 채로 내버려 두어 인위로 다스리려 하지 않으면서 이런 태도로 그 생을 끝마쳤다.

[원문] 明日에 又與之見壺子라 立未定에 自失而走라 壺子가 曰 追之하라 列子가 追之하니 不及이라 反以報壺子하여 曰 已滅矣요 已失矣라 吾弗及已오이다 壺子가 曰 鄕吾示之以未始出吾宗이라 吾與之虛而委蛇하고 不知其誰何하고 因以爲弟靡하니 因以爲波流라 故로 逃也이니라 然後에 列子自以爲未始學而歸라 하고 三年不出이라 爲其妻爨하고 食豕如食人하고 於事無與親이라 彫琢復朴하여 塊然獨以其形立하니 紛而封戎에 一以是終이라

㈜ **이멸의 이실의**(已滅矣 已失矣) 멸(滅)은 없어지다. 실(失)은 사라지다. **미시출오종**(未始出吾宗) '처음부터 내 종은 나오지 못했다'인데, 종(宗)은 근본으로, 인간 존재의 근본상태는 자연이다. **위이**(委蛇) 순순히 따르는 것. 상대의 변화를 좇아 자기도 변화하는 것. **수하**(誰何) 누구냐. **제미**(弟靡) 퇴미(頹靡)와 같다. 제(弟)는 따르다, 좇는다. 미(靡)는 나부끼다. 즉 좇는 것. **위기처찬**(爲其妻爨) 찬(爨)은 밥을 짓는 것. 시(豕) 돼지. **조탁복박**(雕琢復朴) 조탁(雕琢)은 옥을 쪼고 갈아 꾸민다는 뜻인데, 여기서는 반대로 꾸밈을 버리고 진실을 닦는다는 의미. 박(朴)은 순박, 소박한 것. 즉 인위를 깎아 버리고(쪼아 버리고) 자연 그대로인 소박한 상태로 돌아가다. **분이봉융**(紛而封戎) 어지러운 것, 혼란. 봉융(封戎)은 혼란을 일으키는 것. 일체를 혼란한 상태로 두고 인위로써 다스리려고 하지 않는다. 그리고 원문에선 '분이봉재(紛而封哉)로 돼 있지만 다른 설 및 《열자》의 '황제편'을 좇아 재(哉)를 융(戎)으로 고쳤다.

[해설] 자옥의 초군이 공격하자 진군은 싸우지도 않고 퇴각했다.
"어째서 퇴각합니까?"
진 문공이 대답했다.
"일찍이 과인은 초에 안명하고 있을 때, 만일 초군과 일전을 벌이게 되면 '삼사'를 물러나 경의를 표하겠다고 약속했다."
한편 초군은 철수하기를 바랐지만, 자옥이 듣지 않았다. 진 문

공은 송·제·진(秦)군과 함께 성복(城濮)에 주둔하고 있었다. 이윽고 초군과 이곳에서 전투가 벌어졌는데, 이 전투가 강대한 초나라가 공격하자 중원의 한족 나라들이 연합하여 그것을 저지했다는, 공자가 격찬한 '성복의 싸움'이다. 공자는 이 싸움에 승리함으로써 중원의 한족들이 오랑캐의 풍습을 좇지 않게 되었다고 했던 것이다.

진 문공은 이 전투에서 대승했고, 자옥은 패잔병을 수습하고서 돌아갔다. 기원전 632년의 일로, 자옥은 성왕의 질책을 받고서 자결했다.

2년 후, 진(晉) 문공과 진(秦) 목공이 연합하여 정나라를 포위했다. 이는 정이 일찍이 문공이 망명 시절 예우하지 않았고, 또한 성복의 싸움 당시 초를 도왔기 때문이다. 정을 포위하자 문공은 숙첨을 생포하려고 하였다. 숙첨은 이것을 알자 자결했는데, 정에선 숙첨의 목을 가져가 문공과 화해를 하려고 했다. 그러나 문공이 말했다.

"반드시 정군(鄭君)을 잡아 마음껏 욕을 보이리라."

그래서 정에선 은밀히 사자를 진 목공에게 보내어 말했다.

"정을 멸망시켜 진(晉)의 이익을 꾀하는 일은 진(晉)에게 있어서는 이익입니다. 그러나 진(秦)으로서는 반드시 이익이 아닙니다. 군주께선 왜 정의 포위를 풀고 동쪽의 친교국을 만들지 않습니까?"

진 목공은 이 말을 좇아 전쟁을 중지했다. 진 문공도 할 수 없이 군을 철수시켰다. 이어 기원전 628년, 진 문공이 세상을 떠나자 태자 환(歡)이 즉위했는데, 이가 바로 양공이다.

8

명성의 주인이 되지 말고, 주모자가 되지 말라. 책임자가 되지 말고, 지혜의 주인이 되지 말라.

무궁을 남김없이 체득하고 자취없는 데서 노닐며, 그 하늘로부터 받은 바를 다하고 스스로 얻은 바 있다고 보지 말며, 오로지 허심한 것이 좋다.

지인(至人)의 마음씀은 거울과 같다. 보내지도 맞아들이지도 않고, 응하지만 감추지도 않는다. 그러므로 능히 사물에 견뎌 몸을 상하지 않는다.

[원문] 無爲名尸하고 無爲謀府하라 無爲事任하고 無爲知主하라 體盡無窮하되 而遊無朕하고 盡其所受乎天하되 而無見得하여 亦虛而已라 至人之用心若鏡이라 不將不迎하고 應而不藏이라 故로 能勝物而不傷이라

[주] **명시**(名尸) 시(尸)는 신주, 즉 제사를 지낼 때 신의 대신이 되는 소년. 명성을 얻을 만한 실질이 없건만 명성만을 얻는 것. **모부**(謀府) 부(府)는 곳집. 책모지략을 안에 감추고 이것을 끝없이 내놓는 것. **사임**(事任) 일의 책임자. 임(任)은 일을 맡는다. **무짐**(無朕) 짐(朕)은 징조. 여기선 '자취'를 뜻함. **부장불영**(不將不迎) 떠나가는 자를 애착을 갖고서 보내지 않고, 특정한 자가 오는 걸 탐내며 맞으러 가지도 않는다. 장(將)은 보내다.

[해설] 거울은 장자의 만물제동의 입장, 온갖 것을 무차별로 받아들이는 경지를 나타내는 데 있어 가장 알맞은 것이다. 여기서의 '오는 자를 막지 않고 가는 자를 쫓지 않는다(不將不迎)'는 《공양전(公羊傳)》의 말이고 한족의 이민족에 대한 태도를 말한 것이지만, 여기서의 '부장불영'은 똑같은 태도를 만물에 대해 적용한 것이다.

여기서 복습하는 의미로 장자의 사상을 다시 한 번 음미해 보자. 즉 장자의 무위자연이란 한낱 운명수순의 사상과는 달리 운명이 갖는 '엄니'를 미리 뽑아 버리고 있다. 만일 인생의 행과 불행이 그대로인 모습으로 닥쳐온다면, 아무리 운명을 긍정하라고 해도 그것은 무리이다. 만물제동의 설은 그 때문에 있다고 하겠다. 만물제동의 인식선상에 있는 자로선 부와 가난, 귀함과 천함,

장수와 단명, 행복이니 불행이니 불려지고 있는 모든 차별의 모습은 모두 인위에 의해 구성된 허망(虛妄)에 지나지 않는다. 그렇다면 이와 같은 허망에 현혹되어 기뻐하거나 근심할 것도 없이 평상시의 마음으로 받아들이면 되는 것이다.

그런데 무릇 인간이 짊어지는 운명 중에서 죽음만큼 강력하고 무자비한 것은 없다. 아무리 운명을 정복한다고 흰소리를 치는 자라도 일단 죽음 앞에 섰을 때에는 자기의 무력함을 뼈저리게 느낀다. 죽음은 인생에 있어 일대사이다. 온갖 종교의 출발점은 죽음의 문제라 해도 좋을 만큼 죽음이 갖는 의미는 중대하다.

운명의 긍정을 주장하는 장자가 죽음의 문제에 대해 특히 깊은 관심을 기울인 것은 이상할 것이 없다. 이것은 〈외편(外篇)〉에서 더욱 두드러지게 나타나겠지만, 죽음의 운명이 너무나도 강력한 만큼 어지간한 장자도 만물제동의 원칙론만으로는 넘겨버릴 수가 없어 온갖 각도에서 죽음의 문제에 접근하려 하고 있다. '애당초 생명이란 무엇인가, 죽음이란 무엇인가' 하고.

9

남해의 임금을 숙(儵)이라 하고, 북해의 임금을 홀(忽)이라 하고, 중앙의 임금을 혼돈(渾沌)이라 한다. 숙과 홀이 때마침 혼돈의 땅에서 만났다. 혼돈은 이들을 융숭히 대접했다. 그래서 숙과 홀은 혼돈의 덕에 보답할 것을 의논했다.

"사람에겐 모두 일곱 개의 구멍이 있어 이로써 보고 듣고 먹고 숨쉬는 데 혼돈만이 이것을 갖고 있지 않다. 그를 위해 구멍을 뚫어 주기로 하자."

그리하여 하루에 한 구멍씩 뚫으니 이레 만에 혼돈이 죽었다.

[원문] 南海之帝를 爲儵하고 北海之帝를 爲忽하고 中央之帝를 爲渾沌이라 儵與忽이 時相與遇於渾沌之地라 渾沌은 待之甚善이라 儵與忽이 謀

報渾沌之德하여 曰 人皆有七竅로 以視聽食息이거늘 此獨無有니 嘗試
鑿之하리라 日鑿一竅하여 七日而渾沌死라

㊟ **숙·홀**(儵·忽) 둘 다 '재빠르다', '홀연'이란 뜻. 재치있고 영리한
자, 또는 지레짐작을 하는 자의 비유적인 뜻이 포함돼 있다고 생각됨.
혼돈(渾沌) 혼돈(渾敦)이라고도 씀. 원래는 물이 격렬하게 흐르고
소용돌이 치는 것의 형용사로, 전의되어 일체가 미분화(未分化)하여
질서가 없는 상태를 말함. **칠규**(七竅) 규(竅)는 구멍. 일곱 개의 구
멍으로 귀에 둘, 눈에 둘, 코에 둘, 입에 하나 있음을 말함.

㊟ 쓸데없는 인위를 가했을 때 자연의 본성은 죽고 만다. 혼돈
은 말할 것도 없이 자연을 상징한다. 인간에겐 자연의 무질서를
견디기 어려워하는 일면이 있는데, 이것을 자기들 형편에 맞도록
개조하려는 충동에 사로잡히기 쉽다. 그러나 그것이 비록 선의에
서 출발했다 하더라도 인위가 가해지자마자 자연은 파괴되고 마
는 것이다.

해 설

1. 장자의 전기

도가(道家)를 일컬어 노장이라 부르듯, 장자는 노자와 더불어 도가를 대표하는 인물이다. 무위자연(無爲自然)의 도를 주장하는 점에서는 양자가 공통적이지만, 그러나 그 무위자연의 구체적인 내용에는 상당히 다른 점이 있다. 한마디로 말해서 노자는 철학적인 관심을 가지면서도 천하 국가에 대한 정치적인 색채가 짙다. 그런데 장자는 그와 같은 정치적 현실에서의 관심이 적고, 주로 인간의 죽음과 삶이라는 영원한 문제에 집중하려 한다. 즉 철학적·종교적인 색채가 짙은 것이다.

애당초 중국의 문화는 정치적인 색채가 강하며 그것은 기원전 4세기인 전국시대(戰國時代)에 활약한 제자백가(諸子百家)의 사상에도 잘 나타나 있다. 그런 가운데서 중국인의 종교적 관심을 대표하는 게 바로 장자이다. 후대에 중국의 지식층이 불교를 받아들이게 되었을 때 그 밑거름이 된 것이 장자의 사상이고, 또 그 불교를 중국식으로 바꾸어 놓은 것도 역시 장자의 사상이었다.

장자는 성을 장(莊), 이름은 주(周)라고 한다. 그 정확한 생몰년은 알 수 없지만, 대략 기원전 370년경부터 기원전 300년경에 출생했으리라고 추측된다. 그것은 전국시대의 중반이었고 유가의 맹자와 같은 시대이다. 그러나 장자와 교제가 있었던 것은 명가(名家), 즉 논리학파의 혜시(惠施)였다.

혜시는 장자와 같은 고장 사람이고 뒷날 위(魏)나라 재상이 된 인물이다. 그 이름은 장자의 글 속에 10여 회나 등장하고, 그의 논리적인 사고방식은 장자에게 적지 않은 영향을 준 것처럼 보인다.

장자가 태어난 곳은 《사기(史記)》에 의하면 몽(蒙)이라는 곳으로 거기에 있었던 옻나무밭의 관리였다고 한다. 이 몽은 지금의 하남성 동부인 상구현(商丘縣) 근처이고 당시엔 송(宋)나라에 속했다. 옻칠한 기구는 귀족이 사용하는 것이었기 때문에, 그 옻나무밭은 송나라 왕실의 소유였고, 장자는 아마도 그 옻나무밭의 관리인이었다고 생각된다. 그러나 장자가 이 직업을 일생 동안 가지고 있었는지는 불명이다.

통틀어 도가들의 전기는 불명인 경우가 많고 개중에는 노자처럼 그 실존마저 의심되는 사람도 있을 정도이다. 이것은 그들이 세상의 명성을 극도로 싫어하고 무명인으로 끝나기를 원했기 때문이리라.

2. 만물제동의 사상

현재 남아 있는 장자의 글에 그 후계자들의 저작도 많이 포함돼 있다는 사실은 많은 연구가들의 일치된 의견이나 여기선 장자의 저작, 또는 그것에 가깝다고 여겨지는 〈내편〉의 사상에 대해서 간단히 살펴보겠다.

인생은 어디에나 대립과 모순이 있다. 시비·선악·미추·빈부·귀천·영욕·생사 등 꼽는다면 한이 없다. 이 대립하는 숱한 이원(二元) 중에서 원하는 건 얻기 어렵고 원하지 않는 건 얻기 쉬운 게 인생이다. 이 인생의 불행에서의 탈출이 장자 사상의 출발점이고 동시에 최후의 도달점이다.

그러나 그 불행에서의 탈출을 생각하기 전에 과연 이 같은 대립하는 이원(二元)이 객관적으로 '실존'하는 것일까를 확인해 볼 필요가 있으리라. 만일 그것이 객관적인 실재가 아니고 인간이 주관적으로 만들어 낸 허상(虛像)이라면 이와 같은 대립되는 갈등에 인간이 괴로워하지 않아도 될 것이다. 원래 상식은 '분별'이라고 풀이할 정도로 사물을 둘로 나누어 본다는 사고방식 위에 기초를 두고 있다. 상식뿐이 아니다. 과학적인 인식도 '분석'이라는 방법을 그 바탕으로 하고 있는 것이다. 그런데 이와 같은 인간의 사고의 이분법(二分法)으로 우주의 삼라만상을 과연 있는 그대로 포착할 수 있을까?

여기서 '만물제동'이라는 장자의 사상이 나온다. 그것은 인간이라는 국한된 입장에서 떠나 우주 만물을 보는 것이다. 그 만물제동의 경지에 도달하자면 차별의 인위를 없앨 필요가 있다. 인간이 인위를 없앤다는 것은 인간이 인간일 것을 포기하고 인간 이상의 것이 된다는 의미이기도 하다. 그런데 그것이 과연 가능할까?

그때 장애가 되는 것은, 인간이 유한(有限)한 존재라는 것이다. 유한은 무(無)와 대립되는 말이다. 이 유와 무의 대립이 온갖 대립의 근본인 셈인데, 그 '무'도 생각한다면 또 그 시작이 있을 게 아닌가. 이것을 장자는 '무한'이란 말로 설명하고 있다. 그 무한은 유가 아니다. 또 무한은 무도 아니다. 무한은 유처럼 '유한'도 아니고 무처럼 유를 배제하는 것도 아니기 때문에.

이리하여 만물제동의 경지는 몸을 무한자의 입장에 둠으로써 실현된다. 이 경지를 '무위자연'의 입장이라고도 할 수가 있는데, 장자가 궁극적으로 도달한 지점이었다. 인간의 기쁨이나 슬픔, 죽음이나 삶도 이 '무한' 앞에선 모두 의미없는 것이 되는 것이다.

3. 장자의 구성

현재 남아 있는 《장자》는 33편이다. 이것은 처음부터 그랬던 것이 아니다. 앞에서도 잠깐 말했지만 장자의 원저(原著)에 장자 학파의 후인들의 글이 덧붙여졌기 때문에 불어난 것이다.

즉 전한(前漢)의 유향(劉向)이 이것을 정리하여 52편으로 편집했다. 그러나 그래도 완전치 못했기 때문에 육조시대(六朝時代)의 곽상(郭象)이 이것을 33편으로 정리했으며, 다시 이것을 〈내편〉 7편, 〈외편〉 15편, 〈잡편〉 10편으로 분류했다. 이것이 현재 남아 있는 《장자》의 원문이다.

〈내편〉을 읽었으므로 알 수 있겠지만, 〈외편〉과 〈잡편〉은 〈내편〉의 만물제동의 입장에서 떠나 '안을 귀하게 여기고 밖을 천하게 본다'는 차별관이 나타남과 동시에 노자풍의 정치적 색채가 짙다. 어떤 것은 유가나 법가(法家)의 입장과도 가깝고, 어떤 것은 신선법 같은 양생설이 있는가 하면 향락적인 본능주의마저 엿보인다. 이것들은 장자 본래의 입장을 나타내는 〈내편〉과는 동떨어진 것이라고 하지 않을 수 없다.

《장자》의 주석서도 많지만 진(晉)나라 곽상의 《장자주(莊子注)》가 현존의 것으로서는 가장 오래된 것이고, 이것을 다시 상세하게 해설한 것이 당나라 때의 성현영(成玄英)이 엮은 《장자소(莊子疏)》이다. 이 두 가지를 합쳐 다시 해석을 가한 것이 청나라 시대의 곽경번(郭慶蕃)이 엮은 《장자집석(莊子集釋)》이다. 그런데 이 책에선 되도록 곽상의 《장자주》를 따르기로 했다는 것을 끝으로 밝혀두겠다.

☐ 역해자 · **한용득**
- 한학자
- 다년간 교육계 종사
- 삼중당 · 동아출판사 · 계몽사 등의 출판사 편집장 역임
- 저서 및 역서 : 《백만인의 의학(동아)》《여성백과(서문당)》
  《사서삼경(홍신문화사)》《불한사전(연수사)》 외 다수

```
┌─────┐
│ 판 권 │
│ 소 유 │
└─────┘
```

◉ 新譯 **莊子(內篇)**

1983년 11월 20일   초판발행
2017년   2월 10일   중판발행

역해자   한 용 득
발행자   지 윤 환
발행처   홍 신 문 화 사

서울 동대문구 용두2동 730-4(4층)
대표 전화 : 953-0476
FAX : 953-0605
등록 1972. 12. 5 제6-0620호

ISBN 89-7055-024-0 03140

계 촌 법 (系寸法)

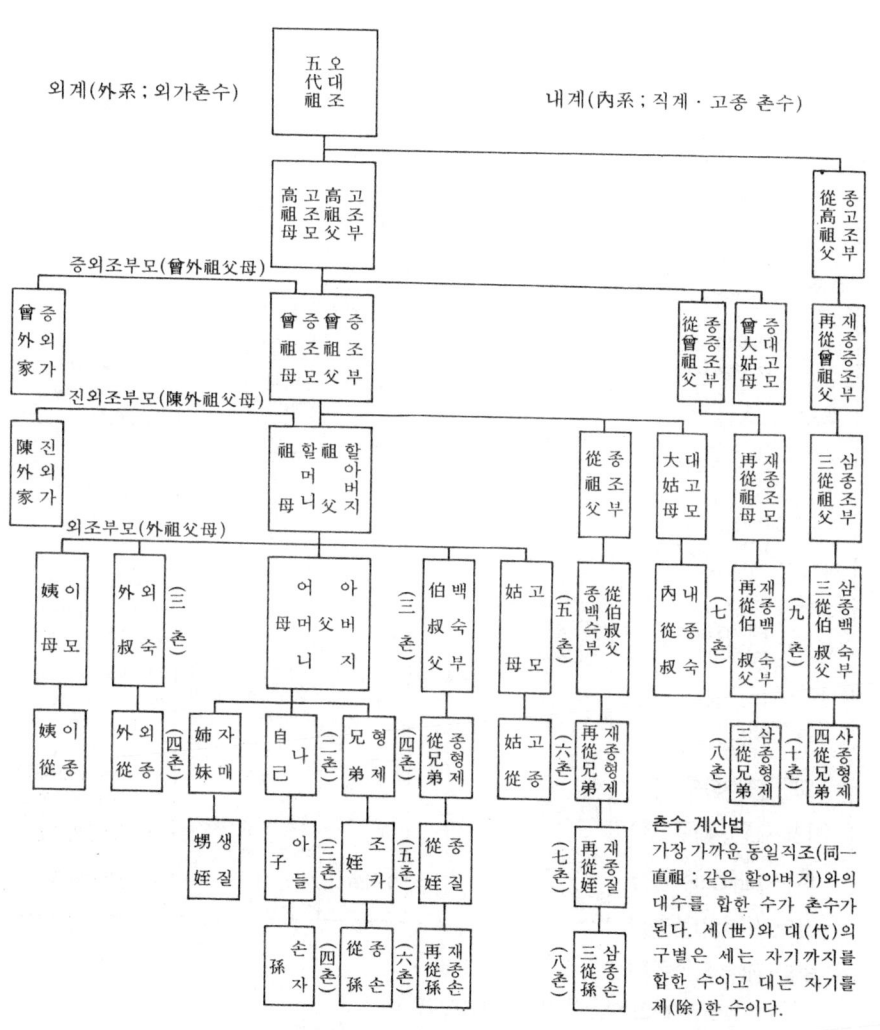

■ 호칭법

칭호별	내가 다른 사람에게	다른 사람이 나에게 말함
할아버지	조부(祖父) 왕부(王父) 노조부(老祖父)	조부장(祖父丈) 왕부장(王父丈) 왕대인(王對人) 왕존장(王尊丈)
할머니	조모(祖母) 왕모(王母) 노조모(老祖母)	왕대부인(王大夫人) 존조모(尊祖母) 존왕대부인(尊王大夫人)
아버지	가친(家親) 엄친(嚴親) 가엄(家嚴) 가대인(家大人) 고자(考子) 부군(父君) 가부(家父) 가군(家君)	춘부장(春府丈) 춘장(春丈) 대정(大廷) 대인(大人) 춘당(春堂)
어머니	모친(母親) 자친(慈親) 자정(慈庭)	자당(慈堂) 훤당(萱堂) 대부인(大夫人)
남편	남편(男便) 가부(家父) 부군(夫君) 바깥 양반, 주인	현군(賢君) 현군자(賢君子) 영군자(令君子)
아내	가인(家人) 실인(室人) 내자(內子) 형처(荊妻) 내인(內人) 세군(細君)	영부인(令夫人) 현합(賢閤) 존합(尊閤) 합부인(閤夫人)
아들	가아(家兒), 미아(迷兒), 가돈(家豚), 미돈(迷豚), 아들놈, 우리애	영식(令息) 영윤(令胤) 현윤(賢胤) 윤군(胤君)
딸	여아(女兒) 여식(女息) 가교(家嬌) 딸년, 우리애	영애(令愛) 영교(令嬌) 따님
손자	가손(家孫) 미손(迷孫) 손아(孫兒) 손녀(孫女)	영손(令孫) 영포(令抱) 현손(賢孫)
큰아버지	사백부(舍伯父)	백부장(伯父丈) 백완장(伯阮丈)
큰어머니	사백모(舍伯母)	존백모(尊伯母) 존백모부인(尊伯母夫人)
작은 아버지	사숙(舍叔) 중부(仲父) 계부(季父)	숙부장(叔父丈) 중부장(仲父丈) 계부장(季父丈)
작은 어머니	사숙모(舍叔母)	존숙모(尊叔母) 존숙모부인(尊叔母夫人)
장인(丈人)	비빙장(鄙聘丈)	존빙장(尊聘丈)
장모(丈母)	비빙모(鄙聘母)	존빙모부인(尊鄙聘夫人)
사위	여서(女壻) 가서(家壻) 서아(壻兒) 교객(嬌客) 여정(女情)	애서(愛壻) 영서랑(令壻郞) 옥윤서랑(玉潤壻郞) 현윤(賢潤)
형	가형(家兄) 사중(舍仲) 사백(舍伯) 가백(家伯) 사형(舍兄)	백씨(伯氏) 백씨장(伯氏丈) 중씨장(仲氏丈) 영백씨(令伯氏)
형수	형수(兄嫂)	영형수씨(令兄嫂氏) 존중수씨(尊仲嫂氏) 존백수씨(尊伯嫂氏)
아우	사제(舍弟), 가제(家弟), 아제(阿弟), 비제(鄙弟), 중제(仲弟), 계수(季嫂)	영제씨(令弟氏) 영중씨(令仲氏) 영계씨(令季氏)
제수	제수(弟嫂) 계수(季嫂)	영제수씨(令弟嫂氏) 영계수씨(令季嫂氏)
누나	자씨(姉氏), 누님	영자씨(令姉氏)
누이동생	사매(舍妹) 아매(阿妹) 누이동생	영매씨(令妹氏)

■ 참고

(1) 장인과 사위의 사이는 『옹서(翁壻)』간이라 한다.
(2) 자형(姉兄)이나 매제(妹弟)가 처남(妻男)에게는 처생(妻甥)이라 하고, 자기를 말할 때에는 『인형(姻兄)』, 또는 『인제(姻弟)』라 한다.
(3) 처남이 자형(姉兄)이나 매제(妹弟)에게 자기를 말할 때에는 『부제(婦弟)』라 한다.